WIEDERGEBURT

Wiedergeburt

Start in ein gesundes Leben als Christ

David Pawson

Vorwort: Berthold Becker

Anchor Recordings

Copyright © 2023 David Pawson Ministry CIO

Wiedergeburt: Start in ein gesundes Leben als Christ
Titel der Originalausgabe: The Normal Christian Birth

David Pawson ist gemäß dem Copyright, Designs and Patents Act 1988 der Urheber dieses Werkes.

Alle Rechte vorbehalten.

Herausgeber der deutschen Ausgabe 2023 in Großbritannien:
Anchor, ein Handelsname von David Pawson Publishing Ltd.
Synegis House, 21 Crockhamwell Road,
Woodley, Reading RG5 3LE UK

Dieses Werk ist urheberrechtlich geschützt. Ohne vorherige schriftliche Genehmigung des Verlages darf kein Teil dieses Buches in irgendeiner Form vervielfältigt oder weitergegeben werden. Das betrifft auch die elektronische oder mechanische Vervielfältigung und Weitergabe, einschließlich Fotokopien, Aufzeichnungen und Systemen zur Informations- und Datenspeicherung und deren Wiedergewinnung.

Deutsche Übersetzung: A. Sperlin-Botteron/Agentur Lardon
Überarbeitung durch Projektion J Verlag GmbH
Angepasst an die Regeln der neuen deutschen Rechtschreibung

Weitere Titel von David Pawson, einschließlich DVDs und CDs:
www.davidpawson.com

KOSTENLOSE DOWNLOADS:
www.davidpawson.org

Weitere Informationen:
info@davidpawsonministry.com

ISBN 978-1-913472-48-1

Gedruckt von Ingram Spark

»Denn eng ist die Pforte und schmal der Weg, der zum Leben führt, und wenige sind, die ihn finden« (Matth. 7,14).

»Jesus antwortete: Wahrlich, wahrlich, ich sage dir: Wenn jemand nicht aus Wasser und Geist geboren wird, kann er nicht in das Reich Gottes eingehen« (Joh. 3,5).

»Petrus aber sprach zu ihnen: Tut Buße, und jeder von euch lasse sich taufen auf den Namen Jesu Christi zur Vergebung eurer Sünden, und ihr werdet die Gabe des Heiligen Geistes empfangen« (Apg. 2,38).

INHALT

Vorwort von Berthold Becker	11
Einleitung: Ein Wort an die Hebammen	15

Teil I: DIE NORMALE GEBURT DES CHRISTEN   23
Die theologische Dimension

1 Vier geistliche Türen	25
2 Tue Buße über deine Sünden gegen Gott	43
3 Glaube an den Herrn Jesus	55
4 Lass dich im Wasser taufen	73
5 Empfange den Heiligen Geist	91
6 Wiedergeboren	121

Teil II: »UND WAS BEDEUTET ... ?«   137
Die biblische Dimension

7 Der Sendungsauftrag (Matth. 28,19-20)	139
8 Das Markus-Nachwort (Mark. 16,9-20)	149
9 Der Schächer am Kreuz (Luk. 23,40-43)	153
10 Die zweite Geburt (Joh. 3,3-8)	161
11 Die Ströme lebendigen Wassers (Joh. 7,37-39)	173
12 Der bekannte Fremde (Joh. 14,16-17)	179
13 Die ersten Elf (Joh. 20,22)	187
14 Der fünfzigste Tag (Apg. 1,4-5; 2,1-4)	197
15 Die Dreitausend (Apg. 2,38-41)	211
16 Die Bekehrten in Samarien (Apg. 8,4-25)	223
17 Der äthiopische Kämmerer (Apg. 8,36-39)	233
18 Der römische Hauptmann (Apg. 10,44-48; 11,11-18; 15,7-11) .	237
19 Das ganze Haus (Apg. 11,14; 16,15.31; 18,8)	247
20 Die Jünger von Ephesus (Apg. 19,1-6)	259
21 Der Prüfstein (Röm. 8,9)	277

22 Die heilige Familie (1. Kor. 7,14) — 289
23 Der zergliederte Leib (1. Kor. 12,13) — 293
24 Die getauften Toten (1. Kor.15,29) — 307
25 Die neue Beschneidung (Kol. 2,9-12) — 313
26 Das Bad der Wiedergeburt (Tit. 3,5) — 323
27 Die elementare Lehre (Hebr. 6,1-6) — 329
28 Der wirksame Glaube (Jak. 2,14-26) — 339
29 Die rettende Flut (1. Petr. 3,18-22) — 347
30 Die verschlossene Tür (Offb. 3,20) — 357

Teil III: DIE TYPISCHE ENTSCHEIDUNG HEUTE — 363
Die seelsorgerliche Dimension

31 Eine Standard-Entscheidung — 365
32 Jüngern helfen, Buße zu tun — 377
33 Jüngern helfen zu glauben — 391
34 Jüngern helfen, sich taufen zu lassen — 403
35 Jüngern helfen zu empfangen — 413
36 Endlich gerettet — 429

Nachwort: Ein Wort an die Familie — 441

Anhang A Die Kindertaufe — 449

Anhang B »Geist« ohne bestimmten Artikel — 469

Anhang C Dreieinigkeit oder Dreigottheit? — 477

VORWORT

Meiner Frau und mir ist David Pawson schon seit einigen Jahren durch Lehrkassetten bekannt. David hat langjährige Erfahrung als Pastor, leitete unter anderem die größte Baptistengemeinde in Großbritannien und ist seit Jahren international als Bibellehrer tätig. Darüber hinaus ist er ein hervorragender Kenner der Schrift und gilt als Experte in den Bereichen der biblischen Lebensverhältnisse, Israels und der Endzeit.

Sein neuestes Buch, »Wiedergeburt«, das hiermit auch in Deutsch vorliegt, wurde im englischsprachigen Raum sehr schnell zum Renner, obwohl die darin enthaltene theologische Arbeit über die Elemente der christlichen Grunderfahrung sehr umfangreich ist. Das herausfordernde Buch räumt mit einer Reihe von althergebrachten Lehren auf und stellt selbst etablierte Positionen der klassischen evangelikalen Bewegung sowie der pfingstlichen und charismatischen Bewegung in Frage.

Für den jüngeren Christen, der intensiver in wichtige biblische Glaubenszusammenhänge einsteigen möchte, wird dieses Buch zu einem wahren »Augenöffner«. Langjährige Christen werden manche Aussagen als Herausforderung empfinden. Ich empfehle Ihnen deshalb, den Heiligen Geist um besondere Offenheit beim Studium zu bitten, so dass Sie vollen Nutzen für Ihr Weiterkommen im Glaubensleben daraus ziehen können.

Ich bin überzeugt, dass dieses Buch einen wichtigen

WIEDERGEBURT

Beitrag zu einem tieferen Verständnis und Erleben der einzelnen Schritte der christlichen Grunderfahrung für ein breites Forum liefert und auch voll und ganz auf der Linie prophetischer Aussagen der jüngeren Zeit liegt. Es eröffnet Möglichkeiten zum Brückenbau zwischen traditionell gegensätzlichen Positionen und könnte so der Einheit des Leibes einen großen Dienst tun.

Mit dem Pauluswort »Prüfet alles, das Gute behaltet« möchte ich alle Leser ermutigen, sich neu und tiefer als bisher vom Herrn beschenken zu lassen.

Berthold Becker

EINLEITUNG
Ein Wort an die Hebammen

Das vorliegende Buch ist ein Handbuch über geistliche Geburtshilfe. Es richtet sich nicht nur an Evangelisten, obgleich es besonders für ihren Dienst von Bedeutung ist. Es ist ebenso für Pastoren, Jugendleiter und Gemeindemitarbeiter bestimmt und darüber hinaus für alle, denen es wirklich am Herzen liegt, andere Menschen für Christus zu gewinnen. Es ist für alle geschrieben, die gelegentlich »assistieren« können, wenn ein Mensch »von neuem geboren« wird.

In diesem Buch geht es vor allem um die Frage, wie man »Christ« wird. Es wurde mit dem starken Wunsch geschrieben, dass »Bekehrungen« von besserer Qualität geschehen mögen (und auch in größerer Quantität) — ein Anliegen, das uns alle bewegt.

Die Geburt hat Auswirkungen auf das Leben. Das trifft zunächst natürlich auf die leibliche Geburt zu. Eine gute »Entbindung«, rasch, sauber und frei von Komplikationen — und das Resultat ist ein gesundes Baby. Eine langwierige, schmerzhafte und komplizierte Geburt kann sich nachteilig auswirken, physiologisch wie psychologisch, und hat oft eine labile Gesundheit und eine langsame Entwicklung zur Folge.

Gleichermaßen trifft dies aber auch auf die geistliche Geburt zu. Viele »Christen« (und zu ihnen gehöre ich auch) wurden schlecht entbunden. Die Initiation, die Einführung in das Glaubensleben, nahm Jahre in Anspruch oder ist unvollständig geblieben. In vielen Fällen wurde die Nabelschnur zur Vergangenheit nie abgebunden und abgeschnitten. Manche geistliche Babys sind nie abgewaschen worden. Anderen hat man nie die Hände aufgelegt, damit sie zu atmen und zu schreien anfingen! Wieder andere haben kaum Leben in sich oder wurden bald ausgesetzt (so wie es nach Hes. 16,4-5 bei Israel der Fall war).

Die Literatur über dieses Thema weist eine auffallende Lücke auf. Einerseits gibt es kleine Broschüren, die man an Interessierte weitergibt und worin erklärt wird, wie »Suchende« auf den Ruf des Evangeliums antworten können. In den meisten jedoch wird, wie wir noch sehen werden, dieser Vorgang allzusehr vereinfacht bis hin zur Verzerrung und Irreleitung. Schuld daran ist meistens die Fehlinterpretation von zwei Texten: Johannes 1,12 und Offenbarung 3,20 (s. Kapitel 5 und 30). Das typische »Sündergebet« ist tatsächlich ungenügend (s. Kapitel 31).

Andererseits hat es in den letzten Jahren eine Flut von gescheiten Büchern über den »Initiationskomplex« gegeben, verfaßt von Gelehrten für Gelehrte (zu nennen sind Namen wie Frederick Dale Bruner, James D. G. Dunn und George Beasley-Murray). Anlaß zu diesen Veröffentlichungen war der Wunsch, sakramentale oder pfingstliche Erkenntnisse in die traditionellen evangelikalen Standpunkte einzubeziehen. Ich bejahe diese Absicht, obgleich ich in Bezug auf die Verschmelzung zu meinen eigenen Schlussfolgerungen gelangt bin.

Zwischen den Bedürfnissen des am Evangelium Interessierten und denen des Gelehrten besteht eine Lücke, die dieses Buch zu füllen sucht. Es gibt denen Gelegenheit zu einem ernsthaften Studium, die bereit sind, sich mit einer offenen Bibel und einem aufgeschlossenen Sinn mit dem Thema auseinanderzusetzen. Es handelt sich um ein Studium für solche, die sich nicht fürchten, unerforschtes Gebiet

EINLEITUNG

zu betreten und Gott mit ihrem ganzen Denken zu lieben. Dabei ist dieses Studium keine akademische Abhandlung, erfordert keine Griechisch- oder Hebräisch-kenntnisse (obwohl ein paar Punkte erwähnt und erklärt werden), enthält keine Verweise auf andere Werke (obwohl deren Studium bei der Vorbereitung dieses Buches Berücksichtigung gefunden hat, wie der aufmerksame Leser feststellen wird) und verlangt eine normale Intelligenz, um die eigentlichen Fragen zu verstehen. Wichtig ist allerdings die Bereitschaft umzulernen, da viele herkömmlichen Vorstellungen in Frage gestellt werden.

Es ist mir ein besonderes Anliegen, die »evangelikalen« und »pfingstlichen« Ströme zusammenfließen zu sehen. Dies sind die beiden hauptsächlichen Wachstumsbrennpunkte der christlichen Szene. Nach verschiedenen statistischen Schätzungen verfünffacht ihre Integration gewöhnlich die Wirksamkeit von Evangelisation. Doch die momentanen Beziehungen zwischen beiden beruhen weniger auf gemeinsamen Wahrheitsstandpunkten als vielmehr auf einer wohlwollenden Toleranz. Obgleich es heute nicht mehr so viele Meinungsverschiedenheiten und Unruhe wegen der »Geistesgaben« gibt, besteht immer noch eine tiefe Kluft in der Frage der »Taufe im Heiligen Geist«, die ganz direkt mit unserem Thema zu tun hat.

Leser, die sich auf raschem Wege über die strittigsten Punkte informieren möchten, finden nachfolgend eine Zusammenfassung der Hauptprobleme, die in diesem Buch behandelt werden. Sie sollten es aber nicht dabei bewenden lassen, nur weil sie gewisse Punkte anders sehen. An die evangelikale Tradition wird appelliert, eine Überprüfung ihrer Auffassung vorzunehmen, dass »an Jesus glauben« und »den Geist empfangen« ein und dasselbe bedeute oder gleichzeitig geschehe (gewöhnlich zusammengefasst in dem Ausdruck »Jesus annehmen«). An die pfingstliche Tradition ihrerseits richtet sich der Appell, die von ihr vertretene Auffassung zu überdenken, dass »den Geist empfangen« und »im Geist getauft werden« nicht dasselbe bedeuten oder nicht gleichzeitig geschehen würden (wobei letzteres als eine Art »zweite Stufe« oder »zweiter Segen« betrachtet wird). Beide Strömungen werden zu einem Überdenken ihrer Auffassung aufgefordert, die Wassertaufe sei kein sakramentaler Akt (die Angst vor einer »Taufwiedergeburt« kann irrationalen und unbiblischen Charakter annehmen), sondern eine symbolische Handlung.

Der von mir vertretene Standpunkt liegt zwischen der evangelikalen und der pfingstlichen Auffassung. Das könnte natürlich für beide Seiten ärgerlich sein und ins Niemandsland führen! Andererseits aber könnte das auch ein echter Treffpunkt sein, an dem sich eine wahrhaft biblische Verschmelzung vollzieht.

Kurz gesagt: Ich glaube, dass die Wiedergeburt aus echter Buße und echtem Glauben geschieht, wenn sie ihren Ausdruck in der Wassertaufe findet und mit einem bewussten Empfangen der Person des Heiligen Geistes mit Kraft verbunden ist. Dieses Verständnis der »Initiation« wird in drei Dimensionen entfaltet:

Theologisch. Der erste Teil umfasst zunächst eine Darlegung des ganzen Prozesses. Dann folgt eine Untersuchung seiner vier Hauptelemente, und zum Schluss folgt ein Kapitel, in welchem dieses alles in Beziehung zur Wiedergeburtslehre gebracht wird.

Biblisch. Normalerweise sollte ein Studium der in Frage kommenden Bibelstellen einer Aussage über erfolgte Schlussfolgerungen vorausgehen. Obgleich dieser Teil des Buches zuerst geschrieben wurde (und mancher eifrige Bibelforscher wird vielleicht hier beginnen wollen), steht er an zweiter Stelle, so dass der Leser das Holz sehen kann, bevor er die Bäume untersucht. Die betreffenden

Schriftstellen sind deshalb für ein eingehenderes Studium ausgewählt worden, weil sie grundlegend oder umstritten sind. Es ist nicht nötig (und vielleicht auch nicht hilfreich), sie schon beim ersten Lesen alle durchzuarbeiten. Dem Leser wird jedoch empfohlen, einen Blick in die Kapitel 9, 10, 13, 16, 20, 21, 23, 27 und 30 zu tun, die für die Behandlung des Themas wichtig sind. Zweifellos wird jeder Leser auch seine eigenen bevorzugten Bibeltexte zur Prüfung der Themen haben.

Seelsorgerisch. Der Versuchung, sich sofort der Praxis zuzuwenden, muss widerstanden werden! Wenn man versucht, diese Lehre in der Praxis anzuwenden, ehe man durch den Heiligen Geist zur Überzeugung gekommen ist, dass sie mit der Heiligen Schrift übereinstimmt, könnte dies verhängnisvoll sein. Leider ist ein pragmatisches Zeitalter mehr an der Frage interessiert: »Funktioniert es?« als an der Frage: »Ist es biblisch?« Ein wahrer Jünger will die Grundsätze zuerst begreifen, bevor er sie in die Praxis umsetzt. Es ist moralisch verkehrt, Menschen als Versuchskaninchen zu benutzen! Nichtsdestoweniger hoffe ich, dass dieses Studium mehr bewirkt, als Auffassungen zu ändern; darum ist dieser letzte Teil voll von praktischen Hinweisen und Ratschlägen für den »Seelengewinner«.

In den Anhängen werden einige spezielle Themen angeschnitten, die nicht in direktem Zusammenhang mit dem Hauptthema stehen, für manche Leser aber trotzdem interessant und wichtig sind. Ich musste absolut ehrlich sein, als ich meiner Überzeugung Ausdruck gab, dass die Kindertaufe sich nicht mit dem hier diskutierten Verständnis der geistlichen Geburt vereinen lässt. Meine Hoffnung ist, dass diejenigen, welche sich daran stoßen, deswegen nicht das ganze Buch auf die Seite legen, sondern immer noch vieles darin finden, das ihnen in ihrem Dienst hilft. Was den bestimmten Artikel (»der«) betrifft, so bin ich nicht der erste, der dessen auffallendes Fehlen bei vielen neutestamentlichen Aussagen über den Heiligen Geist (wie »getauft in Heiligem Geist«, »erfüllt mit Geist« und »Habt ihr Geist empfangen«) bemerkt hat. Wohl sehe ich darin eine theologische wie auch eine grammatikale Bedeutung, aber meine Hauptschlussfolgerung ist nicht von diesem Punkt abhängig — deshalb wurde er in einen Anhang verwiesen. Dennoch liefert er eine interessante Bekräftigung meiner These, dass der Empfang des Geistes eine bewusste Erfahrung mit hörbarem Beweis ist.

Wie jedes seriöse Werk hat auch die Entstehung dieses Buches viele Jahre in Anspruch genommen. Es wurde auf dem Doppelamboß biblischen Studiums und pastoraler Seelsorge geschmiedet. Die Hauptthese wurde zum ersten Mal 1977 in meinem Buch Truth to Tell veröffentlicht, dessen neuntes Kapitel (»Haben Sie einen Bekehrungskomplex?«) das Wesentliche des vorliegenden Buches beinhaltet. Damals erfolgte das Versprechen, es werde »später eine tiefergehende und erschöpfendere Behandlung« folgen. Dieses Versprechen (meine Frau erinnerte mich daran) wird nun in diesem Buch eingelöst. Das hier vorgelegte Material ist durch seine Verwendung in Seminaren für Gemeindeleiter vieler Denominationen in den verschiedensten Ländern ausgefeilt worden.

Ich möchte dieses Buch all jenen Freunden widmen, die meine Überzeugung teilen, dass »evangelikal« und »charismatisch« zusammengehören: Gordon Bailey, John Barr, Alex Buchanan, Clive Calver (der mich einlud, diese Botschaft auf einer von Youth for Christ organisierten und unter dem Motto »Laß Gott reden« stehenden Tournee durch 21 Städte weiterzugeben), Michael Cassidy, Gerald Coates, Michael Cole, Barney Coombs, Derek Copley, Nick Cuthbert, Don Double, Bryan Gilbert, Bob Gordon, Jim Graham (mein Nachfolger in Gold Hill, Chalfont St. Peter), Ian

EINLEITUNG

Grant, Lynn Green, Michael Green, Michael Griffiths, Chris Hill, Graham Kendrick, Cecil Kerr, Gilbert Kirby, Douglas McBain, David McInnes, Brian Mills, John Noble, Ian Petit, Derek Prince, Ian Smale (»Ishmael«), Colin Urquhart, Terry Virgo, Philip Vogel, Rob White und so viele andere, die alle auf ihre eigene Weise eine Synthese der charismatischen Geisteserfahrung mit evangelikaler Bibelexegese angestrebt und mich durch ihren persönlichen Einfluß dazu angeregt haben, »hinzugehen und ein Gleiches zu tun«. Es erübrigt sich, besonders hervorzuheben, dass keiner von ihnen für die hier vertretenen Ansichten verantwortlich ist (ich möchte mir ihre Freundschaft erhalten!).

Last, but not least, möchte ich meine Frau erwähnen, die mir den Mut und den Kaffee gab, um die Arbeit zu Ende zu führen, überzeugt davon, dass dies vielleicht die wichtigste Sache in meinem ganzen Dienst sein könnte. Willig übernahm sie die Rolle des »Durchschnittslesers« und hat aus dieser Perspektive jedes Kapitel sorgfältig studiert. Ohne ihre Unterstützung wäre dieses Buch nie geschrieben worden.

Sherborne St. John, 1989   David Pawson

Teil I

Die normale Geburt des Christen

Die theologische Dimension

KAPITEL 1

VIER GEISTLICHE TÜREN

Die in diesem Buch vertretene These lässt sich einfach so ausdrücken: *Die christliche Initiation (Einführung in die Glaubenserfahrung) ist ein aus vier Elementen zusammengesetztes Ganzes:* **Buße** *gegenüber Gott, an den Herrn Jesus glauben, im Wasser getauft werden und den Heiligen Geist empfangen.* Ein jedes davon unterscheidet sich deutlich von den anderen. Sie alle sind notwendig, um in das Reich Gottes zu kommen. Sie schließen sich nicht wechselseitig aus, ergänzen sich jedoch vollständig und stellen zusammen den Prozess des »Christwerdens« dar. Sie können zeitlich ganz kurz aufeinanderfolgen oder sich über eine bestimmte Zeitspanne hinweg erstrecken. Das Wichtige daran ist nicht ihr zeitliches Zusammenfallen, sondern ihre Vollständigkeit.

Eine ausgewogene Betrachtungsweise

Da alle vier Elemente notwendig sind, ist es müßig, sie nach ihrer Bedeutung einstufen zu wollen. Dennoch haben verschiedene denomi nationelle Strömungen dahin tendiert, eines davon besonders hervorzuheben, und dies manchmal auf Kosten der anderen. Im Mittelpunkt *liberalen* Denkens steht in erster Linie die Buße, vor allem im Sinne einer radikal veränderten Einstellung und Lebensweise, obwohl in den letzten Jahren der Akzent mehr auf die soziale Ungerechtigkeit als auf die persönliche Unmoral der Menschen gelegt wird. *Evangelikales* Denken konzentriert sich vorwiegend auf den Glauben, und hierbei vor allem auf seine individuellen und inwendigen Aspekte, wobei manchmal die lehrmäßige Wahrheit stärker betont wird als persönliches Vertrauen. Das *sakramentale* Denken hat die Betonung auf die Wassertaufe gelegt, deren Objekt nicht Gläubige, sondern Säuglinge sind, und zudem hat man es für notwendig erachtet, den Ritus der »Konfirmation« hinzuzufügen. *Pfingstliches* Denken hat die Geisttaufe wiederentdeckt, wobei diese als nachfolgende Erfahrung statt als Bestandteil der Initiation betrachtet wird.

Ich glaube, das Positive bei diesen vier Strömungen ist das, was sie hervorheben, das Negative hingegen ist, was sie eher unterbewerten, ignorieren oder sogar leugnen. Wir werden den Versuch einer Synthese all dessen unternehmen, was das Beste an jeder Auffassung ist. Das hat nichts mit einem ökumenischen Unterfangen zu tun, sondern ist vorab eine biblische Exegese, durch die eine Grundlage für eine echte Integrierung geschaffen werden könnte, und dies aufgrund einer aufrichtigen Korrektur anstatt eines unaufrichtigen Kompromisses.

Alle vier Stränge sind im Neuen Testament miteinander verwoben: Die christliche Initiation wird hier verstanden als eine Kombination von ethischer Besserung, ewiger Beziehung, äußerlichem Ritus und existentieller Erneuerung.

Das Wesen der Irrlehre besteht darin, dass sie einen Teil der Wahrheit nimmt und diesen zur ganzen Wahrheit umfunktioniert. Eine ganze biblische Wahrheit über einen Gegenstand kann oft nur verstanden werden, wenn verschiedene, ungleichartige Aspekte in einem angemessenen Spannungsrahmen zusammengehalten werden. Es ist zum Beispiel unvermeidbar, dass sich dieses Buch in erster Linie mit den *menschlichen* Gesichtspunkten der Wiedergeburt auseinandersetzt, das heißt mit der Notwendigkeit, Buße zu tun, sich taufen zu lassen und den Geist zu empfangen, und ebenso auch mit der Notwendigkeit, »an den Herrn Jesus zu glauben«. Das könnte bei manchen Lesern die Frage aufkommen lassen, ob denn das mit dem reformatorischen Prinzip der »Rechtfertigung *allein* durch Glauben« vereinbar sei.

Deshalb müssen zwei Überzeugungen, die hinter einer jeden Aussage in diesem Buche stehen, gleich zu Beginn deutlich ausgesprochen werden:

Erstens: Das vollendete Werk Christi am Kreuz reicht, *objektiv* gesehen, in sich und aus sich selbst aus, um die *Welt* von der Sünde zu erretten. Nichts kann — und noch viel weniger muss — hinzugetan werden. Durch seinen Tod, sein Begrabenwerden und seine Auferstehung hat Christus alles vollbracht, was »für uns Menschen und unser Heil« getan werden musste. Er hat für die Sünde gesühnt und uns mit dem Vater versöhnt. Wir setzen voraus, dass all das demjenigen, der gerettet werden möchte, vollkommen klargemacht wurde.

Zweitens: Sein vollbrachtes Werk reicht, *subjektiv* gesehen, nicht aus, und zwar in dem Sinne, dass es einen Menschen nicht automatisch von seinen Sünden errettet. Man muss es sich persönlich aneignen und auf sich persönlich anwenden. Der Empfänger dieses »Segens seines Leidens« ist nicht passiv, sondern aktiv. Das Evangelium fordert eine Antwort. Jemand mag Anspruch auf ein Erbe haben, aber er wird es nicht eher besitzen, als bis er es beansprucht. Allerdings impliziert die aktive Aneignung desselben in keiner Weise, dass man es verdient hat.

Es geht also nicht darum, dass zum Glauben etwas hinzugefügt werden müßte, sondern vielmehr darum, wie der Glaube wirksam werden muss, um in Anspruch nehmen zu können, was die Gnade anbietet.

Betrachtet man zum Beispiel die Wassertaufe als etwas Zusätzliches zum Glauben, das die Menschen würdiger macht und wodurch sie sich das Heil verdienen, so ist dies eine schlimme Verzerrung. Betrachtet man sie jedoch als Glaubensausdruck und -vollzug, durch den der reumütig Glaubende mit Christus in seinem Sterben und Auferstehen identifiziert wird, so ist das etwas völlig anderes. In diesem Sinne wird die Taufe als das Instrument verstanden, durch welches man die durch diese Geschehnisse bewirkte Befreiung *erfährt,* nicht aber verdient.

Von diesem Gesichtspunkt aus gesehen, ist der Glaube das fundamentalste aller vier Elemente und liegt den anderen drei zugrunde. Schon zu Beginn des Markusevangeliums wird die Buße mit dem Glauben verknüpft (Mark. 1,15). Am Schluss desselben Evangeliums wird die Taufe mit dem Glauben verknüpft (Mark. 16,16). Der Geist wird durch Glauben empfangen — und nicht durch Werke (Gal. 3,2). Auf ganz reale Weise bedeutet also der Glaube soviel wie Buße tun, getauft werden und den Geist empfangen (Apg. 2,38; s. Kap.15).

Eine biblische Betrachtungsweise

Wir haben bereits damit begonnen, Bibelstellen anzuführen. Doch eine These aufstellen und diese mit willkürlich ausgewählten Belegtexten untermauern, ist keine gültige Methode zur Begründung einer biblischen Wahrheit. Eine einwandfreie Studienmethode muss Hand in Hand gehen mit einer dem Zusammenhang entsprechenden Analyse bestimmter Texte. Schlussfolgerungen sollten im Anschluss an diesen Vorgang gezogen werden, was nicht ausschließt, dass bereits im Rahmen einer umfassenden Einführung ein Hinweis auf sie erfolgen könnte.

Allein schon durch das Thema der *christlichen* Initiation sind gewisse grundlegende Richtlinien vorgegeben. Insbesondere ist der Ausgangspunkt für eine biblische Untersuchung markiert. Das verlangt offensichtlich eine Konzentration auf das *Neue Testament,* auch wenn es einige Bibelstellen im Alten Testament gibt, die quasi »ihre Schatten« darauf vorauswerfen. Aber wo fängt man im Neuen Testament an?

Unpassende Kandidaten
Überraschenderweise haben die in den Evangelien beschriebenen Geschehnisse ein für die Verfolgung unseres Zweckes zu frühes Datum. Die Evangelien, die die Zeitspanne zwischen dem ersten Kommen und der Himmelfahrt Jesu abdecken, vermögen uns nicht ein vollständiges Bild vom normalen Initiationsmuster zu geben, wie es von der nachpfingstlichen Gemeinde (die auch für das »Zeitalter«, in welchem wir leben, Beispielcharakter besitzt) verstanden wurde. Obgleich Buße, Glaube, Taufe und der Heilige Geist erwähnt und auch hilfreiche Einsichten in ihre Bedeutung vermittelt werden, konnte keines dieser Elemente jenen umfassenden »christlichen« Sinn annehmen, den sie erst nach den Ereignissen von Ostern und Pfingsten erhielten. Die Taufe zum Beispiel, die von Johannes (und den Jüngern Jesu) praktiziert wurde, unterschied sich von der späteren Taufe auf den Namen Jesu so sehr, dass eine Wiedertaufe notwendig wurde (Apg. 19,1-6; s. Kap. 20). Der Heilige Geist war zur Zeit der Evangelien »mit« den Jüngern gewesen, er war aber erst nach Pfingsten »in« ihnen (als sie ihn »empfingen«). Dies wurde erst möglich, als Jesus »verherrlicht« war

(Joh. 7,39; 14,17; s. Kap. 11 und 12). Sogar der Glaube konnte sich nur auf die Heilungs- und Befreiungsfähigkeit Jesu als Messias ausrichten; er konnte ihn noch nicht als den Erretter der Welt (kraft seines Todes) umfassen oder als den Sohn Gottes (kraft seiner Auferstehung) und noch viel weniger als den Herrn aller Herren. Das ist auch der Grund, weshalb man im sterbenden Schächer nicht ein Vorbild für die christliche Bekehrung sehen sollte (s. Kap. 9). Paradoxerweise sucht man in den vier Evangelien das volle Evangelium vergeblich! Wohl sind all die Elemente in embryonaler Form vorhanden, aber ihre Ausgestaltung ist bei weitem nicht vollständig. (Aus diesem Grund gab Gott uns wohl das übrige Neue Testament!)

Die Briefe und die Offenbarung wiederum haben für den von uns verfolgten Zweck ein zu *spätes* Datum. All diese Schriften wurden an Gläubige adressiert, die bereits in den Glauben eingeführt waren. Es gibt darum keine direkte oder systematische Behandlung unseres Themas. Wo man sich dessen nicht bewusst war, kam es zum Textmißbrauch. (Ein klassisches Beispiel ist Offb. 3,20. Obwohl es sich hier um einen an Gläubige gerichteten Tadel handelt, ist diese Stelle fast allgemein als Einladung an Ungläubige verwendet worden; s. Kap. 30). Es gibt jedoch in den Briefen und in der Offenbarung häufige Hinweise auf die verschiedenen Aspekte der Initiation, deren Auswahl davon abhing, in welchem Zusammenhang sie zu den Bedürfnissen der angesprochenen Gläubigen standen (weitere Beispiele s. unten). Aber es ist beinahe unmöglich, aus diesen »beiläufigen« Referenzstellen einen angemessenen Überblick zu rekonstruieren. Wie wir noch sehen werden, setzten die Verfasser der Briefe überall die Wassertaufe und die Geistestaufe ihrer Leser voraus; aber nirgendwo beschreiben oder definieren sie diese beiden Erfahrungen! Nur deren Auswirkungen oder Implikationen werden erwähnt.

DIE NORMALE GEBURT DES CHRISTEN

Ein guter Ausgangspunkt
Wenn also die Evangelien zu früh und die Briefe zu spät für unseren Ausgangspunkt sind, was bleibt uns dann noch? Die Apostelgeschichte! Es ist das einzige Buch im Neuen Testament, das sich eingehend mit der nachpfingstlichen Evangelisation befaßt. Es zeigt in vielen Einzelheiten, wie Ungläubige zu Gläubigen wurden und Sünder zu Heiligen. Es ist ein Bericht über die göttlichen und menschlichen Aspekte des Heils und schildert uns sowohl die Taten der Apostel, mit denen sie den Menschen Christus brachten, als auch die Taten des Heiligen Geistes, durch die er die Menschen zu Christus brachte. Der Großteil der von Lukas umschriebenen Lehre ist an die noch nicht Erretteten gerichtet. Wir erhalten nicht nur wertvolle Einblicke in die Art und Weise, wie die Botschaft weitergegeben wurde, sondern uns wird auch die Antwort gezeigt, die erwartet und gegeben wurde. Nur hier können wir studieren, wie Petrus, Johannes und Paulus evangelistisch tätig waren. Die Beispiele, die uns ihre Seelsorge an Suchenden vor Augen führen, lassen uns erkennen, wie sie die Initiation verstanden.

Einwände gegen die Benutzung der Apostelgeschichte
Manche Bibellehrer wollen es nur in absoluten Ausnahmefällen gelten lassen, dass man aus der Apostelgeschichte Lehren ableitet. Ihr Einwand ist ein doppelter. Die *allgemeine* Kritik geht dahin, dass sich Lehre nur auf die didaktischen (lehrmäßigen) Teile der Bibel (wie zum Beispiel die Briefe), nicht aber auf die erzählenden Teile der Bibel (wie die Apostelgeschichte) stützen darf. Die *spezielle* Kritik geht dahin, dass Lukas Historiker war, aber kein Theologe. Aus diesen zwei Gründen, so heißt es, müßten wir bei den Briefen, besonders bei jenen des Paulus (er *war* Theologe!), anfangen und die Apostelgeschichte im Lichte seiner Theologie lesen.

Abgesehen von den Schwierigkeiten dieser Methode in Verbindung mit der Initiation (siehe oben) weisen beide Einwände ernstzunehmende Mängel auf.

Es gehört zur Eigentümlichkeit der Offenbarung in der Heiligen Schrift, dass Wahrheit mehr in konkreten Situationen als in abstrakten Lehrsätzen eingebettet ist. Die ganze Bibel besitzt erzählenden Charakter — vom Garten Eden bis hin zum neuen Jerusalem. Die großen Wahrheiten der Schöpfung und der Erlösung sind eingebettet in die Schilderung von Geschehnissen. Der größte Teil des Alten Testamentes und ein beträchtlicher Teil des Neuen Testamentes hat erzählende Gestalt. Die Bibel ist weniger ein Buch über systematische Theologie als eine Geschichte des Situations-Deismus. Und alle diese »Erzählungen« wurden geschrieben, damit wir daraus lernen können (Röm. 15,4; 1. Kor. 10,6). *Alle* Schrift ist nützlich zur Lehre, weil alles von Gott eingegeben ist (2. Tim. 3,16). Wir können aus Gottes Taten ebensoviel lernen wie aus seinen Worten; ja, sie gehören sogar zusammen, und eines beleuchtet das andere. Der Bericht über Ereignisse dient zur Unterweisung wie zur Information. Die Bibel stellt keine umfassende Geschichte der Welt, des Volkes Israel oder der Gemeinde dar. Sie ist eine *Auswahl* bedeutsamer Ereignisse, begleitet von einer prophetischen *Interpretation* dieser Ereignisse, und beides ist das Werk des Geistes Gottes. (Apostelgeschichte 15 selbst enthält ein perfektes Beispiel dafür, wie eine lehrmäßige Auseinandersetzung durch die Schilderung göttlichen Wirkens, untermauert durch die Schrift, beigelegt wurde.)

Lukas ist nicht einfach ein Historiker, der im ersten Buch seines Werkes Anspruch auf die Zuverlässigkeit seiner Berichterstattung erhebt (Luk. 1,1-4). Er trifft überdies auch eine Auswahl der Geschehnisse, über die er berichtet, sowie der Einzelheiten, die mit diesen in Zusammenhang stehen. Dann fügt er alles zu einem umfassenden Gesamtbild zusammen, das sich auf seine tiefen Einsichten gründet. Wenn Theologie bedeutet, Gott zu verstehen, dann war Lukas gewiss ein Theologe! Die Auffassung, es sei unmöglich, eine »Theologie des Lukas« aus seinen Schriften herauszuziehen, wie es bei Paulus der Fall ist, ist ein Mythos, dem man den Garaus machen sollte.

Der Versuch, zwischen die beschreibende Erzählweise der Apostelgeschichte und die lehrmäßige Natur der Briefe einen Keil zu treiben, ist ziemlich unrealistisch. Beide wurden zur selben Zeit verfaßt und berichten über dieselben Situationen. (Es sei nicht vergessen, dass Paulus und Lukas Reisegefährten waren.) Die Apostelgeschichte enthält »lehrmäßige« Abschnitte, und die Briefe enthalten erzählende Abschnitte (vgl. Apg. 15 mit Gal. 1-2). Die hier bestehende Einheit der Standpunkte wiegt die Verschiedenheit der Ausdrucksweise auf.

*Gebrauch der Apostelgeschichte als Quelle
einer Theologie der Initiation*
Wir dürfen also mit Zuversicht an die Apostelgeschichte herantreten. Sie weist den großen Vorteil auf, »vor Ort« geschrieben worden zu sein, wie ein Autor es formulierte. Es sind Augenzeugenberichte, sowohl aus erster wie aus zweiter Hand, wie die Apostel die Evangelisierung der Welt in Angriff nahmen. Was sie sagten und taten, gibt uns das Grundlagenmaterial für eine Theologie der Initiation.

An welcher Stelle der Apostelgeschichte beginnt man am besten? Doch sicher dort, wo am eingehendsten berichtet wird, was geschah, als Menschen Christen wurden. Da kommen einem zunächst die beiden Berichte in Apostelgeschichte 6 und 19 in den Sinn. Die Ereignisse in Samaria und Ephesus werden aus einem bestimmten Grund in vielen Einzelheiten geschildert. In beiden Fällen war die Initiation unvollständig, weshalb sich die Apostel veranlaßt sahen, die notwendigen Schritte zu unternehmen, um Versäumtes nachzuholen. Der einzige wirkliche Unterschied zwischen den beiden Gruppen lag darin, dass die Samariter zu dem Zeitpunkt, als die Apostel die Szene betraten, »fortgeschrittener« waren als die Epheser und weniger »ergänzenden« Dienst brauchten. Doch der Grundgehalt und die Abfolge ihrer Initiationen waren identisch: ein vierfaches Muster von Buße, Glaube, Taufe und Geistesempfang. Da drei maßgebliche Apostel (Petrus, Johannes und Paulus) beteiligt waren, können wir mit Recht annehmen, dass ihre bei diesen Gelegenheiten angewandte »Technik« ihre allgemeine Praxis widerspiegelt und auch die Reaktion auf das Evangelium, wie sie von der Urgemeinde erwartet wurde.

Häufig wird eingewendet, die Umstände seien in beiden Fällen außergewöhnlich und die Initiation darum »abnormal« gewesen. Da heute weder Samariter noch Johannesjünger Gegenstand evangelistischer Bemühungen sind, könne man, so wird gesagt, diese Ereignisse auch nicht als Präzedenzfall betrachten. Eine solche Kritik unterlässt es, zwischen außergewöhnlichen und normalen Ereignismerkmalen zu unterscheiden. Sie geht an der Tatsache vorbei, dass die Apostel bemüht waren, eine *abnormale* Situation in Übereinstimmung mit dem *normalen* Muster zu bringen. Die Ausgangssituation dieser Bekehrten mag sich von anderen unterscheiden, aber ihre Initiation war dieselbe. (Manche Leser finden es an dieser Stelle vielleicht hilfreich, die eingehende Exegese dieser beiden Stellen am Anfang der Kapitel 16 und 20 nachzulesen.)

Mit diesem vierfachen Gerüst im Gedächtnis können wir den lukanischen Bericht über andere »Bekehrungen« betrachten, wobei wir darauf achten, wie viele Elemente jedesmal erwähnt werden:

- Apg. 2: Petrus erwähnte Buße, Taufe und Geistesempfang, aber nicht Glaube (obwohl dieser in der Frage der Suchenden stillschweigend eingeschlossen sein und aus der Phrase »nahmen das Wort an« abgeleitet werden könnte).
- Apg. 8: Der äthiopische Kämmerer war gemäß dem besten Textmanuskript nur »getauft«. (Manche Manuskripte fügen ein Bekenntnis des Glaubens und eines den Empfang des Geistes bestätigendes hinzu, s. Kap.17.)
- Apg. 9: Paulus wird »getauft« und »empfängt den Geist« drei Tage nach seiner Begegnung mit Jesus auf der Straße nach Damaskus (vgl. Vers 18 mit 22,16). Aber es gibt keinen besonderen Hinweis auf seine Buße oder seinen Glauben (obwohl beides in seinem Gespräch mit Jesus und in seinen späteren Kommentaren und Handlungen klar zum Ausdruck kommt).
- Apg. 10: Kornelius tat eindeutig »Buße« (vgl. 10,35 mit 11,18) und »glaubte« (vgl. 10,43 mit 11,1 und 15,7), aber er »empfing den Geist«, *ehe er* »im Wasser getauft« wurde (das *einzige* Beispiel dieser Aufzählung; s. Erklärung in Kap. 18).
- Apg. 16: Der Gefängnisdirektor in Philippi »glaubte« (mit seinem ganzen Hause) und wurde »getauft« (mit seinem ganzen Hause), aber seine »Buße« oder sein »Empfangen« wird nicht erwähnt (für die Bedeutung und die Implikationen von »Haus«, s. Kap.19).

Andere in der Apostelgeschichte verstreut anzutreffende Vorkommnisse beschränken die Initiation auf »glaubten«. Außer in den Fällen Samaria und Ephesus werden die *vier* Elemente nicht ausdrücklich aufgezählt, obwohl Kornelius und sein Haus dem sehr nahekommen. Die Taufe wird am häufigsten erwähnt, die Buße am wenigsten.

Was haben wir von all diesem zu halten? Warum erwähnt Lukas nicht jedesmal alle vier Elemente? Abgesehen von allem anderen würde ihn schon sein schriftstellerisches Können davon abhalten, durch Wiederholungen langweilig zu werden! Aber die von ihm getroffene Auswahl hat einen Grund: Jedesmal hob er das auffallendste oder wichtigste Merkmal eines Ereignisses hervor. Der Anblick von dreitausend Taufen auf einmal, und dazu noch in einem Teich (Bethesda?), oder das hörbare Erleben einer Geistesausgießung über einen ganzen Haushalt direkt während der Predigt waren tatsächlich dazu angetan, andere Einzelheiten in den Hintergrund zu drängen. Was für jüdische Gläubige eine vollkommen normale Erfahrung darstellte, wurde zur »Neuigkeit«, als Samariter und sogar Heiden solche Erfahrungen machten!

Es wäre verkehrt, aus der Nichterwähnung den Schluss ziehen zu wollen, dass nicht alle vier Elemente für jeden einzelnen nötig wären. Würde man mit der Apostelgeschichte so umgehen, so bedeutete dies, dass die meisten Bekehrten nicht Buße zu tun und nicht zu glauben brauchten, dass manche den Heiligen Geist nicht zu empfangen brauchten und dass ein paar keine Taufe nötig hatten! Es ist jedoch klar, dass für Lukas alle vier Elemente zur »normalen« Initiation gehörten. Er hat lediglich diejenigen von ihnen ausgewählt, die ihm für die Beschreibung bestimmter Geschehnisse besonders wichtig erschienen. Wie wir noch sehen werden, stoßen wir in den Briefen auf den gleichen Prozess der Auswahl nach Wichtigkeitskriterien.

Noch etwas bedarf der Erwähnung: Der ganze Initiationsprozess, vom »Buße tun« bis hin zum »Empfangen«, brauchte Zeit, manchmal wenig und manchmal recht viel:
– bei den zwölf Aposteln bedurfte es *Jahre;*
– bei den Jüngern in Ephesus wahrscheinlich *Monate;*
– bei den Bekehrten in Samaria vielleicht *Wochen;*

– beim Apostel Paulus ein paar *Tage;*
– beim Gefängnisdirektor nur *Stunden* und
– beim Hause des Kornelius offensichtlich *Minuten.*

Zweifellos ist das Tempo des Prozesses unerheblich; wesentlich ist seine Vervollständigung. Lukas und den Aposteln ging es vielmehr um die Gültigkeit als um die Geschwindigkeit.

Initiation in den Evangelien

Mit diesem, aus der Apostelgeschichte abgeleiteten, vierfachen Rahmen können wir uns jetzt den Evangelien zuwenden. Die erste Entdeckung besteht darin, dass Johannes der Täufer alle vier Elemente abdeckt! Er lehrte die Notwendigkeit der Buße (Luk. 3,8); er kam, damit alle durch ihn glaubten (Joh. 1,7); er führte die Wassertaufe ein (Matth. 3,11) und predigte die Geistestaufe (dieses letzte wird in allen vier Evangelien betont — Matth. 3,11; Mark. 1,8; Luk. 3,16; Joh. 1,33). Johannes war sich seiner Unzulänglichkeit und der Grenzen seines Dienstes bewusst. Seine Taufe besaß Relevanz für die Vergangenheit, nicht aber für die Zukunft. Deshalb brauchten seine Jünger eine Kraft, die er nicht vermitteln konnte (und die er vielleicht selber nicht hatte, war er doch der Kleinste im Reiche Gottes und vollbrachte keine Wunder — s. Luk. 7,28 und Joh. 10,41; doch vgl. Luk. 1,15).

Jesus fuhr dort fort, wo Johannes aufgehört hatte. Er predigte Buße und Glauben (Mark. 1,15), praktizierte die Taufe (Joh. 4,1-2) und verhieß den Heiligen Geist (Joh. 7,37-39). Wir sehen hier jedoch bereits eine gewisse Entwicklung der Begriffe. Der Glaube an das Reich Gottes, das »nahe herbeigekommen« war (d. h. in Reichweite), ist jetzt viel persönlicher, da auch der König »nahe herbeigekommen« ist, und sein Name ist Jesus. Glaube hat die Bedeutung von »an seinen Namen glauben« angenommen (Joh. 1,12;

2,23). Das kommende »Eintauchen« in den Heiligen Geist wird auch ein »Trinken« sein, das zu einer Quelle aus den Tiefen eines menschlichen Herzens wird. (Es besteht eine bemerkenswerte Parallele zwischen Joh. 4,14 und 1. Kor. 12,13; s. Kap. 11 und 23.) Und vor allem wird diese Geistestaufe nicht nur eine *Kraft* in das Leben von Menschen bringen — »Heiliger Geist« ist eine *Person,* ein »anderer Beistand«, so wie Jesus (Joh. 14,16).

Noch bedeutsamer ist die Tatsache, dass die vier Aspekte der Initiation alle deutlich in den kurzen Anweisungen in Erscheinung treten, die Jesus den Aposteln in der Zeit zwischen seiner Auferstehung und seiner Himmelfahrt erteilte. Eine Nebeneinanderstellung der vier Evangelien ergibt einen umfassenden Missionsauftrag, der auch die Erklärung für das Muster des apostolischen Dienstes ist, das wir bereits in der Apostelgeschichte bemerkt haben. Sie sollten Buße predigen (Luk. 24,47), das Evangelium verkünden, damit die Menschen glaubten (Mark. 16,15-16), und sie taufen, wenn sie glaubten (Mark. 16,16; Matth. 28,19). Vor allem konnten die Apostel nicht eher mit diesem Dienst beginnen, bevor sie selbst die Geistestaufe erlebt hatten (Luk. 24,49; Joh. 20,22; Apg. 1,5). Und dieselbe Kraft wurde auch den durch sie Bekehrten verheißen (Mark. 16,17; dies erklärt das zuversichtliche Angebot des Petrus an seine Zuhörer in Apg. 2,39).

Initiation in den Briefen

An dieser Stelle ist es angebracht, sich den Briefen zuzuwenden. Im Lichte der gründlichen seelsorgerischen Tätigkeit für die Heilsuchenden in Ephesus (Apg. 19,1-6; s. Kap. 20) sollte es uns nicht im Geringsten überraschen, dass Paulus alle vier Elemente voraussetzte, als er an die von ihm gegründeten Gemeinden schrieb. Verstreut in seinen Briefen an seine Leser finden sich Stellen, in denen die Rede ist von:

DIE NORMALE GEBURT DES CHRISTEN

- Buße (2. Kor. 7,9; 1. Thess. 1,9);
- Glaube (1.Kor. 15,11; Eph. 1,13);
- getauft worden sein (Gal. 3,27; Eph. 5,26);
- empfangen (2. Kor. 1,22; Gal. 3,2).

Er bezieht sich sogar dann auf diese Elemente, als er an eine Gemeinde schreibt, die er nicht selber gegründet hat (Röm. 2,4; 3,26; 6,3; 8,9). Es trifft zu, dass er nie alle vier Elemente gemeinsam im Zusammenhang erwähnt (aus dem gleichen Grund, wie es Lukas kaum je in der Apostelgeschichte tut; er richtet sich bei seiner Auswahl der wichtigsten Aspekte nach dem jeweiligen Zweck, den er verfolgt). Wesentlich ist, dass Paulus immer, wenn er *irgendeinen* von ihnen erwähnt, voraussetzt, dass *alle* seine Leser aus eigener Erfahrung wissen, wovon er redet. (Manche meinen eine Ausnahme zu dieser Regel in seiner Erwähnung der Wassertaufe in Röm. 6,3 und Gal. 3,27 zu erkennen. Obwohl seine Worte vermuten lassen könnten, dass einige nicht getauft waren, weist seine Phrase »wir alle« — noch mehr als »wir, die« — darauf hin, dass hier vom Gegensatz zu ungetauften Ungläubigen die Rede ist, anstatt zu ungetauften Gläubigen.)

Paulus kann diese vier Dinge bei allen seinen Lesern voraussetzen, und genau deshalb findet sich in den paulinischen Briefen weder ein Gebot noch eine Aufforderung, sich im Wasser oder im Heiligen Geist taufen zu lassen. Doch es wäre völlig verkehrt, daraus den Schluss zu ziehen, dass diese vier Elemente auch *heute* vorausgesetzt werden können, wie es oft von solchen behauptet wird, die die Briefe des Paulus von der Apostelgeschichte des Lukas trennen und ihre Initiationslehre ungeachtet der Apostelgeschichte aus den paulinischen Briefen ableiten. Obwohl Paulus sie in den Briefen voraussetzt, taten weder er noch die anderen Apostel dies in der Apostelgeschichte!

WIEDERGEBURT

Im Gegenteil: Bei ihrer Missionsarbeit gingen sie gründlich vor, und wenn sie feststellten, dass irgendwo ein wichtiger Erfahrungsbestandteil fehlte, vervollständigten sie die Initiation. So konnte Paulus nur deshalb von der Voraussetzung ausgehen, dass alle seine korinthischen Leser »in einem Geist getauft« waren, weil er ihre Gemeinde gegründet und dafür gesorgt hatte, dass sie alle vollständig in den Glauben eingeführt worden waren (1. Kor. 12,13; s. Kap. 23 für eine eingehendere Behandlung dieses wichtigen Punktes). Würde er viele Gemeinden in der heutigen Zeit besuchen, würde er sicher viel häufiger die Frage stellen: »Habt ihr den Heiligen Geist empfangen, nachdem ihr gläubig geworden seid?« (Apg. 19,2), als zu bestätigen, dass alle »im Heiligen Geist getauft« seien!

Es gibt noch einen anderen bedeutenden Grund, warum die Briefe des Paulus im Lichte der Apostelgeschichte studiert werden müssen: Viele seiner »lehrmäßigen« Anordnungen sind ohne die von Lukas zur Verfügung gestellte beschreibende Information nicht völlig verständlich. Paulus verbindet *nie* das Verb »taufen« oder das Hauptwort »Taufe« mit dem Wort »Wasser«! Das hat einige bekannte Bibellehrer, welche die paulinische Theologie isoliert studieren, zu der Behauptung veranlaßt, dass sein Taufbegriff (in Versen wie Röm. 6,4; Gal. 3,27; Eph. 4,5) überhaupt nichts mit Wasser zu tun habe! Nur aufgrund seiner Erfahrung in der Apostelgeschichte — seine eigene Taufe und das Taufen von anderen — und in Verbindung mit den klaren Hinweisen von Lukas auf Wasser (Apg. 8,36 zum Beispiel) können wir annehmen, dass Paulus die beiden miteinander verband (es gibt eine Stelle, wo er das Wort »Wasser«, aber nicht das Wort »Taufe« gebraucht: Eph. 5,26).

In ähnlicher Weise verwendet Paulus den Ausdruck »in einem Geist getauft« (1. Kor. 12,13) ohne irgendeine

Definition oder Beschreibung dessen, was er damit meint. Dasselbe trifft auf dessen Gebrauch in allen vier Evangelien zu. Wir verdanken es *ausschließlich* der Berichterstattung des Lukas über Geschehnisse in der Apostelgeschichte, dass wir genau wissen können, was es damit auf sich hat, »im Heiligen Geist getauft« zu sein. Sobald man aber solche paulinischen Ausdrücke von ihrem lukanischen Inhalt trennt, können sie eine völlig andere Bedeutung annehmen — eine Bedeutung, die ihnen durch eine vorgefasste theologische Auffassung untergeschoben wird (was eine Verzerrung der Lehre bewirkt).

Die anderen neutestamentlichen Verfasser nehmen ebenfalls auf die Initiation Bezug. Petrus, zum Beispiel, ist der einzige Briefschreiber, der die Worte »Taufe« und »Wasser« zusammen verwendet (1. Petr. 3,20-21; s. Kap. 29). Johannes schreibt vor allem vom Glauben an Jesus und vom Empfangen des Geistes (1. Joh. 3,24; 4,13; 5,1-5). Doch der anonyme Verfasser des Hebräerbriefes führt alle vier Elemente der Initiation in einem einzigen Satz und in ihrer normalen Reihenfolge an (Hebr. 6,1-2; s. Kap. 27). Auf der Grundlage des in diesem Kapitel behandelten Materials können wir folgern, dass es ein vierfaches Modell christlicher Initiation gibt, das in der Apostelgeschichte sorgfältig *vorgestellt,* in den Evangelien klar *vorausgesehen* und in den Briefen beständig *vorausgesetzt* wird. Wir wollen nun diese »vier geistlichen Türen« betrachten, die in das irdische Reich Gottes führen.

KAPITEL 2

TUE BUSSE ÜBER DEINE SÜNDEN GEGEN GOTT

Buße ist wahrscheinlich das am wenigsten umstrittene Element der vier Bestandteile, die zur Initiation des Christen gehören; doch gerade aus diesem Grunde ist sie wahrscheinlich auch das am meisten vernachlässigte Element!

Das Wort Buße ist für Juden verständlicher als für Heiden. Es ist verwoben mit der Geschichte Israels, besonders mit der Zeit vor seiner Verbannung, als ein Prophet nach dem anderen durch Aufrufe zu nationaler Buße das drohende Unglück abzuwenden versuchte. Jeder, der mit Amos 4 oder Jeremia 18-19 vertraut ist, weiß, was Buße bedeutet. Vielleicht wird sie deswegen so selten im Neuen Testament definiert.

Es klingt heute schon fast klischeehaft, extra zu betonen, dass Buße nicht einfach »Entschuldigung« bedeutet. Wenn es um Buße geht, können verschiedene Einstellungen zum Ausdruck kommen. Manchmal ist es einfach das Bedauern darüber, dass unsere Handlungen so viele Folgen für *uns selber* gehabt haben; das ist kaum etwas anderes als Selbstmitleid und zeigt, dass das Herz immer noch egozentrisch ist (Kain und Esau sind passende Beispiele für diese Einstellung — 1. Mo. 4,13 und Hebr. 12,17). Schon löblicher ist da das lebhafte Bedauern über die Folgen unserer Handlungen für *andere,* das wenigstens nicht so selbstbezogen ist (Paulus muss Ähnliches empfunden haben, als er daran dachte, wie er die Gemeinde verfolgt hatte — vgl. Apg. 9,1-2 mit Phil. 3,6). Echte Buße aber beginnt, wenn uns die Folgen für Gott (und seinen Sohn) bewusst werden; das ist die »göttliche Traurigkeit«, die zwar an sich noch nicht Buße bedeutet, aber dazu führen kann (2. Kor. 7,9). Echte Buße beginnt, wenn uns klar wird, dass wir »gegen den Himmel« wie auch gegen andere und in einem gewissen Sinn auch gegen uns selbst gesündigt haben (Luk. 15,18.21). Nur dann sind wir imstande zu erfassen, dass wir uns Gottes Autorität widersetzt, seine Gesetze übertreten, seine Schöpfung beschmutzt, sein Wohlgefallen verscherzt, seinen Zorn provoziert und sein Gericht verdient haben. Unsere Zerbrochenheit wird dann zu mehr als einem »Von-Angst-erfüllt-sein«.

In Anbetracht dieses emotionalen Hintergrundes, dessen Intensität je nach individuellem Temperament und den Umständen, wie es zur Sündenerkenntnis kam, sehr unterschiedlich sein wird, wollen wir jene echte Buße anschauen, zu der solche Gefühle führen können und sollen.

Biblische Buße berührt drei Dimensionen: Gedanken, Wort und Tat. Beim Durchlaufen dieser mentalen, verbalen und praktischen Phasen vollzieht sich eine Bewegung vom »innersten Herzen« hin zum »äußeren Leben«. Das zweite ohne das erste darzustellen, ist moralisch anstößig (»Zerreißt euer Herz und nicht eure Kleider« ist eine typische prophetische Ermahnung — Joel 2,13). Das erste ohne das zweite zu bekennen, ist Heuchelei. Eine kleine Illustration mag hier helfen. Ein Londoner Taxifahrer führt einen Besucher aus Übersee auf einem langen Umweg zum Flughafen Heathrow, um sich dringend benötigtes Extrageld zu verschaffen. Dann aber schlägt ihm das Gewissen, weil er die Unkenntnis des Fremden ausgenutzt hat; er entschuldigt sich und gibt ihm das ganze Fahrgeld zurück. Er hat sich *geändert* — in Sinn, Wort und Tat; er hat über seine Sünde Buße getan.

Sinn — Überführtsein von vergangenen Sünden

Das Wort »Buße tun« (Griechisch *metanoeo*) bedeutet, seinen Sinn zu ändern. Es bedeutet, noch einmal zu denken, vor allem in Bezug auf vergangenes Verhalten. Ein typisches Beispiel aus dem Neuen Testament hierfür ist Petrus' Aufforderung an seine jüdischen Zuhörer, noch einmal die Kreuzigung Jesu überdenken und zu verstehen, dass hier ein Justizmord an niemand Geringerem als dem Messias, Gottes eigenem Sohn, begangen worden war (Apg. 2,32-38; 3,13-19).

Buße tun heißt, dass man von Gottes Standpunkt aus über die Dinge nachdenkt, mit seiner Analyse einverstanden ist und sein Urteil akzeptiert. Es heißt, »Ja« zu Gottes »Ja« zu sagen und sich seinem »Nein« anzuschließen. Es bedeutet, »Amen« zu Gottes Wort zu sagen. Es bedeutet, einen klaren Blick zu bekommen für die menschliche Sünde, gemessen an Gottes Gerechtigkeit und Gericht, das unausweichlich kommen muss, wenn menschliche Sünde und göttliche Gerechtigkeit einander begegnen (Joh. 16,8). Es bedeutet, zur »Erkenntnis der Wahrheit« (2. Tim. 2,25) über Gott und über sich selbst zu kommen.

Auf der einen Ebene geschieht diese Entdeckung im *allgemeinen* Sinn. Einerseits wird einem Menschen deutlich bewusst, dass Gott viel *besser* ist, als er allgemein gedacht hat. Der Herr ist absolut heilig, absolut rein, absolut gerecht. Andererseits wird einem Menschen schmerzlich bewusst, dass er selbst viel, viel *schlimmer* ist, als er bislang angenommen hat. Anstatt von sich als einer eigentlich anständigen Person zu denken, die von Zeit zu Zeit schlechte Dinge getan hat (die »humanistische«

Auffassung), entdeckt er, dass er im Grunde genommen ein schlechter Mensch ist, der es fertiggebracht hat, von Zeit zu Zeit etwas Gutes zu tun (Jesu Auffassung von der menschlichen Natur — Luk. 11,13; vgl. Joh. 2,24). Und was noch schlimmer ist: Sogar die guten Dinge, die er getan hat, können für Gott ebenso beleidigend sein wie die schlechten und bedürfen ebenfalls der Buße (Jes. 64,6 beschreibt die menschliche Gerechtigkeit als ein beflecktes Kleid; Phil. 3,8 spricht davon gar als von menschlichem Kot!). Die Entdeckung, dass Gott die Selbstgerechtigkeit noch anstößiger findet als grobe Sünde, wirkt auf den menschlichen Stolz wie ein Schock und vollendet jene Revolution des Sinnes, die zu jeder wahren Buße gehört.

Sobald dieses Stadium erreicht ist, verlagert sich die neue Art zu denken auf die Ebene des *Spezifischen*. Das ist der wichtigste Teil der Buße: dass sie sich auf spezifische »Sünden« (Mehrzahl) anstatt auf die allgemeine Sünde (Einzahl) bezieht. Solange die irgendwie abstrakte Vorstellung von »Sünde« nicht in detaillierte und konkrete Begriffe übersetzt wird, ist es schwierig, zu weiteren Stadien der Buße zu gelangen. Jesus kam, um uns nicht von unserer Sünde, sondern von unseren Sünden zu retten (Matth. 1,21). Es ist wichtig zu wissen, welche diese Sünden sind, von denen wir errettet werden müssen.

Bis dahin haben wir lediglich die *inwendigen* Aspekte der Buße betrachtet. Ihnen müssen sich jedoch zwei äußerliche Aspekte anschließen. Der eine macht Buße *hörbar*, der andere macht sie *sichtbar*.

Wort — Bekennen vergangener Sünden

Dem *Andersdenken* über frühere Handlungen muss sich das *Andersreden* darüber anschließen. Der Mund ist gewöhnlich der Kommunikationskanal zwischen dem

DIE NORMALE GEBURT DES CHRISTEN

Inwendigen und dem Äußeren einer Person (Matth. 12,37; Mark. 7,18-23; Jak. 3,9-12).

Der Dienst von Johannes dem Täufer hatte im Kern jene Buße, die für das nahende Gottesreich entscheidend war. Die Taufe im Wasser war der Höhepunkt oder Vollzug der Buße (Matth. 3,11; beachtenswert ist die Bedeutung des Verhältniswortes »zur« Buße). Das Bekennen der Sünden (Mehrzahl) war eine wesentliche Begleiterscheinung der Taufe (Matth. 3,6). Das war weder eine formalisierte Liturgie noch eine umfassende »Generalbeichte«. (Es ist möglich zu bekennen, dass man etwas unterlassen hat, was man hätte tun sollen, und dass man etwas getan hat, was man nicht hätte tun sollen, ohne sich dabei einer einzigen bestimmten Schuld bewusst zu sein!) Johannes der Täufer erwartete, dass persönliche Sünden in spezifischen Bereichen öffentlich bekannt wurden. Die Werke der Finsternis mussten vor Gott und Menschen ans Licht gebracht werden.

Ein solches Bekenntnis der Sünden (im Unterschied zur Sünde) ist von doppeltem Nutzen. Der erste ist schon genannt worden, bedarf aber einer Wiederholung, nämlich *Genauigkeit*. Sünden beim Namen zu nennen erfordert, sie zuerst einmal zu erkennen. Vage Verallgemeinerungen genügen nicht (»Nun, bestimmt habe ich manchmal irgendwie gesündigt; aber tut das nicht jeder?«). Die Tatsache, dass wir gesündigt haben, wird eingestanden, wenn ein spezifisches Bekenntnis gemacht wird (»Ich habe dies ... und dies ... und jenes getan!«) Natürlich geht eine solche Selbstoffenbarung gegen den Stolz; das Eingeständnis, dass man Unrecht getan hat, fällt einem nie leicht. Es ist jedoch weitaus besser, es jetzt freiwillig zu tun, als es später unfreiwillig tun zu müssen. Was der Mensch jetzt aufdeckt, wird durch Gottes Barmherzigkeit zugedeckt; was der Mensch jetzt zudeckt, wird durch Gottes Gericht aufgedeckt werden.

Der zweite Nutzen eines mündlichen Bekenntnisses liegt in der Übernahme der *Verantwortung*. Für Entschuldigungen ist in einem Bekenntnis kein Platz; auch mildernde Umstände können nicht geltend gemacht werden. Der einzelne Mensch akzeptiert sowohl seine Verantwortlichkeit vor Gott wie auch seine Verantwortung für sich selbst. Es ist verhältnismäßig einfach zuzugeben, dass man Hilfe braucht (oder, wie man heute sagt, »innere Heilung«); so bleibt unsere Selbstachtung ziemlich intakt! Im echten Bekenntnis geben wir zu, dass das wirkliche Problem in der vorsätzlich aufgeladenen Schuld und das tatsächlich Notwendige in der unverdienten Vergebung besteht. Das Bekenntnis macht den Weg frei für die Gnade (1. Joh. 1,9).

Oft ist es eine Hilfe, wenn zum verbalen Teil der Buße die *Lossagung* hinzukommt, und zwar besonders da, wo es sich um Sünden auf dem okkulten Gebiet und um Fälle von dämonischen Belastungen handelt. Eine Lossagung kann therapeutische und befreiende Wirkung haben. Das *Oxford English Dictionary* definiert das englische Zeitwort für »sich lossagen« mit »verlassen, aushändigen, aufgeben, zurückweisen, sich weigern anzuerkennen, eine Verbindung ablehnen mit ..., auf Gemeinschaft verzichten mit ..., sich zurückziehen, nicht fortsetzen, vergessen«. Damit sind wir bereits bei der dritten Dimension von Buße angelangt.

Taten — Korrektur vergangener Sünden

Den *Worten* der Buße müssen *Taten* der Buße folgen. Johannes bestand darauf, dass die Kandidaten für seine Taufe zuerst »würdige Früchte der Buße« brachten (Luk. 3,8). Auf die Frage, was er von ihnen erwartete, war seine Antwort sowohl konkret wie auch praktisch: Sie sollten ihre entbehrliche Kleidung den Armen geben, ihre

Kassenbücher korrekt führen und damit aufhören, ihre Macht zu mißbrauchen, und sie sollten sich mit ihren Löhnen zufriedengeben! Interessant ist, dass keine dieser Sünden »religiösen« oder »geistlichen« Charakter besaß.

Ein Beispiel für das Wirken Jesu hierbei (Luk. 19,1-10) ist der Fall des Zachäus. Dieser versprach nicht nur, in *Zukunft* nicht mehr krumme Wege einzuschlagen, sondern auch denen Geld zurückzuzahlen, die er in der *Vergangenheit* betrogen hatte (mit Zinsen und einem großen Bonus). Darauf verkündete Jesus freudig, dass mit ihm das Heil in das Haus des Zachäus gekommen sei.

Ähnlich erwartete auch Paulus, dass sich Buße auf praktische Weise erwies. Er gehorchte der »himmlischen Erscheinung«, die ihn zu den Heiden führte. Er rief die Heiden auf, »Buße zu tun und sich zu Gott zu bekehren, indem sie der Buße würdige Werke vollbrächten« (Apg. 26,20).

Johannes der Täufer, Jesus und Paulus — sie alle machten deutlich, dass, wo es möglich war, zur Buße auch die Bereinigung der Vergangenheit gehört.

Ein Teil dieser Bereinigung wird in Form von *negativem* Handeln geschehen. Dazu gehört das Ausschalten von Versuchungsquellen (die Epheser zum Beispiel verbrannten eine große Menge okkulter Literatur, Apg. 19,19). Verkehrte Beziehungen werden abgebrochen werden müssen, besonders da, wo es sich um außerehelichen oder homosexuellen Verkehr handelt (»das sind manche von euch gewesen« — 1. Kor. 6,11). Jede Nabelschnur, die noch eine Verbindung zu früherer Sünde darstellt, muss durchtrennt werden, die Vergangenheit beendet werden.

Ein guter Teil der Vergangenheitsbereinigung wird in Form von *positivem* Handeln geschehen, so wie es bei Zachäus war. Das Wort dafür ist *Wiedergutmachung,* und dazu gehört eine angemessene Entschädigung derer, denen Unrecht zugefügt wurde. Vergebung stellt die Beziehung zu Gott wieder so her, als wäre sie nie zerbrochen gewesen. Was Gott betrifft, ist die Vergangenheit vergeben und vergessen (welch eine erstaunliche Kontrolle besitzt Gott doch über sein Gedächtnis!). Der Grund, weshalb es uns so schwerfällt, »uns selber zu vergeben«, ist, dass wir nicht diese Fähigkeit haben, solche Erinnerungen »auszulöschen«. Was die Ebene menschlicher Beziehungen angeht, so befreit die Vergebung Gottes den Menschen nicht von seinen Verpflichtungen anderen gegenüber, seien sie ehelicher, finanzieller oder sogar krimineller Art. Gottes Gnade hat schon viele dazu gebracht, ihre Schulden zurückzuzahlen, ihre Ehe in Ordnung zu bringen und sogar Verbrechen zu bekennen, für die sie nie bestraft worden waren. In vielen Fällen besteht eine weitere Frucht der Buße in der *Versöhnung,* und zwar sowohl mit solchen, die Unrecht erlitten haben, wie auch mit solchen, die selber Unrecht begangen haben (Matth. 5,23-24).

All das ist der schwierigste Teil einer echten Buße. Manche bezweifeln, dass ein Sünder überhaupt imstande sei, so etwas fertigzubringen, wenn er anfängt, sich Gott zuzuwenden. Sie glauben, dass eine solche Buße eher der Initiation folgt, anstatt deren ersten Schritt zu bilden. Dabei vergessen sie, dass göttliche Hilfe immer da ist, wenn jemand wirklich Buße tun möchte. (Zu beachten ist, dass Gott Kornelius und seinem Hause Buße »gegeben« hat, so dass sie tun konnten, was richtig war, sogar bevor sie das Evangelium hörten — Apg. 10,35). Es muss weder für Paulus leicht gewesen sein, Onesimus (sein Name bedeutet »Nützlich«) zu seinem Herrn zurückzuschicken, noch für Onesimus, zu diesem zurückzukehren, noch für Philemon, ihn wieder aufzunehmen (beachtenswert, dass Paulus anbot, Entschädigung wegen Onesimus zu leisten — Phlm. 12-14,19).

Wenn es auch der schwierigste Teil der Buße ist, Dinge

DIE NORMALE GEBURT DES CHRISTEN

in Ordnung zu bringen, so ist es doch auch der lohnendste. Dinge ordnen verschafft eine große innere Erleichterung (eine Freude, die der Erlöser teilt, obwohl er es nie für sich selber zu tun brauchte). Die Freude des Vaters bei der Rückkehr des verlorenen Sohnes spiegelte sich in dessen Freude darüber wider, dass er endlich das Richtige getan hatte.

Diese »Abwendung« von den Sünden hin zu Gott ist der Kern des neutestamentlichen Wortes »Bekehrung«. Das Wort bedeutet Kehrtwendung, den Kurs wechseln, die Richtung ändern. Es steht darum dem Wort Buße sehr nahe, bezieht sich aber besonders auf deren dritten Aspekt. Ein verändertes Leben ist ein Beweis für Buße, doch nicht unbedingt ein Beweis für die Wiedergeburt (s. Kap. 6). Ein solcher Beweis der Buße wurde erwartet, bevor die Taufe erfolgte; denn diese bezeichnete den endgültigen Bruch mit dem alten Sündenleben und den Höhepunkt der reinigenden Vergebung Gottes (Mark. 1,4; Apg. 2,38).

Sogar Naturkatastrophen können als Ruf zur Buße betrachtet werden; denn sie erinnern uns daran, dass wir alle unerwartet zugrunde gehen, wenn wir nicht Buße für unsere Sünden tun (Luk. 13,1-9). In Anbetracht dieses schrecklichen zukünftigen Gerichtes Gottes lohnt sich jedes Opfer, das man jetzt bringt. Es ist besser, sich jetzt von der Sünde abzuwenden, als dass Gott sich dann von uns abwendet.

Sich jetzt zu Gott hinwenden bedeutet, dass er sich zu uns hinwenden kann! Die Bibel wagt tatsächlich zu sagen, dass, wenn wir ihm gegenüber reuevoll sind, er uns gegenüber reuevoll ist! Wird das Wort im Blick auf Gott gebraucht, so geschieht dies natürlich nicht im moralischen, sondern im mentalen Sinn — er »überdenkt wieder«. Wenn wir unsren Sinn gegenüber der Sünde ändern, kann er seinen Sinn uns gegenüber ändern. Eine der klarsten diesbezüglichen Aussagen in der Bibel finden wir in den

Worten von Jeremia über den Töpfer und den Ton (Jer. 18,1-10). Noch selten ist ein Gleichnis so mißverstanden worden wie dieses! Die meisten Ausleger behaupten, der Ton trage nichts zu seiner endgültigen Gestaltung bei (eine Auffassung, die der islamischen Philosophie nähersteht als der christlichen!). In Wirklichkeit ist es der Ton, der die Art von Gefäß, das aus ihm werden soll, wählt. Wenn er nicht auf die ursprüngliche Absicht des Töpfers eingeht, so beschließt dieser, daraus ein grobes anstatt ein schlankes Gefäß zu machen. Der Ton steht in einer aktiven und dynamischen Beziehung zum Töpfer; einer beeinflußt den andern, obwohl das letzte Wort der Töpfer hat, da er die Hauptkontrolle über die Situation ausübt (der Ton kann ohne ihn überhaupt nichts aus sich selber machen). Das ist ein Bild des Volkes Gottes, ein Bild Israels. Wenn das Volk bereut, so wird auch Gott bereuen und es zu einem schönen Gefäß machen, erfüllt von seinem Erbarmen. Wenn es nicht bereut, wird er aus ihm ein häßliches Gefäß machen, erfüllt von seinem Gericht.

Darum ermöglicht erst die Buße das Geschenk der Vergebung. Das trifft auch auf die menschliche Ebene zu. Jesus sagte zu seinen Jüngern, dass ein sündigender Bruder erst zurechtgewiesen werden muss, aber dann soll ihm vergeben werden — siebenmal am Tage, neunundvierzigmal in der Woche, eintausendvierhundertundsiebenundzwanzig Mal im Monat ... *wenn er Buße tut* (Luk. 17,3-4). Gott kann uns gegenüber seinen Sinn ändern vom Richten zur Barmherzigkeit, wenn wir wirklich Buße tun für die Dinge, die das Gericht verdienen, aber Barmherzigkeit brauchen. Das ist das stärkste Motiv, das ein Mensch für das Bereuen seiner Sünden haben kann. »So tut nun Buße und bekehrt euch, dass eure Sünden ausgetilgt werden, damit Zeiten der Erquickung kommen vom Angesicht des Herrn und er den euch vorausbestimmten Jesus Christus sende« (Apg. 3,19-20).

DIE NORMALE GEBURT DES CHRISTEN

Wollte man jedoch Buße zum einzigen oder gar hauptsächlichsten Faktor machen, so hieße das, in die Falle einer Do-it-yourself-Erlösung zu tappen. Dann würde mehr betont, was der Mensch für Gott tut, als das, was Gott für den Menschen tut. Den Begriff »Christ« würde man dann im Sinne einer moralischen Reformation auffassen — als die Version der christlichen »Wohltäter«, die man am häufigsten außerhalb der Gemeinde antrifft und die auch innerhalb der Gemeinde nicht unbekannt ist.

Die Bibel lehrt keine Rechtfertigung durch Buße, sondern Rechtfertigung durch Glauben. Die Abkehr von der Sünde durch Buße ist die eigentliche Einleitung zu der im Glauben vollzogenen Hinwendung zu Christus; darauf werden wir später noch zu sprechen kommen.

KAPITEL 3

GLAUBE AN DEN HERRN JESUS

Die Bedeutung des Glaubens für die Initiation des Christen kann kaum überschätzt werden, es sei denn, man geht damit so sehr ins Extrem, dass dadurch die anderen Komponenten unwesentlich werden. Von allen »vier geistlichen Türen« ist diese die entscheidendste, und ohne sie verlieren die anderen drei ihre Bedeutung und Wirkung. Es ist fraglich, ob Menschen wirklich ihre Sünden bereuen, es sei denn, sie haben schon an die Tatsächlichkeit des Gerichts und die Möglichkeit der Errettung geglaubt (was vielleicht erklärt, weshalb Petrus nichts vom Glauben sagte, als ihn die Menge zu Pfingsten fragte, was sie tun sollten; s. Kap. 15). Ein wesentliches Element bei der Wassertaufe ist der Glaube des Täuflings an die Macht Gottes, die jemand auferwecken kann, der tot und begraben ist (Kol. 2,12; s. Kap. 25). Der Heilige Geist wird durch den Glauben empfangen (Gal. 3,2). Der ganze Vorgang der Initiation ist also eine Ausübung und ein Ausdruck des Glaubens. So ist es nicht verwunderlich, dass die einfachste Antwort, die je auf die Frage »Was muss ich tun, dass ich gerettet werde?« lautete: »Glaube an den Herrn Jesus, und du wirst errettet werden« (Apg. 16,30-31).

Können wir voraussetzen — auch bei den evangelikalen Christen — dass verstanden wird, was Glaube ist? Wahrscheinlich nicht völlig. Denn der neutestamentliche

Begriff Glauben hat verschiedene Dimensionen, und man muss darauf achten, nicht einen Aspekt auf Kosten der anderen überzubetonen. Wichtig ist zum Beispiel das mündliche Ausdrücken des Glaubens (Röm. 10,9); doch wenn ein »Bekenntnis des Glaubens« als ausreichender Beweis für das »Glauben« genommen wird, kann daraus ein ernstliches Mißverständnis entstehen, und zwar zum Schaden der Gemeinde wie auch des einzelnen. Es rettet uns nicht, dass wir *sagen,* wir hätten Glauben, sondern nur, dass wir ihn auch wirklich haben. Man muss Glauben nicht nur bekennen und verkündigen, sondern man muss ihn besitzen und praktizieren!

Es gibt fünf grundlegende Aspekte, die — gemäß apostolischer Lehre — vollständigen Glauben darstellen: den historischen, den persönlichen, den verbalen, den praktischen und den kontinuierlichen Aspekt.

Glaube ist historisch

Es ist eine Binsenwahrheit, dass Glaube nicht auf Gefühlen, sondern auf Tatsachen beruht. Aber man kann dies nicht oft genug betonen, besonders in einer existentiell geprägten Kultur, in welcher die subjektive Erfahrung als Prüfstein der Wirklichkeit gilt. Das hat zu dem außergewöhnlichen Extrem geführt, dass man Glauben an den Glauben selbst hat! Viele glauben, es sei der *Akt* des Glaubens und nicht die geglaubten *Tatsachen,* der den Glauben wirksam macht. Irgend etwas glauben sei weitaus besser als nichts glauben, oder volkstümlich ausgedrückt: »Es kommt nicht darauf an, was man glaubt, solange man es ehrlich meint.« Religion wird zu einem Placebo!

In einer solchen Prägung von Relativismus und Leichtgläubigkeit erregt es Anstoß zu behaupten, die Gültigkeit des Glaubens sei abhängig von einer objektiven

DIE NORMALE GEBURT DES CHRISTEN

Realität und nicht von subjektiver Aufrichtigkeit. Doch gerade angesichts des Widerspruchsgeistes unserer Zeit sollten die Christen dazu stehen. Der einzige *rettende* Glaube (was immer auch die anderen Arten von Glauben bewirken mögen oder auch nicht) ist auf historische Tatsachen gegründet, die bereits stattgefunden haben oder noch stattfinden werden.

Die Bibel ist im Grunde genommen eine Geschichte der Welt. Sie beginnt früher und endet später als alle anderen solcher Annalen, vor allem weil ihre Autoren (durch göttliche Offenbarung) Zugang zu jenen Zeitaltern (Vergangenheit und Zukunft) hatten, die kein Mensch aus eigener Anschauung sehen und beschreiben konnte. Nur Gott kann wissen, wie alles anfing und wie alles enden wird, weil er der Ursprung von beidem ist.

Heute ist es notwendiger denn je, mit diesem großen Glaubensrahmen zu beginnen. Früher mag es eine Zeit gegeben haben, wo der Glaube an den einen Gott als Schöpfer der Vergangenheit und Richter der Zukunft in einem »christlichen« Lande vorausgesetzt werden konnte. Das ist angesichts der säkularistischen Philosophie und des religiösen Pluralismus der heutigen Gesellschaft nicht länger der Fall. Es ist notwendig geworden, dass man sich nicht nur danach erkundigt, ob die Menschen an Gott glauben, sondern auch, an welche Art von Gott sie glauben!

Zum Glück sah die Bibel diese Notwendigkeit voraus, mit einem grundlegenden Glauben an »einen guten Gott« zu beginnen. Wer nach Gott sucht, muss zuerst »glauben«, dass er tatsächlich existiert und dass er sich finden lassen will (Hebr. 11,6). Es ist bezeichnend, dass die Apostel bei ihrer Predigt vor heidnischen (im Unterschied zu jüdischen) Zuhörern stets versuchten, diesen »Gottes-Rahmen« (d. h. eine gesunde Vorstellung von Gott) zu erstellen, *bevor* sie Jesus Christus erwähnten (Apg. 14,15-17; 17,22-31).

WIEDERGEBURT

Beim Glauben an Gott geht es allerdings nicht nur um dessen Wirken zu Beginn und am Ende der Geschichte. Der Glaube muss auch die Tatsache akzeptieren, dass Gott zum Heil eines rebellischen Menschengeschlechts in den Geschichtsverlauf eingreift (und sie in »vor Christus« und »nach Christus« einteilt). Zum Glauben gehört die Anerkennung der göttlichen Entscheidung, alle Völker durch ein einziges Volk (die Juden) und jeden einzelnen Menschen durch einen einzigen Menschen (den Juden namens Jesus) zu erreichen. In einem relativistischen Zeitalter, das glaubt, alle hätten *etwas* Wahrheit und niemand hätte die *ganze* Wahrheit, wird dieser »Skandal der Besonderheit« (d. h. die schockierende Tatsache, dass eine spezielle Gruppe von Menschen angesprochen wird) als zutiefst anstößig empfunden. Kaum etwas ist dem modernen Denken ferner als die Vorstellung, dass Juden allgemein und ein einziger Jude im besonderen das Monopol des Heils (Joh. 4,22; 14,6; Apg. 4,12 usw.) besitzen sollten. Doch auch das gehört wesentlich zum rettenden Glauben.

Der Kernpunkt jedoch liegt in jenen entscheidenden Ereignissen, welche den wahren »Angelpunkt der Geschichte« bilden, nämlich im Tod Jesu am Kreuz, seiner Beerdigung in einem Grab (beachten wir, welchen besonderen Platz beides in der Bibel und in den Glaubensbekenntnissen einnimmt) und seiner leiblichen Auferstehung — all das widerfuhr im Verlaufe weniger Tage dem historischen Menschen Jesus von Nazareth (1. Kor. 15,3-4 zählt diese drei Tatsachen als die grundlegendsten des christlichen Glaubens auf). Historische Ereignisse werden in der Bibel jedoch nicht nur genannt, sondern auch erklärt. Zum Glauben gehört beides, dass man die eigentliche *Tatsache* von Ereignissen wie auch die *Bedeutung* derselben akzeptiert. Da der Jesus, der gekreuzigt, begraben und auferweckt wurde, sich dadurch als das erwies, was er von sich behauptet hatte, nämlich Mensch gewordener Sohn Gottes zu sein, nehmen diese Ereignisse eine Bedeutung an, die für die ganze Geschichte und das ganze menschliche Geschlecht Gültigkeit besitzt.

Wenn Gott auf diese Weise die Kontrolle über die Geschichte besitzt, so wird ihr Verlauf nicht durch unpersönlichen Zufall, sondern durch persönliche Wahl, nicht durch materielle Kräfte, sondern durch moralische Entscheidungen bestimmt — im Gegensatz zu der üblichen Ansicht, die Geschichte sei ein zufälliger Zyklus launenhafter Ereignisse. Da Gott jedoch ewig ist, kann man seine Hand im langzeitlichen Geschehen leichter erkennen als im kurzfristigen. Die Ausnahme dazu bildet die kurze Periode, in der sein Sohn auf Erden weilte. Während sein Richten in der Geschichte ein nur langsamer Prozess ist, vollbringt er seine barmherzigen Taten schnell (alleine schon dieser Unterschied ist ein Schlüssel zu seinem Wesen — Jona 4,2). Der Tod und die Auferstehung Jesu sind durch die Sühnung der Sünde und durch die Todesüberwindung zum Kernpunkt der Heilsgeschichte geworden.

Dieses Fortschreiten vom Gott aller Geschichte hin zu dem Jesus der Geschichte war der von den Aposteln gepredigte Glaubensrahmen. So waren zum Beispiel das »Reich Gottes« und der »Name Jesus« Ecksteine der paulinischen Verkündigung (Apg. 28,31); dasselbe trifft auf Philippus zu (Apg. 8,12). So ist dieses »historische« Evangelium sowohl *extensiv* (die »Herrschaft« Gottes ist universal — Ps. 103,19) als auch *intensiv* (Gottes Autorität wird in Jesus, welcher jetzt »Herr über alles« ist, zusammengefasst). Ebenso ist es *exklusiv* gegenüber anderen Glaubensauffassungen und Religionen.

Es ist wichtig, diese historische Grundlage für den rettenden Glauben hervorzuheben. Der gesellschaftliche

Druck gegenüber einem solchen Anspruch ist heute ebenso stark, wie er es zur Zeit des Römischen Reiches war, wenn nicht sogar noch stärker. Doch dieser Glaube überwand damals die Welt (1. Joh. 5,5), und er kann es wieder tun!

Glaube ist persönlich

Wollte man bei der historischen Dimension stehenbleiben, so hieße das, den Glauben in ein Glaubensbekenntnis, in eine intellektuelle Zustimmung umzuwandeln. Gewiss, die Glaubensbekenntnisse wurden genau zu dem Zweck verfaßt, das wesentliche historische Element (die Tatsachen und ihre Bedeutung) für zukünftige Generationen zu sichern. Dennoch ist es möglich, Glaubensbekenntnisse aufrichtig und sogar überzeugt, jedoch ohne jene Beziehung und Hingabe zu rezitieren, die zu den wesentlichen Bestandteilen des rettenden Glaubens gehören. Zugegeben, die Glaubensbekenntnisse beginnen auf persönliche Weise (*»Ich* glaube ...«), was jedoch dabei fehlt, ist, das Glaubensbekenntnis auf ganz persönliche Weise anzuwenden. Zu sagen: »Ich glaube, das ist wahr«, ist nicht dasselbe wie: »Das ist auch für mich wahr.« Zu glauben, dass Jesus der Retter der Welt ist, bedeutet nicht dasselbe wie zu glauben, dass er mein Retter ist. Von Jesus »Zeugnis ablegen« setzt ein persönliches Erleben wie auch ein übermitteltes, unpersönliches Credo voraus!

Christlicher Glaube bedeutet nicht, an eine Anzahl von Glaubenssätzen, sondern an eine einzige Person zu glauben. Er bedeutet nicht, einfach zu glauben, *dass* Jesus starb und auferstand; er bedeutet vielmehr, *an* Jesus zu glauben, der starb und auferstand. Der Austausch des Verhältniswortes ist entscheidend, bezeichnet er doch die Übertragung des Glaubens vom Verstand (wo er richtigerweise beginnt) auf den Willen (der sozusagen die Festung unserer Persönlichkeit ist, sehr ähnlich dem, was die Bibel unter »Herz« versteht). Es ist eine Verlagerung vom Objektiven (Information über Jesus) hin zum Subjektiven (Vertrauen in Jesus). Während wir im vorangehenden Abschnitt auf die Gefahr eines subjektiven Glaubens ohne objektiven Inhalt aufmerksam machten, müssen wir uns jetzt vor der gegenteiligen Gefahr hüten.

Vielleicht ist es bezeichnend, dass die neutestamentlichen Schreiber (und speziell Johannes) gewöhnlich das Zeitwort »glauben« dem Hauptwort »Glaube« vorziehen und damit hervorheben, dass es eher etwas mit Handeln als mit Haben zu tun hat. Obwohl sie manchmal vom Glauben als einer »Verkörperung der Wahrheit« reden (gewöhnlich mit dem bestimmten Artikel, wie bei »der Glaube«, vor allem in den paulinischen Pastoralbriefen an Timotheus und Titus), ist die allgemeine Wortbedeutung von Glaube »Vertrauenshaltung«.

Solch eine vertrauende Haltung bedingt gehorsames Handeln. Das Wort Marias an die Diener in Kana (»Was er euch sagen mag, tut« — Joh. 2,5) ist ein tiefempfundener Ausdruck des Glaubens an ihren Sohn. Oder theologischer gesagt: Glaube an Jesus bedeutet, ihm als Herrn zu gehorchen und als Heiland zu vertrauen. Wenn wir jemandem wirklich vertrauen, werden wir nicht zögern zu tun, was er uns sagt. (Aus diesem Grund ist die Taufe so wichtig für den Glauben und deshalb auch für das Heil; wenn wir sagen, dass wir ihm vertrauen, dabei aber nicht getan haben, was er uns als erstes befohlen hat, dann ist dies ein Widerspruch, wenn nicht gar pure Heuchelei.)

Doch auch Gehorsam kann ziemlich unpersönlich sein, wenn er auf das im Neuen Testament erwähnte »Gesetz Christi« beschränkt ist. Wenn der Kern des Glaubens ein persönliches Verhältnis zum auferstandenen Jesus ist (am besten ausgedrückt mit dem biblischen Begriff des »Erkennens« einer Person — Joh. 17,3; vgl. 1. Mo. 4,1), dann wird der Gehorsam seinen geschriebenen Geboten gegenüber und sogar auch die Überzeugung, dass sein Sühnetod wirksam und persönlich anwendbar ist, eine solche Vertrautheit kaum fördern können. Etwas anderes ist notwendig...

Glaube ist verbal

Es ist eine moderne Irrlehre, dass das mündliche Aussprechen eines Wunsches tatsächlich seine Erfüllung herbeiführe (»Bekenne und besitze«), entweder psychologisch in einem selber oder parapsychologisch in anderen. Das hat mehr zu tun mit der heidnischen Vorstellung von den sogenannten, dem Menschen innewohnenden göttlichen Kräften, als mit dem Glauben an den biblischen Gott. Eine solche Philosophie enthält jedoch ein gewisses Wahrheitselement, nämlich insofern, als unsere Worte unsere Gedanken sowohl verstärken als auch widerspiegeln.

Das Neue Testament lehrt deutlich, dass Glaube in Worte gekleidet werden muss. Aber die Betonung liegt nicht auf den Personen, *durch* welche sie ausgesprochen werden, sondern auf den Personen, *an* die sie gerichtet sind. Bloßes Wortemachen kann im Alleinsein geschehen, aber mit sich selbst reden (so aufbauend oder gewinnbringend es sein mag!) ist gewöhnlich kein Zeichen geistiger Stabilität, geschweige denn geistlichen Nutzens. Rettender Glaube drückt sich im Reden zu anderen aus. Nur für die Ohren der Zuhörer wird der Glaube laut ausgesprochen, und nur durch ihr Hören werden die Worte des Glaubens wirksam.

Das erste und vornehmste Beispiel dieses verbalen Ausdrucks ist, wenn ein Heilsuchender Jesus direkt mit seinem Namen anredet. In diesem Sinne zitiert Petrus in

DIE NORMALE GEBURT DES CHRISTEN

seiner ersten Predigt zu Pfingsten Joel (»... jeder, der den Namen des Herr anrufen wird, wird errettet werden« — Joel 2,32 in Apg. 2,21), und es wurde bald offenbar, dass er diese Weissagung als Hinweis auf Jesus interpretierte. Es ist wirklich bemerkenswert, wie häufig der »Name« Jesu später in der Apostelgeschichte genannt wird (2,38; 3,6; 4,7.10.12.17.18.30; 5,28.40.41 usw.). Weitere beiläufige Bezugnahmen sind Hinweise dafür, dass Neubekehrte ermutigt wurden, Jesus mit Namen »anzurufen«, besonders bei ihrer Taufe (Apg. 22,16).

Die Evangelien sind voller Beispiele von Männern und Frauen, die genau das taten. Ein klassisches Beispiel ist der Blinde, der sich weigerte zu schweigen, bis Jesus ihn hörte (Mark. 10,46-52). Die Worte Jesu an ihn: »Geh hin, dein Glaube hat dich geheilt« dürfen nicht so verstanden werden, als hätte er sich durch sein lautes Rufen selber gesund gemacht, sondern seine beharrlichen Worte waren das Instrument, durch welches die Heilungskraft Jesu für seinen Leib freigesetzt wurde. Dass die Evangelienschreiber so viele Begebenheiten wie diese aufzeichneten, mag seinen Grund gerade darin haben, dass spätere Generationen ermutigt werden sollten, Gleiches zu tun, obwohl sie nicht in der Lage sein würden, Jesus mit ihren leiblichen Sinnen zu sehen oder zu hören — aber schließlich hatte der Blinde von Jericho ihn ja auch nicht sehen können!

Jesus laut bei seinem Namen anzureden, ist Ausdruck des Glaubens an seine Gegenwart und auch an seine fortgesetzte Existenz. Und genau weil er lebt und (durch seinen Geist) gegenwärtig ist, sind solche Worte so wirksam. »Ich schrie zum Herrn, und er erhörte mich ...« trifft auf Jesus im Neuen Testament ebenso zu wie auf Jahwe im Alten Testament.

Es ist höchst unwahrscheinlich, dass sich ein liturgisches Rezitieren als »Wort des Glaubens« qualifiziert. Gott allein weiß, wie viele Glieder einer Gemeinde, die im Gottesdienst an einer bestimmten Stelle die Worte »Christus, erbarme Dich unser« wiederholen, wirklich sein Erbarmen suchen (oder sich überhaupt bewusst sind, wie sehr sie dieses brauchen). Gewöhnlich ist es kein echter Hilfeschrei, wenn man die Worte eines anderen wiederholt, es sei denn, sie kommen einem spontan in den Sinn (s. Kap. 31, wo sich ein Kritiker über die Verwendung des »Sündergebetes« in Evangelisationsversammlungen äußert). »Schreien« wird ein Mensch bei echter Gefahr oder in großer Angst. In unserem Zusammenhang bedeutet das, dass derjenige Mensch schreit, der sich der dringenden Notwendigkeit bewusst ist, »gerettet« zu werden.

Die Aussage von Paulus über die Notwendigkeit, den Glauben in Worte zu fassen, ist wahrscheinlich die am meisten zitierte (»... dass, wenn du mit deinem Mund Jesus als Herrn bekennen und in deinem Herzen glauben wirst, dass Gott ihn aus den Toten auferweckt hat, du errettet werden wirst. Denn mit dem Herzen wird geglaubt zur Gerechtigkeit, und mit dem Mund wird bekannt zum Heil« — Röm. 10,9-10). Aber man muss sorgfältig damit umgehen. Er wendet auf das Evangelium ein Prinzip an, das ursprünglich von Mose mit dem Gesetz in Verbindung gebracht wurde (5. Mo. 30,11-14). Das gemeinsame Element der beiden ist die »Gerechtigkeit«, vom Gesetz gefordert und vom Evangelium angeboten. In beiden Fällen ist diese »Gerechtigkeit« kein unerreichbarer Standard, sondern sie ist dem Menschen so nahe wie die Worte, die er ausspricht; ja, sie mit der Sprache auszudrücken, ist der erste Schritt dazu, sie zu erlangen (vgl. Jos. 1,8). Im Falle der Gesetzesgerechtigkeit bedurfte es des Rezitierens des mosaischen Gesetzes; aber im Falle der Glaubensgerechtigkeit bedingt es das Bekenntnis des Herr-Seins Jesu. Beachten wir, dass die Gebote durch Christus als den »Weg« der Gerechtigkeit ersetzt wurden.

Aber wem gegenüber bekennen? Die meisten Bibelausleger haben ohne weiteres angenommen, dass es sich um ein Bekenntnis vor Menschen handle, entweder als Glaubensaussage zusammen mit anderen Gläubigen (Übersetzungen, in denen die Worte »Jesus ist Herr« in Kommata eingeschlossen werden, verleiten zu dieser Interpretation) oder als einfaches Zeugnis gegenüber Ungläubigen. Doch in dem Textzusammenhang ist vom Vertrauen auf Gott und vom Anrufen seines Namens die Rede (s. Verse 11-13), und darum könnte der Hauptbezug sehr wohl der sein, dass man Jesus selbst als Herrn anredet (so wie Paulus selber es auf der Straße nach Damaskus getan hatte — Apg. 22,8-10).

Die beiden Richtungen eines solchen »Bekennens« schließen sich jedoch nicht gegenseitig aus. Möglicherweise hatte Paulus eine doppelte Anwendung im Sinn. Das direkte Bekenntnis Jesus gegenüber, dass er Herr ist, muss dasselbe Bekenntnis vor anderen nach sich ziehen, besonders vor jenen, die noch nicht daran glauben, obgleich sie eines Tages seine Stellung anerkennen werden müssen (Phil. 2,9-11). Es ist ein in den Evangelien und in den Briefen immer wiederkehrender Leitgedanke, dass ein unauflöslicher Zusammenhang besteht zwischen dem Bekenntnis, das wir vor Menschen von unserer Beziehung zu Christus ablegen, und dem Bekenntnis, das er vor dem Vater von seiner Beziehung zu uns ablegt (Matth. 10,32-33; 2. Tim. 2,11-13).

Wenn wir vor Jesus selber bekennen, dass wir seine Herrschaft anerkennen, so ist dies ein Glaubensakt, durch den wir seine Gerechtigkeit in unserem Leben erlangen können; dies vor anderen zu bekennen, ist ein unbedingt notwendiger Glaubensakt! Ein solches Bekenntnis mag der allererste reale »Akt« des Glaubens sein, den ein Jünger vollzieht, aber es darf nicht der letzte sein.

Glaube ist praktisch

Wir haben bereits festgestellt, dass Glaube weniger etwas ist, das wir haben, sondern eher etwas, das wir tun (daher zieht das Neue Testament das Zeitwort dem Hauptwort vor). Johannes berichtet von einem interessanten Gespräch zwischen Jesus und der Menschenmenge. Sie fragten ihn: »Was sollen wir tun, damit wir die Werke Gottes wirken?« Und sie bekamen zur Antwort: »Dies ist das Werk Gottes, dass ihr an den glaubt, den er gesandt hat« (Joh. 6,28-29). Ein Evangelikaler von heute hätte wahrscheinlich geantwortet: »Ihr müßt überhaupt gar nicht probieren, irgendwelche Werke zu tun; glaubt einfach!« Aber das wäre eine übertriebene Vereinfachung. Glauben heißt, dem »Glauben gehorsam« sein (Apg. 6,7). Neutestamentlicher Glaube ist sehr praktisch.

Es ist sehr schade, dass das Wort »Werke« einen solch negativen Beiklang bekommen hat, besonders bei denen, die ihre Theologie zum großen Teil, wenn nicht sogar ganz, auf der paulinischen Lehre aufbauen. In Wirklichkeit ist dieses Wort ganz neutral und nimmt nur durch die Verbindung mit anderen Begriffen einen positiven oder negativen Klang an. Es ist wichtig, sich bewusst zu sein, dass Paulus, wenn er auf die »Gesetzeswerke« Bezug nimmt, gewöhnlich mit Nachdruck vor der Annahme warnt, man könne damit irgendein Verdienst erlangen (oder sich sogar durch regelrechte Leistung verschaffen!), besonders wenn es um die Frage der Rechtfertigung geht. Während wir jedoch unmöglich *durch* solche Werke gerettet werden können (Eph. 2,9), betont Paulus ebenso stark, dass wir *für* »gute Werke« gerettet werden (Eph. 2,10). Wir können von der falschen Vorstellung der »Gesetzeswerke« derart besessen sein, dass wir blind werden für den richtigen Platz

DIE NORMALE GEBURT DES CHRISTEN

von »Liebeswerken« (d. h. »guten Werken«) sowie — im Sinne unserer Diskussion — von »Glaubenswerken«.

Denn das Wort »Werke« bedeutet ganz einfach »Taten«. Es bedeutet, etwas in die Praxis umzusetzen. So versteht es Jakobus, wenn er ganz richtig sagt, »Glaube ohne Werke (Handlungen) ist tot« (Jak. 2,20) und taugt nicht dazu, jemanden zu erretten! Er widerspricht Paulus nicht, sondern ergänzt ihn, wenn er hinzufügt: »Ihr seht also, dass ein Mensch aus Werken gerechtfertigt wird und nicht aus Glauben allein« (Jak. 2,24 — oft fälschlicherweise betrachtet als im Gegensatz stehend zu Texten wie Gal. 2,16). Paulus denkt an »Gesetzeswerke«, Jakobus denkt an »Glaubenswerke«. Die Beispiele, die Jakobus zur Beleuchtung seines Punktes wählt (die Hure Rahab und der Patriarch Abraham), zeigen, dass er moralische Leistungen überhaupt nicht in Betracht zog. Beide riskierten ihre ganze Zukunft, weil sie Gott vertrauten (all das wird in Kap. 28 näher ausgeführt). Jakobus unterstreicht nachdrücklich, was er vorher im selben Kapitel zum Ausdruck gebracht hat, nämlich dass ein Glaubensbekenntnis an sich nicht dem rettenden Glauben entspricht, wenn sonst weiter nichts geschieht. Er weist darauf hin, dass die Dämonen auch überzeugte Monotheisten seien, obwohl sie keine Gläubigen sind (Jak. 2,19)! Paulus und Jakobus waren sich sicher einig, dass »Rechtfertigung durch Glaubenswerke allein« kommt. Es ist der Glaube in Aktion, welcher errettet.

Es gibt noch einen anderen neutestamentlichen Autor, der einen tiefgehenden Beitrag zu unserem Verständnis dieses praktischen Glaubensaspektes beisteuert: der unbekannte Verfasser des Hebräerbriefes (über Hintergrund und Zweck dieses einzigartigen Briefes, s. Kap. 27). Hebräer 11 ist eine klassische Auslegung vom Wesen des Glaubens. Er zeigt nicht nur, was er ist (»Eine Verwirklichung dessen, was man hofft, ein Überführtsein von Dingen, die man nicht sieht« — V.1), sondern vor allem auch, was er tut: das Unsichtbare ins Sichtbare zu übertragen, die Zukunft in die Gegenwart, das Himmlische in das Irdische, das Dort-und-Dann ins Hier-und-Jetzt. Die von ihm angeführten Beispiele sind alles »Glaubenswerke« und zeugen von dem, was Männer und Frauen *taten*, weil sie auf den Herrn vertrauten: Abel brachte das richtige Opfer dar; Henoch wandelte mit Gott (direkt in den Himmel!); Noah baute die Arche; Abraham tauschte im Alter von achtzig Jahren seine Heimat für ein Zelt ein, hatte Verkehr mit seiner nicht mehr ganz jungen Frau und war willig, seinen Sohn zu töten; Isaak und Jakob überließen ihre Besitztümer Söhnen, die nicht die ihren waren; Joseph traf Vorkehrungen für sein eigenes Begräbnis in einem Lande, das er seit seiner Jugend nie mehr gesehen hatte; Moses Eltern riskierten ihr Leben, als sie ihr Baby versteckten; Mose selber verließ einen Palast, um seine versklavten Volksgenossen in eine Falle zwischen einer Armee und dem Meer zu führen; Josua marschierte um Stadtmauern herum; Rahab verbarg die Spione und so weiter. Kein Wort darüber, was sie über ihren Glauben dachten oder fühlten; es wird nur gesagt, was sie damit anfingen! Obgleich es sich bei allen um Beispiele aus der jüdischen Geschichte handelt (passend für einen Brief an »Hebräer«), sind sie doch auch Vorbilder für den christlichen Glauben — und warten in der Tat darauf, dass Gläubige »gleichziehen« (V. 40)! Ihre innere Zuversicht im Blick auf die Zukunft bewies sich in ihrem äußerlichen Verhalten in der Gegenwart.

Mit anderen Worten: Glaube bedeutet nicht einfach, die Wahrheit des Wortes Gottes *anzunehmen*, sondern auch aufgrund dieser Wahrheit zu *handeln*. Damit ist immer ein Stück Risiko verbunden: Wenn es nicht stimmt, bedeutet es Zukunftsverlust; wenn es stimmt, so bedeutet es Zukunftsgewinn. Doch die auf Vertrauen und Gehorsam gegründeten Handlungen müssen beibehalten werden, bis der Glaube zum Schauen wird (beachten wir die wunderbare Aussage in Vers 13: »Diese alle lebten noch im Glauben, als sie starben« — so der englische Wortlaut), und das bedeutet:

Glaube ist kontinuierlich

Es gehört auch zum Wesen des Glaubens, dass er *nicht aufhört*, auf Gottes Wort hin zu handeln. Aus diesem Grund fährt derselbe Brief an die Hebräer fort, die Gläubigen zu ermahnen, dem Beispiel der alttestamentlichen Heiligen zu folgen und »mit *Ausdauer* zu laufen«, den Blick auf Jesus gerichtet, den Anfänger und Vollender ihres Glaubens (d. h. denjenigen, der ihn ins Leben ruft und der ihn zum Ende führt), auf den, der um der vor ihm liegenden Freude willen bis ans bittere Ende durchhielt (Hebr. 12,1-2).

Schon das Alte Testament hatte damit begonnen, den Nachdruck auf die Kontinuierlichkeit des Glaubens zu legen. Als Habakuk befürchtete, dass das drohende Gericht Gottes in Gestalt einer babylonischen Invasion nicht zwischen den wenigen Gerechten und den vielen gottlosen Menschen in Israel unterscheiden würde, versicherte Gott ihm, dass »der Gerechte durch seinen Glauben leben« werde (Hab. 2,4). Das mit »Glaube« übersetzte Wort erscheint nicht häufig im Alten Testament, und wo es vorkommt, bedeutet es immer soviel wie »Treue, Ehrlichkeit, einer Sache den Glauben halten« (das hebräische Wort ist *emunah);* es ist etwas, wovon man sagt, es ist »zerbrochen«, wenn es nicht bewahrt wird. Das Wort »leben« in diesem Textzusammenhang bedeutet einfach, »das kommende Gericht überleben«. Der »Gerechte« bezieht sich auf solche, die Gott (nicht der Mensch) mit seinen Augen als gerecht betrachtet. So können wir den Text in Habakuk wie folgt umschreiben:

»Diejenigen, welche Gott als gerecht betrachtet, werden das kommende Gericht überleben, indem sie im *Glauben festhalten*.« Der Prophet selber war einer von denen, die durch alles Unheil hindurch den Glauben an den Gott Israels festhielten, auch als die babylonischen Invasoren alle Bäume und Tiere vernichteten, wie es ihre grausame Sitte war (Hab. 2,17; 3,17-18).

Dieser »goldene Text« Habakuks wird im Neuen Testament wiederholt zitiert (und wurde Jahrhunderte später zur Parole der Reformation). Wo sich die apostolischen Schreiber darauf bezogen, lag der Nachdruck stets auf der Kontinuierlichkeit des Glaubens, auf dem Festhalten am Glauben an Gott. Aus diesem Grunde zitiert auch Paulus dieses Wort (»aus Glauben zum Glauben« — Röm. 1,17), und der Verfasser des Hebräerbriefes streicht denselben Punkt heraus (»Wenn er sich zurückzieht«, ein nautischer Ausdruck für das Einholen der Segel — Hebr. 10,38).

Im Griechischen sind — ähnlich wie im Hebräischen — »Glaube« und »Treue« genau dasselbe Wort *(pistis)*. Einerseits wird es als eine Gabe des Geistes übersetzt (1. Kor. 12,9) und andererseits als eine Frucht des Geistes (Gal. 5,22). Darum ist es manchmal wirklich schwierig zu wissen, welche Übersetzung man verwenden soll; man muss die Bedeutung aus dem Zusammenhang ableiten. Voller Glauben sein ist dasselbe wie »treu« sein.

Ein anderer Hinweis auf die Kontinuierlichkeit des Glaubens findet sich in den griechischen Zeitformen des Wortes »glauben«. Wenn der erste Glaubensschritt gemeint ist, der zum neuen Leben eines Glaubenden führt, so wird die Vergangenheitsform Aorist gebraucht, die sich auf ein einzelnes Geschehen oder einen bestimmten Moment bezieht (Beispiele dafür sind Apg. 16,31; 19,2). Aber an vielen Stellen wird die Gegenwartsform gebraucht, die auf eine fortgesetzte Handlung oder im Gegensatz zu etwas

DIE NORMALE GEBURT DES CHRISTEN

Vergangenem auf die Gegenwart hinweist. Besonders Johannes bevorzugt diese Form: »Denn so hat Gott die Welt geliebt, damit jeder, der an ihn glaubt [d. h. *weiter* glaubt oder *jetzt* glaubt], nicht verlorengehe, sondern ewiges Leben habe [d. h. hier und jetzt und nicht erst in der Zukunft — s. V. 36]« (Joh. 3,16). »Dies ist das Werk Gottes, dass ihr an den glaubt [d. h. *weiter* glaubt oder gläubig seid], den er gesandt hat« (Joh. 6,29). »Diese aber sind geschrieben, damit ihr glaubt [d. h. *weiter* glaubt oder jetzt glaubt], dass Jesus der Christus ist, der Sohn Gottes, und damit ihr durch den [anhaltenden] Glauben [weiterhin] Leben habt in seinem Namen« (Joh. 20,31). (Beachten wir, dass sich deshalb das Johannesevangelium besser für Gläubige als für Ungläubige eignet, da sein Ziel nicht vorrangig darin besteht, Leser zum Glauben zu bringen, sondern im Glauben zu erhalten. Das erklärt auch, weshalb es später geschrieben wurde als die drei synoptischen Evangelien.)

Paulus blieb nie bei seinem *zurückliegenden* Glaubensschritt auf seinem Weg nach Damaskus stehen. Mitten im Verlaufe seines Pilgerweges stützte er sich auf einen *gegenwärtigen* Glauben: »Was ich aber jetzt im Fleisch lebe, lebe ich im Glauben an den Sohn Gottes ...« (Gal. 2,20). Gegen Ende seines Lebens konnte er sagen: »Ich habe den Glauben bewahrt« (2. Tim. 4,7). Seine Belehrungen sind voll von ermahnenden Hinweisen, wie notwendig es ist, im Glauben »zu verharren« (Apg. 11,23; 14,22; Röm. 11,22; 1. Kor. 15,2; Kol. 1,23; 1. Tim. 2,15). Es gibt auch die schlechte Nachricht von solchen, die »vom Glauben abgeirrt« sind (1. Tim. 6,10.21) und sogar »im Glauben Schiffbruch erlitten« haben (1. Tim. 1,19). Kein Wunder, dass er die Korinther ermahnt: »Prüft euch, ob ihr im Glauben seid (d. h. *jetzt*); untersucht euch« (2. Kor. 13,5).

Was dieses Zeugnis sagen will, ist klar: Wahrer Glaube

bedeutet »Glauben halten«. Wahrer Glaube ist das, womit wir ans Ziel kommen, und nicht das, womit wir anfangen. Rechtfertigung kann in einem Augenblick des Glaubens unser sein; Heiligung und Verherrlichung sind die Resultate eines lebenslangen Glaubens. (Was das für die Aussage »Einmal gerettet — für immer gerettet« bedeutet, soll in Kapitel 27 eingehender besprochen werden, wo die Aussagen des Hebräerbriefes über »Abtrünnigkeit« behandelt werden, und in Kapitel 36 geht es um die Frage, wann ein Mensch »gerettet« ist.)

Rettender Glaube ist nicht nur ein *Schritt;* er ist ein *Wandel,* eine Aufeinanderfolge von Schritten, die sich von diesem Leben bis hinein in das kommende Leben erstreckt (1. Kor. 13,13). Hat ein Mensch sein Vertrauen auf den Herrn Jesus Christus gesetzt, besteht der nächste Schritt darin, sich im Wasser taufen zu lassen ...

KAPITEL 4

LASS DICH IM WASSER TAUFEN

Dass die Taufe als ein wesentliches Element zur christlichen Initiation gehört, verursacht vielerorts Unbehagen. Da bei der Taufe eine offensichtlich *menschliche* Handlung betont wird, befürchten manche, dass hierdurch einer »Erlösung durch Werke« Vorschub geleistet und die Lehre von der »Rechtfertigung allein durch den Glauben« kompromittiert werde. Allerdings scheint es ihnen aber, wie bereits erwähnt, nichts auszumachen, zum Glauben die Buße oder das Bekenntnis mit dem Munde »hinzuzufügen«. Die eigentliche Ursache für die Beunruhigung über die Taufe liegt tiefer, und zwar vor allem in der Frage nach ihrer »Notwendigkeit«.

Das Hauptproblem entsteht dadurch, dass die Taufe als solche eine physische Handlung ist, während die christliche Initiation doch in erster Linie ein »geistlicher« Vorgang sein soll. Was hat denn ein körperlicher Ritus für Auswirkungen auf moralische Realitäten (oder wie kann er sogar repräsentativ für diese sein)? Beim näheren Betrachten der anderen drei Bestandteile der christlichen Initiation werden wir bestätigt finden, dass auch diese jeweils einen physischen Aspekt beinhalten. Buße kann etwas mit Kleidung (Luk. 3,11), Geld (Luk. 19,8) und Büchern (Apg. 19,19) zu tun haben. Glaube hat mit dem Gebrauch des Mundes zu tun (Röm. 10,10, hier spielt das Reden sogar für die Errettung des Menschen eine Rolle). Der Empfang des Geistes ist oft mit einem Auflegen der Hände verbunden (Apg. 8,17; 9,17; 19,6). Doch wir »empfinden« diese drei Elemente vorwiegend als geistlich und nicht als physisch, die Taufe hingegen mehr physisch als geistlich! Aber es fragt sich, weshalb dieser Umstand überhaupt ein großes Problem sein sollte?

Die Unfähigkeit, das Körperliche mit dem Geistlichen zu verbinden, scheint ein typisches Leiden der westlichen Welt zu sein und hat ihre Wurzeln in den von der griechischen Philosophie beeinflußten Denkschemata. In der griechischen Philosophie war die Trennung zwischen physischen und geistlichen »Welten« von grundlegender Bedeutung. Das hatte für das Verhalten der Griechen weitreichende Folgen und führte sowohl bei der Genußsucht wie auch bei der Enthaltsamkeit zu Extremen. Es wirkte sich auch auf ihre Weltanschauungen aus. Große Debatten entbrannten darüber, was denn »realer« sei, die physische Welt (Aristoteles) oder die geistige Welt (Platon). Im Westen folgte das »säkulare« Denken Aristoteles, während das »heilige« Denken sich an Platon orientierte. Das hat zu einer übermäßigen »Vergeistigung« im Christentum geführt (welche — ironischerweise — mehr mit östlichem Mystizismus gemein hat). Diese Denkweise bildet den Hintergrund für das Verständnis vom »Sakrament« als »einem äußerlichen und sichtbaren Zeichen einer inwendigen und geistlichen Gnade«. Darum sehen viele im Wasser der Taufe ein »bloßes« Symbol, während der »reale« Teil für sie völlig »geistlich« ist. Diese Unterscheidung zwischen »äußerlichen« und »inwendigen« Aspekten könnte sogar die Möglichkeit nahelegen, die »geistliche Realität« der Taufe ohne den physischen Ritus zu erlangen.

Manche glauben aufrichtig, das Neue Testament selber begünstige diese Trennung zwischen physischen und geistigen »Welten«. Sie berufen sich darauf, dass die Propheten des Alten Testaments die Realität vor dem Ritual betonten (s. z. B. Jes. 58,6-7 und Hos. 6,6). Sie sehen den Höhepunkt dieser

DIE NORMALE GEBURT DES CHRISTEN

Entwicklung darin, dass Jesus eine gleichgültige Haltung gegenüber äußerlichen Reinigungsritualen (Mark. 7,1-23) einnimmt, dafür aber auf der Reinheit des menschlichen Herzens besteht. Ähnlich verhält es sich mit dem vom Apostel erwähnten prophetischen Begriff der Herzensbeschneidung (5. Mo. 10,16; Kol. 2,11). Vor allem aber stellt der Hebräerbrief die »irdischen«, physischen Sinnbilder des »alten« Bundes (Tempel, Altäre, Opfer, Priesterschaft, Dienstkleidung, Weihrauch usw.) den »himmlischen«, geistlichen Sinnbildern des »neuen« Bundes gegenüber. Deshalb sollten sich die Gläubigen auf das Geistliche konzentrieren und das Physische unbeachtet lassen.

Aber das ist nicht die ganze Wahrheit über den »neuen« Bund. Derselbe Jesus, der der rituellen Waschung vor den Mahlzeiten kritisch gegenüberstand, befahl die Taufe für alle seine Nachfolger (Matth. 28,19; s. Kap. 7). Derselbe Paulus, der von der Beschneidung des Herzens sprach, brachte sie mit der Taufe in Zusammenhang (Kol. 2,11-12; s. Kap. 25). Derselbe Verfasser des Hebräerbriefes sprach von der Notwendigkeit, mit *Leibern*, gewaschen in reinem Wasser, zu Gott zu kommen (Hebr. 10,22; s. Kap. 27). Denn sie alle waren keine Griechen, sondern Juden. Hebräisches Denken machte nie den Fehler, das Geistliche und das Physische voneinander zu trennen, da Gott, der Geist ist, die materielle Welt erschuf, die bejaht und genossen werden sollte. Die Bibel verurteilt Askese als Irrlehre! Sexuelle Beziehungen besitzen eine geistliche Bedeutung (nur das griechische Denken betrachtet die Ehelosigkeit als besseren Stand als die Ehe).

In der Heiligen Schrift dienen physische Dinge nicht nur als Metaphern und Analogien für geistliche Belange; das Physische kann das eigentliche Instrument zur Übermittlung des Geistlichen sein. Dieses Prinzip war von Anfang an gültig, von den Bäumen des Lebens und der Erkenntnis in Eden bis hin zum Lehm und zum Speichel, mit denen

Jesus Blindheit heilte. Seinen höchsten Ausdruck findet es in der Inkarnation selber — das Wort wurde Fleisch. Es war sein *Leib,* an welchem Jesus unsere Sünden ans Kreuz hinauftrug (1. Petr. 2,24), und es war die Auferstehung seines *Leibes,* die die Hoffnung des ewigen Lebens hervorbrachte. So ist es nicht verwunderlich, dass man das Christentum »die materialistischste aller Weltreligionen« genannt hat (eine Bemerkung, die dem Erzbischof William Temple zugeschrieben wird).

Es ist keine überraschende Feststellung, dass der Herr seinen Jüngern gebot, sich zwei physischen Handlungen zu unterziehen, der einen, um das Leben eines Jünger zu beginnen, und der anderen, um damit fortzufahren. Beide sollten sie tiefe Wirkungen hervorbringen. In Bezug auf das Abendmahl beschreibt Paulus im Detail die positiven Auswirkungen der »Gemeinschaft« und die negativen Auswirkungen der »Verdammung«, die von diesem »Sakrament« ausgehen können (1. Kor. 10-11).

Nachdem wir eine »griechische« Definition des Wortes »Sakrament« gegeben haben, wollen wir nun den Versuch einer »hebräischen« unternehmen. *Es ist »ein physisches Geschehen mit einer geistlichen Wirkung«.* In Anlehnung an diese Definition können wir an unser Studium der Taufe und ihrer Rolle bei der christlichen Initiation herangehen, wobei wir vier grundlegende Fragen stellen: Wo, wie, warum und wann wurde sie vollzogen?

Wo wurde getauft?

Woher stammt die Taufpraxis? Wer begann damit? Der Begriff der rituellen Reinigung ist quasi weltweit vorhanden — vom Baden des Bräutigams vor der Hochzeit — eine uralte und weitverbreitete Praxis — bis hin zum zwanghaften Händewaschen, für die heutigen Psychiater ein wohlbekanntes Phänomen. Doch wann nahm sie einen speziellen religiösen Charakter an, und welches sind die Wurzeln dieses Brauches im Christentum?

Es ist unwahrscheinlich, dass die Wurzeln der neutestamentlichen Taufe in heidnischen Religionen zu finden sind (obgleich die Erwähnung der Taufe »für die Toten« in 1. Kor. 15,29 einen Hinweis in dieser Richtung enthalten mag; s. Kap. 24). Weitaus wahrscheinlicher ist, dass die Taufe jüdischen Ursprungs ist. Auf jeden Fall enthält das Alte Testament Einzelheiten über rituelle Waschungen, besonders in Verbindung mit der Priesterschaft. Die Propheten erwarteten für die Zukunft ebenfalls eine tiefe Reinigung des Volkes (beachten wir das »reine Wasser« in Hes. 36,25).

Auch die rituellen Bäder der Gemeinschaft der Essener in Qumran zeugen davon, dass wenigstens in einem Zweig der jüdischen Tradition die regelmäßige Reinigung durch Untertauchen bekannt war. Die zeitliche wie örtliche Nähe dieser Praxis zum Dienst von Johannes und Jesus ist auffallend. Allerdings ist diese mögliche gedankliche Verbindung noch keinerlei Beweis für eine direkte Verbindung, vor allem auch nicht in der Vorstellung jener Menschen, die im Jordan getauft wurden. In ihren Augen trennten sie sich nicht von ihrer Gesellschaft wie die Essener, sondern von ihren Sünden — sie antworteten damit auf die erste prophetische Stimme nach vielen Jahrhunderten (beachten wir, dass Johannes sich kleidete wie Elias) sowie auf die Ankündigung der unmittelbar bevorstehenden Ankunft des Messias.

Viele Bibelgelehrte glaubten, einen Präzedenzfall in der jüdischen »Taufe von Neubekehrten« zu erkennen, die sich in der Diaspora (der »Zerstreuung« der Juden außerhalb ihres Landes) herausgebildet hatte und dazu diente, heidnische Anhänger des Judentums auf die volle Zugehörigkeit zum jüdischen Volk vorzubereiten. Doch der früheste konkrete

Beweis für diese Praxis stammt vom Ende des ersten Jahrhunderts nach Christus, so dass wir nicht wissen, ob sie bereits in den Tagen Jesu allgemein bekannt war. Jedenfalls bestanden echte Unterschiede zur christlichen Taufe. Sie war begleitet von der Beschneidung; es war eine »Selbsttaufe«. Vollzogen wurde sie an ganzen Familien, *nicht* aber an später geborenen Babys; und vor allem diente sie dazu, eine rassische Befleckung, nicht aber moralische Schuld zu beseitigen. Wenn sie schon bekannt war, bevor Johannes der Täufer zu wirken begann, wie anstößig muss es dann gewesen sein, sie von *Juden* zu verlangen!

Auch unter Einbeziehung dieser Umstände gehen wir kaum fehl, wenn wir die Taufe als originale Praxis betrachten, die Johannes aufgrund einer direkten Offenbarung und eines göttlichen Befehls einführte, wenngleich sie ohne weiteres vor dem Hintergrund all der leiblichen und geistlichen Reinigungen mit Wasser verstanden werden konnte.

Das herausragende Kennzeichen der Predigt und der Taufpraxis des Johannes war die starke Betonung des moralischen Inhalts. Johannes verkündete die lang ersehnte Nachricht, dass das Reich (Herrschaft, nicht Territorium) Gottes im Begriff war, seinen Einzug in der Geschichte zu halten. Der Gerechtigkeitsstandard dieses Reiches für das Leben der Menschen setzte Buße und Vergebung unmittelbar voraus, wollte man dazugehören. Nach dem Verständnis des Johannes war der Akt des Untertauchens im Jordan (s. nächsten Abschnitt) sowohl der Höhepunkt der Buße wie auch die Vermittlung der Vergebung (Matth. 3,11; Mark. 1,4; Luk. 3,3).

Der Zusammenhang zwischen der Johannestaufe und der späteren christlichen Taufpraxis ist ein doppelter. Erstens unterstellte sich Jesus selbst Johannes, obwohl es für ihn nicht ein Akt der Buße, sondern ein Akt der »Gerechtigkeit«

war (Matth. 3,15). Die Handlung selbst und sein Kommentar dazu sind eine ständige Mahnung an diejenigen unter seinen Nachfolgern, die die Taufe als unnötig betrachten! Zweitens fuhr Jesus selber fort, andere zu taufen, nachdem er seinen eigenen Dienst aufgenommen hatte. Bei einer Gelegenheit tauften Johannes und Jesus sogar im selben Fluß, nur wenige Kilometer voneinander entfernt, was zu dem abscheulichen Vergleich Anlaß gab, wer denn nun mehr Menschen getauft habe (Joh. 3,22-26). Allerdings taufte Jesus nicht selber, sondern überließ dies seinen Jüngern (vermutlich aus demselben Grunde, weshalb später Petrus und Paulus diesen Dienst ihren Mitarbeitern überließen — vgl. Joh. 4,2 mit Apg. 10,48 und 1. Kor. 1,14-17).

Es überrascht, dass im Verlaufe des weiteren Wirkens Jesu von irgendeiner Taufe nicht mehr die Rede ist, auch nicht bei der Aussendung der Zwölf und der Siebzig zu ihrer Evangelisationsreise. Hingegen nimmt sie einen wichtigen Platz in den letzten Anweisungen Jesu an die Apostel zwischen Auferstehung und Himmelfahrt ein. Ihr klarer Einschluss in den Sendungsbefehl Jesu stellt eine angemessene Erklärung für ihren allgemeinen Vollzug in der Urgemeinde dar. Bis dahin hatte die Bedeutung der Taufpraxis, wie wir noch sehen werden, eine beträchtliche Entwicklung durchgemacht, während die Art und Weise oder die Methode die gleiche geblieben war.

Wie wurde getauft?

Auf bildlichen Darstellungen christlicher Künstler sieht man die Täuflinge oft bis zum Knie, zur Hüfte oder sogar bis zur Brust im Wasser des Jordan stehen, während Johannes aus einer Muschelschale ein paar Wassertropfen auf ihre Köpfe sprengt. Solche Bilder bilden einen Kompromiß zwischen dem biblischen Bericht und der späteren liturgischen Praxis

(Eintauchen der unteren Körperhälfte und Besprengung der oberen Hälfte). Wie wichtig ist es doch, die Heilige Schrift nicht durch die Brille der Tradition zu lesen!

Das Neue Testament macht deutlich, dass die Taufe des Johannes und der Apostel durch völliges Eintauchen im Wasser vollzogen wurde (»Untertauchen« wäre das passendere Wort). Johannes suchte sich eine Stelle im Wasser aus, die tief genug war (Joh. 3,23). Philippus stieg mit dem Kämmerer aus Äthiopien »in das Wasser hinab« (Apg. 8,38). Es ist der Einwand erhoben worden, es hätte in Jerusalem gar nicht genug Wasser gegeben, um dreitausend Menschen auf einmal zu taufen. Dabei übersieht man die Teiche von Bethesda und Siloah, und außerdem steht im biblischen Bericht nichts davon, dass sie alle zur gleichen Zeit getauft wurden!

Schon das Wort »taufen« beinhaltet solch ein völliges Untertauchen. Zur Zeit des Neuen Testamentes war es noch ein *bestimmter* Ausdruck für einen kirchlichen Ritus. Es war ein gewöhnliches griechisches Wort *(baptizein)* mit *beschreibendem* Charakter. Man benutzte es für ein sinkendes Schiff (nicht für einen Stapellauf!), für das Eintauchen eines Bechers in ein Faß Wein, für das Durchtränken eines Stoffes in einem Bottich mit Färbeflüssigkeit. Wir würden heute dafür auf deutsch sagen: durchtränken, eintauchen, eintunken, rasches Untertauchen, ins Wasser tauchen, überschwemmen, einweichen, sinken, durchsetzen, einwässern. Im allgemeinen wurde es auch bildhaft im Sinne von »überwältigen« gebraucht (und bedeutete eigentlich »ganz bedecken«, »vollständig begraben«). Wenn Johannes »der Täufer« genannt wurde, so war das nicht ein Titel und noch viel weniger ein kirchliches Etikett, sondern ein anschaulicher Spitzname, der soviel wie Untertaucher bedeutete. (Dieselbe Beschreibung wurde auch auf Jesus

DIE NORMALE GEBURT DES CHRISTEN

als den »Täufer im Heiligen Geist« angewandt — Joh.1,33. Jesus war ebenso ein Täufer wie Johannes!)

In diesem Sinne wurde die Taufe jahrhundertelang auch aufgefaßt. Als man später auch Säuglinge taufte (s. Anhang A), wurden sie ebenfalls untergetaucht (man denke an die Ausmaße der mittelalterlichen Taufsteine). In den griechisch-orthodoxen Kirchen tauft man Säuglinge immer noch durch *Untertauchen* (im Namen der Trinität dreimal!), vielleicht weil man dort die griechische Sprache kennt! Es ist eine Tragödie, dass man in unseren Bibelübersetzungen nicht das entsprechende deutsche Wort gebraucht. Das Wort Taufe ist so sehr zu einem Fachwort geworden, dass es seine ursprüngliche Bedeutung verloren hat. Von einer »Taufe durch Besprengung« zu reden, ergäbe für einen Griechen soviel Sinn wie ein viereckiger Kreis oder wie gebratener Schnee!

Eine neutestamentliche Taufe erforderte Wasser, und zwar »nicht wenig«. Aber sie erforderte auch *Worte*. Bei der Johannestaufe wurde vom Täufling verlangt, dass er ein ausdrückliches Sündenbekenntnis ablegte (wie in Kap. 2 erwähnt). Bei der Aposteltaufe wurde vom Täufling erwartet, dass er den Namen Jesu »anrief«. Vom Taufenden wurde verlangt, dass er **auf** den Name Jesu taufte (Apg. 19,5). Es gab damals anscheinend keine festgelegte Taufformel, wie es heute oft verlangt wird; wichtig war der Name »Jesus« (s. auch Kap. 7 in Bezug auf die seltsame Diskrepanz zwischen dem trinitarischen »Namen« in Matth. 28,19 und dem »unitarischen« Gebrauch des Namens Jesu in der ganzen Apostelgeschichte).

Was schließlich die Art und Weise der Taufe betrifft, ist zu bemerken, dass der Täufling sich nie selber taufte und dass die Wirksamkeit der Taufe weniger vom geistlichen Zustand des Taufenden als vielmehr von dem des Täuflings abhing (Jesus wurde von jemand getauft, der selber nicht getauft war — Matth. 3,14).

Warum wurde getauft?

Wir haben bereits festgestellt, dass Johannes' Taufe den Höhepunkt der Buße und die Vermittlung der Vergebung darstellen. Diese beiden Aspekte wurden eindeutig in die christliche Taufe übernommen (Apg. 2,38). Allerdings kam nach dem Tod, dem Begräbnis und der Auferstehung Jesu ein neuer Akzent hinzu.

Die Taufe ist ein Bad für die Unreinen
Sie dient dem Abwaschen der Sünden (Apg. 22,16; Eph. 5,26; Hebr. 10,22). Die Reinigung geschieht nicht äußerlich, sondern inwendig; nicht der Leib, sondern das Gewissen wird gereinigt (1. Petr. 3,21). Schon diese Auffassung geht über das Verständnis von Johannes hinaus. Doch eine ganz neue Dimension ist mit dem folgenden Begriff hinzugefügt worden.

Die Taufe ist ein Begräbnis für die Toten
Der notwendige Auftakt zur Taufe ist das »Ablegen des Fleisches«, wie Jesus es tat, das Mitgekreuzigtwerden. Das ist die von Paulus erwähnte »Beschneidung«, die nicht mit Händen geschieht (Kol. 2,9-12; s. Kap. 25). Das »Begräbnis« im Wasser ist das entscheidende Bindeglied zwischen dem Gestorbensein des Gläubigen gegenüber seinem alten Leben und seiner Auferstehung zu neuem Leben (Röm. 6,4; Kol. 2,12; 1. Petr. 3,21). Welch eine passende Entsprechung zu dieser Bedeutung ist da der Akt des völligen Eintauchens — untertauchen und auftauchen, begraben und auferstanden (alle anderen Arten zu taufen lenken die Aufmerksamkeit auf das Bad an sich anstatt auf den Begräbnisaspekt).

Es ist sehr bemerkenswert, dass bei den meisten Bibelstellen, die von der Taufe handeln, die Sprache nicht

DIE NORMALE GEBURT DES CHRISTEN

eine symbolische, sondern eine instrumentale Funktion hat. Die Taufe ist nicht nur *wie* ein Bad, sie *ist* ein Bad. Sie ist nicht nur *wie* ein Begräbnis, sie *ist* ein Begräbnis. Das »Zeichen« vollbringt tatsächlich das, was es bedeutet. Wenn man sich die Taufe als bloßes Symbol vorstellt, welches auf eine außerhalb von ihr liegende Wirklichkeit hinweist, so kann die Auffassung entstehen, dass die Taufe auf etwas hinweist, das zu irgendeinem Zeitpunkt »geschehen« kann, entweder einige Zeit vor der Taufe (im Falle des Gläubigen) oder eine lange Zeit nachher (im Falle eines Säuglings). (Eines der besten Bücher über dieses »instrumentale« Verständnis der Taufe ist »Die Taufe im Neuen Testament« von G. R. Beasley-Murray, obwohl der Autor nicht allzu deutlich zwischen Wassertaufe und Geistestaufe unterscheidet.)

Doch die Sprache des Neuen Testamentes ist sowohl instrumental wie auch *koinzidental* (gleichzeitig ein Zweites ausdrückend, d.Übers.). Sie beschreibt, was zur Zeit der Taufe selbst wirklich geschah. Dadurch wird die Betonung auf das *göttliche* Handeln in der Taufe gelegt anstatt auf den menschlichen Akt. Darin lediglich einen »Gehorsamsakt« oder ein »Zeugnis« zu sehen, das der Gläubige ablegt, würde bedeuten, ihren eigentlichen Zweck zu verfehlen. Sie ist ein »Gnadenmittel«, ein Mittel der *rettenden* Gnade. Die neutestamentlichen Schreiber zögern nicht, in Verbindung mit der Taufe das Wort »retten« zu gebrauchen (Mark. 16,16; Apg. 2,40-41; 1. Petr. 3,21 — diese letzte Bibelstelle mit ihrer Versicherung, dass die Taufe »jetzt auch euch rettet«, ist die stärkste Aussage von allen). In diesem »Bad der Wiedergeburt« (Tit. 3,5; s. Kap. 26) ist ein Mensch »aus Wasser« geboren (Joh. 3,5; s. Kap. 10).

Es ist nicht verwunderlich, dass die Apostel die Handlung mit einigen der großen erlösenden Geschehnisse früherer Geschichte in Verbindung brachten. Petrus sah in der Flut zur Zeit Noahs insofern einen Typus der christlichen Taufe, als dass Noah und sieben seiner nächsten Angehörigen von ihrer alten, verderbten Umgebung durch das Wasser getrennt wurden (1. Petr. 3,20; s. Kap. 29). Paulus sah in der Durchquerung des Roten Meeres ein Vorbild für die christliche Taufe (1. Kor. 10,1-2) — man ist versucht zu folgern, dass die Taufe für den Gläubigen die gleiche Bedeutung in Bezug auf Satan hat wie die Durchquerung jenes Wassers für die Juden in Bezug auf Pharao (jedenfalls hat nach der Taufe »die Sünde keine Herrschaft mehr« — Röm. 6,11-14). Es ist das Sakrament des Bruches mit der Vergangenheit und eines sauberen Neubeginns.

Manche Leser werden vielleicht etwas Mühe haben, all das zu akzeptieren, und mich ohne Zweifel verdächtigen, die gefürchtete Lehre der »Taufwiedergeburt« zu lehren. Aber die Furcht vor dieser Verzerrung kann das Ritual auf ein bloßes Symbol reduzieren. Man entgeht dem Irrtum, indem man sich daran erinnert, dass das Neue Testament nirgendwo sagt, dass die Taufe an sich und aus sich selbst irgendeines der obigen Ergebnisse hervorbringt (der Fachausdruck für diese mechanistische, ja sogar magische Auffassung ist die lateinische Redewendung *ex opere operato*). Nur unter bestimmten geistlichen Bedingungen ist die Taufe »wirksam«. Das Wasser selber kann nichts anderes, als den Schmutz vom Leib waschen. Es ist die Kraft Gottes durch seinen Geist als Antwort auf die Buße und den Glauben eines Menschen, die bewirkt, dass der physische Akt eine solche geistliche Wirkung hat. Das bringt uns zu unserer letzten Frage.

Wann wurde getauft?

Wann wurden die Menschen zur Zeit der Apostel getauft? Die einfache Antwort lautet: Sobald sie andere davon überzeugen konnten, dass sie wirklich Buße getan hatten und zum Glauben gekommen waren. Das konnte darum an dem Tag sein, an dem sie das Evangelium zum ersten Mal hörten (Apg. 10,48), oder sogar in derselben Nacht (Apg. 16,33).

Die menschliche Beurteilung spielte dabei natürlich auch eine Rolle, und so blieb auch ein gelegentlicher Fehler nicht aus, der dann jedoch entschlossen korrigiert wurde, sobald man ihn entdeckt hatte (Apg. 8,18-23). Wichtig daran ist, dass bei der Beurteilung der Buße nicht das Bekenntnis, sondern der Tatbeweis als Kriterium galt (Apg. 26,20). Aber während bei der Taufe durch Johannes die Buße die einzige notwendige Bedingung bildete, war bei der christlichen Taufe zudem noch der Glaube an den Herrn Jesus Christus erforderlich (Apg. 19,4-5).

Von diesem Gesichtspunkt aus gesehen, war der geistliche Zustand des Täuflings ein weitaus wichtigerer Faktor als die beim Ritual verwendete Menge Wasser oder die dabei gebrauchte Formulierung, denn ohne diesen bußfertigen Glauben war der Taufakt wirkungslos für den Menschen und unannehmbar für Gott. (Wenn die Taufe den gleichen sakramentalen Charakter besitzt wie das Abendmahl, könnte sich die Taufe eines nicht bußfertigen Ungläubigen sogar zu dessen Schaden auswirken.) Die Taufe ist darum ein *freiwilliger* Schritt, der von moralisch verantwortlichen Menschen getan wird (1. Petr. 3,21; s. Kap. 29). Was die persönliche Errettung angeht, kann es weder eine stellvertretende Buße noch einen stellvertretenden Glauben geben. Jeder einzelne muss seine eigene Antwort auf das Evangelium geben und selber den Wunsch nach der Taufe aussprechen (beachten wir, dass »ein jeder von euch« in Apg. 2,38 sich sowohl auf »Tut Buße« als auch auf »lasse sich taufen« bezieht; s. Kap. 15).

Das erklärt auch den ungewöhnlichen Gebrauch der Mittelform des Zeitwortes »taufen« (z. B. in Apg. 22,16).

Die Aktivform würde »Taufe dich selbst« lauten. Die Passivform würde »Sei getauft« heißen. Die Mittelform bedeutet: »Lass dich taufen« (d. h. von jemand anders). Das Taufen wird von einem anderen vorgenommen; die Entscheidung, sich taufen zu lassen, muss der einzelne *selber* treffen. Sowohl der Wille wie das Gewissen des Betreffenden sind involviert. Die Taufe ist eine bewusste und gewissensmäßige Handlung.

»Kinder-Taufe«

Das alles lässt die Frage nach der Taufe von »Kindern« entstehen. (Es würde zur Klärung der Diskussion beitragen, wenn man statt des Wortes »Kinder« das Wort »Säugling« verwendet. Damit wäre deutlich, dass es bei diesem Thema um solche geht, die nicht imstande sind, selber Buße zu tun oder zu glauben — ja, gar nicht imstande sind, die Sünden zu begehen, die durch die Taufe abgewaschen werden!) Die Frage wird unter anderen Überschriften noch ausführlicher behandelt werden (s. Kap. 15, 19, 34 und Anhang A); an dieser Stelle geht es uns nur um die neutestamentlichen Bibelstellen, die sich auf die Taufe beziehen.

Die meisten Bibelexperten geben zu, dass es im Neuen Testament keinen ausdrücklichen Bericht über eine Taufe von Säuglingen (von gläubigen oder ungläubigen Eltern) gibt — weder bei Johannes noch in der ersten Gemeinde. Viele wollen dieses »Schweigen« damit erklären, dass dies die erste Generation von Christen war, bei denen es sich ausschließlich um *erwachsene* Bekehrte handelte. Es ist jedoch unvorstellbar, dass es keine Eltern oder sogar Großeltern unter ihnen gegeben hatte und dass keiner von den Tausenden, die an den Jordan zu Johannes oder an Pfingsten zu den Aposteln strömten, eine Familie hatte! Das Schweigen ist ohrenbetäubend!

DIE NORMALE GEBURT DES CHRISTEN

Vielmehr gibt es positive Beweise, dass Säuglinge nicht getauft wurden. Es heißt von der Taufe des Johannes, dass es eine Taufe zur Buße war und dass die Taufkandidaten ihre Sünden bekannten — keines davon konnte sich auf Säuglinge beziehen. Vom Pfingsttage wird ausdrücklich festgehalten, dass es sich bei denen, die getauft wurden, um solche handelte, die »das Wort aufgenommen« hatten (Apg. 2,41; genau dieselbe Formulierung wird bei den »Häusern« gebraucht, die getauft wurden — s. Kap. 19 für ein ausführliches Studium).

Einen indirekten Beweis dafür, dass man auch Säuglinge taufte, glaubt man in anderen Bibelstellen zu erkennen. Aber wenn z. B. Petrus sagt, dass »die Verheißung euch und euren Kindern gilt«, so redet er nicht von der Wassertaufe, sondern von der Geistestaufe, für die man sich zudem durch das Hören eines göttlichen Rufes und durch das Eingehen darauf qualifiziert und die gleichermaßen allen angeboten wird, »die in der Ferne sind« (Apg. 2,39; s. Kap. 15). Paulus sagt zu einer gläubigen Frau, dass ihre »Kinder ... heilig sind« (1. Kor. 7,14; s. Kap. 22); aber aus dem gleichen Grund ist es auch der ungläubige Ehemann, und im Textzusammenhang dieser paulinischen Aussage geht es um das Thema Ehescheidung und nicht um die Taufe. Paulus wendet sich in seinen Briefen an die Kinder als »im Herrn« (Eph. 6,1; Kol. 3,20); aber sie sind eindeutig alt genug, um mit moralischer Verantwortung konfrontiert zu werden.

Die meisten Bibelgelehrten geben zu, dass es im Neuen Testament keinen direkten Beweis für die Taufe von Säuglingen gibt; doch etliche wollen die Sache so drehen, dass es auch keinen Beweis für das Gegenteil gebe. Das ist jedoch nicht der Fall. Es ist somit unmöglich, die neutestamentliche Lehre von der Taufe (d. h. in ihrem oben beschriebenen Sinn) auf Säuglinge anzuwenden, ohne dass die Praxis im besten Fall symbolischen (für zukünftige Hoffnungen) oder im schlimmsten Fall abergläubischen Charakter (das Baby vor der Hölle zu retten) annimmt. Um die Säuglingstaufe als Bad, das Sünden abwäscht, oder als Begräbnis eines Sünders zu betrachten, bedarf es eines Glaubens, der weit über die Worte der Heiligen Schrift hinausgeht. Es ist schlicht so, dass die neutestamentliche Ausdrucksweise in Bezug auf die Taufe gar nicht auf die Säuglingstaufe als solche bezogen werden *kann*. Man müßte entweder ihre Bedingungen oder ihre Wirkungen stark verändern oder sogar aufgeben, um sie der Situation eines Neugeborenen »anzupassen«.

Die wirklichen Gründe für die Taufe von Säuglingen sind nicht textlicher, sondern theologischer Natur (wie wir in Anhang A zu erklären versuchen). Was geschieht, ist folgendes: Ein biblischer Begriff, der innerhalb des Textzusammenhanges seine Gültigkeit haben mag, wird zu einem Prinzip erhoben, das verwendet wird, um Dinge über seinen eigentlichen Gültigkeitsbereich hinaus zu interpretieren. Die drei Lehren, die auf diese Weise benutzt wurden (Näheres, s. Anhang A), sind die Lehre von der Ursünde, von der Erbsünde und von der vorlaufenden Gnade — keine von ihnen steht in einem direkten Zusammenhang mit der Taufe im Neuen Testament (die Taufe ist für die Reinigung von wirklichen Sünden und nicht von der Ursünde; sie ist für die, welche vom Geist geboren sind, und nicht für die, welche vom Fleisch geboren sind; sie ist das Sakrament der empfangenen Gnade und nicht das Symbol vorlaufender Gnade).

Was die Taufe nicht kann

Die Taufe bezeichnet das Ende des alten Lebens und den Beginn eines neuen Lebens, den Tod eines Sünders

DIE NORMALE GEBURT DES CHRISTEN

und die Geburt eines Heiligen, das Begräbnis des alten Menschen und die Auferstehung des neuen Menschen. Sie ist das »Bad der Wiedergeburt«, das nicht einfach einen neuen Anfang an sich bewirkt, sondern den Anfang eines neuen Lebens!

Aber so davon zu reden, kann zu hochgeschraubten Hoffnungen verleiten. Viele haben gehofft, ihre Taufe würde sie nicht nur befähigen, das neue Leben zu beginnen, sondern auch rein zu bleiben. Sie haben gehofft, dass dadurch nicht nur die Vergangenheit, sondern auch die Zukunft bereinigt würde, dass sie sich als »das doppelt wirkende Heilmittel« gegen die Herrschaft wie auch gegen die Befleckung der Sünde erweisen würde. Die erste Sünde, die wir nach der Taufe begehen, ist eine schrecklich traumatische Erfahrung! Habe ich meine Taufe verscherzt? Brauche ich eine andere Taufe? Bin ich wirklich dafür bereit gewesen? Was wir in diesem Moment wahrscheinlich eher brauchen, ist eine Fußwaschung (Joh. 13,10).

Tatsache ist, dass die Wassertaufe gar nicht all diese Dinge für uns tun soll. Sie kann unsere Vergangenheit verarbeiten, aber nicht unsere Zukunft. Vergessen wir nicht die Grenzen der Wassertaufe, die Johannes der Täufer selbst erkannte. Er sah, dass sowohl Kraft als auch Reinheit nötig waren. Durch göttliche Offenbarung wusste er, dass eine andere »Taufe« erforderlich war — und dass sie sehr bald zur Verfügung stehen würde. Er wusste sogar, wer derjenige war, der sie vollziehen würde. Sein prophetischer Einblick umfaßte den zweifachen Dienst des Messias: »die Sünde der Welt wegzunehmen« (Joh. 1,29) und »mit Heiligem Geist zu taufen« (Joh. 1,33). Die Person, die das erreichen sollte, war sein eigener Cousin, Jesus!

Jeder Gläubige sollte *beide* Taufen empfangen, die eine durch einen Gläubigen und die andere durch Christus. In der einen empfangen wir die Gabe des Sohnes Gottes in seinem

WIEDERGEBURT

Tod, seinem Begrabenwerden und seiner Auferstehung; in der anderen empfangen wir die Gabe des Geistes Gottes in seiner Kraft und Reinheit. Die levitischen Priester des Alten Bundes wurden geheiligt, indem sie mit Wasser gewaschen und mit Öl gesalbt wurden (2. Mo. 29,4.7; 3. Mo. 8,6.12). Im Neuen Bund sind alle Gotteskinder Priester und brauchen diese doppelte Heiligung. Nach unserem Studium der »Waschung« wenden wir uns nun dem Studium der »Salbung« zu.

KAPITEL 5

EMPFANGE DEN HEILIGEN GEIST

Zwar nannten sich die ersten Christen selbst nie »Christen«, aber sie hätten diese Bezeichnung sicher nur für eine Person gebraucht, die den Heiligen Geist empfangen hatte. »Christ« bedeutet »Gesalbter« und ist auf die Salbung eines neuen Königs mit Öl zurückzuführen. Biblisch gesehen, war das Öl Symbol für den Geist Gottes; so würde der erwartete Messias, der »Gesalbte« (Ps. 2,2 ist die einzige Stelle, wo dieser Ausdruck vorkommt), der Christus (griechisch: *christos)* durch den Geist gesalbt sein (Jes. 61,1). Jesus wurde als der Christus erkannt (von Petrus — Matth. 16,16; von Martha — Joh. 11,27).

Entsprechend nannte man seine Nachfolger »Christen«; doch ist es bezeichnend, dass dies zuerst in einer heidnischen Stadt (Antiochien) geschah, wo sie auch zum ersten Mal als Anhänger einer neuen Religion (deren »Gott« Christus genannt wurde) statt als jüdische Sekte betrachtet wurden (wie es in Jerusalem der Fall gewesen war).

Hätten die Jünger diesen Ausdruck übernommen, wie es die späteren Generationen taten, so hätte sich mit allergrößter Wahrscheinlichkeit seine Bedeutung vertieft. Der Name hätte dann nicht nur »Nachfolger des Gesalbten« bedeutet, sondern darüber hinaus den Gedanken eines »gesalbten Nachfolgers des Gesalbten« vermittelt. Es war grundlegend wichtig für das Evangelium, dass der vom Geist Gesalbte in der Folge andere salben würde und auf diese Weise seinen Dienst durch sie vervielfachte (Matth. 3,11; Mark. 1,8; Luk. 3,16; Joh. 1,33; bes. Joh. 14,12).

Den Empfang des Geistes kann man auch als »Konfirmation« (Bestätigung) bezeichnen. Die Apostel Petrus, Johannes und Paulus gaben sich mit einer Antwort auf das Evangelium nicht eher zufrieden, als bis der Betreffende den Geist empfangen hatte (s. Kap. 16 zu Apg. 8 und Kap. 20 zu Apg. 19). Sonst waren sie einfach nicht überzeugt! Die Gabe des Geistes, auf hörbare und sichtbare Weise empfangen, war die göttliche »Konfirmation«, der Beweis dafür, dass der zum Glauben gekommene Mensch, der Buße getan hatte und getauft worden war, von Gott angenommen war und nun ihm gehörte. Die »charismatische« Erfahrung der korinthischen Bekehrten, die die ganze Fülle der Geistesgaben auslöste, war in den Augen von Paulus die »Bestätigung« seiner Predigt und ihrer Bekehrung (1. Kor. 1,6-7). So bildete der innewohnende Geist das Erkennungszeichen des Christen (s. Kap. 21 zu Röm. 8,9), das sichtbare Siegel der göttlichen Eigentümerschaft (s. unten), die Grundlage der Gewissheit (1. Joh. 3,24; 4,13). Er war grundlegend für den Eintritt in das Reich Gottes (s. Kap. 10 zu Joh. 3,5) und für das Leben im »neuen« Bund (2. Kor. 3).

Der Geistesempfang muss von drei Gesichtspunkten aus gesehen werden. Erstens muss er sich deutlich von den drei anderen Komponenten der Initiation unterscheiden. Zweitens ist die Verschiedenheit der sprachlichen Ausdrucksweise zu untersuchen. Drittens muss gefragt werden, wie dieses Geschehen in der Erfahrung des einzelnen Jüngers aussieht.

Seine ausdrückliche Notwendigkeit

Es ist von größter Bedeutung zu beachten, dass im Neuen Testament der Geistesempfang nie mit Buße, Glaube oder Wassertaufe gleichgesetzt oder durch diese ausgetauscht

DIE NORMALE GEBURT DES CHRISTEN

wird. Alle vier sind voneinander verschieden, und alle vier sind notwendig.

Einige verwechseln Buße mit Geistesempfang
In der Heiligen Schrift ist die Buße offensichtlich der Auftakt zum Empfang des Geistes. Erst müssen die Sünden aus dem Weg geräumt werden, dann kann der Heilige Geist einziehen. Andererseits ist es gefährlich, das Böse hinauszutun, ohne dass das entstandene Vakuum ausgefüllt wird (Matth. 12,43-45)!

Darum ist es ein Mißverständnis, wenn das Wirken von Johannes dem Täufer als in sich abgeschlossen betrachtet wird, auch wenn er viele aufgrund der Buße über ihre Sünden zur Erfahrung einer in der Wassertaufe vermittelten echten Vergebung geführt hat (Mark. 1,4). Im Bewusstsein der Unzulänglichkeit seines Dienstes wies er seine Jünger ausdrücklich auf eine Geistestaufe hin, die so anders war, dass er sie ihnen nicht geben konnte. Wir finden jedoch nirgendwo einen Hinweis, dass diese größere Taufe, vollzogen durch einen weitaus größeren Täufer, die Buße oder die Wassertaufe überflüssig machen würde.

Viele verwechseln Glaube mit Geistesempfang
»An Jesus glauben« und »den Geist empfangen« wird so oft als ein und dasselbe (und darum als Simultangeschehen) aufgefaßt, dass die beiden Ausdrücke — im Neuen Testament immer auseinandergehalten — bei den meisten evangelistischen Aufrufen miteinander vermischt werden und man die Zuhörer auffordert, »Jesus anzunehmen«. Man geht von der Vorstellung aus, dass jeder, der »Jesus angenommen« hat, auch automatisch »den Geist empfangen« hat, mag dies nun von einer bewussten Erfahrung und einem äußerlichen Zeichen begleitet gewesen sein oder nicht! Aber eine solche Vorstellung

widerspricht der neutestamentlichen Lehre in zweifacher Beziehung:

Erstens ist es offenkundig, dass bei verschiedenen Gelegenheiten »glauben« und »empfangen« nicht gleichzeitig geschahen und darum auch nicht synonym sind. Akzeptiert wird allgemein, dass dies zum Beispiel bei den zwölf Aposteln der Fall war. Offensichtlich glaubten sie schon etliche Jahre an Jesus, bevor sie den Geist empfingen (Joh. 7,39; »glauben« steht in der Aorist-/Vergangenheits-Partizip-Form und weist auf einen bereits ein für allemal gemachten Glaubensschritt hin.) Dieser Fall wird jedoch häufig fallengelassen, weil er »vorpfingstlich« war. Sie konnten den Geist nicht empfangen, als sie glaubten, weil er »noch nicht gegeben« war. Dieses Argument würde gelten, wenn es keine »nachpfingstlichen« Beispiele dafür gäbe, aber das ist nicht der Fall. Es gab in der Tat später eine Anzahl Situationen, wo Menschen schon einige Zeit »glaubten«, bevor sie »empfingen«. Das deutlichste Beispiel ist Samaria: Hier glaubten die Menschen (wieder die Vergangenheitsform), ohne zu »empfangen« (Apg. 8,17). Manche haben versucht, diesen Punkt zu umgehen, indem sie anzweifelten, ob es sich bei jenen um »echten« christlichen Glauben gehandelt habe. Doch Lukas lässt überhaupt nichts in dieser Richtung verlauten, und weder Petrus noch Johannes haben in dieser Hinsicht irgend etwas korrigiert. Andere verweisen auf die besonderen Umstände, die die »Verzögerung« erklären könnten, aber auch das gibt keine Antwort auf die wirklichen Fragen, die durch diese Begebenheit aufgeworfen werden (wie zum Beispiel: Wie konnte jemand wissen, dass sie nicht empfangen hatten?). Die Tatsache bleibt bestehen, dass ihr »Glauben« und »Empfangen« zeitlich wirklich auseinanderlagen (s. Kap. 16, wo diese Begebenheit näher untersucht wird). Sogar »ein einziger Fall« eines solchen zeitlichen

DIE NORMALE GEBURT DES CHRISTEN

Auseinanderliegens »nach« Pfingsten würde genügen, um die Unterscheidung aufrechtzuerhalten; doch es gibt in der Apostelgeschichte noch andere Beispiele, insbesondere jenes von Ephesus (s. Kap. 20). Auch die Frage, die Paulus selber an die »Jünger« dort richtete: »Habt ihr den Heiligen Geist empfangen, nachdem ihr gläubig geworden seid?« lässt erkennen, dass auch nach seinem Verständnis beides voneinander unterschieden werden konnte, sowohl in der Vorstellung als auch in der Erfahrung. Wenn es auch stimmt, dass er nachfolgend feststellte, dass sogar ihr Glaube unzureichend war, so ändert das nichts an dem, was er mit seiner ursprünglichen Frage zum Ausdruck brachte. Und der »völligere« Glauben, zu welchem er sie hinführte, bevor er sie auf den Namen Jesu taufte, war auch nicht dasselbe wie der Geistesempfang, der *nach* ihrer Taufe geschah. Diese Reihenfolge — »Glaube, Taufe, Empfang« — schien das übliche Modell für die meisten der neutestamentlichen Jünger gewesen zu sein (s. Kap. 27 zu Hebr. 6,1-6; die »einzige« Ausnahme, von der berichtet wird, war das Haus des Kornelius, wo die Reihenfolge »Glaube, Empfang, Taufe« lautete — s. Kap. 18).

Zweitens wurde der Ausdruck »Jesus aufnehmen« in der evangelistischen Tätigkeit der Apostel nie verwendet. Aufgrund seiner heutigen allgemeinen Verwendung wird vorausgesetzt, er sei biblisch. In Wirklichkeit jedoch beruht er auf einer oberflächlichen Leseweise statt auf einem sorgfältigen Schriftstudium. Es besteht beim Gebrauch des Wortes »empfangen« ein eindeutiger Verständniswechsel, wenn man die vier Evangelien einerseits und die Apostelgeschichte sowie die Briefe andererseits miteinander vergleicht, entsprechend der vorösterlichen und nachpfingstlichen Zeit. Nur wenige scheinen diesen Wechsel bemerkt zu haben, obwohl er von großer theologischer Bedeutung wie auch von historischem Interesse ist. Als der Sohn Gottes hier auf Erden weilte, im Fleische unter »den Seinen«, wurde er von vielen abgelehnt, von einigen jedoch »aufgenommen«. Diejenigen, welche ihn aufnahmen, bekamen »Vollmacht« *(exousia,* aber noch nicht die Kraft, *dynamis,* denn diese war vor Pfingsten noch nicht erhältlich), Gottes Kinder zu werden, da ihr Empfangen /Glauben bedeutete, dass sie »aus Gott geboren« waren (Joh. 1,11-13; beachten wir sorgfältig die Vergangenheitsform der Verben, die die Aussage auf die geschichtliche Periode der Fleischwerdung begrenzt). Das Wort »aufnehmen« wird auch während des weiteren Dienstes von Jesus und in Bezug auf ihn gebraucht (z. B. Joh. 5,43). Doch nachdem er zum Himmel aufgefahren war und die »andere« Person seine Stelle auf Erden eingenommen hat, ist das Verb »aufnehmen« (oder »empfangen«, d. Übers.) beständig von der zweiten Person der Dreieinigkeit auf die dritte Person, den Heiligen Geist, übertragen worden (Apg. 2,38; 8,17; 10,47; 19,2; 1. Kor. 2,12; Gal. 3,2 usw., s. Anhang C).

Es gibt nur zwei scheinbare Ausnahmen von dieser »Regel«. Bei einer Gelegenheit sagte Jesus, dass, wenn man einen seiner Apostel aufnahm, es soviel bedeutete, als nähme man ihn selber auf; und das wiederum wäre gleichbedeutend mit der Aufnahme von dem (seinem Vater), dessen »Apostel« — »Gesandter« — Jesus war (Joh. 13,20; das Verb *apostellein* [senden] und das Hauptwort *apostolos* [Gesandter] ist praktisch dasselbe). Da dies am letzten Abend seines Lebens gesagt wurde, bezieht es sich vermutlich auf die nachpfingstliche Mission der Apostel. Aber es ist wichtig zu beachten, dass er nicht sagte: »Wer an das Evangelium glaubt, der nimmt mich auf«, sondern: »Wer euch als Menschen aufnimmt, heißt mich willkommen, denn ihr seid meine Repräsentanten« (ein Prinzip, das Jesus bereits in Verbindung mit dem

DIE NORMALE GEBURT DES CHRISTEN

Endgericht dargelegt hatte — Matth. 25,31-46). Paulus sollte die negative Seite dieser Wahrheit entdecken, als er die Gemeinde verfolgte (Apg. 9,4). Der Text setzt »glauben« und »empfangen« nicht gleich und erwähnt den Heiligen Geist überhaupt nicht.

Die andere »Ausnahme« ist in der Ermahnung von Paulus an die Kolosser enthalten: »Wie ihr nun den Christus Jesus empfangen habt, so wandelt in ihm, gewurzelt und auferbaut in ihm und befestigt im Glauben, wie ihr gelehrt worden seid, darin überströmend mit Danksagung« (Kol. 2,6-7). Als erstes ist dabei zu beachten, dass dies nicht im Zusammenhang mit der Evangelisation unter Ungläubigen gesagt wird, sondern im Zusammenhang mit der Auferbauung von Gläubigen. Weder von Paulus noch von irgendeinem anderen Apostel wird berichtet, sie hätten einen Sünder ermahnt, den Retter »zu empfangen«. Bedeutender als das mit »empfangen« übersetzte einfache griechische Wort *lambanein* ist hingegen das ebenfalls mit »empfangen« übersetzte griechische Wort *paralambanein*, ein zusammengesetztes Verb mit einer Vorsilbe, die soviel wie »neben« bedeutet. Dieses »nebenempfangen« ist ein weniger direkter Ausdruck und bedeutet soviel wie »durch jemand anders empfangen, von jemand hören, über jemand belehrt werden, Einblick oder Information über jemand bekommen«. Dieses »indirekte« Empfangen entspricht genau dem, was Paulus sagen will, sowie auch dem Textzusammenhang. Er erinnert die Kolosser an die frühere Ermahnung, die sie »empfangen« hatten in Bezug auf das, was das tägliche Leben unter der Herrschaft Jesu Christi bedeutet. Wollten sie »in ihm« bleiben, mussten sie diese frühere Belehrung auch weiterhin beherzigen und in die Tat umsetzen, sonst würde ihr Verhältnis zu ihm Schaden nehmen, besonders wenn sie auf andere Philosophien achteten (Vers 8). Dieses indirekte Verb für »empfangen«

kommt auch in einer früher datierten Stelle vor (Joh. 1,11-12; hier werden diejenigen, »die ihn nicht aufnahmen« *[paralambanein]* — die von ihm *gehört* hatten, ihm aber nicht persönlich begegnet waren [wahrscheinlich die Priester und die Führer des Volkes], — unterschieden von denen, die ihn aufnahmen *[lambanein]* — also diejenigen, welche einen persönlichen Kontakt mit Jesus hatten).

Wir kommen zu dem Schluss, dass es keine nachpfingstliche Basis gibt, um den Ausdruck »Jesus empfangen« für die christliche Initiation zu verwenden. Sein heutiger Gebrauch sollte als irreführendes Gegenstück zu »an Jesus glauben« betrachtet werden, nicht aber als Bezeichnung für »den Geist empfangen«. Diese Verschmelzung zweier verschiedener Begriffe hat viel Verwirrung in der Vorstellung und in der Erfahrung hervorgerufen. Bei »glauben« liegt der Hauptbezug beim menschlichen Handeln, bei »empfangen« beim göttlichen Handeln. Bei einer »normalen« Initiation geht das eine der Wassertaufe voraus, und das andere folgt auf die Wassertaufe.

Manche verwechseln Wassertaufe mit Geistesempfang
Diejenigen, welche der Taufe eine volle sakramentale Bedeutung (und damit mehr als einen blossen Symbolismus) zuschreiben wollen, sind für diesen Irrtum besonders anfällig. Wenn man die Wiedergeburt richtigerweise als das Ende des alten Lebens und als den Anfang des neuen Lebens betrachtet, so münden die Wassertaufe (deren Hauptbezug die Vergangenheit ist) und die Geistestaufe (deren Hauptbezug die Zukunft ist) in ein einziges Geschehen, eine einzige Erfahrung ein. Die enge Verbindung von »Wasser- und-Geist« in Jesu eigener Lehre über die neue Geburt hat wahrscheinlich diesem Fehler Vorschub geleistet (s. Kap. 10). Die Gewohnheit des Paulus, das Verb »getauft« (z. B. Gal. 3,27) und das Hauptwort »Taufe« (z. B. Eph.

DIE NORMALE GEBURT DES CHRISTEN

4,5) ohne weitere Bestimmung zu verwenden, hat manche Bibelkenner zu der Auffassung verleitet, der Apostel selber hätte die beiden Taufen zu einer einzigen werden lassen. Zwei Stücke des neutestamentlichen Beweismaterials weisen jedoch in die entgegengesetzte Richtung.

Erstens gibt es keinen Bericht über solche, die den Geist *während* ihrer Taufe im Wasser empfingen. Einmal geschah es kurz *vorher* (Apg. 10,47). Gewöhnlich aber geschah es kurz *nachher* (z. B. Apg. 19,6), während es bei einer Gelegenheit sehr viel später der Fall war (Apg. 8,16). Dieses Erfahrungsmuster entsprach der eigenen Erfahrung Jesu, der »empfing«, nachdem er aus dem Wasser heraufgestiegen war (Matth. 3,16).

Zweitens lehrt die Bibel deutlich, dass es möglich ist, die eine Taufe ohne die andere zu haben. Diejenigen, welche den Geist empfangen haben, sollten auch im Wasser getauft werden (wie Kornelius und sein Haus); diejenigen, welche im Wasser getauft sind, sollten auch den Geist empfangen (wie die Samariter). Das eine macht das andere nicht überflüssig.

Aufgrund des Gesagten scheint eine echte Verbindung zwischen beiden zu bestehen. Die Wassertaufe führte gewöhnlich, wenn auch nicht immer, zur Geistestaufe. Als Paulus merkte, dass die Jünger in Ephesus den Geist nicht empfangen hatten, bezweifelte er sofort die Gültigkeit ihrer Wassertaufe (Apg. 19,3; s. Kap. 20)! Vielleicht ist der Zusammenhang im Begriff der Auferstehung zu suchen. So wie dem Tod und dem Begräbnis Jesu die Auferweckung aus dem Grabe durch die Kraft des Geistes folgte (Röm. 8,11), so darf man erwarten, dass das Begräbnis eines reumütigen Sünders im Wassergrab der Taufe hinführt zu einer Erfahrung des Auferstehungslebens durch dieselbe Kraft des Geistes (dieser Akzent wird in Stellen wie Röm. 6,3-4; Kol. 2,9-12 — s. Kap. 25 — und 1. Petr. 3,18-22 — s. Kap. 29 — unverkennbar gesetzt). So wie der Tod, das Grab und die

Auferstehung Jesu ein zusammengehöriges Ganzes bilden, gehören Wassertaufe und Geistestaufe als Antwort auf das Evangelium zusammen, obwohl in beiden Fällen das eine nicht mit dem anderen identifiziert oder verwechselt wird.

Doch was ist »Geistestaufe« genau? Um diese Frage zu beantworten, beginnen wir am besten mit einer Untersuchung der Worte, mit denen sie im Neuen Testament beschrieben wird.

Wie sie beschrieben wird

Aufgrund des für den Geistesempfang verwendeten Vokabulars muss es sich dabei wirklich um eine sehr reiche Erfahrung handeln! Zusätzlich zu den direkten Hauptwörtern und Verben werden viele Bilder und Gleichnisse gebraucht. Bevor man sich eingehend mit ihnen beschäftigt, kann nicht genug betont werden, dass die Worte eher beschreibenden Charakter (die unser Verständnis erweitern) als bestimmenden Charakter (die die Bedeutung eingrenzen) besitzen. Man muss sie nicht als lehrmäßige, sondern als dynamische Ausdrücke betrachten, deren Wert nicht intellektuell im Bereich der Logik liegt, sondern existentiell im Leben. Die Verben sind lebendiger als die Hauptwörter (wir beginnen hier mit den Hauptwörtern).

Verheißung

Dies ist das Wort, das Weissagung mit Erfüllung verbindet. Es bestätigt ein Geschehen, das vorausgesagt und darum zu erwarten ist. Vor allem illustriert es Gottes Vertrauenswürdigkeit — er hält sein Wort. Da die Bibel über siebenhundert einzelne Weissagungen enthält (von denen über achtzig Prozent bereits erfüllt sind), spielt das Wort in der Heiligen Schrift eine große Rolle und ist sogar als Schlüssel zur alttestamentlichen Theologie bezeichnet worden. Lukas benutzt das Hauptwort am Pfingsttage für die Erfahrung sowohl der Hundertzwanzig wie der Dreitausend (Apg. 2,33.39). Der Heilige Geist wurde natürlich von Jesus selber verheißen, und zwar vor seinem Tode (Joh. 7,37-39) und nach seiner Auferstehung (Apg. 1,5). Aber er wiederholte (Luk. 24,49) lediglich eine Verheißung, die sein Vater schon Jahrhunderte früher durch die Propheten Israels gegeben hatte (vornehmlich in Joel 2,28-29, aber auch in Jes. 32,15; Hes. 36,27 und anderswo). Paulus deutet sogar an, dass diese Ausgießung des Geistes schon ganz zu Anfang in der Verheißung an Abraham enthalten war (Gal. 3,14)!

Gabe
Eng verknüpft mit »Verheißung« (häufig im gleichen Textzusammenhang — Apg. 1,4), unterstreicht dieses Wort sowohl den göttlichen Ursprung als auch den unentgeltlichen Charakter des ausgegossenen Geistes. Er kann nicht verdient werden, man kann nicht darum feilschen oder dafür arbeiten, er kann nur mit Dank »empfangen« (oder ausgeschlagen!) werden. Die Gelehrten haben über die Bedeutung des Genitivs in Apostelgeschichte 2,38 diskutiert — ob das »des« die im Heiligen Geist bestehende Gabe meint oder die Gabe, die durch den Heiligen Geist mitgeteilt wird. Ersteres erscheint als das Wahrscheinlichere (vgl. Apg. 10,45 und 11,17) und meint darum die Gabe *des* Geistes selber, der dann die anderen Gaben *vom* Geist freisetzt und schenkt (1. Kor. 1,7). Das »Charisma« (Einzahl) des Geistes bringt die »Charismata« (Mehrzahl). Im Hebräerbrief findet sich eine interessante Verbindung der Ausdrücke »... die himmlische Gabe geschmeckt ... des Heiligen Geistes teilhaftig« (6,4; s. Kap. 27), wodurch die erfahrungsmäßige Natur der Gabe betont wird.

Angeld

Das griechische Wort *(arrabon)* wird auf verschiedene Weise übersetzt: »Teilzahlung, Unterpfand, Vorgeschmack, Anzahlung, Garantie, Erstlingsfrucht«, um nur einige der Varianten zu nennen. Es ist offensichtlich ein kommerzieller Ausdruck. Heute würde man es vor allem im Geldwesen gebrauchen; darunter versteht man eine erste Teilzahlung, welche einen vollständigen Kauf sichert (daher »Anzahlung«). Im Neuen Testament wurde es im allgemeineren Sinn für Güter gebraucht und repräsentierte die erste Anlieferung einer größeren Bestellung — als Garantie dafür, dass der Rest unterwegs war (daher »Unterpfand«). Beide Anwendungen werden vom Ausdruck »erste Teilzahlung« abgedeckt. Paulus bedient sich dieses Wortes dreimal (2. Kor. 1,22; 5,5; Eph. 1,14).

Während »Verheißung« der Gabe einen *Vergangenheitsbezug* verleiht, gibt »Angeld« ihr eine Ausrichtung auf die Zukunft. Den Geist empfangen bezeichnet nur den Anfang! Nicht nur, dass noch *mehr* auf Erden zu haben ist; es wird noch *viel* mehr im Himmel geben. Das Leben im Geist ist in der Tat ein Vorgeschmack des Himmels! Eines der Zeichen dafür ist die Freude, die in Musik ihren Ausdruck findet (Eph. 5,18-20). Ein anderes ist die Gemeinschaft, welche das Volk Gottes untereinander und mit Gott erlebt. Und noch ein anderes ist die zunehmende Erkenntnis der Gedanken und des Herzens Gottes (durch Worte der Weisheit, der Erkenntnis, der Weissagung und der Auslegung).

Erneuerung

»Erneuerung« kommt nur einmal in Verbindung mit dem »Empfangen des Geistes« vor (Tit. 3,5; s. Kap. 26) und bedeutet, etwas wieder in seinen ursprünglichen Zustand zurückversetzen oder etwas zurückerstatten, das verloren war. Die Bibel lehrt, dass das Bild Gottes im Menschen verdorben wurde und dass der Einfluß des Geistes hinweggenommen werden kann (1. Mo. 6,3; zu beachten ist, dass universale Gewalt die Folge war). Durch den Geist wird das Bild allmählich wiederhergestellt (2. Kor. 3,17-18). Dieser Prozess beginnt, wenn der Heilige Geist auf uns »ausgegossen« wird (s. unten).

Nach diesen Hauptwörtern wenden wir uns nun den Verben zu.

Gegeben / Empfangen
Diese beiden Worte gehören zum Hauptwort »Gabe«, wobei das eine die göttliche Seite des Geschehens beschreibt und die andere die menschliche Seite. »Empfangen« ist jedoch nicht etwas völlig Passives; es ist eine aktive Zusammenarbeit erforderlich, um diese Gabe zu empfangen, so wie es bei allem Geben und Empfangen ist (s. Kap.13 zu Joh. 20,22 sowie Kap. 35).

Das Verb »geben« wird öfter verwendet als das Hauptwort »Gabe« (s. Apg. 8,19; 15,8; Röm. 5,5; 2. Kor. 1,22; 5,5; 1. Joh. 3,24; 4,13). Eines der Dinge, die das Wort Gottes »lebendig und aktiv« machen, ist, dass Verben häufiger verwendet werden als Hauptwörter, die eine »statische« Tendenz besitzen, und als die noch seltener gebrauchten Adjektive (vgl. 1. Kor. 13,4-7; »Liebe« ist nicht nur etwas, das man *hat*, sondern etwas, das man *tut!*).

Getauft
Dieses Wort wird manchmal als Synonym für »empfangen« gebraucht (vgl. Apg. 10,47 mit 11,16). Das Hauptwort »Taufe« wird *nie* für den Empfang des Geistes gebraucht (wie es in pfingstlichen Predigten der Fall ist); nur das Verb »getauft« wird gebraucht, gefolgt von der Präposition »in« (griechisch: *en*) und den Wörtern »Heiliger Geist« (im

Dativ *pneumati* und ohne den bestimmten Artikel »der« (dazu s. Anhang B). Die Wendung »getauft in Heiligem Geist« wird von Johannes dem Täufer, von Jesus selbst und vom Apostel Paulus verwendet (s. Kap. 23 zu den Gründen, weshalb anzunehmen ist, dass 1. Kor. 12,13 exakt diese Worte enthält).

Alle Taufen erfordern einen *Ausführenden* (der das Taufen vornimmt), ein *Element* (in das hineingetauft wird) und einen *Zweck* (wozu es geschieht). So wie Johannes der Ausführende der Wassertaufe war, ist Jesus der Ausführende der Geistestaufe; daher haben beide den Titel »Täufer« bekommen (griechisch: *ho baptizon* — Matth. 3,1; Joh. 1,33). Doch dieser Titel hat weniger ernennenden als vielmehr beschreibenden Charakter!

Das Element war ganz unterschiedlich: »in Wasser« und »in Heiligem Geist«. Doch die Handlung war ähnlich. Der Sinn des Wortes »getauft« ist in beiden Fällen gleich. David Watson drückt es in seinem Buch »Eins im Geist« sehr klar aus:

> »Der Ausdruck >Taufe< oder >taufen< ist ein inhaltsreiches Wort, und in der säkularen Literatur bedeutete es >tauchen, sinken, ertrinken, völlig begraben werden<. Jemand konnte überwältigt (wörtl. getauft) werden von Schulden, Sorgen, Unheil, auch von Wein oder Schlaf. Euripides in Orestes gebrauchte bapto, wenn Wasser in ein Schiff schlägt, aber baptizo, wenn das Schiff voll Wasser ist oder sinkt.«

Angesichts der in der Apostelgeschichte geschilderten Begebenheiten war das der passendste Ausdruck, dessen sich die neutestamentlichen Schreiber bedienen konnten.

Der Zweck der beiden Taufen ist unterschiedlich. Bei der einen geht es um Reinheit, um einen sauberen Anfang des

Glaubenslebens, das gebrochen hat mit einer Vergangenheit, die jetzt tot und begraben ist. Bei der anderen geht es um Kraft (Apg. 1,8; 10,38), um aber nicht nur im Glaubensleben weiterzumachen (2. Tim. 1,6), sondern um auch eine aktive Rolle als Glied des Leibes Christi zu spielen (1. Kor. 12,13) und vor allem, um ein Zeuge Jesu in der ganzen Welt zu sein (Apg. 1,8). Beachten wir, dass der Zweck einer Taufe mit der Präposition »hinein« (griechisch: *eis*) ausgedrückt wird. Die Taufe des Johannes war eine Taufe »zur« Buße oder »in die Buße hinein« (Matth. 3,11). Die christliche Wassertaufe geschieht »auf (wörtl. *in)* den Namen Jesu« (Apg. 19,5). Und die Geistestaufe geschieht »zu einem Leib« (wörtl. *in* einen Leib — 1. Kor. 12,13; s. Kap. 23 die Erklärung, dass »in« nicht »Einführung in« bedeutet, sondern »Vollziehung von«).

Erfüllt

Auch das gleichbedeutende Hauptwort »Fülle« wird im Neuen Testament nie gebraucht und kann irreführend sein, wenn es heute verwendet wird. Dass der Ausdruck »erfüllt mit« das Synonym zu »getauft in« ist, geht aus dem Textvergleich klar hervor (vgl. z. B. Apg. 1,5 mit 2,4). Dennoch besteht ein leichter Unterschied. »Getauft« besitzt eine einführende Nuance; es scheint, dass der Ausdruck nur einmal für die Erfahrung einer Person verwendet wurde — bei ihrer ersten »Erfüllung« (es heißt von keiner Person, dass sie wiederholt »Taufen« im Geist gehabt hätte). »Erfüllt« wird hingegen bei späteren Ausgießungen des Geistes gebraucht (z. B. Apg. 4,31). In der Tat wird auch in der Ermahnung des Paulus, »Werdet voll Geist« (Eph. 5,18), die unvollendete Gegenwartsform, die Präposition »in«, nicht aber der bestimmte Artikel verwendet. Die Stelle sollte darum so übersetzt werden: »Fahrt fort, voll Geist zu sein« und drückt deutlich einen andauernden Zustand aus.

»Getauft« kam in diesem Sinne nicht in Frage, da es sich auf ein einziges, anfängliches Erleben bezieht.

Es gibt jedoch noch eine andere Entwicklung des Wortes. Eine Person, die bei ihrer Initiation »erfüllt« (d. h. »getauft«) wurde und die seither anhaltend »voll Geist« gewesen ist, verdient die Beschreibung »voll Geistes« (z. B. Apg. 6,3). Diese Form deutet Reife und Heiligung an, hat aber dennoch in erster Linie mit Kraft zu tun (Apg. 6,8), obwohl bei einem Menschen, der anhaltend erfüllt ist, sowohl die Frucht als auch die Gaben des Geistes zu finden sind (Gal. 5,22-23).

Das Fehlen des bestimmten Artikels »dem« beim Ausdruck »erfüllt mit Heiligem Geist« richtet das Augenmerk auf das Subjekt »Kraft« anstatt auf das Objekt »Geist« (s. wieder Anhang B). Mit anderen Worten liegt bei »erfüllt« der Akzent auf seiner Kraftmitteilung und nicht auf seiner Innewohnung.

Und schließlich bedeutet »erfüllt« ein »Überfließen«. Wir werden auf diesen Aspekt später in diesem Kapitel zurückkommen. An dieser Stelle genügt die Feststellung, dass immer da, wo das Wort im Neuen Testament gebraucht wird, diejenigen, welche eine Ausgießung von oben erfahren haben, selber in sichtbarer Weise etwas »ausgießen«: sie sind zum Überfließen erfüllt. Geschieht das Erleben zuerst »inwendig«, dann führt es immer zu »äußerlichen« Wirkungen, die ausschließlich vokalen Charakter haben, wie wir später noch sehen werden (sogar die Aufforderung in Eph. 5,18, »voll Geist« zu sein, hat das Überfließen in Form von »Psalmen und Lobliedern und geistlichen Liedern« als Ziel vor Augen).

Trinken
Das Wort »trinken« wurde von Jesus (Joh. 7,37-39) und von Paulus (1. Kor. 12,13) in Verbindung mit dem »Empfangen« des Geistes gebraucht. Wenn »getauft« den Gedanken an

ein äußerliches Eintauchen vermittelt, so lässt »trinken« an ein inwendiges Aufnehmen denken. Man erkennt hier eine gewisse Verlagerung von einer passiven Unterwerfung unter die Handlung eines anderen (untergetaucht werden) hin zu einer aktiven Zusammenarbeit im Sinne des In-sich-hinein-Trinkens. Dieses Wort steht immer im Aorist (das Einzelgeschehen), nie im Präsens (eine fortdauernde Handlung), und so ist es »getauft« näher als »erfüllt«. Es wird hier also nicht an ein andauerndes In-sich-hinein-Trinken des Geistes gedacht. Nach dem Trinken fließt das Quellwasser im Menschen immer weiter (Joh. 4,14; 7,38; s. Kap. 11). Ist man *einmal* von außen her erfüllt worden, kann man *fortfahren*, von innen her erfüllt zu sein. Der Heilige Geist ist eingezogen, um im Menschen zu wohnen.

Fallen auf, herabkommen auf, ausgegossen auf
Alle diese anschaulichen Ausdrücke stammen aus dem Alten Testament (wahrscheinlich aus der griechischen »Septuaginta« — so genannt, weil sie angeblich das Werk von *siebzig* hebräischen Gelehrten ist) und haben eine lange Geschichte hinter sich. Sie bezeichnen das plötzliche Auftreten einer »charismatischen« Aktivität, gewöhnlich prophetischer Natur. Lukas liebt diese Ausdrücke besonders und verwendet sie im Austausch mit »empfangen«, »getauft« und »erfüllt« (Apg. 1,8; 2,17.33; 8,16; 10,44.45; 11,15; 19,6). Auch Paulus gebraucht sie gelegentlich im Zusammenhang mit der Initiation (Röm. 5,5; Tit. 3,6).

Sie deuten (ebenso wie »trinken«) auf den äußeren Ursprung dieser Erfahrung hin. Das heißt, es hat überhaupt nichts zu tun mit meditativen Methoden zur Freisetzung des »göttlichen« Geistes, der nach Auffassung mancher von Geburt an der menschlichen Natur innewohnt (Joh. 1,9 bezieht sich auf das dem Worte innewohnende Licht, das die Finsternis »in jedem Menschen« aufdeckt). Die

Ausdrücke weisen auch auf einen Ursprung hin, der nicht auf Erden, sondern im Himmel ist. Die Erfahrung ist gleichzeitig äußerlich und inwendig.

Und schließlich wollen wir den dramatischen Unterton beachten: Es ist nicht ein allmähliches, sondern ein plötzliches Geschehen; nicht ein alltägliches, sondern ein außerordentliches Geschehen; nicht ein verborgenes, sondern ein offenbares Geschehen. Wenn etwas ausgegossen wird, verursacht dies gewöhnlich ein Platschen!

Versiegeln
Dieser bildhafte Vergleich ist ebenfalls (wie »Angeld«) aus der Finanzwelt entlehnt und einfach zu verstehen. Ein Siegel ist ein sichtbares und unauslöschliches Zeichen, mit dem man erworbene Güter kennzeichnet, um damit anderen Interessenten anzuzeigen, dass sie bereits einem Käufer gehören. Heute verwendet man ein Siegel vor allem in Zusammenhang mit Dokumenten, und zwar als Beweis dafür, dass eine Abmachung getroffen oder ein Geschäft abgeschlossen wurde und nicht mehr geändert werden kann. Zwar ist der heutige Gebrauch des Wortes nicht unpassend (z. B. in Eph. 4,30), doch der damalige Sinn verhilft zu einem besseren Verständnis dieses Begriffs. Es ging Paulus vor allem um den klaren Beweis, dass der Glaube von Gott anerkannt wurde (Eph. 1,13). Es überrascht nicht, dass er das Wort zu seinen anderen kommerziellen Bildern in enge Beziehung setzt (Eph. 1,14; 2. Kor. 1,22). Johannes verwendet in seinem Evangelium denselben Begriff (Joh. 3,34; 6,27).

Salben
Mit diesem Wort haben wir den Kreis geschlossen und kommen zum ersten Teil des Kapitels zurück. Das Wort wurde im Blick auf Jesus und von ihm selber in Verbindung

mit seinem eigenen Geistesempfang benutzt (Luk. 4,18; Apg. 10,38). Da er den Heiligen Geist sowohl selber empfing als auch anderen geben wollte, wird das Wort »salben« natürlich auch auf Gläubige angewendet, wenn sie seine Erfahrung teilen (2. Kor. 1,21; 1. Joh. 2,27). Wie schon gesagt, ist diese »Salbung« als »Versiegelung« eine echte »Konfirmation«.

Alle diese von uns untersuchten Verben lassen auf eine reiche, tiefgehende dynamische Erfahrung schließen. Sie unterstreichen abwechselnd zuerst den göttlichen und dann den menschlichen Aspekt, den momentanen und den andauernden Aspekt, den äußerlichen und den inwendigen Aspekt, den persönlichen und den unpersönlichen Aspekt — man könnte meinen, die neutestamentlichen Schreiber hätten das Wörterbuch durchstöbert, um die zahlreichen Facetten des Geistesempfangs in Kraft in umfassender Weise darzustellen. Doch worin besteht das Geschehen selber? Auf welche Weise geht es vor sich, und wie kann man wissen, dass es eingetreten ist?

Das Wesen des Geistesempfangs

Es ist praktisch unvorstellbar, dass eine Erfahrung, die in der oben dargestellten Ausdrucksweise beschrieben wird, von der betroffenen Person selber oder von anderen nicht bemerkt werden sollte! Damit würden die Worte ja ihrer Bedeutung beraubt und geradezu absurd.

Doch genau das ist die Auffassung jener, die die beiden Ausdrücke »an Jesus glauben« und »den Geist empfangen« als ein und dasselbe betrachten. Da bei vielen, wenn nicht den meisten »Bekehrungen« heute eine charismatische Kundgebung völlig fehlt, wird vielfach behauptet, der Heilige Geist sei automatisch (und unbewusst!) empfangen worden. Den Schluss zu ziehen, dass jene wohl geglaubt, aber nicht empfangen haben, würde viele in so große seelsorgerliche Probleme stürzen, dass man gar nicht daran zu denken wagt. Vielleicht ist es bezeichnend, dass diese Denkweise zwangsläufig eine Abneigung mit sich bringt, die bildhafte Sprache des Neuen Testamentes für den »Empfang des Geistes« zu verwenden (Worte wie »getauft in«, »erfüllt mit«, »ausgegossen auf« sind offenbar unpassend!).

Eines geht aus dem Studium der neutestamentlichen Bibelstellen über den »Empfang« des Geistes deutlich hervor und ist von vielen Bibelgelehrten auch bemerkt worden, nämlich die »eigentümliche Bestimmtheit« all der einschlägigen Schilderungen. Andere sprechen von der Gabe des Geistes als »etwas, dessen Empfang sich nachprüfen lässt«. Und wieder andere sagen, Paulus rede so, »als wäre der Geistesempfang etwas ebenso Bestimmtes und Erkennbares wie ein Grippeanfall«! Kaum ein anderer hat es so gut beschrieben wie der hervorragende Missionar Roland Allen[1] in seinem Buche »The Ministry of the Spirit«:

»Die Gabe, welche die Apostel empfingen, war eine ganz bestimmte Gabe zu einer ganz bestimmten Zeit. Was sie erlebten, war nicht irgendein vager Einfluß, den sie dann und wann mehr oder weniger deutlich verspürten, sondern eine ganz bestimmte Tatsache, die sie mit Zeitpunkt und Namen belegen konnten. Später wurde der Heilige Geist noch vielen anderen gegeben, aber immer war das Kommen dieser Gabe mit jener eigentümlichen Bestimmtheit verbunden gewesen. Jeder Bekehrte empfing die Gabe zu einer bestimmten Zeit und an einem bestimmten Ort. Es war vollkommen natürlich, dass Paulus an gewisse Leute in Ephesus, über deren Erfahrung er Zweifel hegte, die Frage richtete: »'Habt ihr den Heiligen Geist empfangen, nachdem ihr gläubig geworden seid?'« (Apg. 19,2). Er stellte eine ganz konkrete Frage und erwartete natürlich eine ebenso konkrete Antwort. Er erwartete, dass Christen den Heiligen Geist kannten und dass sie wußten, ob und wann sie ihn empfangen hatten ... Die Gabe des Heiligen Geistes an alle späteren Jünger hatte den gleichen Charakter wie die erste Gabe am Pfingsttage.«

Diese »eigentümliche Bestimmtheit« gab es schon vor Pfingsten. Jesus selbst »empfing« den Heiligen Geist unter sicht- und hörbaren Begleiterscheinungen (Matth. 3,16-17), obwohl die körperliche Gestalt einer Taube und die Stimme aus dem Himmel für seine »Initiation« einmaligen Charakter besaßen. Näherliegende Parallelen finden sich im Alten Testament, so zum Beispiel die »Ordination« der siebzig Ältesten Moses (4. Mo. 11,25) und die göttliche Berufung Sauls zum König (1. Sam. 10,6). In diesen Fällen lag der äußere Beweis im »Weissagen«, das genau jenes Zeichen ist, welches im Hinblick auf die Ausgießung des Geistes »in den letzten Tagen« vorausgesagt wurde (Joel 3,1-2).

Weissagen
Hier haben wir das Zeichen für den Empfang des Heiligen Geistes, welches dem Alten wie dem Neuen Testament gemein ist. Doch was ist »Weissagen« genau?

Es ist ein *Reden*. Eigentlich überrascht es nicht, dass der Beweis aus dem Munde kommt. Wie wir bereits sahen, erinnert »erfüllt« an »überfließen« (daran erkennen

---

[1] Nach etlichen Jahren in China wurde Roland Allen Vikar von St. Peter, Chalfont (wo ich fünfzig Jahre später als Baptistenpastor tätig war); nachdem er 1907 wegen dem Skandal in Verbindung mit einer wahllosen Kindertaufpraxis zurückgetreten war, widmete er sich solchen schriftstellerischen Werken wie *Missionary Methods — St Paul's or Ours?* und *The Spontaneous Expansion of the Church*. Er selbst sagte voraus, dass sein Buch über den Heiligen Geist nicht vor Ablauf von fünfzig Jahren Anerkennung finden würde — es wurde 1960 herausgegeben! Er hatte einen echten prophetischen Blick und sah die Notwendigkeit für eine Evangelisation durch Eingeborene, für einen Gemeindeaufbau sowie für eine charismatische Erneuerung voraus. Ich verdanke seinem Pionierdenken sehr viel.

wir, dass etwas gefüllt wurde, wie z. B. der Benzintank unserer Autos). Überall in der Bibel wird der Mund als Ausdrucksmittel des vollen Herzens betrachtet. Das gilt für den Gefühlsbereich: Sind wir voller Freude, lachen wir; sind wir voller Ärger, schimpfen wir; sind wir voller Trauer, wehklagen wir; sind wir voller Furcht, schreien wir. Und besonders trifft dies auch auf unser Glaubensleben zu. Nichts, was in den Mund hineingeht, macht einen Menschen unrein; doch was aus dem Munde herausgeht, offenbart den sündigen Zustand des Herzens. Wenn jemand zum Überfließen mit dem Heiligen Geist erfüllt worden ist, so erwartet man mit Sicherheit, dass auch sein Mund davon betroffen ist. Die Zunge, früher von der Hölle entzündet (Jak. 3,2-12), ist jetzt vom Himmel entzündet! Das »nicht zu bändigende Glied«, das kein Mensch zähmen kann, wird jetzt von übernatürlichen Kräften kontrolliert!

Es ist ein *spontanes* Reden. Der Drang, etwas mündlich auszudrücken, kommt aus dem Inneren der geisterfüllten Person, ohne dass ein Lied ausgeteilt oder ein Glaubensbekenntnis gesprochen wird, ohne dass sie sich an einer Liturgie beteiligt. Es ist die lebendige Quelle im Innern, die zu sprudeln anfängt. Bezeichnenderweise geschieht dies aus dem Stegreif, weder vorbereitet noch einstudiert — mit einem Wort: improvisiert (Kap. 35 enthält praktische Hinweise, wie man Menschen ermutigt, sich lautmäßig zu äußern).

Es ist ein spontanes *geistliches* Reden. Die Worte kommen nicht aus dem Verstand, sondern vom Geist (1. Kor. 14,14-15 macht den Unterschied deutlich), unter Umgehung des die Verbalisierung begleitenden normalen Prozesses. Der Geist weiß einfach, »was zu sagen ist«; denn er wird vom Heiligen Geist geleitet. Es ist immer noch der geisterfüllte Mensch, der das eigentliche Reden besorgt (das Atmen der Lungen, das Vibrieren der Stimmbänder, das Bewegen der Zunge und der Lippen), aber es findet keine bewusste Formung von Worten statt. Die betreffende Person ist sich des »Weissagens« voll bewusst, während sie sich verstandesmäßig des Gesagten völlig, teilweise (1. Petr. 1,11-12) oder überhaupt nicht bewusst ist (wenn das Weissagen nicht in einer Sprache geschieht, die ihr Verstand schon erlernt hat). Auch die dabei auftretenden Gefühle können außerordentlich unterschiedlich sein, je nach Temperament, Umständen und vielen anderen Faktoren. Die manchmal anzutreffende Übersetzung »ekstatische Äußerung« (1. Kor. 12,10) ist sehr irreführend. Die Bibel schweigt in Wirklichkeit auffallend über die beim Erfülltwerden empfundenen Gefühle. Einzig die »Aufregung« der neugierigen Zuschauer in Apostelgeschichte 2 (V. 6.12) wird erwähnt.

Dieses Reden kann ganz verschiedene Formen annehmen:

In Zungen reden
Dieses unglückliche Wort vermittelt den Eindruck eines »unkontrollierten Lallens«. Das griechische Wort *(glossai)* bedeutet ganz einfach »Sprachen« (so wie früher »Zunge« im alten Deutsch). Es weist echte Grammatik und Syntax auf. Da alle Sprachen auf Erden von Gott stammen (1. Mo. 11,7-9), kann er eine jede von ihnen sprechen — durch Menschen, die mit seinem Geist erfüllt sind. In Babel war der Zweck der verschiedenen Sprachen destruktiver Natur, doch zu Pfingsten war die Gabe der Zungen konstruktiv. Hier besaß sie die nützliche Funktion eines »Zeichens« und wies über sich selbst hinaus auf die Gegenwart des Gottes in allen Völkern, der zu vereinen suchte, was er getrennt hatte. Es entsprang keiner *Notwendigkeit,* dass die Zuhörer ihre eigenen Sprachen hörten (Petrus gebrauchte nur eine einzige Sprache, um zu ihnen allen zu predigen);

aber dass sie von halbgebildeten Galiläern gesprochen wurden, überzeugte viele von ihnen davon, dass direkt vor ihren eigenen Augen ein übernatürliches Ereignis stattfand. Wichtig ist, dass Petrus begriff, dass das »Reden in unbekannten Sprachen« in der Tat ein »Weissagen« war; denn er identifizierte es ohne weiteres mit Joels Weissagung (indem er Joel 3,1-5 zitierte: »Dies ist ...«). Wenn diese Gabe völlig neu war, wenigstens seit der babylonischen Sprachenverwirrung, so konnte Petrus diese Verbindung nur dank einer direkten Offenbarung herstellen (ähnlich wie bei seinem Bekenntnis, dass Jesus der Christus war — Matth. 16,17). Doch es kann auch einfach so gewesen sein, dass dieses »nicht verstandesmäßige« Reden bereits mit früherem »Prophezeien« im Alten Testament in Verbindung gebracht wurde (wie im Fall der siebzig Ältesten und Saul). Tatsache ist, dass für Petrus Zungen und Prophezeien praktisch dasselbe war.

Dieselbe äußerliche Kundgebung trat auch bei anderen Gelegenheiten in Erscheinung, wo der Heilige Geist empfangen wurde und — wohlgemerkt — weder eine Notwendigkeit für die geschenkten Sprachen bestand noch ein Erkennen derselben nötig war (Apg. 10,46; 19,6). Aber war dies damals die *einzige* Form des »Weissagens«? Sind die »Zungen« das ausschließliche Zeichen für den Empfang des Geistes?

Einerseits ist es das einzige Zeichen, das jedesmal, wenn der »Beweis« beschrieben wird, Erwähnung findet. Andererseits werden andere Manifestationen aufgezählt — bei einer Gelegenheit Lobpreis (Apg. 10,46) und bei anderer Gelegenheit (Apg. 19,6) Weissagung (im Unterschied zu »Zungen« und vermutlich in ihrer eigenen Sprache). Weder das eine noch das andere Mal wird gesagt, dass alle in anderen Sprachen geredet hätten (die natürlichste Erklärung dafür ist, dass etliche das eine taten und etliche das andere). Aufgrund dieses Zeugnisses und des Fehlens irgendeiner klaren biblischen Aussage über das *Muss* der Zungen als einzigem und notwendigem Zeichen des Geistesempfangs würde es übertrieben dogmatisch erscheinen, diese bei jeder Gelegenheit zu fordern. Gerechtfertigt scheint es hingegen, zu sagen, dass »Zungen« stets der Beweis sein *könnten;* ungerechtfertigt aber, dass sie es sein *sollten* (mehr darüber in Kap. 35). Weiser ist es zu sagen, dass irgendeine bestimmte Form des »Weissagens« der Beweis für den Empfang des »Geistes der Weissagung« sein muss (Offb. 19,10). Doch was sind diese anderen Formen?

Lobpreis

Diese Form, die zusammen mit den Zungen beim Geistesempfang durch Kornelius und sein Haus erwähnt wird, unterscheidet sich deutlich vom Zungenreden, wie das Wort »und« anzeigt — obwohl die Zungen zu Pfingsten das Lob der großen Werke Gottes zum Gegenstand gehabt hatten (Apg. 2,11). Es scheint ein spontaner Ausbruch der Anbetung in ihrer eigenen Sprache (Latein?) gewesen zu sein. Echte Anbetung ist nicht ein »natürliches« Tun des Menschen (obgleich er dazu angehalten werden kann, sich an einem Ritual oder an einer Liturgie zu beteiligen, wenn dieses gesellschaftlich akzeptabel ist); sie ist ein geistliches Handeln Gottes im Menschen. Ein unwillkürlicher Ausbruch in Lobpreis würde jedenfalls auf den Einzug des Geistes schließen lassen!

Weissagung

Auf den ersten Blick mag es seltsam scheinen, »Weissagung« als eine Form des Weissagens zu bezeichnen! Das Wort wird jedoch sowohl im weiteren Sinn einschließlich der Zungen (wie in Apg. 2) als auch im engeren Sinn im Unterschied zu Zungen verwendet — wie beim Geistesempfang der Jünger in Ephesus (Apg. 19,6), bei der Aufzählung der Geistesgaben durch Paulus (in 1. Kor. 12,10) oder dort, wo er Anweisungen für die gemeinsame Anbetung erteilt (1. Kor. 14,5). Die beiden Hauptunterschiede sind, a) dass Zungen normalerweise für Redende und Hörende unverständlich sind, während Weissagung für beide verständlich ist und, b) dass Zungen an Gott, Weissagung aber an Menschen gerichtet sind (1. Kor. 14,2-3). Beide haben gemeinsam, dass der Inhalt nicht vom Redenden, sondern vom Herrn stammt.

Andere Ausrufe

Paulus erwähnt in seinen Briefen eine Anzahl anderer spontaner Worte oder Ausdrücke.

Das klassische Beispiel ist »Abba« (Röm. 8,15-16; Gal. 4,6). Es liegt ein großes Mißverständnis vor, wenn man dieses »das innere Zeugnis« nennt, da das griechische Verb *(krazein)* »unwillkürlich herausschreien« bedeutet (vgl. Matth. 14,26.30). Dieser Ausdruck — er ist das erste Wort, mit dem ein jüdisches Baby zu seinem Vater spricht (vergleichbar dem deutschen »Papa«) — war die bevorzugte und vertraute Form, in der Jesus im Gebet seinen Vater anredete; er gebrauchte es aber nicht, wenn er öffentlich lehrte. Nicht einmal im privaten Gebet bedienten sich die Juden dieses Wortes; sie wagten nicht, auf so familiäre Weise einem Gott gegenüberzutreten, der denen, die seinen Namen mißbrauchten, schwere Bestrafung angedroht hatte! Auch die Heiden benutzten den Ausdruck nicht, da es ja ein jüdisches Wort war. Seine spontane Verwendung, sei es durch Juden oder durch Heiden, wies jedenfalls auf das Zeugnis des Geistes Jesu hin — die Person, die in dieser Weise »herausschreit«, hatte jetzt auch das Recht, ein solches Kosewort zu gebrauchen!

Ein anderes Beispiel ist der Ausdruck »Jesus ist Herr« (1. Kor. 12,3). Es sei ausdrücklich betont, dass Paulus dabei nicht an ein Glaubensbekenntnis dachte, wie die meisten Kommentatoren anzunehmen scheinen (auch ein Papagei könnte das mit einiger Übung und ohne irgendeine übernatürliche Hilfe nachsprechen!), sondern an einen spontanen Ausruf des Erkennens (vergleichbar mit einem jüdischen Kind, wenn es beim Erblicken seines Vaters »Abba« ruft). Der Textzusammenhang enthält Ausrufe, die während des Gottesdienstes in Korinth vorkamen und von anderen übernatürlichen Mächten inspiriert waren (»Verflucht sei Jesus«).

Es gibt auch ein »unaussprechliches Seufzen« (Röm. 8,26), wobei allerdings hinzugefügt werden muss, dass weder dieses noch die anderen vorgenannten Ausrufe speziell etwas mit dem Augenblick der Initiation zu tun haben und darum in diesem Zusammenhang auch nicht zuviel Gewicht erhalten sollten.

Empfang des Geistes

Schließlich müssen wir fragen, *wie* sie den Heiligen Geist empfingen. Geschah es auf rein zufällige, unerwartete Weise, oder mussten zuerst menschliche Bedingungen erfüllt werden? Verhielten sich die Empfänger in dem Augenblick passiv, oder wirkten sie aktiv mit?

Es braucht nicht speziell erwähnt zu werden, dass dem Trachten nach dieser Gabe zuerst echte Buße, Glaube und Taufe vorangingen. Das Fehlen eines dieser drei konnte die Gabe blockieren (es gab echte Gründe, weshalb sie Kornelius vor der Taufe gegeben wurde, so dass sein Fall also keinen Präzedenzfall bildet).

Aufgrund von Apostelgeschichte 1 haben manche gelehrt, dass es notwendig sei, auf den Herrn »zu warten«, vielleicht in der Annahme, dass der Zeitpunkt des Geistesempfangs völlig von der Entscheidung des Herrn abhängig sei. Doch das Warten war nur nötig vor dem Pfingsttag, den Gott in seinem Zeitplan für die erste Ausgießung reserviert hatte. Aber auch so betrug die Zeit des »Wartens« lediglich ein paar Tage. Sowohl Petrus wie Paulus erwarteten, dass die Gabe sofort nach erfolgter Antwort auf das Evangelium, das heißt nach Buße, Gläubigwerden und Taufe, mitgeteilt wurde. Es gibt jedoch eine Andeutung, dass die Gabe bestimmtes und anhaltendes Beten voraussetzt. In Zusammenhang mit der Gabe des Heiligen Geistes sagte Jesus zu seinen Jüngern (Luk. 11,13), sie sollten mit Bitten anhalten, bis sie empfangen würden. Gewiss scheint das Gebet ein wesentliches Element beim »Empfangen« zu sein, sogar bei Jesus (Luk. 3,21-22) und bei den Aposteln (Apg. 1,14) sowie bei jenen, denen sie später dienten (Apg. 8,15). Es ist nötig, um die Gabe zu bitten; sie kommt nicht automatisch.

Wie wichtig war die Handauflegung? Sie ist eine intensive Form des Bittens, das als Fürbitte für eine bestimmte Person gilt und sich auf diese konzentriert. Es muss auch gesagt werden, dass bei den beiden einzigen neutestamentlichen Berichten, wo der Heilige Geist ohne diese Handlung empfangen wurde, gute Gründe dafür bestanden hatten. Am Pfingsttage gab es niemand, der bereits mit dem Heiligen Geist erfüllt war und den Jüngern die Hände hätte auflegen *können* (so tat es Jesus selber mit seinen eigenen »Fingern« von Feuer und berührte damit einen jeden von ihnen). Und im Hause von Kornelius gab es niemanden, der es getan *hätte!* In allen anderen bekannten Fällen wurden die Hände aufgelegt, gewöhnlich als unmittelbarer Nachtrag zur Taufe (Apg. 8,17; 9,17; 19,6). Die Annahme ist berechtigt, dass diese physische Handlung der normale Weg war, anderen den Heiligen Geist zu vermitteln. Auf jeden Fall wird es so im Hebräerbrief gelehrt (Hebr. 6,1-6; s. Kap. 27), wo die Handauflegung unter den »Lehren für Anfänger«

aufgezählt wird. Wird die Gabe des Heiligen Geistes so spontan mitgeteilt und empfangen (wie bei Kornelius), dann erübrigt sich offensichtlich die Handauflegung, die im Übrigen aber normal war.

Klar ist auch, dass außer denen, die ihnen dienten, auch die Empfänger eine aktive Haltung einnehmen mussten. Weissagen ist ebenso ein menschliches wie göttliches Handeln. Wie wir bereits gesehen haben, beteiligt sich der den Heiligen Geist Empfangende durch den Gebrauch seiner Lungen, seiner Stimmbänder und seiner Lippen daran. Aber ist dieses Mitwirken freiwillig oder unfreiwillig? Waren die neutestamentlichen Jünger von dieser übernatürlichen Kraft so »überwältigt«, dass sie »nichts dafür konnten«, wenn etwas aus ihrem Munde hervorbrach? Leider stehen sie uns für eine Befragung nicht zur Verfügung! Die Bibel berichtet uns lediglich, was sie taten, nicht aber, ob ihnen dabei eine Wahl blieb oder nicht! Eine Antwort geben uns jedoch andere Bibelstellen. Der Heilige Geist ist nicht einfach eine Kraft — er ist eine Persönlichkeit. Er ist ein Tröster, welcher leitet und führt. Im Unterschied zum Vater und zum Sohn ist er kein König und herrscht nicht mit absoluter Autorität. Er kann betrübt (Eph. 4,30) sowie »ausgelöscht« werden (1. Thess. 5,19), und man kann ihm widerstreben (Apg. 7,51). All das macht nicht den Eindruck einer »unwiderstehlichen Macht«. Er vergewaltigt nie den Willen eines Menschen und drängt auch seine Kraft oder seine Gaben niemandem auf. Er vertraut sogar die Kontrolle über seine Gaben deren Empfänger an; die Gaben »müssen« nicht unbedingt gebraucht werden (1. Kor. 14,28).

Deshalb können wir daraus den Schluss ziehen, dass der Heilige Geist nur denen gegeben wird, die ihn aufnehmen wollen und ihre Segel setzen, um mit dem Wind zu segeln. Nötig ist, dass man am Tage seiner Macht bereit ist!

WIEDERGEBURT

Doch was für ein unglaubliches Vorrecht — der Geist des lebendigen Gottes will in uns Wohnung machen und uns unaufhörlich erquicken, er will uns neue Fähigkeiten zum Dienst an anderen verleihen und aus uns lebendige Zeugen für Christus und Kinder zum Lobe Gottes machen!

KAPITEL 6

WIEDERGEBOREN

Sprachen sind seit dem Turmbau von Babel ein Problem gewesen. Wörter scheinen so etwas wie ein Eigenleben zu entwickeln. Manchmal werden sie allzu dehnbar und nehmen eine zu weit gefaßte Bedeutung an; manchmal bekommen sie einen zu eng gefaßten Gehalt. Als Beispiel für das erste sei hier das Wort »Liebe« genannt.

Biblische Wörter sind von solchen Veränderungen nicht ausgenommen. Ein Bibellehrer, der sich einer biblischen Terminologie bedient, lehrt damit nicht automatisch biblische Wahrheit (umgekehrt wird eine Lehre durch die häufige Verwendung biblischer Zitate auch nicht »biblisch«, vor allem wenn Texte aus ihrem Zusammenhang gerissen werden).

Oft erweist es sich als notwendig, Wörter ihres modernen Beiklangs zu entledigen, um ihre biblische Bedeutung wiederzufinden. Doch »verlernen« ist immer schwieriger als lernen. Mit einer Gewohnheit zu brechen, ist immer schwerer, als sich eine neue zuzulegen (wie jeder Golfspieler weiß!). Es ist außerordentlich schwierig, sich von einem gewohnheitsmäßigen Gebrauch von Wörtern zu lösen!

Die Begriffe »Bekehrung« und »wiedergeboren« sind gute Beispiele für eine solche Gefahr. Beide haben sich von flexiblen Beschreibungen zu festgelegten Definitionen gewandelt. Sagt man: »Ich bin ein wiedergeborener Christ«, so ist das beinahe unsinnig, etwa so, als rede man von einem runden Kreis oder von einem viereckigen Quadrat! Ähnlich ist es mit dem Begriff »Bekehrung«. Die Aussage »Ich kann mich nicht an den Tag meiner Bekehrung erinnern« geht an sich schon von einer Annahme aus, die ziemlich unbiblisch ist.

Das Problem ist, dass die beiden Ausdrücke in evangelikalen Kreisen lange Zeit als Synonyme behandelt wurden. Man hat sie abwechselnd gebraucht, um damit jenes Werk Gottes in uns zu definieren, durch das wir vom Tod in Sünden zum neuen Leben in Christus durchgedrungen sind. Bei beiden Begriffen hat sich stillschweigend die Auffassung eingeschlichen, dass dieses gleichzeitig geschehe. Im Blick auf ein wirkungsvolles Zeugnis für andere wird es als Vorteil angesehen, wenn sich die betreffende Person des Zeitpunktes bewusst ist, zu dem dies geschah, oder wenn sie wenigstens ein Datum dafür nennen kann, obwohl »zugestanden« werden muss, dass viele Gläubige (gemäß Umfragen vielleicht sogar die meisten) sich nicht bewusst waren, was damals geschah.

Wenn (und dies ist ein sehr großes »Wenn«) man es so versteht, dass beide Wörter sich auf ein übernatürliches und augenblickliches Geschehen beziehen, dann erhebt sich natürlich die Frage: Wie verhält sich das zum vierfachen Initiationsprozess, von dem in früheren Kapiteln bereits die Rede gewesen ist? In welcher Phase dieses Prozesses geschieht die Bekehrung / Wiedergeburt?

Die Kernfrage ist jedoch, ob das allgemein akzeptierte Verständnis dieser Wörter auch wirklich biblisch ist. In diesem Kapitel soll klar werden, dass eine sorgfältige Prüfung des biblischen Gebrauchs dieser Ausdrücke ergibt, dass beide weniger einen definierenden als vielmehr einen beschreibenden Charakter haben und nur einer von ihnen das übernatürliche Werk beschreibt und keiner von ihnen unbedingt ein augenblickliches Geschehen bezeichnet!

Bekehrung

Wer hat nicht schon einen Evangelisten sagen hören: »Ich habe nie jemanden bekehrt — nur Gott kann eine Menschenseele bekehren?« Diese Bemerkung klingt richtig, ist aber ganz unbiblisch. Nach der Heiligen Schrift hat Gott nie jemanden »bekehrt«!

Im modernen evangelistischen Sprachgebrauch wird häufig das Hauptwort verwendet (»meine Bekehrung«). Im Neuen Testament wird das Hauptwort nie gebraucht, und das Verb steht gewöhnlich in der Aktivform (»bekehre deinen Bruder« oder »bekehre dich«). Das Verb bezieht sich immer auf ein menschliches Subjekt, nie auf das göttliche. (Wem dieser Gedanke fremd ist, der gehe doch einmal folgende Beispiele durch: Matth. 13,15; Mark. 4,12; Luk. 22,32; Apg. 3,19; 2. Kor. 3,16; Jak. 5,20; 1. Petr. 2,25.)

Tatsache ist, dass das neutestamentliche griechische Wort »bekehren« nicht jener fachliche oder theologische Begriff ist, zu dem er sich entwickelt hat. Es ist ein ganz gewöhnliches Wort und gehört zu einer Wortgruppe, deren Wurzel soviel wie »wenden« (griechisch: *strepho*) bedeutet. Die spezielle, gewöhnlich mit »bekehren« übersetzte Form hat als hinzugefügtes Vorwort *epi-*, das dem Wort den Sinn von »umwenden«, »umkehren« oder »zurückkehren« verleiht.

Diese Beschreibung trifft sehr gut den Sachverhalt, wenn sich ein Sünder von seinen Sünden abwendet, kehrtmacht und sich zurück zu Gott wendet. Damit wird seine eigene (nicht Gottes) Handlung ausgedrückt, gleichgültig, ob er sich selber dazu entschlossen hat oder von jemand anderem dazu überredet wurde. Das Wort enthält auch keinerlei Hinweis auf das Tempo der Umkehr, das heißt, ob sie plötzlich oder allmählich geschah; es drückt lediglich die

Richtung aus. Ob eine Kehrtwendung in einer einzigen großen Bewegung oder in einer Folge von kleineren Bewegungen gemacht wird, ist ganz unerheblich. Wichtig ist, dass ein Mensch, der in die eine Richtung (zur Hölle) gegangen ist, jetzt die entgegengesetzte Richtung (zum Himmel) eingeschlagen hat. Wenn die vielen Christen, die bisher bei der Aufforderung zum »Zeugnisablegen« immer in Verlegenheit gerieten, sich dies bewusst machen, kann ihnen Obengesagtes ein Trost sein. Das Wesentliche an der Bekehrung ist nicht die zeitliche Abfolge ihrer Umkehr, sondern der Richtungswechsel an sich. Manche Autofahrer, die in der verkehrten Richtung fuhren, haben das Steuer herumgerissen und innerhalb von Sekunden die Richtung gewechselt (das mag für Ohr und Auge ziemlich aufregend sein und spannende Unterhaltung bieten, wie in Hollywood entdeckt wurde!). Vorsichtigere Autofahrer hingegen lassen sich mehr Zeit dafür und bringen andere nicht in Gefahr. Ob so oder so, entscheidend ist, dass man auf der richtigen Straßenseite ist! Tatsächlich lassen sich Buße und Gläubigwerden am schwersten datieren; an die Wasser- und die Geistestaufe hingegen kann man sich leichter erinnern und ein bestimmtes Datum damit in Verbindung bringen.

Indem ein Mensch durch die »vier geistlichen Türen« hindurchgeht, vervollständigt er diese »Umkehr« von der Sünde hin zu Gott. In jeder einzelnen Phase ist menschliches Handeln notwendig, und jedesmal wird ein weiterer »Schritt« getan. Alle vier stehen im Neuen Testament im Imperativ; es sind Gebote, die befolgt werden müssen:

— Tue Buße (Apg. 2,38)
— Glaube (Apg. 16,31)
— Lass dich taufen (Apg. 22,16)
— Empfange (Joh. 20,22)

Natürlich ist das Ausmaß des menschlichen Handelns in den einzelnen Phasen unterschiedlich. Bei der Wassertaufe beschränkt es sich darauf, dass man sie wünscht und sich ihr unterzieht. Bei der Geistestaufe tut Gott das meiste, obgleich der Empfang mehr aktiv als passiv ist. Bei der Buße und beim Glauben liegt das Schwergewicht vor allem, wenn nicht ausschließlich, beim Menschen.

Im Blick auf das menschliche Handeln in allen vier Phasen scheint es gerechtfertigt, das Wort »Bekehrung« auf den ganzen Prozess anzuwenden. Jede einzelne Phase ist notwendig für eine vollständige »Kehrtwendung«. Im Besonderen markiert die Wassertaufe den endgültigen Bruch mit der Sünde und die Geistestaufe den Beginn des neuen Lebens. Beide sind für die »Bekehrung« grundlegend und sollten jedem bezeugt werden, der mit Christus bekanntgemacht wird.

»Bekehrung« kann jedoch wiederholt werden! Das Neue Testament verwendet dasselbe Wort, wo es von einem Bruder spricht, der wieder zur Sünde zurück-»kehrt« (Gal. 4,9; Tit. 3,11). Er muss sich wieder zurück zu Gott »kehren« (Luk. 22,32; Jak. 5,20), obwohl in diesem Falle weder die Wasser- noch die Geistestaufe nötig ist. Das Mädchen bei der Heilsarmee, das, wie es heißt, sich zehnmal bekehrte, und jedesmal besser als das letzte Mal, war wenigstens ehrlich!

Das Wort »Bekehrung« ist offenbar viel flexibler, als wir meinen. Vielleicht wäre es besser, den gleichbedeutenden, einfachen Ausdruck »Umkehr« zu benutzen, was es ursprünglich ja auch bedeutete. Zeugnisse sollten eindeutiger und objektiver sein. Anstatt zu erzählen, »wie ich mich bekehrt habe« — eine ziemlich bequeme Abkürzung —, sollte ich sagen, über welche Sünden ich Buße getan habe, warum ich das Gesagte geglaubt habe, wann ich getauft wurde und wie ich den Heiligen Geist empfangen habe. Ein solches Zeugnis wäre jedenfalls aufschlussreicher und inspirierender!

Wiedergeburt

Nun zu dem Ausdruck »Wiedergeburt« — wieder ein Wort, das der Umfunktionierung zu einem theologischen Fachausdruck unterworfen ist. Dabei bezeichnet es einfach jenen göttlichen Gnadenakt, durch den der Sünder eine neue Natur geschenkt bekommt. Deshalb glaubt man ganz allgemein, dass er sich in einem einzigen Augenblick ereignet und man sich dessen subjektiv nicht bewusst ist, wenngleich sich später mit Sicherheit ein solches Bewusstsein einstellen wird.

Dieses »lehrmäßige« Verständnis führt unweigerlich zu dem Problem, den Augenblick der Wiedergeburt zum Initiationsprozess in Beziehung zu setzen. An welchem Punkt findet das Wunder statt? Drei verschiedene Antworten wetteifern miteinander um unsere Aufmerksamkeit: die calvinistische, die arminianische und die katholische.

Die *calvinistische* Antwort. Die die Souveränität Gottes hervorhebende reformierte Theologie verlegt gewöhnlich den Augenblick der Wiedergeburt in die Zeit vor der Initiation, und zwar von der »logischen« Grundlage ausgehend, dass die gefallene menschliche Natur gänzlich unfähig sei, Buße über die Sünde zu tun, geschweige denn den Heiligen Geist zu empfangen. Gott lässt seine souveräne Gnade zuerst in der Wiedergeburt walten und ermöglicht es auf diese Weise dem Sünder, auf das Evangelium einzugehen. Die Entscheidung zur Wiedergeburt liegt darum gänzlich bei Gott.

Die *arminianische* Antwort. Die meisten Evangelikalen und Pfingstler scheinen von der Annahme auszugehen, dass die Wiedergeburt nach der Buße und dem Gläubigwerden, aber vor (oder wenigstens getrennt von) der Wassertaufe geschieht. Die Evangelikalen setzen häufig Wiedergeburt und »Geistestaufe« gleich (»geboren aus« und »getauft im« Heiligen Geist werden als Synonyme aufgefaßt, obwohl letzterer Ausdruck selten gebraucht wird). Pfingstler halten beide vollständig auseinander. So oder so liegt die Wahl, wiedergeboren zu werden, sowohl beim Menschen wie bei Gott. Geht der Mensch auf das Evangelium ein, antwortet Gott mit der Wiedergeburt (daher die Betonung auf »eine Entscheidung treffen«).

Die *katholische* Antwort. Für das sakramentale Verständnis ist die Wiedergeburt mit der Wassertaufe identisch, ob diese nun auf den persönlichen Glauben folgt oder ihm vorausgeht (bei Säuglingen). Während die drei Standpunkte in ihren Schlussfolgerungen sehr stark auseinandergehen, laufen sie ineinander in der ihnen zugrunde liegenden Voraussetzung, dass die Wiedergeburt praktisch augenblicklich erfolgt. Aber wird diese Auffassung von der Bibel gestützt? Wenn nicht, würde das die tiefe Kluft zwischen ihnen erklären? Und außerdem: Wie ist dies Auffassung entstanden? »Wiedergeburt« ist ähnlich wie »Bekehrung« ein ziemlich »gewöhnliches« Wort mit beschreibendem statt bestimmendem Charakter. Seine Entwicklung aus einer einfachen Sprachwurzel ist leicht erkennbar. Aus dem Verb »sein« (griechisch: *eimi*) wird mit Hilfe einer einfachen Vorsilbe das Verb »werden« *(ginomai),* und eine weitere Vorsilbe macht daraus »wieder werden« *(anagennao).* Wenn dieses Wort in der Hauptwortform gebraucht wird, wird eine andere Vorsilbe verwendet, die »wieder« bedeutet *(palingenesia* — es ist nicht schwierig zu erraten, wie das erste Buch der Bibel [Genesis] zu seinem Namen kam!).

Das Verb »werden« wird im Neuen Testament über zweihundert Mal gebraucht, und zwar in zahlreichen

Bedeutungsvarianten, angefangen bei ganz gewöhnlichen Schilderungen (»es wurde« = »es begab sich«) bis hin zu außergewöhnlichen schöpferischen Ereignissen (»dass alles, was wir sehen, aus dem Nichts geworden ist ...« — vgl. Hebr. 11,3). Der engere Sinn von »werden« hat auch eine doppelte Wortbedeutung, die beide für unser Studium wichtig sind. Einerseits kann es sich auf einen völlig neuen Anfang beziehen, das heißt auf etwas, das zum ersten Mal wird bzw. entsteht und darum ein passendes Wort für die Erschaffung der Welt ist (so in Joh. 1,3.4.10). Andererseits kann es sich auf etwas beziehen, das bereits existiert, doch eine gänzlich neue Gestalt annimmt, sei es durch einen natürlichen Prozess (ein Senfkorn »wird« zu einem großen Baum — Luk. 13,19) oder durch einen übernatürlichen Eingriff (Wasser »wird« zu Wein — Joh. 2,9).

Wegen der zweifachen Bedeutung von »werden« (im Hebräischen und Aramäischen wie im Griechischen) bot sich dieses Wort Jesus in seinem Gespräch mit Nikodemus geradezu an. Damit ließ sich das Ereignis der leiblichen Geburt (durch die der Mensch Teil der alten Schöpfung wird) mit dem Begriff der geistlichen Geburt (durch die derselbe Mensch Teil der neuen Schöpfung wird) verbinden. Letzteres bedeutet einfach »wieder werden« (es könnte auch mit »von oben werden« übersetzt werden, da das griechische Wort sowohl »wieder« als auch »oben« bedeuten kann — s. Kap. 10). Auf jeden Fall handelt es sich um einen göttlichen Schöpfungsakt, obgleich dieser ein Element menschlichen (alten) »Materials« nicht ausschließt. Noch nicht einmal eine leibliche Geburt kommt »von nichts«; sie ist das Produkt aus vorhandenem genetischem Material und dem Schwangerschaftsprozess. Die Fleischwerdung selbst weist eine doppelte Kombination auf, nämlich die eines göttlichen Wesens, das bereits seit aller Ewigkeit existiert hat, sowie die eines menschlichen Wesens, dessen

Anfang in der Zeit liegt. Die Kontinuität der Identität kann mit der Diskontinuität der Form nebeneinander bestehen.

Obgleich das Hauptwort für »wieder werden« nur zweimal im Neuen Testament verwendet wird, wird es bezeichnenderweise sowohl auf menschliche Wesen (Tit. 3,5) wie auf die ganze Schöpfung angewendet (Matth. 19,28). Gott, der seine höchsten Geschöpfe wieder in ihren ursprünglichen Zustand versetzt, beabsichtigt, das gleiche für das gesamte Universum zu tun! Die Himmel und die Erde sollen »wiedergeboren« werden (Offb. 21,1-5), obwohl dies anstatt durch Wasser durch eine Feuertaufe bewirkt wird (2. Petr. 3,10-13)!

Weder das Wort »Wiedergeburt« selbst noch der Textzusammenhang, in dem es erscheint, lassen darauf schließen, dass dieses »wieder werden« augenblicklich geschieht. Dass es so sein *kann*, steht nicht zur Diskussion; manchmal wird es sogar ausdrücklich festgestellt, so zum Beispiel, dass der neue Auferstehungsleib »in einem Nu, in einem Augenblick« gegeben wird (1. Kor. 15,51-52), wobei zugegebenermaßen hier ein anderes Wort gebraucht wird. Aber dass sie augenblicklich geschehen *muss*, stimmt nicht. Die ursprüngliche Schöpfung (Genesis/Entstehung — 1. Mo. 2,4) war jedenfalls ein sich über viele Phasen erstreckender Prozess, was immer man auch über die Länge der sechs Tage glauben mag. Die Wieder-Erschaffung der Himmel und der Erde wird offensichtlich auch verschiedene Phasen aufweisen. So »wird« ja aus einem Senfkorn auch nicht über Nacht ein großer Baum. Das Wort wird in der Bibel sogar weit häufiger für Dinge verwendet, die für das, was sie »geworden« sind, *Zeit gebraucht* haben. Sogar die Fleischwerdung Christi (das Wort »wurde« Fleisch) brauchte neun Monate. Wichtiger als das »Tempo« des Werdens ist der Grund für das Wie des Werdens, die Natur des Gewordenen und der Zweck des Gewordenseins!

WIEDERGEBURT

Weshalb dann eine solche Betonung einer »augenblicklichen« Wiedergeburt? Wahrscheinlich ist es auf den weitverbreiteten Eindruck zurückzuführen, dass alles, was langsam oder nach und nach geschieht, im Sinne einer natürlichen Ursache »wegerklärt« werden könnte (so wie durch Gärung und Kelterung aus Wasser Wein wird). Wenn hingegen dasselbe plötzlich geschieht, so beweise das dessen »übernatürliche«Ursache (wie in Kana).

Eine solche Denkweise zeugt von einem großen Irrtum, nämlich dass hinter den normalen und langsameren Naturprozessen nicht das Wirken Gottes stehe. Fälschlicherweise glaubt man auch, das Wesen Gottes erfordere es, dass er alles in Eile tut. Wenn wir schon Gott in unser menschliches Bildnis zwängen wollen, so tun wir gerade in diesem Punkt einen Mißgriff, beanstanden wir doch an seinem Handeln in der Geschichte das am meisten, dass er nicht rasch genug auf bestimmte Situationen reagiere! Von seinem Wirken in der Schöpfung sollten wir seine Geduld lernen (Jak. 5,7-8), besonders in einer Zeit, die stets sofortige Befriedigung fordert.

Sobald der Begriff der Wiedergeburt nicht mehr unbedingt mit einer sofortigen Wirkung assoziiert ist, sind wir in der Lage, seine Beziehung zum Initiationsprozess neu einzuschätzen. Beides sind weniger Einzelereignisse als vielmehr Prozesse, und beide entsprechen einander auf bemerkenswerte Weise.

Den Beginn des Glaubenslebens als Geburt zu betrachten, ist völlig biblisch und geht auf Jesu eigene Worte zurück, obwohl eingeräumt werden muss, dass dieses Wort nicht sehr oft vorkommt (»vom Geist geboren« kommt sogar noch weniger vor als im Heiligen Geist »getauft« und zwar im Verhältnis 6:7 — eine Tatsache, die sich in der evangelikalen Predigt heute im Allgemeinen nicht widerspiegelt!)

DIE NORMALE GEBURT DES CHRISTEN

Es gibt deshalb eine Art Analogie zwischen der leiblichen und der geistlichen »Geburt« (obwohl Nikodemus sie zu wörtlich nahm — Joh. 3,4!), was darauf schließen lässt, dass bis zu einem bestimmten Grad zwischen beiden eine Ähnlichkeit besteht. Nun ist die leibliche Geburt sicher ein Vorgang, der aus einer Reihe von Ereignissen besteht. Beginnend mit den ersten Wehen, mit dem Durchbruch des neugeborenen Babys, dem Abnabeln bis hin zum ersten Schrei hat die ganze Abfolge des Geschehens ein neues Leben hervorgebracht (wenngleich es in der Dunkelheit bereits neun Monate existiert hat). Eine einzelne dieser Phasen als die »Geburt« bezeichnen zu wollen, ist außerordentlich schwierig. Es ist müßig zu fragen, an welchem speziellen Punkt das Baby denn tatsächlich geboren wurde. Der ganze Vorgang mag sich wunderbar rasch oder relativ langsam abgespielt haben. Es kommt vor allem darauf an, dass ein neues Leben begonnen hat und dass alle Vorkehrungen für eine sich anschließende gesunde Entwicklung getroffen worden sind. Die Geburt an und für sich hat wenig Bedeutung; sie ist das Vorspiel zum Leben, und deshalb ist die Qualität der Geburt unendlich wichtig für das weitere Leben.

Die Bibel legt uns nahe, darin eine Analogie der »neuen« Geburt zu sehen und das Wort und den Begriff der »Wiedergeburt« auf den ganzen Initiationsvorgang zu beziehen. Abgesehen von offensichtlichen Parallelen, die sich ziehen ließen (die ersten Wehen der Sündenerkenntnis, die Abnabelung in der Buße, das Waschen des Babys in der »Taufe« und der erste Schrei im Geist unter Handauflegung!), gibt es auch sonst eine biblische Berechtigung dafür.

So wie wir das Wort »Bekehrung« auf alle vier Phasen der Initiation beziehen können, da jede von ihnen im Imperativ steht und damit die Notwendigkeit menschlichen Handelns

WIEDERGEBURT

anzeigt, ebenso können wir das Wort »Wiedergeburt« auf alle vier Phasen der Initiation anwenden, da sie alle im Indikativ stehen und somit die Tatsache göttlichen Handelns anzeigen:

— Gott selbst schenkt Buße (Apg. 5,31; 11,18);
— Gott schenkt die Gabe des Glaubens (Eph. 2,8);
— Gott auferweckt aus dem Grabe der Taufe (Kol. 2,12);
— Gott gießt seinen Geist aus (Tit. 3,5-6).

Der ganze Prozess ist Gottes Tun. Durch ihn lässt er einen Menschen »wieder werden«. Jede Phase ist notwendig für den Beginn des »normalen« Glaubenslebens und notwendig für ein gesundes Wachstum und eine gesunde Entwicklung.

Wie wir bereits sahen, variiert das Maß des menschlichen Handelns von Phase zu Phase, und zwar im umgekehrten Verhältnis zum göttlichen Handeln in jeder Phase. Bei den beiden ersten (Buße und Gläubigwerden) liegt der Akzent auf dem menschlichen Beitrag; doch bei der dritten und vierten (Wasser- und Geistestaufe) verlagert er sich auf den göttlichen Beitrag. In der Tat scheint es eine fortschreitende Abnahme beim menschlichen Handeln und eine entsprechende Zunahme beim göttlichen Handeln alle vier Phasen hindurch zu geben. Diese progressive Verlagerung des Akzents lässt sich in einem Diagramm darstellen:

Natürlich ist diese Darstellung mehr eine Zusammenfassung textlicher Statistiken als eine Aussage über einen theologischen Begriff. Doch die erkennbare Tendenz besitzt eine geistliche Bedeutung: Initiation ist Trennung von Selbstanstrengung und Einführung in die Kraft Gottes.

Während der ganze Prozess sowohl als »Bekehrung« (vom menschlichen Gesichtspunkt aus) als auch als »Wiedergeburt« (vom göttlichen Gesichtspunkt aus) betrachtet werden kann, ist das letztere Wort besonders auf die zweite Hälfte des Prozesses anwendbar — auf die beiden Taufen nämlich, in denen Gott die Einführung in das neue Leben abschließt. Bevor sich evangelikale Leser mit Schaudern von einer solchen Aussage abwenden, werden sie gebeten, nochmals einen Blick auf jene zwei Bibelverse zu werfen, die das Wesen der »Neugeburt« besonders ausdrücklich definieren. Johannes 3,5 sagt (wörtlich wiedergegeben), dass ein Mensch »aus Wasser und Geist wieder wird« (eine genauere Prüfung dieses interessanten Ausdrucks in Kap. 10). Titus 3,5 (wieder wörtlich) spricht von »gerettet sein« durch das »Bad der Wiederwerdung« und die »Erneuerung des Heiligen Geistes, den er ausgegossen hat« (eine eingehende Exegese dieses Verses in Kap. 26). So sehr wir auch wünschen mögen, dass Jesus und Paulus Buße und Glauben als Wiedergeburt bezeichnet hätten, müssen wir doch die Bibelaussagen so nehmen, wie sie dastehen. Der Wortlaut dieser Bibelverse bereitet keine Schwierigkeit, wenn wir die Wiedergeburt als einen umfassenden Prozess ansehen, der sich mit der Vervollständigung der Initiation deckt.

Den Geist empfangen, die vierte Phase der neuen Geburt, beinhaltet eine Bedeutung, die bei den anderen drei fehlt. Es ist die *Vervollständigung* des Wiedergeburtsprozesses und bezeichnet den Anfang des neuen Lebens wie auch die Beendigung der neuen Geburt, da diese neue Existenz »Leben im Geist« ist (Röm. 8,4-5). Aber es ist auch die *Bestätigung* der Wiedergeburt, der Beweis dafür, dass das neue Leben begonnen hat. Um nochmals kurz zur Analogie der leiblichen Geburt zurückzukehren, kann man sagen, dass der Empfang des Heiligen Geistes, verbunden mit einem Überfließen des Mundes, mit dem ersten Atemholen und Schrei eines Babys vergleichbar ist. Es besteht auch eine Parallele zum »Werden« Adams, als Gott in seine Nase »hauchte« und damit den Prozess seiner »Erschaffung« oder »Genesis« zum Leben abschloß.

Wenn diese Auffassung über die doppelte Bedeutung des Empfangens des Geistes (Vervollständigung und Bestätigung) richtig ist, dann sind weder Buße und Glaube noch die Taufe ein Beweis oder eine Garantie der Rechtfertigung. Der Grund dafür ist, dass man sie auf eine Art und Weise bekennen und praktizieren kann, die für Gott unannehmbar ist. Der Beweis seiner Zustimmung und Annahme liegt in seinem Geist, der das »Siegel« der Übergabe ist. Hier liegt die Grundlage für die Gewissheit: »Hieran erkennen wir, dass wir in ihm bleiben und er in uns, *weil* er uns von seinem Geist gegeben hat« (1. Joh. 4,13; vgl. 3,24). Kein Wunder, dass die Apostel beunruhigt waren, wenn ein solcher Beweis fehlte (s. Kap. 16 und 20); dies war der Prüfstein, dass jemand ein »Christ« war (Röm. 8,9; zur Kritik an dieser Interpretation s. Kap. 21).

An diesem Punkt stellen sich zwei weitere Fragen, die allerdings in Kapitel 36 gründlicher beantwortet werden. Weshalb wird mehr Nachdruck auf die *Geburt* als auf das *Leben* geistlicher Babys gelegt (das heißt, dass es bei unserer Evangelisationsarbeit praktisch mehr darum geht, dass Menschen »wiedergeboren werden«, als um die Vergewisserung, dass sie »völlig lebendig« sind)? Zweitens: Warum tun sich Evangelikale so schwer, die

Wassertaufe (und Pfingstler beides, die Wassertaufe *und* die Geistestaufe) als Bestandteil des ganzen Wiedergeburtsprozesses zu betrachten?

Im Grunde genommen haben beide Fragen mit einer allzu vereinfachten Auffassung von der Errettung zu tun. Wenn bei der Heilspredigt mehr die Rettung vor der Hölle als von der Sünde im Vordergrund steht und wenn es mehr um die kommende als um die jetzige Welt geht und somit mehr die kurz vor dem Tode Stehenden betrifft als diejenigen, welche noch eine größere Lebenserwartung besitzen — dann allerdings erscheint es wichtiger, aus dem Geist »geboren« zu sein, als im Geist zu »leben« (das heißt, die Notwendigkeit der Rechtfertigung übertrifft die Notwendigkeit der Heiligung). Wenn unser Heilsverständnis die »Diesseitigkeit« herunterspielt, dann verlieren die Wasser- und die Geistestaufe (da sie vor allem mit dem jetzigen Leben zu tun haben und uns von unseren Sünden hier und jetzt befreien) an relativer Bedeutung für das Glaubensleben, und wo diese Erfahrungen vorher als unentbehrlich betrachtet wurden, sind sie jetzt einfach jedem freigestellt.

Diese »Freikarte-für-den-Himmel«-Mentalität ist unbiblisch und deutet auf eine einseitige Auffassung von der Errettung hin. Rechtfertigung und Wiedergeburt werden als Endziel angesehen anstatt als Mittel für jene »Heiligung, ohne welche niemand den Herrn sehen wird« (Hebr. 12,14). Aber die Neugeburt ist weder eine Entlassungsbescheinigung für die Hölle noch eine Saison-Fahrkarte für den Himmel. Sie wird gegeben, um ein von Sünde befreites Leben zu ermöglichen (1. Joh. 3,9) und um das ewige Leben sowohl hier wie auch im Jenseits zu erfahren. Heiligung ist das entscheidende Verbindungsglied zwischen Rechtfertigung und Verherrlichung. Da die Wassertaufe und die Geistestaufe grundlegende Bestandteile der Heiligung sind,

sind sie auch Bestandteile einer vollen Errettung. Deshalb gebraucht Paulus das Wort »errettet« für beides (Tit. 3,5), und deshalb sah Jesus in ihnen fundamentale Elemente der geistlichen Neugeburt (Joh. 3,5).

Für viel zu viele Bekehrte ist der Wiedergeburtsprozeß lang und kompliziert: Glaube kann lange vor Busse kommen; die Taufe kann lange nach dem Gläubigwerden kommen (oder, was noch verwirrender ist, lange vorher); viele sind nicht sicher, ob sie im Geist »getauft« sind oder nicht; manche sogar haben nie Buße getan; andere sind nie getauft worden. Gewöhnlich ist es nicht ihr Fehler. Sie wurden von unerfahrenen und ungeschulten Hebammen entbunden.

Dieses Buch wurde mit der Absicht geschrieben, die Situation zu überprüfen und zu verbessern. Nach diesem *aktuellen* Überblick über die »normale christliche Geburt« ist es notwendig, dass wir die *praktischen* Möglichkeiten anschauen, wie sich diese Lehrinhalte auf evangelistische und pastorale Situationen anwenden lassen.

Vorher jedoch gilt es, sich zu vergewissern, dass die bereits dargestellten Hauptgrundsätze in der Bibel fest verwurzelt sind. Wir müssen eine Anzahl Schlüsselstellen untersuchen, die einen direkten Bezug zu unserem Thema haben. Wichtig ist dabei, dass wir eine aufgeschlagene Bibel zur Hand haben — und einen aufgeschlossenen Sinn; denn es gibt viele neue Dinge zu lernen und alte Dinge zu verlernen!

Teil II

»Und was bedeutet ...?«

Die biblische Dimension

KAPITEL 7

DER SENDUNGSAUFTRAG

»Geht nun hin und macht alle Nationen zu Jüngern, indem ihr diese tauft auf den Namen des Vaters und des Sohnes und des Heiligen Geistes, und sie lehrt alles zu bewahren, was ich euch geboten habe! Und siehe, ich bin bei euch alle Tage bis zur Vollendung des Zeitalters« (Matth. 28,19-20).

Dieser missionarische Auftrag für die Apostel, und durch sie für die ganze Gemeinde, ist durch zwei der unerhörtesten Ansprüche eingeklammert, die Jesus in Bezug auf sich je erhoben hat. Er begann mit dem Anspruch auf seine universale Autorität im *Raum* und hörte mit der Verheißung seiner ständigen Gegenwart in der *Zeit* auf. Sein »Marschbefehl« lässt sich nur vor diesem Hintergrund seiner allumfassenden Macht und Stellung ganz verstehen. Er übt jetzt seine Rechte aus, indem er beides tut: Er sendet die Apostel aus, damit sie eine internationale Schar von Jüngern rekrutieren, und er legt bei ihnen seine absoluten Maßstäbe an.

»Alle Nationen« betrifft weniger politische Gebilde als vielmehr ethnische Gruppierungen. Dahinter steht Gottes Verlangen, jede Art von Menschen (»Volk, Stamm, Sprache«) in sein Reich einzuschließen. Allerdings ist »Nationen« oder »Völker« auch ein jüdisches Synonym für »Heiden«. Es ist höchst bemerkenswert, dass dieser

Sendungsauftrag im Matthäusevangelium vorkommt, das in erster Linie *für jüdische* Leser geschrieben wurde! Das zeigt ganz klar, dass Jesus selber die Mission unter den Heiden ins Leben rief. Dies bedeutete ganz praktisch, dass jetzt nicht mehr ausschließlich unter den »verlorenen Schafen Israels« missioniert wurde (Matth. 15,24). Dieser Wechsel wurde vor seinem Tod vorausgesehen (Matth. 21,43 und 24,14).

Der grammatische Aspekt seines Auftrags ist wichtig. Ein Verb im Imperativ (»macht zu Jüngern«) wird durch zwei Präsenspartizipien (»taufend« und »lehrend«) näher bestimmt. Anstatt Anhänger zu gewinnen, sollen die Apostel Menschen zu echten Jüngern Jesu machen. Verben sind dynamischer als Hauptwörter!

Ein »Jünger« ist ein Lernender; aber er lernt nicht aus einem Buch, mit Hilfe eines Kurses oder eines Systems, sondern er lernt von einer Person. Er ist mehr Lehrling als Student. Jüngerschaft bedeutet Beziehung — Beziehung zu einem »Jüngermacher«, zu einem Lehrer, zu einem Leiter. So erhebt sich die Frage: Aus wem einen Jünger machen? Aus sich selbst oder jemand anderem? Die transitive Form des Verses kann beides bedeuten: Petrus konnte eigene Jünger oder aber Jünger von Jesus machen. Die Frage wird aus dem Textzusammenhang heraus beantwortet: Der *Name*, auf welchen sie getauft werden sollten, war nicht der eines Apostels, und die *Gebote*, die sie lehren sollten, waren nicht die eines Apostels. Sie sollten »Jünger Jesu« machen. Bestätigt wird dies durch die Sorgfalt, mit welcher Petrus und später Paulus vermieden, ihre eigenen Bekehrten zu taufen (Apg. 10,48; 1. Kor. 1,13-17), wie auch durch die Tatsache, dass die ersten Christen insgesamt als »Jünger« bekannt waren, nie aber als »Jünger des ... Petrus, Johannes, Paulus« usw. Soweit jedoch die Lehre Jesu im Leben der Lehrer verkörpert ist, kann das Jüngermachen sowohl

"UND WAS BEDEUTET ... ?"

durch Nachahmung als auch durch Belehrung geschehen (1. Kor. 4,16; 1. Thess. 1,6; Hebr. 6,12; 13,7; 3. Joh. 11).

Manche Bibelkenner haben der Tatsache viel Bedeutung beigemessen, dass der Befehl »zu Jüngern zu machen« vor dem Befehl »zu taufen« kommt. Sie leiten daraus ab, dass die Taufe immer auf die Belehrung folgt. Überraschenderweise wird dieses Argument oft von Pädobaptisten (solchen, die Säuglinge taufen) ins Feld geführt, wenngleich der logische Schluss des Arguments für die Taufe von Gläubigen spricht (Charles Simeon, der evangelikale Anglikaner, war einer von ihnen, so wie Johannes Calvin vor ihm — s. Anhang A). Lassen wir den gottesfürchtigen Richard Baxter (in seinen *Disputations of Right to Sacrament*, S. 149, zitiert in T. E. Watsons *Baptism Not For Infants* [Walter, 1967], S. 27) als Befürworter dieser Auffassung zu Worte kommen:

»Dies ist nicht irgendeine gelegentliche historische Erwähnung der Taufe, sondern es ist der ausdrückliche Auftrag Christi an seine Apostel, zu predigen und zu taufen. Er beschreibt eindeutig ihre unterschiedlichen Aufgaben an den verschiedenen Orten und ihre Reihenfolge. Ihre erste Aufgabe ist, durch *Lehren* Jünger zu machen, die von Markus als Gläubige bezeichnet werden. Die zweite Aufgabe ist, sie zu taufen ... Die dritte Aufgabe ist, sie alle anderen Dinge zu lehren, die anschließend in der Schule Christi gelernt werden müssen. Diese Reihenfolge zu ignorieren, bedeutet, auf alle Regeln der Reihenfolge zu verzichten; denn wo sonst können wir sie erwarten, wenn nicht hier?«

Die grammatische Ausdrucksweise vermag jedoch diese Interpretation nicht völlig zu stützen, da der Sendungsauftrag nicht aus drei aufeinanderfolgenden Befehlen besteht, sondern nur aus einem Imperativ mit zwei Partizipien — sie sollten »zu Jüngern machen durch Taufen und Lehren«. Das bedeutet sogar in diesem Fall nicht, dass die Taufe der Belehrung vorausgeht, obwohl andere Pädobaptisten sich gerade hierauf stützen, um damit zu rechtfertigen, dass sie Kinder taufen, lange bevor diese »belehrt« werden können. Diese gegenteilige Ansicht lässt sich durch den Text auch deshalb nicht belegen, weil das Verb »zu Jüngern machen« keinen Sinn hätte, außer den einer ganz bewussten und freiwilligen Beziehung, zu der sich die betreffende Person entschließt.

Das Wort »Taufen« ist mehr eine sprachliche Übertragung als eine Übersetzung. Wie wir bereits sahen, bedeutet das Wort im Griechischen »eintauchen, untertauchen, durchtränken oder etwas mit einer Flüssigkeit bedecken« (so wie ein Tuch in eine Färbeflüssigkeit, ein Becher in ein Weinfaß eingetaucht wird oder sogar ein Schiff im Wasser versunken ist; s. Kap. 4). Die meisten Kommentatoren sehen darin eine Bezugnahme auf die Wassertaufe anstatt auf die Geistestaufe, und das speziell wegen des Elements »auf den Namen«. Eine Bestätigung dafür liefert vielleicht die Tatsache, dass die Wassertaufe, obwohl sie während des Wirkens Jesu in den Hintergrund getreten war, von Pfingsten an zur allgemeinen Praxis der Urgemeinde wurde. Nur das Gebot des Herrn konnte bewirken, dass eine äußerliche Handlung wie diese auch dann weitergeführt wurde, als die volle geistliche Taufe durch den Messias schon stattgefunden hatte (vgl. die Reaktion des Petrus auf die Geistestaufe des Kornelius in Apg. 10,47). Das apostolische Beharren auf der Wassertaufe lässt sich nur erklären, wenn der Missionsbefehl eine unverfälschte Erinnerung an die eigentlichen Worte Jesu ist.

Es ist üblich geworden, diese Worte nicht Jesus, sondern der Urgemeinde zuzuschreiben, obwohl das offenbare Fehlen eines weiteren Befehls Jesu zum Taufen zu einem

"UND WAS BEDEUTET ... ?"

anderen Problem führt, nämlich wie man erklären will, dass Petrus am Pfingsttage auf der Wassertaufe bestand! Als Hauptgrund für diese Zuschreibung wird unter anderem angeführt, die trinitarische Wortfassung von Matthäus 28,19-20 erinnere eher an eine kirchliche Formel und stünde im Widerspruch zum Gebrauch des Namens Jesu an sich in der ganzen Apostelgeschichte (z. B. Apg. 8,16; 19,5). Tatsächlich gibt es keinen direkten Beweis für den Gebrauch der trinitarischen Formel bei der Taufe bis zum 2. Jahrhundert n. Chr.

Wenn auch die Form des Untertauchens im Wasser bei den Aposteln dieselbe war wie bei Johannes dem Täufer, so unterschied sie sich doch durch eine andere Wortwahl. In der Tat war der Gebrauch eines Namens bei der Taufe eindeutig eine apostolische Neuerung. Bei der Formel im Matthäusevangelium wird gewöhnlich vorausgesetzt, dass sie drei Namen enthält: »Vater«, »Sohn« und »Heiliger Geist«. Doch diese einfache Deutung der Phrase ist allzu vereinfachend, und zwar aus folgenden Gründen:

1. Genaugenommen sind »Vater« und »Sohn« nicht »Namen«, sondern Beziehungen.
2. Der »Name« des Vaters ist »Jahwe« und davon abgeleitet »Jehovah«.
3. Der »Name« des Sohnes ist »Jesus«.
4. Das Wort »Name« steht in der Einzahl (einer), nicht in der Mehrzahl (drei).

Die Hauptschwierigkeit bei dem Bestehen auf diese »Drei-Namen«-Formel rührt jedoch von der Tatsache her, dass es im Neuen Testament keinen Bericht über irgendwelche trinitarischen Taufen gibt, obgleich den Aposteln doch trinitarische Segnungen bekannt waren und von ihnen auch verwendet wurden. Taufen wurden, wie alle Heilungen und Befreiungen, nur in dem einen, mächtigen Namen »Jesus« durchgeführt. Wie erklärt sich diese offensichtliche Diskrepanz?

Zahlreiche Bibelausleger (von MacNeile bis Barclay) schreiben die Formel bei Matthäus einer späteren Kirchenliturgie zu, die sie Jesus in den Mund legte. Da es jedoch kein entsprechendes Manuskript gibt, auf das man sich stützen kann, stellt diese Annahme die Integrität des Matthäus, den Verfasser dieses Textes, in Frage und beschuldigt diesen der ungenauen Berichterstattung!

Andere bezichtigen Lukas der gleichen ungenauen Darstellung mit der Behauptung, ihn hätte sein literarisches Ziel, Jesus zu verherrlichen, zu einer Vereinfachung seiner Berichterstattung in der Apostelgeschichte verleitet, so dass er die eigentliche Formel verkürzte, um den Namen Jesu hervorzuheben. Lukas lässt jedoch keine anderen Anzeichen für die Absicht erkennen, die trinitarische Wortfassung zu unterdrücken (s. Luk. 3,22 und Apg. 2,32; 20,21-22).

Ganz extrem wäre die Auffassung, dass beide, Matthäus wie Lukas, ungenau berichtet hätten — in diesem Fall würde wenig Hoffnung bestehen, die ursprüngliche Tauformel wiederzufinden, und eine Diskussion darüber hätte gar keinen Sinn!

Es ist jedoch möglich, dass beide Evangelien genaue Erinnerungen enthalten. Indem die Apostel nur den Namen »Jesus« gebrauchten, ignorierten sie den »Buchstaben« des Sendungsauftrags, oder sie waren davon überzeugt, im Sinne des Auftrages zu handeln. Glaubten sie, dass die Nennung des Namens »Jesus« allein auf das gleiche hinauslief wie die Nennung der Trinität? Denn schließlich wußten sie jetzt, dass Gott der »Vater Jesu« und der Heilige Geist der »Geist Jesu« war (Apg. 16,7). Tatsächlich wurden in den »Abschiedsreden« (Joh. 14-16) die drei Personen der Gottheit so miteinander verquickt (s. z. B. Joh. 14,26), dass

"UND WAS BEDEUTET ... ?"

die Nennung der einen Person die Nennung aller bedeutete. Dann könnte der Name »Jesus« als solcher als eine Art Kurzausdruck für die Dreieinigkeit verstanden werden.

Diese Vermutung ist nicht so weit hergeholt, wie es auf den ersten Blick scheinen könnte. Der Name »Jesus« allein mag mit der Wortfassung von Matthäus nicht genau übereinstimmen, steht aber dennoch in Einklang damit, wie die folgenden Überlegungen zeigen.

1. Der ganze Textzusammenhang steht in der 1. Person Einzahl (ich, mich, mein). Jesus redet hier nicht im Namen der Trinität (wir, unser). Er sagt nicht »... lehrt sie alles zu bewahren, was wir euch geboten haben«.
2. »Im Namen des« ist nicht Mehrzahl, sondern Einzahl, was darauf hindeutet, dass der eine Name alle drei umfassen könnte. Er befiehlt ihnen nicht, »in den Namen von ...« zu taufen.
3. Eusebius zitiert diesen Bibelvers mit den Worten: »Macht zu Jüngern alle Nationen, indem ihr sie in meinem Namen tauft, sie lehrt ...« Wenngleich dies kaum ein zuverlässiges Zeugnis für die ursprüngliche Version des Matthäustextes sein dürfte (niemand sonst zitiert ihn auf diese Weise), liefert er dennoch einen Beleg dafür, wie man allgemein die Anwendung des Sendungsauftrages verstand, nämlich in genauer Übereinstimmung mit dem Bericht der Apostelgeschichte (sogar mit dem ungewöhnlichen Gebrauch der Präposition »in den Namen des Herrn Jesu« — Apg. 19,5).

Dieser letzte Punkt ist wichtig. In der Apostelgeschichte geschah die Taufe nicht nur »im« Namen Jesu (griechisch: *en),* sondern »in« (griechisch: *eis)* den Namen Jesus. Das bedeutet viel mehr als die »übertragene Autorität« des *Taufenden.* Es kennzeichnet eine persönliche Identifizierung mit Jesus seitens des *Getauften*, eine innige Vereinigung, die zu all dem führt, was Paulus später mit dem Ausdruck »in Christus« (Gal. 3,27) sagen will. Die Bedeutung ist der alten Praxis unter Soldaten nicht unähnlich, einem Herrscher zu schwören, dass sie ihm völlig gehören und zur Verfügung stehen (der ursprüngliche Sinn des Wortes »sacramentum« war der Treueeid einem »Herrn« gegenüber). So verliert auch der Taufkandidat in einem gewissen Sinn seine eigene Identität und darum seinen eigenen Namen. Er bekommt dann einen neuen Namen, den Namen jener Person, dessen Identität ihm jetzt gehört, nämlich Jesus. Die Taufe ist somit eine »Namensgebungs«-Zeremonie (jedoch im genauen Gegensatz zur Taufe eines Babys, das seinen eigenen Namen bekommt; diese Praxis unterscheidet sich auch davon, dass man einem Gläubigen bei der Taufe einen neuen Namen gibt, um auf die neue Geburt im Gegensatz zur »alten« hinzuweisen).

Welche anderen Worte oder Namen für eine Taufformel noch gebraucht werden mögen — wichtig ist, dass der Name »Jesus« eine herausragende Stellung einnimmt; denn die Vollmacht und Kraft der ganzen Gottheit wohnt in diesem Namen (beachten wir, dass in der Apostelgeschichte der »Name Jesus« und »die Kraft des Geistes« beinahe gleichbedeutend sind und in den ersten Kapiteln fast gleich oft erscheinen).

Es wäre allerdings äußerst gesetzlich, gefährlich und separatistisch, würde man eine bestimmte Taufe aufgrund der Formulierung für ungültig (oder gültig) erklären, als wäre das der ausschlaggebende Faktor für die Wirksamkeit (oder Unwirksamkeit) einer Taufe. Darauf zu bestehen, dass die Formulierung »Jesus allein« oder »völlig trinitarisch« lauten muss, damit eine Taufe biblisch ist, wäre Sektiererei und zöge viele Wiedertaufen nach sich. Vielleicht würde es die Spannung verringern, wenn man eine flexiblere

"UND WAS BEDEUTET ... ?"

Formulierung verwendete, wie zum Beispiel: »Im Namen des Vaters, des Sohnes und des Heiligen Geistes taufen wir dich in den Herrn Jesus, in seinen Tod, sein Grab und seine Auferstehung« (diese Formulierung benutzte ich viele Jahre lang, und alle waren damit zufrieden!), oder: »Wir taufen dich in den Namen des Herrn Jesus, seines Vaters und seines Geistes.« Wir haben bereits an die Sitte der Urgemeinde erinnert, dass man die Taufkandidaten dazu ermutigte, selber den Namen des Herrn anzurufen, während sie zur Taufe schritten (Apg. 22,16 — s. Kap. 3).

Schließlich sei bemerkt, dass »taufen« nur der erste Schritt des »Jüngermachens« ist. Dieser Augenblick der Initiation führt zu einer längeren Periode der Unterweisung. Das »Katechumenat« *beginnt* mit der Taufe (wogegen es heute hier oft aufhört!). Nachdem er mit Christus begraben und auferweckt wurde, muss der Getaufte belehrt werden, wie er das im Alltag umsetzen kann (Kol. 2,20-3,17 enthält eine ausgezeichnete Zusammenfassung!).

Es gibt eine pfingstliche Strömung in Übersee, die die unitarische Lehre (»Jesus only«) vertritt. Sie leugnet die drei Personen der Gottheit und betrachtet Jesus als die *totale* Inkarnation des Gottes Israels. Indem sie jegliche trinitarische Taufformel ablehnen, taufen ihre Anhänger auf den Namen »Jesus allein«. Um festzustellen, ob solche, die nur im Namen Jesu taufen, eventuell Anhänger dieser Irrlehre sind, sollte man sich im gegebenen Fall nach der Theologie erkundigen, die hinter dieser Praxis steht.

KAPITEL 8

DAS MARKUS-NACHWORT

»Als Jesus aber früh am ersten Wochentag auferstanden war, erschien er zuerst der Maria Magdalena, von der er sieben Dämonen ausgetrieben hatte. Die ging hin und verkündete es denen, die mit ihm gewesen waren und trauerten und weinten. Und als jene hörten, dass er lebe und von ihr gesehen worden sei, glaubten sie nicht. Danach aber offenbarte er sich zweien von ihnen in anderer Gestalt unterwegs, als sie aufs Land gingen. Und jene gingen hin und verkündeten es den übrigen; auch jenen glaubten sie nicht. Nachher offenbarte er sich den Elfen selbst, als sie zu Tisch lagen, und schalt ihren Unglauben und ihre Herzenshärtigkeit, dass sie denen, die ihn auferweckt gesehen, nicht geglaubt hatten.

Und er sprach zu ihnen: Geht hin in die ganze Welt und predigt das Evangelium der ganzen Schöpfung. Wer gläubig geworden und getauft worden ist, wird errettet werden. Wer aber nicht gläubig geworden ist, wird verdammt werden. Diese Zeichen aber werden denen folgen, die glauben: In meinem Namen werden sie Dämonen austreiben; sie werden in neuen Sprachen reden, werden Schlangen aufheben, und wenn sie etwas Tödliches trinken, wird es ihnen nicht schaden; Schwachen werden sie die Hände auflegen, und sie werden sich wohlbefinden. Der Herr wurde nun, nachdem er mit ihnen geredet hatte, in den

Himmel aufgenommen und setzte sich zur Rechten Gottes. Jene aber gingen aus und predigten überall, während der Herr mitwirkte und das Wort durch die darauf folgenden Zeichen bestätigte« (Mark. 16,9-20).

Der ursprüngliche Schluss des Markusevangeliums ist unwiederbringlich verlorengegangen. Die ältesten griechischen Manuskripte brechen mitten in einem Satz ab (»denn sie fürchteten ...«). Spätere Abschriften enthalten verschiedene »Schlüsse«, die sich alle in Stil und Wortschatz vom übrigen Evangelium unterscheiden und deshalb anderen Verfassern zugeschrieben werden, die versuchten, das Werk zu »vervollständigen«. Vor allem die längere unter diesen Handschriften hat Eingang in unsere modernen Bibelübersetzungen gefunden.

Der unbekannte Verfasser scheint sein Material den anderen drei Evangelien und der Apostelgeschichte entnommen zu haben (was auf ein spätes Datum seiner redaktionellen Arbeit schließen lässt). Es findet sich hier wenig, das nicht auch anderswo in der Heiligen Schrift steht. Sogar die verheißene Bewahrung vor Reptilien und Gift wird sowohl im Evangelium (Luk. 10,19) wie in der Apostelgeschichte (28,3-6) erwähnt, wobei dies vernünftigerweise auf ein zufälliges Risiko als auf eine absichtliche Torheit zu beziehen ist.

Auch wenn dieser Abschnitt keine apostolische Autorenschaft aufweisen mag, heißt das nicht, dass er jeglicher apostolischer Vollmacht entbehren würde. Die Worte könnten durchaus eine exakte Erinnerung an die Worte Jesu selber sein und aus der Zeit der sechswöchigen Unterweisung zwischen seiner Auferstehung und der Himmelfahrt stammen. Uns ist sehr wenig von dem überliefert, was er sagte, aber das, was erhalten geblieben ist, entspricht einem bestimmten Muster, mit dem sich auch unser Text deckt. (Doch es muss hinzugefügt werden, dass dies die einzige Erwähnung von »Sprachen« vor Pfingsten ist).

Doch auch als spätere redaktionelle Zusammenfassung ist dieses Zeugnis von der Auffassung der Urgemeinde am Ende des ersten Jahrhunderts von echtem Wert. Besonders gewinnen wir einen Einblick in ihr Verständnis von Evangelisation, welche das Hauptthema des Abschnittes bildet.

Einerseits wird die Taufe als unerläßlicher Bestandteil des Gerettetseins betrachtet, was auch völlig mit der apostolischen Lehre in Einklang steht (s. Tit. 3,5 und 1. Petr. 3,21, eingehender ausgeführt in Kap. 26 und 29). Zu beachten ist jedoch, dass ein Mensch am Gerichtstag »verdammt« wird wegen seines Unglaubens, nicht aber, weil er nicht getauft ist.

Andererseits werden wunderhafte »Zeichen« als notwendiger Beleg für die Wahrheit des Evangeliums aufgefaßt; auch das steht mit der apostolischen Erfahrung in Einklang (vgl. Röm. 15,18-19; 1. Thess. 1,5; Hebr. 2,4). Es fällt auf, dass nicht nur von den Aposteln, sondern von *allen* Gläubigen erwartet wird, dass sie solche »charismatischen« Kräfte besitzen. Das Evangelium sollte sowohl *gesehen* als auch *gehört* werden (damit befassen wir uns detaillierter in Kap. 33). Auf diese Weise würde Evangelisation ein gemeinschaftliches Handeln des Herrn und seiner Nachfolger, die mit ihm zusammenarbeiten — sie sollten die *Botschaft* ausrichten, und er würde die *Wunder* tun (Apg. 4,29-30; 6,8; 8,6; 11,20-21; 14,3). Das späte Abfassungsdatum des »längeren Schlusses« unterstützt den Standpunkt, dass die Urgemeinde die Erwartung hegte, diese gemeinsame Mission würde das Leben und das Wirken der Apostel noch lange überdauern!

KAPITEL 9

DER SCHÄCHER AM KREUZ

»Der andere aber antwortete und strafte ihn und sprach: Auch du fürchtest Gott nicht, da du in demselben Gericht bist? Und wir zwar mit Recht, denn wir empfangen, was unsere Taten wert sind; dieser aber hat nichts Ungeziemendes getan. Und er sprach: Jesus, gedenke meiner, wenn du in dein Reich kommst! Und Jesus sprach zu ihm: Wahrlich, ich sage dir: Heute wirst du mit mir im Paradies sein« (Luk. 23,40-43).

Früher oder später führt jede Diskussion über die Glaubensinitiation zu der Frage: »Wie ist es mit dem Schächer am Kreuz?« Gewöhnlich soll mit diesem Beispiel die Ansicht unterstützt werden, Bekehrung sei nicht ein komplexer Prozess, sondern ein einfacher Schritt. Insbesondere wird es als Beweis dafür betrachtet, dass man das Heil ohne Wassertaufe und ohne Geistestaufe haben könne. Nur der Glaube, so sagt man, ist dafür nötig, wie naiv er auch sei.

Wenn das zuträfe, wäre der größte Teil dieses Buches unnütz und sogar irreführend. Man brauchte dann keine andere Bibelstelle zu studieren als diese eine! In Wirklichkeit wird diese vereinfachende Auffassung von der Initiation durch keine anderen Schlüsselverse (Apg. 2,38 — s. Kap. 15) oder Schlüsselstellen unterstützt (Apg. 19,1-6 — s. Kap. 20).

WIEDERGEBURT

Es gibt verschiedene offensichtliche Gründe, warum dies nicht als Normalmuster für die biblische »Bekehrung« heute gelten kann.

Erstens waren die Umstände des Schächers einmalig. Er stand nur wenige Stunden vor seinem eigenen Tod, und dieser war nicht ein natürlicher Tod, sondern als Strafe verhängt worden. Er war ein junger Mann, der die Höchststrafe bekommen hatte. Sein Fall ist darum ein guter Präzedenzfall für einen, der vor seiner unmittelbaren, verdienten Hinrichtung steht (in diesem Sinne wurde sein Beispiel auch von John und Charles Wesley gebraucht, als sie mit verurteilten Schwerverbrechern zusammen nach Tyburn, jetzt Marble Arch, ritten, wo diese gehängt wurden; ebenso von Pater Gerecke, der den Nazi-Kriegsverbrechern in Nürnberg letzten Beistand leistete). Im weiteren Sinn könnte man sich auf ihn berufen, um jemanden, der unmittelbar vor einem natürlichen oder gewaltsamen Tod steht, herauszufordern oder zu trösten. Doch sich der Geschichte mit der Absicht zu bedienen, gesunde Menschen, die eine normale Lebenserwartung haben, davon zu überzeugen, dass dies »alles sei, was sie zu tun hätten«, ist wohl absolut unberechtigt.

Zweitens war die vollständige Initiation des Schächers unmöglich. Für einen ans Kreuz Geschlagenen bleibt fast nichts mehr zu tun. Der Mund ist noch frei — zu fluchen oder zu beten (dieser Schächer entschied sich für die bessere Alternative). Aber er hatte keine Gelegenheit, Früchte der Buße zu bringen oder sich im Wasser taufen zu lassen. Er tat alles, was er konnte: Er bekannte seine Sünden und bezeugte seinen Glauben an Jesus (s. unten). Solchen, die mehr tun könnten, aufgrund dieses Beispiels zu versichern, sie hätten nichts anderes zu tun, ist ein gefährlicher Rat.

Drittens hing der Schächer mit dem Jesus am Kreuz, der noch »im Fleisch« war. Diese Geschichte stammt aus

"UND WAS BEDEUTET ... ?"

einem der Evangelien, nicht aus der Apostelgeschichte. Eine Beziehung zu Jesus, während er auf Erden weilte, ist ganz anders, als eine solche nach seiner Rückkehr in den Himmel, wo er sich zur Rechten des Vaters setzte. Im ersten Fall vollzog sich die Begegnung durch die physischen Sinne — besonders durch Sehen und Hören, wie es beim sterbenden Schächer der Fall gewesen war. Außerdem war es damals möglich, Jesus »aufzunehmen«, indem man »an seinen Namen glaubte«, und auf dieser Beziehungsebene geschah auch die Wiedergeburt (Joh. 1,12-13). Eine Veränderung in der Beziehung fand bei der Himmelfahrt Jesu statt, als er »in den Himmel aufgenommen« wurde (Mark. 16,19). Seit Pfingsten wurde man Christ durch das »Empfangen des Heiligen Geistes«, der die Stelle Jesu auf Erden eingenommen hat. Der Schächer konnte nicht den Heiligen Geist empfangen haben; er war zu früh geboren und gestorben (Joh. 7,39).

Deshalb muss das *ganze* Bild von der christlichen Initiation heute von der nachpfingstlichen apostolischen Predigt und Praxis geformt werden. Allerdings kann man die Teile, aus welchen sich das Ganze zusammensetzt, mit Geschehnissen in den Evangelien illustrieren, in denen sie oft in embryonaler Form vorkommen. Darum ist Zachäus für uns ein ausgezeichnetes Beispiel für das, was praktische Buße ist, und der Schächer am Kreuz ist ein Beispiel für die Dimension des Glaubens, durch den er sich auszeichnete.

Der Schächer war der einzige Mensch an jenem furchtbaren Tag, der glaubte, dass die Inschrift über dem Haupte Jesu zutraf. Erst eine Woche zuvor waren Tausende davon überzeugt gewesen, dass Jesus der »König der Juden« war; aber jetzt hatte eine Desillusionierung eingesetzt und rief Verzweiflung unter seinen Nachfolgern hervor (Luk. 24,21). Die Worte des Pilatus, aus eigensinniger Verstimmung und richterlicher Frustration heraus geschrieben, riefen nur allgemeine Skepsis hervor (Luk. 23,37) — mit Ausnahme des Schächers, der mit einer schier unglaublichen Glaubensaufwallung seine Überzeugung äußerte, dass dieser sterbende Mann eines Tages sein Königreich besitzen werde, dass er sein Kreuz mit einem Thron, seine Dornen mit einer Krone, seine Nacktheit mit königlichen Gewändern und seine Kreuznägel mit einem Zepter tauschen werde!

Wir können nur Vermutungen darüber anstellen, wo und wann er erwartete, dass Jesus »in sein Reich kommen« werde. Doch die Tatsache, dass er bat, Jesus möge »seiner gedenken«, deutet darauf hin, dass er an eine längere Zeit dachte, während welcher Jesus seine Bitte vergessen könnte (»Wenn Du in Dein Reich kommst, erinnere Dich bitte an den Tag, an dem Du an der Seite eines Schächers starbst, der an Dich glaubte ...«). Auf dieselbe Weise, wie er Marthas Glaube an die Zukunft zurück in die Gegenwart holte (Joh. 11,25), sagte Jesus zum Schächer, er würde nicht lange zu warten brauchen, so dass keine Gefahr bestand, vergessen zu werden! Das ausdrückliche »Wahrlich, wahrlich« (hebräisch: *amen, amen,* auf Deutsch vielleicht soviel wie »ehrlich«) ist eine Versicherung, dass Jesus dem Sterbenden niemals einen falschen Trost geben würde (vgl. Joh. 14,2). Es spricht daraus auch das Bewusstsein, dass das, was er sagen will, völlig unglaublich scheint. Sein Gebet sollte *heute* erhört werden! In dieser Vorhersage liegt ein Stück Vorherwissen — gewöhnlich dauerte das Sterben am Kreuz zwischen zwei und sieben Tagen. Der Schächer starb nur deshalb am selben Tage wie Jesus, weil man ihm seine Knochen zerbrach, was Jesus vorausgesehen haben musste. Jesus selbst hingegen hatte *beschlossen,* an diesem Tage zu sterben, und zwar gerade in dem Moment, als die Passahlämmer geschlachtet wurden — und das im völligen Gehorsam gegen Gott und bei absoluter Selbstbeherrschung bis zum letzten Atemzug

"UND WAS BEDEUTET ... ?"

(vgl. 2. Mo. 12,6; Luk. 23,46; Joh. 10,18).

»Paradies« ist nicht nur ein Synonym für »Himmel«. Ursprünglich bedeutete dieses Wort »Garten«, wobei vor allem an einen königlichen Garten zu denken ist, in dem der König seine Gäste zu unterhalten pflegte (wie bei den Garten-Partys im Londoner Buckingham Palast heute). Es ist ein besonderer Ort für besondere Leute. Dieses versprochene Vorrecht dürfte wohl mehr gewesen sein als eine Anerkennung für den außerordentlichen Glauben eines einsichtigen Kriminellen. Es könnte darauf hindeuten, wieviel es Jesus selbst bedeutete, die moralische Unterstützung und das Verständnis von einem einzigen menschlichen Wesen zu haben, der seine körperliche Qual teilte, aber auch den moralischen Druck erahnte, der auf Jesus lastete (Luk. 23,41).

Jesus gab den Gedanken des Schächers über die Zukunft eine andere Richtung, indem er dessen Aufmerksamkeit auf die Person lenkte, mit der er zusammensein würde, und nicht auf den Ort, der ihn erwartete. »Du wirst mit mir sein« ist eine bemerkenswerte Zusicherung. Die Freundschaft, die in den letzten Lebensstunden entstanden war, sollte durch den Tod nicht unterbrochen werden! Sobald sie beide ihres Kreuzes ledig waren, würden sie im Palastgarten einen Spaziergang unternehmen – *gemeinsam!* Obwohl ihr Leib tot wäre und »schlafe«, würde ihr Geist lebendig und »wach« sein (1. Petr. 3,18). Die Worte Jesu an den sterbenden Schächer stützen die Auffassung, dass zwischen Tod und Auferstehung volles Bewusstsein herrscht — im Gegensatz zur Vorstellung der Vertreter des »Seelenschlafes«. Außerdem würde Paulus kaum eine unbewusste Existenz als »Gewinn« und als etwas »weitaus Besseres« herbeigesehnt haben im Vergleich zu seinem aufregenden, wenn auch strapazenreichen Leben auf der Erde (Phil. 1,1-23).

WIEDERGEBURT

Die ganze Begebenheit ist durchdrungen vom Gedanken des Erbarmens und wird mit Recht als eine außergewöhnliche Demonstration der Rechtfertigung durch den Glauben zitiert. Es bestand für den Kriminellen keinerlei Möglichkeit, Gunst oder Vergebung zu erlangen; es gab nichts, was er geltend machen konnte, als nur seine eigene Not. Die Pforten des Himmels sind weit geöffnet für die, welche ihre eigene Unwürdigkeit anerkennen. Solche, die ihren Lebensunterhalt mit Prostitution oder anderem zweifelhaften Treiben bestritten, fanden es leichter, das Himmelreich »zu stürmen«, als die Religiösen und Respektablen, und zwar gerade weil sie wußten, dass sie nichts taugten. Der Schächer am Kreuz ist das beste Beispiel für viele solcher »Trophäen der Gnade«.

Er versäumte allerdings einen großen Teil dessen, was seine Errettung ihm unter anderen Umständen noch gebracht hätte. Seine Erlösung war nur in einer anderen Welt wirksam. Sein Leben in dieser Welt kann man nur als vergeudet bezeichnen. Er würde auch nie die Freude erleben, die ein anständiges Leben, frei von verbrecherischen Motiven und Gewohnheiten und von krimineller Gesellschaft, hier und jetzt mit sich bringt. Er konnte seine Dankbarkeit nicht in Form eines treuen Dienstes für denjenigen ausdrücken, den er jetzt »Herr« nannte, und darum konnte er sich auch nicht für eine Belohnung oder Verantwortung im zukünftigen Zeitalter qualifizieren. Vergebung kann verlorene Zeit oder versäumte Gelegenheiten nicht zurückholen.

Aus diesem Grund darf man den Schächer nicht als »Musterchristen« ansehen. Tut man es trotzdem, so kann das nur »Minimalchristen« hervorbringen, die widerwillig fragen: »Wie wenig muss ich tun, um sicher zu sein, dass ich in den Himmel komme?« Der Herr schaut nach »Maximalchristen« aus, die mit Eifer fragen: »Wieviel kann ich haben, um sicher zu sein, dass ich hier ein geheiligtes

"UND WAS BEDEUTET ... ?"

Leben und danach ein glückliches Dasein führen kann?« Solche Menschen werden mehr haben wollen, als der Schächer am Kreuz haben konnte. Sie werden nach der Wassertaufe und der Geistestaufe streben, bis sie beides bekommen — und sie werden den Schächer nicht beneiden, der auch ohne diese Segnungen »durchkam«. Man sollte diesen armen Menschen eher dafür bedauern, dass er sterben musste, ehe er sie erlangen konnte!

KAPITEL 10

DIE ZWEITE GEBURT

»Jesus antwortete und sprach zu ihm: Wahrlich, wahrlich, ich sage dir: Wenn jemand nicht von neuem geboren wird, kann er das Reich Gottes nicht sehen. Nikodemus spricht zu ihm: Wie kann ein Mensch geboren werden, wenn er alt ist? Kann er etwa zum zweiten Mal in den Leib seiner Mutter eingehen und geboren werden? Jesus antwortete: Wahrlich, wahrlich, ich sage dir: Wenn jemand nicht aus Wasser und Geist geboren wird, kann er nicht in das Reich Gottes eingehen. Was aus dem Fleisch geboren ist, ist Fleisch, und was aus dem Geist geboren ist, ist Geist. Wundere dich nicht, dass ich dir sagte: Ihr müßt von neuem geboren werden. Der Wind weht, wo er will, und du hörst sein Sausen, aber du weißt nicht, woher er kommt und wohin er geht, so ist jeder, der aus dem Geist geboren ist« (Joh. 3,3-8).

Es gibt so viele Predigten, die über den Text »Ihr müßt von neuem geboren werden« gehalten und so viele Traktate, die darüber geschrieben wurden. Aber in wie vielen von ihnen wird erklärt, was »Wasser« hier zu bedeuten hat, und in wie vielen wird dieser Begriff überhaupt erwähnt? Die Furcht vor dem Schreckgespenst »Taufwiedergeburt« hat zu einer evangelikalen Verschwörung des Schweigens über das Thema geführt, mit dem Ergebnis, dass man die Neugeburt von jeglichem Zusammenhang mit einer physischen Handlung gelöst hat. Nikodemus war nicht der letzte, der die Lehre Jesu missverstand, und viele bleiben mit ihm »in der Finsternis«!

Die große Mehrheit von Kommentatoren (einschließlich der Kirchenväter, Katholiken, protestantischen Reformatoren, englischen Puritaner sowie der meisten heutigen Bibelgelehrten) akzeptieren, dass Vers 5 eine Erweiterung von Vers 3 ist und die zweite Geburt in größeren Einzelheiten beschreibt.

Uneinigkeit herrscht darüber, ob das griechische Wort *anothen* »wieder« oder »von oben« bedeutet. Für letzteres spricht der Ausdruck »von Gott geboren« in Joh. 1,13. Dass Jesus sich nicht auf ein menschliches, sondern auf ein göttliches Geschehen bezieht, ist offensichtlich; er stellte die übernatürliche Geburt der natürlichen gegenüber (V. 6). Nikodemus faßte es im Sinne von »wieder« auf und brachte sich selbst damit in Verwirrung, dass er dabei an eine bloße Wiederholung der ersten Geburt dachte. An anderen Stellen des Johannesevangeliums bedeutet das Wort eindeutig »oben« (s. 3,31; 19,11.23); und es lohnt sich, daran zu denken, dass, wenn Jesus damals Aramäisch gesprochen hatte, diese Sprache kein Umstandswort »wieder« kannte. Manche Übersetzer, wie William Barclay, wollen auf Nummer Sicher gehen und übersetzen den Ausdruck mit »von oben wiedergeboren«! Wie immer auch die Übersetzung lauten mag, es ändert nichts an der eigentlichen Bedeutung der Aussage Jesu in Vers 5, wo er die falsche Vorstellung des Nikodemus, die zweite Geburt sei *dasselbe* wie die erste, korrigiert, indem er verdeutlicht, wie *ganz anders* die zweite Geburt sei. Anders als die leibliche Geburt werde dies eine Geburt »aus (griechisch: *ek* — wörtlich: »aus heraus«) Wasser und Geist« sein.

"UND WAS BEDEUTET ...?"

Und hier fangen die Auslegungsprobleme an! Allgemein gesprochen, gibt es drei Möglichkeiten zum Verständnis dieses Ausdrucks. Es kann sich handeln um:

1. zwei Geburten, eine leibliche und eine geistliche;
2. eine Geburt, rein geistlich;
3. eine Geburt, mit leiblichen und geistlichen Aspekten.

Wir wollen alle drei eingehender untersuchen.

Eine leibliche und eine geistliche Geburt

Bei dieser Auslegung werden zwei Dinge in Vers 5 hineingelesen und verbunden: der Gegensatz zwischen »Fleisch« und »Geist« von Vers 6 und die Vorstellung von der leiblichen Geburt von Vers 4. Nikodemus nahm fälschlicherweise an, ein Mensch müsse zwei leibliche Geburten haben. Jesus berichtigt ihn und erklärt, ein Mensch müsse eine leibliche Geburt (»aus Wasser«) und eine geistliche Geburt (»aus Geist«) haben.

»Wasser« ist darum ein Synonym für »Fleisch« und muss sich in gewissem Sinn auf die leibliche Geburt beziehen. Manche Evangelikale meinen darin einen Hinweis auf das Platzen der Fruchtblase im Mutterleib zu sehen, welches der leiblichen Geburt vorausgeht. Die folgenden Schwierigkeiten begleiten diese Auffassung.

Erstens gibt es keinen Beweis dafür, dass »geboren aus Wasser« in der antiken Welt je für die leibliche Geburt verwendet wurde. Ganz vereinzelt wurde *semen* als »Wasser« (und als »Tau« oder »Regen«) verstanden, es bezog sich jedoch nicht auf die Geburt selber, sondern auf die Empfängnis, und von einer Verbindung zu den Worten »geboren aus« ist nichts bekannt.

Zweitens wäre es für Jesus viel einfacher gewesen, von »geboren aus Fleisch und Geist« zu sprechen, falls es das gewesen wäre, was er wirklich hätte sagen wollen. Warum denn Nikodemus dadurch noch mehr verwirren, dass an dieser Stelle das Wort »Wasser« eingefügt wird?

Drittens wird bei diesem Verständnis der erste Teil der Aussage ein wenig zu einem *non sequitur* (irrige Folgerung)! »Ein Mensch kann nicht in das Reich Gottes kommen, wenn er nicht zuerst leiblich geboren ... wird« dürfte wohl kaum einen erwähnenswerten Sinn ergeben! »Jemand« ist ja einer, der schon geboren wurde. Mit der hervorhebenden Bedeutung von »Wenn nicht« wird das entscheidende Kriterium für den Eintritt hervorgehoben und damit der ganze Satz näher bestimmt.

Viertens ist »Wasser« wohl eine Begleiterscheinung der leiblichen Geburt, aber es verursacht nicht die Geburt. Dass sich das *eine* Verhältniswort *(ek =* »heraus aus«) auf *beide* Wörter (Wasser und Geist) bezieht, heißt, dass diese Geburt in der gleichen Ursache/Wirkung- bzw. Mittel/Zweck-Beziehung zu beiden steht. Es kann nicht mit dem einen verbunden und durch das andere verursacht sein. Es gäbe dann keine Parallele zwischen der Geburt »heraus aus« Wasser und der Geburt »heraus aus« dem Geist.

Fünftens zeigt die grammatische Ausdrucksweise nicht zwei, sondern eine Geburt an. Jesus sagt nicht, »geboren aus Wasser und geboren aus Geist«, sondern »geboren aus Wasser und Geist« (was die zwei faktisch zu einer »Doppel«-Ursache der Geburt macht).

Sechstens ist es höchst unwahrscheinlich, dass Nikodemus »Wasser« als einen Hinweis auf die erste (leibliche) Geburt betrachtete.

Aus diesen sechs Gründen müssen wir eine solche Interpretation ablehnen.

"UND WAS BEDEUTET ... ?"

Eine rein geistliche Geburt

Während die erste Position »Wasser« und »Fleisch« als Synonyme auffaßt, behandelt diese Position »Wasser« und »Geist« als synonym. Der Ausdruck »was aus dem Geist geboren ist, ist Geist« in Vers 6 wird als genaue Entsprechung von »Wasser und Geist« in Vers 5 betrachtet.

Zur Stützung dieser These wird darauf hingewiesen, dass Johannes »Wasser« oft als ein Bild für nicht-physische, geistliche Realitäten, besonders für den Heiligen Geist (z. B. Joh. 4,14; 7,38) gebraucht. Dies lehne sich an den alttestamentlichen Gebrauch des Wortes an (z. B. in Hes. 36,25, wo »reines Wasser« die innere Reinigung des Herzens bewirkt).

Auf den ersten Blick scheint das Problem sauber gelöst, aber eine nähere Prüfung zeigt, dass es eine allzu einfache Lösung ist. Es vermag die folgenden Punkte nicht zu erklären:

Erstens scheint das Wort »Wasser« ein überflüssiger Zusatz zu sein, wenn es ein Synonym für »Geist« ist. Warum solch eine doppelte Bezeichnung — mit einem indirekten und einem direkten Wort? »Geboren aus Geist (d. h. »Wasser«) und Geist« klingt nicht wie eine Bemerkung des größten Lehrers aller Zeiten!

Zweitens bedeutet »Wasser« bei Johannes *immer* physisches Wasser (H_2O!). Diese Bedeutung trägt das Wort auch in all den ersten Kapiteln und sogar an späteren Stellen desselben dritten Kapitels (1,26.33; 2,7; 3,23). Bei den wenigen späteren Stellen, wo es metaphorisch für den Heiligen Geist gebraucht wird, wird es jedes Mal näher bezeichnet durch ein zusätzliches Adjektiv (z. B. »lebendig«, durch einen Nebensatz (z. B. »das ich ihm gebe«) oder sogar durch ein Hauptwort (z. B. »Quelle« oder »Ströme«) — es ist *nie* nur »Wasser« allein.

Drittens ist es höchst zweifelhaft, ob Nikodemus, an den diese Aussage gerichtet war, es als ein Bild für den Heiligen Geist aufgefaßt hat. Es hätte ihn doch nur noch mehr verwirrt, da Jesus fast gleichzeitig auch noch die Metapher des Windes für den Geist benutzte, um ihm eine Verständnishilfe zu geben! »Wenn jemand nicht geboren wird aus Wasser und Wind ...«!

Aus diesen drei Gründen muss auch diese Auslegung ausscheiden.

Eine Geburt, mit physischen und geistlichen Aspekten

Nach dieser Auslegung sagt Jesus zu Nikodemus, dass er eine verändernde Erfahrung brauche, die ihm durch physische wie geistliche Kanäle vermittelt würde — die zweite Geburt sei somit ein Geschehen mit physischen wie auch geistlichen Dimensionen. »Wasser« bezieht sich auf die physische Handlung des Getauftwerdens, aber diese kann nicht von sich aus die neue Geburt schaffen, wenn sie nicht begleitet wird von dem göttlichen Wirken des Heiligen Geistes. Zur Unterstützung dieses Verständnisses seien die folgenden Überlegungen angeführt.

Erstens gibt es einen gesunden Grundsatz des Bibelstudiums, der besagt, dass die Heilige Schrift in ihrer einfachsten Bedeutung aufzufassen ist, wenn nicht sehr gute Gründe etwas anderes nötig erscheinen lassen. In unserem Fall muss »Wasser« als »Wasser« und »Geist« als »Geist« verstanden werden!

Zweitens wird dies der Grammatik gerecht, nach welcher beide Hauptwörter vom selben Verb und Adjektiv bestimmt werden. Die Nebeneinanderstellung von »Wasser-und-Geist« gilt als doppelte Grundlage für ein einziges Geschehen.

"UND WAS BEDEUTET ... ?"

Drittens würde Nikodemus »Wasser« fast mit Sicherheit im Sinne einer rituellen Reinigung verstanden haben, war er doch sowohl mit den prophetischen Verheißungen wie auch mit den pharisäischen Praktiken sehr vertraut. Außerdem bildete den Hintergrund für das Gespräch nicht nur das Wunderwirken Jesu, sondern auch der Dienst der Bußtaufe des Johannes (1,19-28; 3,22-26). Wir wissen, dass die Pharisäer die Taufe ablehnten und dass sie ihnen auch verweigert wurde (Matth. 3,7; Luk. 7,30). Vielleicht enthielt die anfängliche Bemerkung von Nikodemus über Johannes den Täufer in Johannes 3,2 einen abschätzigen Unterton, da dieser keine Wunder vollbrachte (Joh.10,41). Vielleicht lag auch ein sanfter Tadel im Wort »Wasser« wegen der Schmeichelei von Nikodemus, da die Pharisäer, zu welchen er selber gehörte, wohl wußten, dass auch Jesus zu dieser Zeit taufte (Joh. 4,1). Ist es nicht so, dass Jesus Nikodemus hier deutlich machte, er könne keinen kraftvollen Dienst ausüben, wenn er sich weigerte, sich taufen zu lassen, sei es von Johannes oder von Jesus?

Viertens ist die Verbindung von »Wasser« und »Geist« bereits ein in allen vier Evangelien bekanntes Thema, hat doch Johannes zwei Taufen gepredigt, die eine im Wasser und die andere im Heiligen Geist (Matth. 3,11; Mark. 1,8; Luk. 3,16; Joh. 1,33). Es herrscht zuviel Übereinstimmung, als dass man glauben könnte, Johannes 3 stünde in keinem Zusammenhang zu dieser vorhandenen Verbindung zwischen den beiden Taufen. Fünftens deckt sich diese Interpretation mit der Sprache, deren sich die neutestamentlichen Schreiber in Bezug auf die Wassertaufe bedienten (s. Kap. 4). Sie glaubten wirklich, die Taufe »bewirke, was sie symbolisiert«, und sei ebenso ein Handeln Gottes wie ein Handeln des Menschen. Johannes 3,5 bildet eine bemerkenswerte Parallele zu Titus 3,5 — »geboren aus Wasser« und »Bad der Wiedergeburt« unterscheiden sich kaum.

Sechstens hat die große Mehrheit von Bibelgelehrten aller Jahrhunderte, Katholiken wie Protestanten, »Wasser« als klaren Hinweis auf die Taufe betrachtet.

Die üblichen Gründe für die Ablehnung dieser Interpretation sind nicht innerer und textlicher, sondern äußerlicher und theologischer Natur. Auf der einen Seite gibt es die chronische Trennung des Physischen vom Geistigen in der westlichen Welt, deren Ursprung mehr in der platonischen Philosophie als in der biblischen Lehre liegt. Auf der anderen Seite gibt es die evangelikale Angst vor der »Taufwiedergeburt«, die viele für die einfache Bedeutung der Worte unseres Herrn blind macht. Eine »zwinglianische« Betrachtungsweise der Sakramente (als bloße Symbole) tut sich schwer, physischen Handlungen geistliche Wirkungen zuzuordnen — trotz der verheerenden Folgen, die der Verzehr der physischen Früchte vom Baum der Erkenntnis hatte (1. Mo. 2,17), oder der unwürdigen Teilhabe an Brot und Wein beim Abendmahl (1. Kor. 11,29-30).

Auch ich bin besorgt über die Ansicht, dass jemand nur »aus Wasser« geboren sein kann (vorausgesetzt, die richtige Person gebraucht die richtigen Worte!). Besonders anstößig ist es, wenn es auf Babys bezogen wird, die überhaupt nicht imstande sind, im Sinne von Buße oder Glaube zu reagieren. Wenn aber »Wasser« auf die Taufe eines wirklich reuevollen und glaubenden Menschen bezogen wird, dann ist das eine völlig andere Sache, weit entfernt von jener abergläubischen oder magischen Vorstellung dessen, was man üblicherweise unter »Taufwiedergeburt« verstanden hat. Zudem sorgt die enge Verknüpfung von »Wasser« und »Geist« durch Jesus dafür, dass niemand ernsthaft glauben kann, das Wasser allein würde genügen. Ohne den entscheidenden Beitrag des Heiligen Geistes könnte es gar keine Wiedergeburt geben. Das bringt uns

"UND WAS BEDEUTET ... ?"

zur letzten Frage: Was meint das Wort »Geist« in diesem Zusammenhang genau?

Aufmerksame Leser werden bemerkt haben, dass in Johannes 3,5 »Geist« ohne Artikel steht. Das bedeutet, dass »geboren aus ... Geist« (V. 5) nicht dasselbe zu sein braucht wie in Vers 6 »Was aus *dem* Geist geboren ist« (obwohl auch hier in einigen alten Handschriften der Artikel fehlt).

Wo »Wasser« als Hinweis auf die Taufe aufgefaßt wird, wird gewöhnlich angenommen, dass sich »Geist« auf das Wirken des Heiligen Geistes während der Spendung des Sakraments selbst bezieht. Während ein ausführender Mensch das »Mittel« Wasser anwendet, benutzt der göttliche Ausführende (der Heilige Geist) die Gelegenheit, das innere, geistliche Werk zu tun. Sicher können wir dem zustimmen, dass es ohne ein solches Wirken des Heiligen Geistes keine geistliche Wirkung des äußerlichen Geschehens geben kann; denn weder die ausführende Person noch das materielle Mittel besitzen die Kraft, das zu tun. Doch wird man damit den ungewöhnlichen grammatischen Besonderheiten der Aussage Jesu völlig gerecht?

Die Besonderheiten sind, wie schon erwähnt, das Fehlen des bestimmten Artikels sowie die auffallende Tatsache, dass »Wasser« und »Geist« von derselben Präposition *(ek* = heraus aus) bestimmt werden, was darauf hindeutet, dass sie dieselbe Beziehung zur neuen Geburt besitzen (während die Auffassung, mit der wir uns soeben beschäftigt haben, »Wasser« zum Mittel und den »Geist« zum Handelnden macht).

Die Probleme werden vollständig gelöst, wenn man davon ausgeht, dass sich »Wasser und Geist« auf die Wasser- und die Geistestaufe bezieht, die im Neuen Testament wohl eng miteinander verbunden, doch nie als vollständig identisch miteinander erklärt werden. Auch die folgenden Überlegungen weisen in diese Richtung.

Erstens werden »Wasser« und »Geist«, wie bereits erwähnt, schon in der Predigt des Johannes über die beiden Taufen miteinander verbunden — die eine als sein Werk, die andere als Werk des Messias. Nikodemus war sicher voll im Bilde über die Predigt des Johannes, war er doch ein aufmerksamer Beobachter dieses ungewöhnlichen Wirkens!

Zweitens ergeben jetzt die gemeinsame Präposition und ihre ungewöhnliche Bedeutung einen Sinn. Sogar die leibliche Geburt ist ein »Herauskommen aus« einem vorherigen Zustand »im Leib der Mutter« (genau das ist der Einwand, den Nikodemus in Vers 4 erhebt — es sei unmöglich, wieder zu jenem Zustand »zurück« zu gehen, um aus ihm wieder »aus heraus« zu kommen!). Jesus sagt, dass die Wiedergeburt nicht aus einem Leib heraus geschieht, sondern aus »Wasser und Geist«. Diejenigen, welche »in« Wasser und »in« Geist getauft sind, kommen »aus« der zweifachen Erfahrung »heraus« in das neue Leben. Beides, »Wasser« und »Geist«, sind das *Mittel,* in welchem diese Geburt stattfindet (s. Kap. 23 zu 1. Kor. 12,13).

Drittens lässt das Fehlen des bestimmten Artikels auf eine subjektive Erfahrung der Kraft des Heiligen Geistes schließen; wird der Artikel erwähnt, wird immer die objektive Existenz der Person des Heiligen Geistes betont (in Anhang B eine eingehendere Behandlung dieses vernachlässigten Punktes). Der Ausdruck »getauft in Heiligen Geist« enthält nie den bestimmten Artikel; die Betonung liegt auf dem, was der Empfänger dieser Gabe offensichtlich erlebt. Bei der Wassertaufe ist der Täufling sich des inneren Wirkens des Heiligen Geistes beim Sakrament kaum bewusst, doch bei der Geistestaufe bildet dieses Bewusstsein das zentrale Merkmal für die Empfänger wie für andere Anwesende. In seinem Gespräch mit Nikodemus hebt Jesus dieses Bewusstsein für das Wirken des Geistes hervor, — ähnlich dem Gefühl, wenn einem der Wind ins Gesicht bläst und man sein Wehen *hört*, eine Feststellung, die man unmöglich von Pfingsten trennen kann, als sie alle »im Heiligen Geist getauft« wurden. Wenn jemand »aus dem Geist geboren« wird, mag das Ereignis wohl unsichtbar sein, aber auf jeden Fall wird es *hörbar* sein!

Übrigens beantwortete Jesus auch die ursprüngliche Frage des Nikodemus, wie ein Lehrer Werke ebenso wie Worte hervorbringen könne. Jesus selber vermochte dies erst nach seiner Taufe im Wasser und nach dem Empfang des Heiligen Geistes zu tun. Solche Werke sind auch Zeichen des Reiches Gottes (Matth. 12,28).

Der Augenblick ist gekommen, wo wir unsere Erkenntnisse zusammenfassen wollen. Wiedergeboren werden heißt, aus Wasser und Geist geboren werden. Es bedeutet, »im Wasser und im Geist getauft« werden und aus beidem »heraus« kommen, um durch seinen Geist das neue Leben in Christus auszuleben. Dieselbe Wahrheit wird mit anderen Worten auch vom Apostel Paulus ausgedrückt, wenn er sagt, »wir sind errettet ... durch (wieder eine Präposition für zwei Dinge) die Waschung der Wiedergeburt und Erneuerung des Heiligen Geistes, den er reichlich ... über uns ausgegossen hat« (Tit. 3,5 — s. Kap. 26). Darum sind die Wassertaufe und die Geistestaufe nicht nur integrierende Bestandteile der Initiation, sondern sie sind auch grundlegend für die Wiedergeburt und die Errettung!

KAPITEL 11

DIE STRÖME LEBENDIGEN WASSERS

»An dem letzten, dem großen Tag des Festes aber stand Jesus und rief und sprach: Wenn jemand dürstet, so komme er zu mir und trinke. Wer an mich glaubt, wie die Schrift gesagt hat, aus dessen Leibe werden Ströme lebendigen Wassers fließen. Dies aber sagte er von dem Geist, den die empfangen sollten, die an ihn glaubten; denn noch war der Geist nicht da, weil Jesus noch nicht verherrlicht worden war« (Joh.7,37-39).

Im Nahen Osten schließt sich an die sechsmonatige Trockenperiode das Laubhüttenfest an. Seinen Höhepunkt findet dieses »Erntedankfest« in einer Gebetszeremonie, bei der man um den »Frühregen« betet. In neutestamentlicher Zeit goß man am achten Tage des Festes — dem »großen Tag« — Wasser aus dem Teich Siloah über den Altar. Regen galt ebenso als Hauptmerkmal des göttlichen Segens auf Land und Leute, wie sein Ausbleiben als göttlicher Fluch aufgefaßt wurde (5. Mo. 28,12.24).

An diesem Tage verhieß Jesus die Abschaffung der »Trockenzeit«; von nun an sollte es einen dauernden Überfluß an Erfrischung geben, die aus dem Innern eines jeden einzelnen fließen sollte. Mit diesem Angebot waren jedoch zwei wichtige Bedingungen verknüpft.

Erstens war diese Erquickung von menschlichem Handeln abhängig.

Wir stoßen auf drei Befehlsverben: »Kommen«, »trinken«, »glauben«. Alle drei sind auf Jesus ausgerichtet. In all diesem kommt ein außerordentlicher Anspruch zum Ausdruck: »Ihr seid damit beschäftigt, *Gott* um Wasser zu bitten; *ich* will es euch geben!«

Der Kommentar des Johannes verdeutlicht, dass die Sprache Jesu bildlich gemeint ist (ebenso wie seine Behauptung, den Tempel in drei Tagen wiederaufzubauen). Er sprach von einer geistlichen Erfrischung, die weitaus mehr bewirken würde, als physisches Leben zu erhalten. Das war es, was er unter »lebendigem Wasser« oder dem »Wasser des Lebens« verstand.

Zweitens war es nicht sofort zugänglich. Jesus bot keinen Sofortsegen an!

Wieder erweist sich die Erklärung von Johannes als notwendig. Da hier die Rede von der Gabe des Heiligen Geistes ist, sollte es noch ein oder zwei Jahre dauern, bis sie jemand empfangen konnte, weil die Gabe nicht eher mitgeteilt werden konnte, als bis Jesus zu seinem früheren Status im Himmel zurückgekehrt war. Erst nach Pfingsten konnte diese Verheißung erfüllt werden.

Die Rede Jesu selber enthält einige wichtige Punkte. Der verwirrendste in Zusammenhang mit dieser Verheißung ist die Bezugnahme auf »die Schrift«, nämlich auf das Alte Testament. Man findet dort nämlich keine mit dem Kommen des Messias in Verbindung stehende Prophezeiung, die sich mit dieser speziellen Feststellung Jesu in Verbindung bringen ließe. Zu denen, welche dafür in Frage kommen könnten, gehören die folgenden:

– Jesaja 12,3 — Wasser schöpfen aus den Quellen des Heils;
– Jesaja 58,11 — ein Wasserquell, dessen Wasser nie versiegen;
– Hesekiel 47,1-12 — Wasser, das aus dem Tempel selbst fließt;
– Sacharja 14,8 — lebendige Wasser, die aus Jerusalem fließen.

"UND WAS BEDEUTET ... ?"

Die letztgenannte Stelle ist insofern besonders geeignet, als sie Teil einer ganzen Prophezeiung über das Erscheinen des Messias in Jerusalem während des Laubhüttenfestes ist. Wir müssen jedoch zugeben, dass wir nicht sicher sein können, an welche Bibelstelle Jesus (oder Johannes, der Jesus interpretierte) dachte. Wir befinden uns auf sicherem Boden, wenn wir etliche der anderen Merkmale des Textes selbst betrachten.

Es ist interessant zu beachten, dass »glauben« und »empfangen« für die Nachfolger Jesu zu jener Zeit ganz verschiedene Vorgänge waren. Sie waren bereits zum Glauben an Jesus gekommen, konnten aber den Geist noch nicht empfangen. Wenigstens für jene Generation bedeutete der Glaube an Jesus und der Empfang des Heiligen Geistes nicht dasselbe. Das in Vers 39 mit »glaubten« übersetzte Wort ist *pisteusantes,* ein Aorist-Partizip für einen einzelnen, entscheidenden und bereits vollzogenen Schritt, während »empfangen« eindeutig noch Zukunft ist.

Das alles war natürlich vorpfingstlich, als sie wohl glauben, aber nicht empfangen konnten, auch wenn sie es gewünscht hätten (weil der Geist noch nicht »gegeben« war — s. u.). Die Unterscheidung zwischen »glauben« und »empfangen« ließ sich in der nachpfingstlichen Welt nur aufrechterhalten, wenn zwei Dinge bewiesen werden konnten.

Erstens: dass es Fälle *nach* Pfingsten gab, wo Menschen an Jesus glaubten, ohne den Heiligen Geist zu empfangen. Es gab tatsächlich eine Anzahl, einschließlich Paulus, doch der eindeutigste ist jener der Samariter (s. Kap. 16 zu Apg. 8, wo wieder der Aorist verwendet wird: *episteusan*).

Zweitens: dass die apostolische Lehre eine Unterscheidung zwischen den beiden machte. Dies tut Paulus ausdrücklich mit seiner Frage an die Epheser: »Habt ihr den Heiligen Geist empfangen, nachdem ihr gläubig geworden seid?« (s. Kap. 20 zu Apg. 19, wo wie in Joh. 7,39 wiederum der Aorist steht: *pisteusantes*).

WIEDERGEBURT

Wir schließen daraus, dass sowohl vor Pfingsten als auch danach die Ausdrücke »an Jesus glauben« und »den Geist empfangen« weder synonym waren noch unbedingt gleichzeitig geschahen (s. Kap. 16 und 20 zu weiteren Beweisen für diese Schlussfolgerung).

Die zweite Hälfte von Vers 39 enthält ebenfalls eine ungewöhnliche Konstruktion von beträchtlicher Bedeutung. Die meisten Bibelausgaben haben hier zusätzliche Wörter, die sich mit dem Griechischen nicht decken. Diese Extrawörter verzerren zwar die Bedeutung nicht, sondern verdeutlichen sie sogar eher; sie verschleiern jedoch das Gewicht und die starke Bedeutung des Originaltextes. Wörtlich übersetzt würde es heißen: »Denn noch nicht war Geist«. Zwei Punkte ergeben sich aus dieser Wiedergabe, die auch auf andere Bibelstellen Licht werfen.

Erstens kann dies nicht bedeuten, dass der Heilige Geist noch nicht *existierte*. Er ist eine der drei Personen der ewigen Gottheit. Der Sinn ist deutlich der, dass seine Ressourcen den Menschen noch nicht völlig zugänglich waren. Der übliche Zusatz »gegeben« weist auf die zukünftige Kundgebung seiner Person und Kraft hin. Doch in Apostelgeschichte 19,2 wird in der Antwort der Epheser auf die Frage des Paulus fast dieselbe Konstruktion gebraucht: »Wir haben nicht einmal gehört, ob der Heilige Geist (überhaupt da) ist« (Apg. 19,2 — s. Kap. 20). Sie hatten von der zukünftigen Taufe im Heiligen Geist gehört (waren sie doch Jünger des Johannes, und er hatte davon zu seinen Nachfolgern gesprochen); hingegen hatten sie nicht gehört, dass diese Gabe jetzt erhältlich war. Die meisten Ausgaben formulieren ihre Antwort fälschlicherweise in dem Sinne, als hätten die Epheser überhaupt nichts vom Heiligen Geist gewußt, was sehr irreführend ist.

Zweitens weisen die Worte hier in Johannes 7,39 und in Apostelgeschichte 19,2 keinen bestimmten Artikel auf (»noch nicht war Geist«); das ist sehr bezeichnend. Bischof Westcott kommentiert in seinem Buch *Gospel of John* (John Murray, 1903), S.123, diese Auslassung wie folgt: »Wenn der Ausdruck in dieser Form (ohne Artikel) vorkommt, bezeichnet er eine Tätigkeit, eine Manifestation oder eine Gabe des Geistes und nicht den Heiligen Geist als Person.« Beachten wir, dass der Anfang des Bibelverses die Person des Geistes betont, indem der bestimmte Artikel gebraucht wird (s. Anhang B für eine eingehende Prüfung dieser Charakteristik der neutestamentlichen Bezugnahme auf den Heiligen Geist).

Schließlich müssen wir in diesem Abschnitt das Fortschreiten von »in sich hineintrinken« zu »fließen von« beachten. »Trinken« ist gleichbedeutend mit »empfangen« und wird in diesem Sinne in 1. Korinther 12,13 verwendet (s. Kap. 23), obwohl dort das Verb im Aorist steht (sich auf das erstmalige »In-sich-Hineinschlucken« bezieht), während es hier im Imperativ des Präsens steht, was soviel wie »weitertrinken« bedeutet. Damit soll wohl ausgedrückt werden, dass Aufnehmen und Weitergeben zusammengehören. Der Mensch soll nicht ein Reservoir, sondern ein Kanal sein! Diejenigen, die fortfahren, den Geist in sich aufzunehmen, werden auch den Geist mitteilen. Diese Betonung des Fortdauerns findet sich auch im Partizip des Präsens von »glauben« in Joh. 7,38 (griechisch: *ho pisteuon* = »er, der glaubend ist«, anstatt »er, der geglaubt hat«, im Gegensatz zu V. 39).

Die beiden Bücher Lukasevangelium und Apostelgeschichte wurden in erster Linie für Ungläubige geschrieben, deshalb auch der Hauptakzent auf dem *anfänglichen* Aufnehmen des ausgegossenen Geistes (auch solche Ausdrücke wie »fallen auf, kommen auf, ausgegossen über« betonen den Heiligen Geist außerhalb einer Person). Johannes, der für Gläubige schreibt (»damit ihr fortfahrt zu glauben ... und fortfahrt, ewiges Leben zu haben« — Joh. 20,31), unterstreicht das *anhaltende* Überfließen des innewohnenden Geistes (daher solche Ausdrücke wie »aus seinem Innersten«, den *in* einer Person wohnenden Geist betonend).

Wie wichtig ist es doch, die verschiedenen Gesichtspunkte aller Schreiber des Neuen Testamentes ernst zu nehmen und diese zu einer gesunden und ausgeglichenen Theologie zusammenzufügen. Bei keiner anderen Lehre ist dies so wichtig wie bei der Person und dem Werk des Heiligen Geistes. Lukas, Johannes und Paulus — jeder von ihnen leistet seinen eigenen speziellen Beitrag dazu — und wahrscheinlich sollte man sie auch in dieser Reihenfolge studieren, um zu einem richtigen Verständnis zu gelangen!

KAPITEL 12

DER BEKANNTE FREMDE

»Er wird euch geben ... den Geist der Wahrheit, den die Welt nicht empfangen kann, weil sie ihn nicht sieht noch ihn kennt. Ihr kennt ihn, denn er bleibt bei euch und wird in euch sein« (Joh. 14,16-17).

Am Vorabend seines qualvollen Sterbens musste Jesus seine Jünger trösten! Das Gefühl drohenden Unheils, das sie empfanden, war auf seinen angekündigten Weggang zurückzuführen. Das Versprechen eines an seine Stelle tretenden »Beistands« (eine bessere Übersetzung für »Tröster«) half da nicht viel. Wie könnte ein völlig Fremder seinen Platz in ihrem Herzen und Leben einnehmen?

Nun kommt die erstaunliche Ankündigung des Stellvertreters, die ihnen bereits bekannt war! Jesus spricht nicht über den allgemeinen Einfluß des Geistes in der Welt, da dieser Einfluß nie die Grundlage einer persönlichen Beziehung gewesen war und sein konnte. Die Welt hat nie ihr Augenmerk auf den Geist Gottes gerichtet noch einen vertrauten Umgang mit ihm erfahren. Die Jünger aber waren sich seiner persönlichen Gegenwart bewusst gewesen, wenngleich ihnen das Bewusstsein für seine Identität gefehlt hatte.

Ihr Verhältnis zu diesem »Geist der Wahrheit« (»Wahrheit« ist im Griechischen dasselbe Wort wie »Realität«) lässt sich nur in Form eines Paradoxon ausdrücken. Es bezeichnet sowohl Dauer als auch das Gegenteil davon. Dieselbe Person wird bei ihnen »bleiben«, sie wird jedoch auch zu ihnen »gesandt« werden. Es ist kein neues Verhältnis, und doch wird es ein neues Verhältnis sein. Er war bei ihnen gewesen, doch er wird in ihnen sein.

Einige Abschreiber der neutestamentlichen Handschriften fanden diesen Doppelsinn zu extrem und änderten die Zeitform der Verben ab, so dass entweder beide in der Gegenwartsform standen (»er ist bei euch und er ist in euch«), oder — was noch häufiger der Fall war — in der Zukunftsform. Aber die meisten zuverlässigen Lesarten enthalten unzweifelhaft beides, die Vergangenheits- und die Zukunftsform. Man sollte die Heilige Schrift so nehmen, wie sie geschrieben worden ist, und sie nicht so verändern, dass sie in unseren Augen einen »Sinn« ergibt; denn so kann Wahrheit in Unsinn verwandelt werden! Die Verquickung von Vergangenheits- und Zukunftsform weist sowohl auf die Dauer wie auf die »Nicht-Dauer« in der Beziehung hin.

Dauer

»Er lebt (oder »bleibt«) bei euch.« Es gibt zwei mögliche Wege, wie der Geist bereits bei ihnen sein konnte (eigentlich lautet das griechische Wort *para* = »neben«).

Erstens *durch die leibliche Gegenwart Jesu*. Da er den Heiligen Geist »nicht nach Maß« empfangen hatte (Joh. 3,34), erlebten sie die Gegenwart des Geistes bereits im Wesen, im Gespräch und im Verhalten Jesu. Seine Botschaft und seine Wunder waren das Werk des Heiligen Geistes (Matth. 12,28).

Zweitens *durch die leibliche Abwesenheit Jesu*. Zu ihrem großen Erstaunen machten sie die Entdeckung, dass sie selber Krankheiten heilen und Dämonen austreiben konnten, und das sogar, nachdem Jesus sie von sich hatte gehen lassen. Diese sehr reale Erfahrung rief bei ihnen große Freude hervor (Luk. 10,17).

Genau gesagt, war es die zweite dieser Erfahrungen, die in der Zukunft nach dem endgültigen Weggang Jesu ihre Fortsetzung finden sollte (und war darum das, worauf sich die Worte Jesu vor allem bezogen). Doch weil beide Erfahrungen ein ähnliches »Gefühl« vermittelten, war die zweite so gut wie die erste, ja sogar noch besser (Joh. 16,7). In Wirklichkeit ist es schwierig, zwischen ihnen im Sinne der existentiellen Erfahrung zu unterscheiden (Joh. 14,20.23). Dies ist auch die Erklärung für die Ungereimtheit ihrer Freude, als Jesus sie endgültig verließ (Luk. 24,52).

Nicht-Dauer

Es muss eine grundlegende Verlagerung im Verhältnis von einem äußerlichen (»neben«) zu einem inwendigen (»in«) Wissen um diese Person stattfinden. Worin genau besteht die Bedeutung dieser Veränderung, die die meisten Bibelkenner mit Recht mit der vor- und der nachpfingstlichen Phase der Jüngerschaft identifizieren (s. auch Kap. 13 betr. Joh. 20,22)? Die kennzeichnendsten Veränderungen, die Pfingsten bewirkte, lassen sich wie folgt aufzählen.

Von unbewußt zu bewusst. Dieses volle Bewusstsein der Gegenwart des Heiligen Geistes sollte die Jünger dazu führen, dass sie von ihm auf ebenso natürliche Weise sprachen, wie sie von Jesus gesprochen hätten (der Geist wird in den ersten dreizehn Kapiteln der Apostelgeschichte über vierzigmal direkt erwähnt).

Von zeitweise zu ständig. Sie hatten seine Kraft gelegentlich erfahren, wenn sie auf »apostolische« Reisen ausgeschickt wurden; bei anderen Gelegenheiten hatten sie den Mangel daran erlebt. Nun sollten sie eine ständige — wie auch eine bewusste — Fähigkeit besitzen, aus seinen Ressourcen zu schöpfen.

Von zögernd zu zuversichtlich. Ihr Dienst war nicht frei von Versagen gewesen, und ihre Moral wurde angesichts des Kreuzes völlig erschüttert. Nach Pfingsten waren sie für ihren Mut bekannt (griechisch: *parrhesia* = »Kühnheit im Reden«). Ihre Widersacher führten dies fälschlicherweise auf ihre frühere Verbindung mit Jesus zurück (Apg. 4,13), während es doch das Resultat ihrer Verbindung mit seinem Geiste war.

Von übertragen zu unmittelbar. Hatten sie während der Lebenszeit Jesu als dessen Repräsentanten gehandelt, gebrauchten sie nun seinen Namen mit einer »Vollmacht«, von der sie wußten, dass sie sie »besaßen« (»Was ich habe, gebe ich dir ...« — Apg. 3,6).

Diese und andere Gegensätze stellen mehr eine Veränderung im Grad als in der Art dar — dennoch trat diese Veränderung nicht allmählich, sondern plötzlich ein.

Als vielleicht Wichtigstes gilt es zu beachten, dass die Ausdrucksweise »Innewohnung« auf die Jünger erst zutraf, nachdem die Veränderung zu Pfingsten eingetreten war und nachdem sie »Kraft empfangen«, »im Heiligen Geist getauft«, »erfüllt« und »gesalbt« worden waren. Dieser Sprachgebrauch bleibt im übrigen Neuen Testament erhalten (z. B. schreibt Paulus: »Wißt ihr nicht, dass euer Leib ein Tempel des Heiligen Geistes in euch ist, den ihr von Gott habt?« (1. Kor. 6,19). Dieser Gedankengang steht im Widerspruch zur heutigen evangelikalen Lehre, dass der Heilige Geist von dem Augenblick an »innewohnt«, wo jemand zum Glauben an Jesus kommt (s. Kap. 21 zu Röm. 8,9).

Eine ähnliche Veränderung im Verhältnis zum Geist gibt es auch im Leben Jesu selbst. Da er durch den Heiligen Geist gezeugt wurde (Luk. 1,35), ist es schwierig zu glauben, dass er in seiner Kindheit und später als Heranwachsender weniger von der Gegenwart des Heiligen Geistes hatte als sein Cousin Johannes, der »schon von Mutterleibe an mit Heiligem Geist erfüllt« war (Luk. 1,15). Doch im Alter von dreißig Jahren und bezeichnenderweise sofort nach seiner Wassertaufe wurde er, nachdem er gebetet hatte (Matth. 3,16; Luk. 3,21), »mit Heiligem Geist und mit Kraft gesalbt« (Apg. 10,38) und tat von nun an die Wunder, welche Johannes, der weder in derselben Weise im Wasser getauft (Matth. 3,14) noch durch den Heiligen Geist gesalbt worden war, nie hatte tun können. Das erklärt vielleicht, weshalb Jesus, der die größte Achtung vor Johannes hatte, ihn als den »Kleinsten im Reiche Gottes« betrachtete (Matth. 11,11).

Anders ausgedrückt, bestand eine eindeutige Verbindung zwischen der Erfahrung Jesu am Jordan und der Erfahrung der Jünger zu Pfingsten (in beiden Fällen kam der Heilige Geist auf sie »hernieder«, d. h. von außen her). Beides war eine Salbung mit der Kraft des Heiligen Geistes zum Dienst. Das erste geschah am irdischen Leib Jesu zur Einführung in seine messianische Mission; das zweite geschah an seinem mystischen Leib (die Gemeinde) zur Fortsetzung des gleichen Dienstes (s. Apg. 1,1).

Gibt es eine ähnliche Veränderung in der Erfahrung von Gläubigen, die seither und bis zum heutigen Tag gelebt haben? Es könnte ein ziemlicher Fehler sein, Johannes 14,17 lediglich als eine historische Aussage abzutun und nur auf eine vorübergehende Phase in der Heilsgeschichte beziehen zu wollen. Es gibt eine ganz reale Weise, in der alle Gläubigen denselben paradoxen Wandel in ihrem Verhältnis zum Heiligen Geist erleben können.

Von den allerersten Anfängen ihres geistlichen Erwachens über ihr ernstliches Suchen nach Gott bis zu

WIEDERGEBURT

ihrer völligen Auslieferung an seinen Willen war der Heilige Geist »mit« ihnen gewesen. Ohne seine Gegenwart konnte es keine Überführung von Sünde, Gerechtigkeit oder Gericht geben. Es ist der Heilige Geist, welcher sie für die neue Geburt vorbereitet und diese in ihnen wirkt. Es ist der Heilige Geist, welcher die göttliche »Gewährung« von Buße und die göttliche »Gabe« des Glaubens vermittelt. Es ist der Heilige Geist, welcher sie zur Wassertaufe führt und dieses Geschehen benutzt, um ihr Begrabenwerden und ihre Auferstehung zu vollbringen. In all diesem ist der Heilige Geist offensichtlich »mit« ihnen, und sie »kennen« seine Gegenwart in dem Sinne, dass sie sein Wirken erleben.

Aber eine grundlegende Veränderung im Verhältnis tritt ein, als sie »im Heiligen Geist getauft« werden. Jetzt »empfangen« sie ihn in offenbarer Kraft (d. h. mit äußerlicher Erweisung). Was Jesus am Jordan widerfuhr und den Jüngern zu Pfingsten, ist jetzt an ihnen geschehen — und hat dieselbe bewusste Zuversicht und den gleichen Wunderdienst bewirkt. Mit Recht kann man auch bei ihnen von einer solchen Verlagerung von »mit« auf »in« sprechen.

Wichtig ist, dass die Ausdrücke »empfangen« und »innewohnen« im Neuen Testament nur bei solchen gebraucht werden, die diese persönliche Erfahrung der pfingstlichen Kraft gemacht haben. Solche Ausdrücke werden im Neuen Testament nie für das Wirken des Heiligen Geistes gebraucht, wenn dieses mit Buße, Glaube und Wassertaufe in Verbindung gebracht wird (obwohl das Wort »Jünger« auf diese frühen Phasen der Initiation zur Anwendung gelangt, wie wir in Kap. 36 sehen werden). Darum ist es möglich, ein reumütiger, gläubiger, getaufter »Jünger« zu sein — ohne den innewohnenden Heiligen Geist empfangen zu haben (die Samariter sind das klassische Beispiel für diese Anomalie — s. Kap. 16). Bis zu diesem Punkt ist der Heilige Geist »mit« den Jüngern in

"UND WAS BEDEUTET ... ?"

einer Weise, wie er es in der Welt der Ungläubigen nicht sein kann; aber er ist noch nicht »in« den Gläubigen, wie er es sein kann, wenn die Initiation vervollständigt ist.

Dieses Verständnis kann sich natürlich nicht allein auf diesen einen Vers aus dem Johannesevangelium stützen; er allein vermag das Gewicht einer so weitreichenden Schlussfolgerung nicht zu tragen. Doch während wir fortfahren, noch andere Bibelstellen anzuschauen, besonders in der Apostelgeschichte und in den Briefen, werden wir eine umfassende Bestätigung dieses Standpunktes finden.

Was diese Schlussfolgerung praktisch mit sich bringt, wird im letzten Abschnitt des Buches, besonders in Kapitel 35, behandelt.

KAPITEL 13

DIE ERSTEN ELF

»Und als er dies gesagt hatte, hauchte er sie an und spricht zu ihnen: Empfangt Heiligen Geist!« (Joh. 20,22)

Worin besteht die Verbindung zwischen der oben beschriebenen Begebenheit im »oberen Saal« am ersten Ostersonntag und dem Pfingstereignis im Tempel zwei Monate später? Warum gingen die Jünger anscheinend auf die Handlung und auf die Aufforderung Jesu nicht ein, oder warum erfuhren sie — wenigstens nach dem Bericht — keine Veränderung in sich selbst? Warum mussten sie danach noch auf die Verheißung des Vaters »warten« (Luk. 24,49)? Und warum verkrochen sie sich noch eine Woche später hinter verschlossenen Türen?

Am bekanntesten ist dieses Problem durch den Vorwurf von »liberaler« Seite an Johannes, er hätte die Geschichte wegen seiner eigenen literarischen Absichten verdreht. Da er nie beabsichtigte, die Arbeit von Lukas zu wiederholen, indem er ein zweites Buch über die Urgemeinde schrieb, doch nichtsdestoweniger darauf abzielte, die entscheidenden Ereignisse unserer Heilsgeschichte literarisch vollständig abzudecken, habe er die Datierung von Pfingsten abgeändert, um es in sein Evangelium aufnehmen zu können. Da er bereits erwähnt hatte, dass der Heilige Geist nach der Verherrlichung Jesu gegeben werden würde (7,39), verspürte er die Notwendigkeit, die Geschichte zu vervollständigen und die Fakten zu diesem Zweck zu manipulieren!

Sogar nach allgemeinem Verständnis ist diese Auslegung unannehmbar. Abgesehen von der Verunglimpfung der Integrität des Johannes (dabei wird seine historische Genauigkeit zunehmend von Experten anerkannt, von denen sogar einige behaupten, er übertreffe diesbezüglich die synoptischen Autoren), passt diese Manipulation kaum zu einem Glauben an die göttliche Inspiration der Heiligen Schrift.

Diese Erklärung muss abgelehnt werden, weil solch eine vermeintliche zeitliche Transponierung das Ereignis selber wesentlich verändert: Es würde zu einem privaten anstatt zu einem öffentlichen Geschehen; eine viel kleinere Gruppe ist involviert (ein Zwölftel der Gesamtheit!); und es wird von keinen Resultaten berichtet, weder bei den betroffenen Personen selbst noch durch sie bei anderen. Es fällt sehr schwer zu akzeptieren, dass Johannes hier von dem gleichen Ereignis wie zu Pfingsten schreiben soll.

Aus diesen und anderen Gründen erscheint die Annahme richtig, dass Johannes sehr sensibel für geschichtliche Genauigkeit ist. Im gleichen Textzusammenhang wird festgestellt, dass die Himmelfahrt noch bevorsteht (20,17), ebenso wie das Wiederkommen Jesu auf die Erde (21,22). So können wir davon ausgehen, dass Johannes zuverlässig darüber berichtet, was Jesus an jenem Tage sagte und tat, als er von den Toten auferstand. Aber was geschah den Jüngern dann genau bei jener Begebenheit? Es gibt wenigstens drei mögliche Antworten auf diese Frage: Sie empfingen den Heiligen Geist; sie wurden wiedergeboren, oder es war für sie eine »Generalprobe« für Pfingsten. Untersuchen wir eine nach der anderen.

"UND WAS BEDEUTET ... ?"

Sie empfingen den Heiligen Geist

Diese Antwort geht von der Annahme aus, dass wir hier die Erfüllung der am Laubhüttenfest ausgesprochenen Verheißung haben (Joh. 7,38-39 — s. Kap. 11); diejenigen, die schon an Jesus glaubten, empfingen jetzt den Heiligen Geist. Ihnen wurde gesagt, sie »würden empfangen«; jetzt empfingen sie. Die notwendige Vorbedingung (dass Jesus zuerst »verherrlicht« sein müsse) war in seiner Kreuzigung (12,23-33) und in seiner Auferstehung erfüllt. Durch dieses Ereignis wurden sie nun mit der dritten Person der Dreieinigkeit eingehend bekanntgemacht.

Auf den ersten Blick scheint das die einzig mögliche Auslegung zu sein, doch weiteres Nachdenken führt zu etlichen Zweifeln.

Erstens: Wenn wir diese Auffassung vom Geschehen übernehmen, dann wird es sehr schwierig, einen Zusammenhang mit dem herzustellen, was später am Pfingsttage folgen und dann eine ziemlich zweitrangige Bedeutung bekommen würde. Ein Ereignis, das bei Matthäus, Markus oder Lukas gar nicht und nur einmal bei Johannes erwähnt wird, wird zum entscheidenden Geschehen im Leben der Apostel, während Pfingsten lediglich zu einer Freisetzung der Kraft wird. Wenn sie wirklich den Geist »empfangen« hatten und dieser jetzt in ihnen »wohnte«, was fangen wir dann mit den bildlichen Ausdrücken wie »herabkommen auf« und »ausgegossen auf« an, mit denen das Pfingstereignis beschrieben wird — eine Wortwahl, die zumindest ziemlich unpassend erschiene?

Zweitens: Es ist ebenso schwierig, einen Zusammenhang herzustellen zwischen der Begebenheit im »oberen Saal« und den Aspekten, die sowieso schon auf sie zutrafen. Wenn der Heilige Geist bereits »bei« ihnen war und sie ihn schon

»kannten« (Joh. 14,17 — s. Kap. 12), ist es schwierig zu erkennen, was sich an diesem Punkt so entscheidend veränderte. Es fehlt jeglicher Beweis, dass eine grundlegende Veränderung im Verhalten oder im Tun der Jünger nach diesem Geschehen und vor Pfingsten eintrat — abgesehen davon, dass sie sich freuen, was sich jedoch durch ihre Wiedervereinigung mit dem auferstandenen Jesus erklären lässt.

Drittens: Wenn diese Auffassung zuträfe, würde sie in direktem Widerspruch zu der ausdrücklichen Feststellung Jesu stehen, dass das Kommen des Geistes an seinen Weggang gebunden sei, der noch nicht stattgefunden hatte (16,7).

Viertens: Schloß für Johannes das Wort »verherrlicht« nicht auch Jesu Auffahrt in den Himmel ein, womit er seine ursprüngliche Herrlichkeit dort wiedererlangte (z. B. 17,5)?

Fünftens: Petrus, der bei dieser Gelegenheit und zu Pfingsten zugegen war, sprach von letzterem als dem Zeitpunkt, an dem er den Geist »empfing« (s. Apg. 10,47; 11,17; 15,9 — mit allen Stellen befaßt sich Kap. 18). Wenn die Apostel selber nicht glaubten, den Heiligen Geist vor Pfingsten »empfangen« zu haben, dürfen wir uns wohl kaum die Freiheit herausnehmen zu implizieren, sie hätten die Bedeutung des Geschehens im oberen Saal nicht realisiert, während wir in unserer Weisheit sie besser zu verstehen meinen als sie selbst!

Im Lichte dieser Einwände gegen eine Identifizierung dieser Begebenheit mit dem Empfang des Heiligen Geistes müssen wir uns um eine andere Erklärung bemühen.

Sie wurden wiedergeboren

Diese Auffassung identifiziert die Begebenheit als den Augenblick, in dem die Jünger »wiedergeboren« wurden

"UND WAS BEDEUTET ... ?"

und das »ewige Leben« empfingen. Auf diese Weise wurden sie auf Pfingsten »vorbereitet«, da »nur diejenigen, welche vom Geist geboren worden sind, im Geist getauft werden können«.

Obiges Zitat offenbart die theologische Voraussetzung jener, die diese Interpretation bevorzugen. Es handelt sich dabei um die »pfingstliche« Auffassung vom Heil in zwei Stufen mit dem »zweiten Segen«. Indem sie die Geistestaufe von der Wiedergeburt trennen, lehren Vertreter dieser Position, dass es einen doppelten »Empfang« des Geistes für jeden Gläubigen gibt. Der Geist wird zuerst (aufgrund von Buße und Glauben) zum Heil und zur Vergebung empfangen und nachfolgend ein zweites Mal zum Dienst und zur Ausrüstung mit Kraft. Johannes 20,22 ist fast die einzige »Beweis-Bibelstelle« für diese Theorie (weil sie vielleicht der einzige Vers im Neuen Testament ist, wo unabhängig von der Erfahrung des Im-Geist-Getauftseins die Rede vom Empfangen des Geistes ist). Das Geschehen wird als normativer Präzedenzfall für alle späteren Bekehrungen betrachtet. Die siebenwöchige Zwischenzeit von dem Moment an, wo die Apostel durch den Geist »wiedergeboren« wurden, bis zu dem Moment, wo sie im Geist »getauft« wurden, wird zusammen mit dem »Warten« im Gebet als eine »Norm« für die heutige biblische Initiation angesehen.

Für diese Auffassung spräche, dass sie klar und einleuchtend ist, aber vielleicht ist sie es zu sehr! Es gibt tatsächlich wenigstens zwei eindeutige Hinweise dafür, dass dies nicht der Augenblick der »Wiedergeburt« der Apostel war.

Erstens verwendet die Schrift das Vokabular der »Wiedergeburt« in Bezug auf die Jünger schon vor dieser Begebenheit: In Johannes 13,10 heißt es, sie waren schon »rein«. In Johannes 1,12-13 heißt es, dass alle »aus Gott geboren« sind, die Jesus aufgenommen und an seinen Namen geglaubt haben (und das schloß — wenn überhaupt jemand! — die Jünger mit ein). In Matthäus 13,11 heißt es, dass sie schon die Offenbarung des Himmelreiches besaßen, sie konnten es »sehen« (vgl. Joh. 3,3).

Zweitens waren nicht alle Apostel beim Geschehen im oberen Saal zugegen. Dieser Punkt ist so offensichtlich, und doch wird er fast immer übersehen! Nur zehn der »Zwölf« waren anwesend. Wann wurde Thomas wiedergeboren? Und Matthias? Und was das betrifft, wann waren die übrigen der 120 Jünger, die zu Pfingsten »im Heiligen Geist getauft« wurden, »wiedergeboren« worden? Wenn Pfingsten als zweiter Empfang des Geistes aufgefaßt wird, wann hatten dann all diese anderen den ersten erlebt?

Es scheint, dass auch diese zweite Auffassung unbefriedigend ist. Vielleicht sollten wir deshalb die dritte und letzte Auffassung anschauen, um zu sehen, ob sie eine überzeugendere Erklärung des Geschehens im »oberen Saal« anbietet.

Sie hielten eine »Probe« für Pfingsten ab

Anstatt zu fragen, was bei dieser Gelegenheit passierte, sollten wir eine viel radikalere Frage stellen: Hat sich überhaupt etwas ereignet? Das heißt, ereignete sich etwas anderes als das, was Jesus tat und sagte? Wir können darauf nur soweit antworten, wie Johannes darüber berichtet — und die Antwort lautet schlicht: Nichts ereignete sich!

Wenn das stimmt, worin lag dann der Sinn dieser Begebenheit? Warum berichtet Johannes darüber, und was bewirkte sie?

Jesus bereitete seine Jünger auf die beispiellose Erfahrung vor, die sie ein paar Wochen später machen sollten. Es war ein »Probelauf«, um sie mit einigen

"UND WAS BEDEUTET ... ?"

Aspekten des kommenden Ereignisses vertraut zu machen, damit sie im gegebenen Moment erkannten, was geschah, und in angemessener Weise darauf reagieren konnten.

Um sie vorzubereiten, gab Jesus ihnen sowohl ein Zeichen (oder Signal) als auch einen Befehl (oder eine Anordnung). Es war ein klassisches Beispiel für eine hervorragende vorbereitende Einübung von der Art »Wenn dies geschieht ... dann tut das und das«.

Das Zeichen

Der Text sagt, Jesus »hauchte sie an«. Das ungewöhnliche griechische Wort dafür ist *emphusao,* wörtlich »hineinblasen« oder »aufblasen«. Ein solches Blasen musste von den Jüngern sowohl gehört als auch gefühlt werden (vgl. 3,8). Der Ton in ihren Ohren sollte dem eines Windes gleichen. Wenn sie ihn sieben Wochen später hörten, würden sie sogleich wissen, dass Jesus sie wieder anhauchte und seinen Geist in sie hineinblies. Übrigens wird im Griechischen dasselbe Wort — *pneuma* — für die drei Wörter »Atem«, »Wind« und »Geist« gebraucht. Ähnlich wird im Alten Testament das Wort *ruach* gebraucht, ein onomato-poetisches (= ein lautnachahmendes Wort, bei dem Ton und Sinn übereinstimmen) aus dem Hebräischen.

Der Befehl

»Empfangen« steht hier im Imperativ; es ist eine Anordnung. Es steht gleichfalls im Aorist und weist damit auf einen einzigen Akt des Empfangens hin. Der Geistesempfang entspricht mehr einer aktiven als einer passiven Reaktion. Das heisst, man lässt es nicht einfach geschehen, sondern öffnet sich und ergreift es. Kooperation ist erforderlich: Während Jesus sie anhaucht, müssen sie einatmen! Der Aorist-Imperativ läßt nicht unbedingt erkennen, ob Jesus seinen Jüngern befahl, dies sofort bei dieser bestimmten

Gelegenheit zu tun. In Johannes 20 deutet auch nichts darauf hin, dass sie damals auf die Aufforderung Jesu eingegangen waren. Jedenfalls taten sie es, als es Pfingsten geworden war. Als der Wind/Atem Jesu sie anblies, begannen die Jünger »in anderen Zungen zu reden ...« (Apg. 2,4). Sie »gaben ihre Glieder« dem Herrn und seinem Wirken. Dies war ein freiwilliger Akt der Zusammenarbeit, ein williges Empfangen seiner Gabe des Geistes.

Weitere Überlegungen
Sobald wir dieses Geschehen im »oberen Saal« am ersten Ostersonntag ausschließlich im Sinne dessen betrachten, was wirklich berichtet wird und nichts hineinlesen, verschwinden die Schwierigkeiten; jetzt müssen wir ja nicht mehr Spekulationen darüber anstellen, was geschehen sein könnte. Wenn man es als eine vorbereitende Generalprobe oder — biblischer ausgedrückt — als eine »prophetische Handlung«, die den Schatten eines zukünftigen Ereignisses vorauswirft, auffaßt, dann passt Johannes 20,22 ohne weiteres in seinen weiteren Kontext hinein. Solche prophetischen Handlungen kommen im Alten und im Neuen Testament öfter vor (s. Hes. 4; Apg. 21,10-11). Die folgenden Überlegungen liefern weitere Beweise für diese Auslegung.

Erstens lässt sich der Text selber anhand dieser Hypothese leichter erklären. Wir haben bereits erwähnt, dass das Wort »sie« nicht im ursprünglichen griechischen Grundtext steht, sondern lediglich, dass »Jesus anhauchte«. Noch auffallender ist die Tatsache, dass die Aufforderung zu »empfangen« nach dem Anhauchen steht und nicht davor. Wäre ihnen durch das Anhauchen der Geist mitgeteilt worden, würde Jesus gesagt haben: »Ihr habt empfangen« (d. h. im Indikativ statt im Imperativ).

Zweitens hat der ganze Kontext keinen Gegenwarts-,

"UND WAS BEDEUTET ... ?"

sondern einen Zukunftsbezug. In Johannes 20,21 sendet Jesus die Jünger aus — aber noch nicht! Obwohl das Verb im Präsens steht, sollen sie nicht sofort losgehen. Dieses »Senden« wird erst nach Pfingsten in Kraft treten. In Johannes 20,23 sollen die Jünger (in althergebrachter Terminologie) »lösen und Sünden behalten«. Doch das wird nicht sofort geschehen, sondern erst nach Pfingsten. Die erste Lösungshandlung wird in Apostelgeschichte 2 erwähnt und der erste Bericht über das Behalten von Sünden in Apostelgeschichte 5. Wenn Johannes 20,21 und 20,23 offensichtlich einen Zukunftsbezug aufweisen, trotz des Präsens der Verben, dann ist es sehr wahrscheinlich, dass es sich mit Johannes 20,22 ähnlich verhält.

Drittens hatten sie bereits ein Beispiel für eine solche »vorwegnehmende« Handlung durch Jesus am selben Ort miterlebt. Er hatte Brot und Wein genommen und ihnen aufgetragen, diese als seinen Leib zu essen und als sein Blut zu trinken. Das geschah am Tage vor seinem Sterben, bevor sein Leib tatsächlich gebrochen und sein Blut vergossen wurde. Wir sind nicht gehalten zu glauben, dass bei diesem allerersten »Abendmahl« Brot und Wein tatsächlich die »Gemeinschaft« seines Leibes und Blutes waren, die später daraus wurde (1. Kor. 10,16). An jenem unvergesslichen Abend, als sein Blut noch in seinen Adern floß und sein Leib noch bei ihnen war, übte er buchstäblich das ein, was zur Haupthandlung ihrer Anbetung werden sollte. Bei diesem Anlaß hatte er sich auch darauf beschränkt, ein Zeichen (Brot und Wein) und ein Gebot (»Tut dies zu meinem Gedächtnis«) zu geben, und es wird auch nicht berichtet, dass die Jünger mehr als das bekommen hätten. Die Handlung wurde erst zum Sakrament, als das Ereignis eingetreten war, auf welches sie hinwies; es scheint, dass sie erst nach Pfingsten wiederholt wurde!

Viertens ist die Tatsache sehr bemerkenswert, dass nichts

davon berichtet wird, dass die Jünger nach den Worten und Handlungen Jesu etwas erlebt hätten. Johannes nimmt es mit seiner Berichterstattung sehr genau. Jesus hatte mit Sicherheit den Jüngern seine *Vollmacht* übertragen, aber noch nicht seine Kraft.

So hatte Jesus mit diesem einfachen Wort und mit dieser schlichten Handlung Pfingsten unauflöslich und ganz persönlich mit seiner eigenen Person verbunden. So verwundert es nicht, dass beim Eintreten des Ereignisses selbst — nach einer solchen prophetischen »Vorwegnahme« — Petrus mit großer Gewissheit bezeugen konnte, dass »er (Jesus selber) dieses ausgegossen hat, was ihr seht und hört« (Apg. 2,33). Dies war der endgültige Beweis, dass »Gott ihn ... diesen Jesus, den ihr gekreuzigt habt, sowohl zum Herrn als auch zum Christus gemacht hat« (Apg. 2,36).

KAPITEL 14

DER FÜNFZIGSTE TAG

»Und als er mit ihnen versammelt war, befahl er ihnen, sich nicht von Jerusalem zu entfernen, sondern auf die Verheißung des Vaters zu warten — die ihr, (sagte er), von mir gehört habt; denn Johannes taufte mit Wasser, ihr aber werdet mit Heiligem Geist getauft werden nach nicht mehr vielen Tagen« (Apg. 1,4-5).

»Und als der Tag des Pfingstfestes erfüllt war, waren sie alle an einem Ort beisammen. Und plötzlich geschah aus dem Himmel ein Brausen, als führe ein gewaltiger Wind daher, und erfüllte das ganze Haus, wo sie saßen. Und es erschienen ihnen zerteilte Zungen wie von Feuer, und sie setzten sich auf jeden einzelnen von ihnen. Und sie wurden alle mit Heiligem Geist erfüllt und fingen an, in anderen Sprachen zu reden, wie der Geist ihnen gab auszusprechen« (Apg. 2,1-4).

Da die Bibel ein »sich selbst auslegendes« Buch ist, ist es notwendig, das Ganze zu studieren, um einen Teil davon zu verstehen. Die Bedeutung eines einzelnen Ereignisses kann nur völlig gewürdigt werden, wenn es als ein Glied in der Kette der heiligen Geschichte verstanden wird. Manche Ereignisse sind so entscheidend, dass die ganze Geschichte ohne sie auseinanderfallen würde. Pfingsten ist ein solches Ereignis.

WIEDERGEBURT

Der Pfingsttag hat seine Wurzeln im Alten Testament, das in erster Linie einer Bibliothek der Propheten gleichkommt (von den fünf Büchern Mose bis zur Schrift von Maleachi). Die Erzväter waren selber Propheten (1. Mo. 20,7; Ps. 105,15). Mose drückte die Hoffnung aus, dass eines Tages nicht nur die Ältesten, sondern alle vom Volk des Herrn »weissagen« würden (4. Mo. 11,25-29). Joel ging noch weiter und sagte voraus, dass es »in den letzten Tagen« alle tun würden (Joel 3,1-2).

Propheten weissagten, weil der »Geist des Herrn« »auf sie gekommen«, »auf sie gefallen«, ihnen »gegeben« war oder sie »erfüllt« hatte. Als der Tag kam, wo alle weissagten, geschah es deshalb, weil sich eine »Ausgießung« des Geistes in einem größeren Ausmaße denn je ereignet hatte. Das sollte das eigentliche Wesen des »neuen Bundes« sein, den Gott anstelle des »Sinai-Bundes« einsetzte (Jes. 32,15; Jet 31,31-34; Hes. 36,26-27).

Diese »Verheißung« wird in den Evangelien bestätigt und erweitert. Alle vier berichten von der Vorhersage, die Johannes der Täufer gemacht hatte. Als letzter Repräsentant des »alten« Bundes umriß er den zweifachen Dienst des kommenden Messias-Königs: Er nimmt die Sünden weg und gibt stattdessen den Heiligen Geist. Doch Johannes führt einen neuen Ausdruck für diese prophetische Salbung ein; ermöglicht wurde es durch die von ihm selber eingeführte Praxis der Wassertaufe, welche eine starke Analogie dessen war, was geschehen sollte. Der Christus würde selber durch den Geist gesalbt werden und dann andere in Heiligem Geist »taufen«. Das würde keine neue Sache sein, war aber ein neuer Name für eine alte Erfahrung, weshalb er praktisch synonym mit den obengenannten alttestamentlichen Ausdrücken ist (s. Kap. 5). Das neue Wort hebt die durchdringende, überwältigende Natur der Salbung hervor; der Empfänger wird in den Geist

"UND WAS BEDEUTET ... ?"

versenkt, er wird durchtränkt, durchnäßt, eingetaucht, darin untergetaucht — völlig durchdrungen!

Am letzten Abend, bevor er starb, erweiterte Jesus das Verständnis der Jünger über die »Verheißung«, indem er betonte, dass der Geist nicht nur eine *Kraft,* sondern eine *Person* ist, deren Funktion in der Fortsetzung des überführenden und lehrenden Dienstes Jesu selbst besteht und die damit die Lücke füllt, die er durch seinen Weggang zurücklassen würde (Joh. 14-16). Am Tage seiner Auferstehung »probte« er mit ihnen die Erfüllung der Verheißung (s. Kap. 13). Lukas berichtet von der am Himmelfahrtstag erlassenen Anweisung Jesu, in Jerusalem zu warten, bis der Geist über sie kam (ein weiterer alttestamentlicher Ausdruck — 1. Chr. 12,18).

So wurden durch viele Jahrhunderte hindurch die Vorbereitungen für das dramatische Geschehen von Pfingsten getroffen, und wir müssen uns nun der Bedeutung des Tages selber zuwenden. Dieses Fest, eines der drei jährlichen jüdischen Feste, wurde zur Erinnerung an die Gesetzgebung am Sinai gefeiert, die genau fünfzig Tage nach dem »Passah« geschah, als das Blut des Lammes in Ägypten vergossen wurde — daher der Name »Fünfzigste« oder »Pfingsten«. Die Gesetzgebung hatte zum Todesurteil über dreitausend Hebräer geführt, die das Gesetz gebrochen hatten (2. Mo. 32,28)! Seit dem Einzug in das verheißene Land wurde der Tag zudem mit der Landwirtschaft in Verbindung gebracht, was auch im Gesetz vorgesehen worden war (in 2. Mo. 34,22 wird es das Wochenfest und in 4. Mo. 28,26 das Fest der Erstlingsfrucht genannt — für das Neue Testament besonders bedeutsam). Es sollte Jahrhunderte später in der Tat ein Tag der »Erstlingsfrucht« werden — als dreitausend vom Tode zum Leben durchdrangen (der Buchstabe tötet, der Geist aber gibt Leben — 2. Kor. 3,6).

WIEDERGEBURT

Es gab sowohl eine göttliche als auch eine menschliche »Vorbereitung« des Ereignisses. Die betroffenen hundertzwanzig Menschen (diese Zahl stützt sich auf Apg. 1,15) waren Nachfolger Jesu und alle aus dem Norden, aus Galiläa (Apg. 2,7; vgl. 1,11); der einzige unter den Zwölfen aus dem »Süden«, Judas Iskariot, war ersetzt worden. Sie waren Zeugen des Todes und der Auferstehung Jesu gewesen und durch die Tiefen verzweifelten Kummers und begeisterter Freude gegangen. Sie alle waren frei von emotionellen Hemmungen (heute eine weitverbreitete Barriere!) und bereit, sich ungeniert dem ausgegossenen Geist zu überlassen. Sie kamen auch regelmäßig zum gemeinsamen Gebet zusammen; der Herr Jesus hatte ihnen deutlich gemacht, dass der Vater den Heiligen Geist denen gibt, die »darum bitten« (Luk. 11,13; zu beachten ist der unvollendete Präsens). So wollten sie alle »mit dem Heiligen Geist getauft« werden und »Kraft empfangen« (Apg. 1,5.8). Doch was erwarteten sie von der Erhörung ihrer Gebete? Ahnten sie, wann dies geschehen würde? Oder kam Pfingsten völlig unerwartet, sowohl was den Zeitpunkt als auch den Inhalt betrifft? Was sie erwarteten, darüber können wir nur Vermutungen anstellen. Wahrscheinlich erwarteten sie ein Geräusch, von ihrem aufgefahrenen Herrn ausgehend, der sie aufs neue »stark anhauchen« würde (s. Kap. 13), obwohl nur wenige damit rechneten, diesmal ein Geräusch wie von einem daherbrausenden Wind zu vernehmen! Und ziemlich sicher erwarteten sie, dass als Resultat des verheißenen Geistesempfangs ein Ausströmen aus ihrem eigenen Munde stattfinden würde (sie kannten wohl solche Beispiele wie Saul in 1. Sam. 10,10, ganz zu schweigen von den Propheten), obwohl sie sich wohl kaum vorstellten, dass sie dabei fließend in Sprachen redeten, die sie nie erlernt und auch selber nie erkannt hätten.

"UND WAS BEDEUTET ... ?"

Was den Zeitpunkt für das Kommen des Geistes betrifft, ist es mehr als wahrscheinlich, dass sie damit für das Pfingstfest rechneten. Sie konnten schwerlich die Tatsache übersehen haben, dass Jesus seinen eigenen Tod so »arrangiert« hatte, dass dieser mit dem Schlachten der Passahlämmer zusammenfiel (auf die Minute um 15 Uhr nachmittags am Vortage des Passahfestes, s. 2. Mo. 12,6, wo genau von dieser Stunde die Rede sein könnte, wenn der hebräische Ausdruck »zwischen den zwei Abenden« die Halbzeit bedeutet zwischen der Zeit, wo die Sonne zu sinken beginnt, und der Zeit, wo sie untergeht, d. h. um 18 Uhr abends). Es war die natürlichste Sache auf der Welt, das nächste große, bedeutende Ereignis für das bevorstehende Pfingstfest zu erwarten, wo die Juden von nah und fern wieder in Jerusalem versammelt waren. In jedem Fall war es etwas vom letzten gewesen, was Jesus zu ihnen gesagt hatte, dass sie »nach nicht mehr vielen Tagen« im Heiligen Geist getauft würden (Apg. 1,5). Dass sie tatsächlich den richtigen Tag erraten hatten, kann man dem gewählten Zeitpunkt und dem gewählten Ort für ihr Zusammenkommen entnehmen.

Apostelgeschichte 1 enthält keinen Hinweis darauf, dass sie normalerweise um neun Uhr morgens zu ihren Gebetsversammlungen zusammenkamen. Dies war jedoch die Stunde des öffentlichen Gebetes im Tempel, und es war hier, wo sie sich am ersten Tag des Festes versammelten. Dass es hier und nicht im »oberen Saal« war, lässt sich von der Tatsache ableiten, dass später einige Tausende dorthin kamen, wo sie versammelt waren (und nicht umgekehrt). Die einzige Bewegung seitens der Jünger war, dass die Zwölf aufstanden, während die anderen dort sitzen blieben, wo sie waren (Apg. 2,14). Wahrscheinlich ist es das Wort »Haus«, welches manche Leser dazu verleitet, darunter ein »Privathaus« zu verstehen; aber dieses Wort wurde auch für den Tempel als Wohnung Gottes gebraucht (2. Sam. 7,5-6; Jes. 6,4; 56,7; Luk. 19,46; Apg. 7,47 usw.). Wir wissen auch, dass dies der übliche Versammlungsort der Urchristen nach Pfingsten war (Apg. 3,1; der ungewöhnliche Ausdruck »in den Gebeten« in Apg. 2,42 kann sich auch auf die Tempel-Liturgie beziehen). Sehr wahrscheinlich trafen sie sich bei der Salomon-Pforte, wo Männer und Frauen in gemischter Gesellschaft zusammen sein konnten (in diesem Falle wird die Stelle heute durch die Al-Aksa-Moschee markiert).

»Objektive« Phänomene »außerhalb« ihrer selbst bildeten die Ouvertüre. Wind und Feuer sind eine höchst lebhafte Kombination. Beachten wir auch die Kombination von Anblick und Geräusch; Auge und Ohr sind die beiden Hauptkommunikationszugänge zur Seele, auf die sich Petrus später als Beweis für die Wahrheit berief, wenn er sagte: »... dieses, was ihr seht und hört« (Apg.2,33). Die Bedeutung von Wind lag für einen Juden auf der Hand, da er ein und dasselbe Wort *(ruach)* für Atem, Wind und Geist verwendet. Sich bewegende Luft ist ein Symbol für Leben und Kraft; Wind ist eine Metapher für Gottes unsichtbare Macht (Hes. 37,9-10). Beim Feuer ist es weniger augenscheinlich, obgleich es ein häufiges Zeichen für die Gegenwart Gottes ist, wie der brennende Busch bei Mose (2. Mo. 3,2). Gewöhnlich weist es auf sein schreckliches Gericht hin; denn Gott ist ein verzehrendes Feuer (5. Mo. 4,24; 9,3; Ps. 97,3; Hebr. 12,29). Wahrscheinlich ist es das, was Johannes der Täufer meinte, als er sagte, der Messias würde mit Geist und mit Feuer taufen (vgl. Mal. 3,19 mit Matth.3,11-12). In Apostelgeschichte 2 symbolisiert »Feuer« wohl eher Gottes Gegenwart als sein reinigendes Handeln. Wir müssen es uns nicht so vorstellen, als würde über jedem Kopf eine einzelne Flamme emporzüngeln (die Bischofsmitra verdankt ihre spezielle Form zum guten Teil dieser verbreiteten falschen Vorstellung). Die Sprache

"UND WAS BEDEUTET ... ?"

lässt eher an ein großes loderndes Feuer denken, das nach unten gerichtet war und sich in Flammenzweige aufteilte, deren Enden jeden Kopf berührten, ohne ein einziges Haar zu versengen. Es war das göttliche Äquivalent der Handauflegung! Da »jeder« zur gleichen Zeit berührt wurde, empfingen sie »alle« den Geist zur gleichen Zeit. So war es nur deshalb eine gemeinsame Erfahrung, weil es eine individuelle Erfahrung war. Das ist ein wichtiger Punkt — eine Schar kann nur dann mit dem Geist erfüllt werden, wenn jeder einzelne davon erfüllt wird. Der Geist wird der »Gemeinde« nicht als einem gemeinsamen Ganzen gegeben, obwohl das gewöhnlich in vielen Gemeinden am Pfingstsonntag gepredigt wird. Er wird jedem einzelnen Glied individuell gegeben und auf diese Weise dem ganzen Leib. Die Gemeinde kann darum nicht fortfahren, den Geist zu besitzen, wenn ihre Glieder ihn nicht empfangen haben. Ebensowenig können die Verantwortlichen der Gemeinde den Geist nicht durch ein liturgisches Ritual vermitteln, wenn sie nicht selber im Heiligen Geist getauft sind. Man feiert den Pfingsttag auf verkehrte Weise, wenn man es in der Vorstellung tut, bei jener einzigartigen Gelegenheit hätte die Gemeinde als Ganzes den Heiligen Geist empfangen. Es entspricht mehr der Wahrheit, wenn man ihn als die erste — und gewiss nicht als die letzte — Gelegenheit versteht, bei der die Gemeindeglieder den Geist empfangen, auch wenn sie als eine Schar beieinander waren und den Geist gleichzeitig empfingen. Wenn bei späteren Gelegenheiten eine Schar den Geist zur gleichen Zeit empfing, so geschah es nicht simultan; der griechische Text macht deutlich, dass sie »einer nach dem andern« empfingen, während man ihnen die Hände auflegte (s. Kap. 16 und 20 zu Apg. 8 und 19).

Zu beachten ist, dass das, was in Apostelgeschichte 1,5 als »mit dem Heiligen Geist getauft« vorausgesagt wird, jetzt als »mit dem Heiligen Geist erfüllt« beschrieben wird. Dies besagt, dass die beiden Ausdrücke austauschbar sind, allerdings mit der Ausnahme, dass »erfüllt« mehr als einmal auf dieselben Personen bezogen werden könnte (wie in Apg. 4,31), wohingegen »getauft« für die erste Erfüllung reserviert wurde. Die gleiche Erfahrung sollte später, wenn sie von anderen gemacht wurde, mit »ausgegossen auf«, »gegeben«, »empfangen«, »gefallen auf« usw. beschrieben werden (eine vollständige Liste der verschiedenen Ausdrücke findet sich in Kap. 5).

An dieser Stelle machten die »objektiven« Phänomene (von außen kommend) dem »subjektiven« Phänomen (von innen kommend) Platz. Sie wurden »zum Überfließen erfüllt«! Wie wir bereits sahen, ist der Mund Ausdrucksorgan des Herzens — Humor fließt über als Gelächter, Ärger als Brüllen, Kummer als Weinen, Angst als Schrei. Jemand, der mit dem Heiligen Geist erfüllt wird, bricht aus in »Weissagen« irgendwelcher Art *(nahbi,* das hebräische Wort für »Prophet«, hat auch die Bedeutung von »einem, aus dem es heraussprudelt«). Spontanes Reden ist das Zeichen, welches diesen und jeden späteren Empfang des Geistes begleitete. Die Zunge, einst »von der Hölle entzündet« (Jak. 3,6), redet jetzt nur die Worte, die vom Heiligen Geist inspiriert sind.

Zu Pfingsten gehörten die Worte alle zu Sprachen, die den Redenden selber unbekannt waren, die aber von Gott verstanden wurden. Dies ist in der Tat das zweite Mal in der Geschichte, dass Gott »herniederkam« und Menschen, die nur eine Sprache beherrschten, in vielen Sprachen reden ließ. Pfingsten ist jedoch eine Umkehrung und nicht eine Wiederholung von Babel (1. Mo. 11,7). Dort war es Ausdruck eines göttlichen Gerichtsaktes; die besondere Absicht bestand im Verwirren, Trennen und Ausschließen. (In einem anderen Sinne stellten »fremde

"UND WAS BEDEUTET ... ?"

Zungen« ein späteres Gericht über Israel selbst dar — vgl. 5. Mo. 28,49 mit Jes. 28,11-12; diese Bibelstellen bilden den Hintergrund zum Argument des Paulus gegen gemeinsames Zungenreden im Gottesdienst in 1. Kor. 14,21-23.) Hier zu Pfingsten wird die gleiche Fähigkeit verliehen, um zu trösten, zu vereinen und einzuschließen. Anstatt die Menschen auseinanderzu-treiben, sollten sie zusammengebracht werden (2,6).

Dass die »Zungen« echte Sprachen waren (oder zumindest verschiedene Dialekte), mit Grammatik und Syntax, wurde von den faszinierten Beobachtern erkannt. (Das Wort »Zungen« — wie es allgemein in den Bibelübersetzungen wiedergegeben wird — ist sehr irreführend, erweckt es doch im Deutschen eher den Eindruck eines unzusammenhängenden Lallens. Neuere Übersetzungen übersetzen das hier verwendete griechische Wort *[glossai]* genauer mit »anderen Sprachen«.)

Beachten wir, dass dieses Reden das Resultat menschlicher Kooperation mit der göttlichen Initiative war. »Sie« fingen an zu reden, was auf einen bewussten Gebrauch der stimmlichen Organe hinweist. Der Geist »gab ihnen auszusprechen« — das heißt, er kontrollierte die Zunge und die Lippen und verwandelte den Klang in eine zusammenhängende Sprache. Er »machte sie nicht sprechen«, sondern »verlieh Ausdruck« den Gedanken und Gefühlen, von denen ihr Mund überfloss. Die Jünger besorgten das Reden, der Geist sagte ihnen, was sie reden sollten. Diesen doppelten Charakter besitzen alle Geistesgaben; niemand ist je gezwungen, sie zu gebrauchen. Sie können gegeben werden, aber sie müssen aktiv — nicht passiv — empfangen werden.

Erst nachdem dieses alles geschehen war, kam eine große Schar von Zuschauern zusammen. Da es das Pfingstfest war, wimmelte es in Jerusalem und besonders im Tempel von Pilgern. Sie waren nicht Zeugen des objektiven Phänomens Wind und Feuer (sonst wären sie noch »verwunderter« gewesen, als sie es ohnehin waren!), aber sie wurden angelockt durch den ungewöhnlichen Ausbruch ungehemmten Verhaltens, normalerweise ein Zeichen von Trunkenheit! Als sie nahe genug herangekommen waren, um verstehen zu können, was gesagt wurde, stießen sie auf etwas, das sich so nicht erklären ließ. Die Anzeichen für ein außerordentliches Geschehen waren sowohl hörbar (sie hörten ihre eigenen Sprachen) wie auch sichtbar (sie erkannten, dass es Galiläer waren, wahrscheinlich an ihrer Kleidung). Petrus berief sich später auf diese audiovisuellen Erscheinungen (Apg. 2,33)

Die Gelegenheit beim Schopfe packend, eine interessierte Zuhörermenge zu haben, »standen die zwölf Apostel auf«, und stellvertretend für sie alle hielt Petrus seine erste — und vielleicht größte — Predigt. Der Rest ist, wie man sagt, Geschichte. In Verfolgung der Absicht dieses Buches — nämlich zu erkennen, was das Neue Testament über die christliche Initiation lehrt — müssen wir eine entscheidende, einfache Frage stellen: War dieses Ereignis einmalig und unwiederholbar, oder bildet es einen Präzedenzfall für spätere Initiationen?

Diejenigen, welche glauben, dass Pfingsten einmalig war und auf keinen Fall als Norm für spätere Erfahrungen betrachtet werden darf, betonen gewöhnlich den kollektiven Aspekt des Ereignisses. Man betrachtet den Tag als den »Geburtstag der Gemeinde«. Die Verheißung, dass Jesus »mit dem Heiligen Geist taufen« würde, ist nach Auffassung solcher bei der ersten Schar von hundertzwanzig Gläubigen vollständig in Erfüllung gegangen. Die ganze Gemeinde aller Jahrhunderte sei damals im Heiligen Geist »getauft« worden und bewahre seitdem diese Erfahrung als einen bleibenden Besitz. Deshalb bestehe

"UND WAS BEDEUTET ... ?"

keine Notwendigkeit für den einzelnen Nachfolger, eine »pfingstliche Erfahrung« der Taufe im Heiligen Geist zu suchen; alles, was er brauche, sei, sich der Gemeinde anzuschließen — durch Glauben, so die Evangelikalen; durch Taufe oder Firmung, so die Katholiken —, und er sei automatisch in diese »Geisttaufe« der wahren Kirche eingetreten, egal, ob nun diese Körperschaft unsichtbar oder institutionell verstanden wird. Wie wir jedoch bereits gesehen haben, wird diese Auffassung der klaren Betonung der individuellen Erfahrung von Pfingsten nicht gerecht; ebensowenig bietet sie eine ausreichende Erklärung für das, was nach Pfingsten an anderen geschah.

Gewiss gab es etliche einmalige Besonderheiten des ursprünglichen Ereignisses, die sich nie wiederholen. Das Brausen des Windes und das Erscheinen von Feuerzungen treten im Neuen Testament nie mehr auf, während es in der späteren Kirchengeschichte allerdings einige Hinweise auf solche Phänomene gibt. Es wird auch im Neuen Testament von keiner Begebenheit berichtet, dass die »Zungen« im Sinne von bekannten Sprachen erkannt worden wären, obwohl wir auch hierfür wieder einige Beispiele aus der späteren Kirchengeschichte kennen. Deshalb lassen sich zu diesen »objektiven« Phänomenen, wie wir sie nannten, nirgendwo im Neuen Testament Parallelen ziehen.

Bei den »subjektiven« Phänomenen aber kann man das. Die Apostelgeschichte enthält wenigstens drei Berichte von ähnlichen Begebenheiten, Berichte, die dieselbe beschreibende Sprache benutzen und in denen sich die gleichen praktischen Resultate finden. In einem Fall identifiziert der Apostel Petrus das Geschehene mit dem ursprünglichen Geschehen (s. Kap. 18 zu Apg. 10,47; 11,15 und 15,8 — Stellen, die sich alle auf das Haus des Kornelius in Cäsarea beziehen). Welche Antwort haben die Verfechter der ausschließlichen Einzigartigkeit von Pfingsten auf diese »irregulären« Begebenheiten in Samaria, Cäsarea und Ephesus? Die Antwort, die sie geben, lautet, dass das gleiche »kollektive« Konzept auch auf diese anzuwenden sei. Sie betrachten sie nicht als Gruppen von einzelnen, die zusammen »im Heiligen Geist getauft« wurden, sondern als eine neue ethnische Kategorie der Menschheit, die den sich stets erweiternden Kreis der Gemeinde repräsentiert. So wird Samaria zum Pfingsten der samaritischen Halb-Kaste, und Cäsarea wird zum Pfingsten der heidnischen Welt. Ephesus fügt sich nicht ganz in diese Reihe ein, und so wird es als eine Art historischer Anachronismus behandelt, quasi als Pfingsten der früheren Jünger von Johannes dem Täufer. In dem Glauben, dass diese vier nachfolgenden Pfingsterfahrungen das ganze Menschengeschlecht abdecken, erwarten die Vertreter dieser Auffassung keine weiteren (kollektiven) Initiationen dieser Art. Vermutlich wurden die Chinesen, Russen und Amerikaner alle in Cäsarea bei Kornelius »im Heiligen Geist getauft«! Solche Ansichten sind dazu benutzt worden, um unzählige bekennende Christen zu »trösten«. Die Tatsache, dass sie diese vier Begebenheiten als grundlegend und deshalb als abnormal behandeln, entbindet sie davon, solch eine Geistestaufe für sich persönlich zu suchen.

Aber ist das die richtige Interpretation? Entspricht sie wirklich der Heiligen Schrift selbst? Eine sorgfältige Prüfung der fünf Lehrer des Neuen Testamentes offenbart eine einmütige Erwartung, dass »Pfingsten« sich in der Erfahrung eines jeden einzelnen Gläubigen wiederholt!

Johannes der Täufer. Er sagte voraus, dass der zukünftige Dienst des Messias, »mit dem Heiligen Geist zu taufen«, mindestens so weitreichend sein würde wie sein eigener Dienst der Wassertaufe. Als er sagte: »Er wird euch im Heiligen Geist taufen«, bezog er sich möglicherweise auf jeden einzelnen der Tausenden, die zu ihm gekommen waren, um sich mit der Wassertaufe zur Buße taufen zu lassen. Er sprach von einem weitreichenden Dienst, der dem seinen folgen werde. Er wäre erstaunt gewesen, hätte man ihm gesagt, dass sich seine Weissagung nur auf einen einzigen Tag, nämlich den Pfingsttag (oder höchstens drei oder vier!), bezöge. Er kündigte zuversichtlich eine »Geistestaufe« an, die allgemein erhältlich sein würde.

Johannes der Apostel. Das vierte Evangelium teilt diese universelle Erwartung und berichtet von der Einladung Jesu an alle, die da durstig waren, zu kommen und zu trinken (Joh. 7,37-39). Seinen eigenen Kommentar hinzufügend, identifiziert er dieses Angebot mit Pfingsten. Auch er wäre erstaunt gewesen, wenn man ihm gesagt hätte, dass das Angebot auf hundertzwanzig Menschen begrenzt sein würde, die sich gerade zur richtigen Zeit am richtigen Ort befanden!

Petrus. Am Schluss seiner Predigt lädt Petrus seine Zuhörer voller Zuversicht ein, die Erfahrung zu teilen, die sie soeben mitangesehen hatten, und das in der festen Überzeugung, dass die soeben an den hundertzwanzig in Erfüllung gegangene »Verheißung« durch alle Zeiten hindurch (»und euren Kindern«) und allerorts erhältlich sein würde.

Lukas. Der Bericht von Lukas über die Ereignisse in Samaria und in Cäsarea zeigt, dass die einzige Besonderheit in beiden Fällen der Zeitpunkt war. In jeder anderen Beziehung entsprachen sie, wie wir noch sehen werden, dem normalen Initiationsmuster, wie es alle anderen Gläubigen auch erlebt hatten, und das trifft besonders auf die »pfingstlichen« Erscheinungen zu, von denen ihr Geistesempfang begleitet wurde. Sogar das Geschehen in Ephesus entspricht dieser Norm.

Paulus. Die Initiation, die alle Empfänger der Paulusbriefe selber erfahren hatten, ist in der Sprache von

»Pfingsten« abgefaßt. Sie waren »in einem Geist getauft« (1. Kor. 12,13 — s. Kap. 23), über sie war der Geist reichlich »ausgegossen« (Tit. 3,6 — s. Kap. 26), und sie hatten auf diese Weise »den Geist empfangen« (Gal. 3,2).

In Anbetracht dieser Beweise gibt es deshalb im Neuen Testament wenig oder gar keine Grundlage für die Auffassung, das Pfingstereignis als einmaliges und unwiederholbares Kollektivereignis zu betrachten und in ihm die totale Erfüllung der Johannes-Weissagung über eine bevorstehende Geistestaufe zu sehen. Die sprachliche Ausdrucksweise, mit der die »subjektive« Erfahrung der Jünger an jenem Tag beschrieben wird, wird aufs neue bei späteren Gläubigen benutzt, die zu diesem Zeitpunkt nicht dabei waren. Es mag einige einmalige »objektive« Phänomene gegeben haben, welche diese erste Gelegenheit geprägt hatten, aber im wesentlichen war es die erste von vielen solcher »Ausgießungen« des Geistes.

Wir folgern daraus, dass der Pfingsttag das letzte Element der christlichen Initiation »einführte« und es ermöglichte, dass die Geistestaufe, zusammen mit der Buße, dem Glauben und der Wassertaufe, das vierfache Muster vervollständigte. Die Erfahrung der damals Anwesenden ist darum ein Musterbeispiel, welches die grundlegende Norm für spätere Gläubige festlegte.

KAPITEL 15

DIE DREITAUSEND

»Petrus aber sprach zu ihnen: Tut Buße, und jeder von euch lasse sich taufen auf den Namen Jesu Christi zur Vergebung eurer Sünden, und ihr werdet die Gabe des Heiligen Geistes empfangen. Denn euch gilt die Verheißung und euren Kindern und allen, die in der Ferne sind, so viele der Herr, unser Gott, herzurufen wird.

Und mit vielen anderen Worten beschwor und ermahnte er sie und sagte: Laßt euch retten aus diesem verkehrten Geschlecht! Die nun sein Wort aufnahmen, ließen sich taufen; und es wurden an jenem Tag etwa dreitausend Seelen hinzugetan« (Apg. 2,38-41).

Warum sagte Petrus seinen Zuhörern nicht, sie sollten an den Herrn Jesus glauben? Bedeuten die Worte »und euren Kindern« eine Begründung für die Säuglingstaufe? Warum wird von Kundgebungen des Geistes unter den Neubekehrten nichts erwähnt? Dieser kurze Abschnitt hat zu vielen Fragen geführt und Anlaß zu vielen Kontroversen gegeben! Wir könnten dies als das erste Beispiel von »nachpfingstlicher« Evangelisation bezeichnen! Wir dürfen deshalb erwarten, dass es uns etliche Schlüssel zur christlichen Initiation für das übrige Gemeindezeitalter liefert. Das echte Fragen derer, die Petrus zuhörten und ganz praktische Anweisungen haben wollten, wie man auf seine Botschaft reagieren sollte, verleiht seiner Antwort besondere Bedeutung. Dies ist die allererste Situation, wo Suchenden der Weg zur Errettung gezeigt wird. Es lohnt sich, die Lehre gründlich zu analysieren.

Die überraschende Besonderheit ist das Fehlen des Verbs »glauben« oder sogar des Hauptworts »Glaube«. Am nächsten käme dem der spätere Kommentar, dass sie »sein Wort annahmen« (2,41). Wir dürfen vermuten, dass Petrus entweder aus ihrer Frage oder aber intuitiv den Schluss zog, dass sie bereits seiner Aussage glaubten, dass Gott »Jesus sowohl zum Herrn als auch zum Christus gemacht hat" (2,36). Jedenfalls verrieten sie keinerlei Bedürfnis, die Predigt von Petrus in Frage zu stellen oder gar darüber zu diskutieren. Sie waren jetzt von der Realität der Auferstehung und der Himmelfahrt Jesu ebenso überzeugt, wie sie es von seiner Kreuzigung und seinem Begräbnis gewesen waren. Ihre Frage bestätigt, dass sie sich völlig bewusst waren, dass eine verstandesmäßige Annahme dieser Tatsachen nicht genug war; die Tatsachen mussten zu Handlungen führen (»Was sollen wir *tun,* ihr Brüder?« — 2,37). Es wäre darum überflüssig gewesen, ihnen zu sagen, sie sollten »glauben« — waren sie doch schon so weit, dass sie auf praktische Weise reagieren wollten.

Aber ihre Frage enthält einen moralischen Unterton. Petrus klagt sie der Beteiligung an der Kreuzigung an (»den ihr gekreuzigt habt« — 2,36). Sie akzeptieren diese Anklage ohne Frage oder Entschuldigung. Sie waren des abscheulichsten Verbrechens schuldig, das sie je begehen konnten — als Juden hatten sie ihren eigenen, lang erwarteten Messias umgebracht! Ihre Frage ist darum eher als ein Schrei des Herzens denn eine Frage des Kopfes zu verstehen. Sie ist eine Mischung von Verzweiflung und Hoffnung. Sie ließe sich auch so umschreiben: »Gibt es möglicherweise irgendetwas, das wir tun können, um ein solch fürchterliches Unrecht wiedergutzumachen?« Der eigentliche Sinn dieser Frage scheint zu sein: »Was sollen wir nur tun?« Auch wenn sie sich gefragt haben mögen, ob die Situation je in Ordnung gebracht werden könnte, ist die Antwort des Petrus doch voller Hoffnung. Es lässt sich tatsächlich etwas gegen ihre Sünde tun. Sie können »sich selber gerettet machen« (so der eigentliche Sinn des Passivverbs in V. 40), wenn sie seine Anweisungen sorgfältig befolgen.

Sein erster Rat ist die kategorische Aufforderung: »Tut Buße« — dasselbe Wort, welches Johannes der Täufer und Jesus gebrauchten, als sie verkündeten, das Reich Gottes sei »nahe gekommen« (d. h. innerhalb Reichweite — s. Matth. 3,2; 4,17). Für die Zuhörerschaft von Petrus würde das die gleiche radikale Veränderung in Gedanken, Wort und Tat bedeuten. Sie mussten jetzt öffentlich ihre Erkenntnis eingestehen, wie verkehrt ihr Urteil über Jesus gewesen war, und sie mussten zusammen mit den Jüngern auf seine »Seite« wechseln, was immer es sie auch kostete. Die öffentliche Anerkennung, dass Jesus in der Tat sowohl Herr als auch Christus war, würde der Beweis für ihre Buße sein.

Der Ausruf »Ein jeder von euch lasse sich taufen« (Vers 38) zeigt, dass die Apostel von Anfang an begriffen hatten, dass die Praxis der durch Johannes und Jesus eingesetzten Wassertaufe nach und neben der Geistestaufe des messianischen Zeitalters weitergeführt werden sollte. Beide Taufen charakterisierten die »letzten Tage«. Nur ein klares Gebot von Jesus selbst, so wie es Matthäus aufgezeichnet hat (Matth. 28,19), bietet die Erklärung dafür, weshalb Petrus und die anderen Apostel nie der Auffassung waren, durch die Geistestaufe sei die Wassertaufe überholt oder überflüssig (Apg. 10,47 illustriert das genaue Gegenteil — die Geistestaufe machte die Wassertaufe zu einer dringenden Notwendigkeit). Außerdem führte Petrus dieselbe

Begründung für die Wassertaufe an, wie es Johannes getan hatte, nämlich »zur Vergebung der Sünden« (vgl. Apg. 2,38 mit Mark. 1,4). Die Sprache ist eindeutig *instrumental* — Petrus glaubt, dass die Wassertaufe die Reinigung *bewirken* wird. Für ihn wie für die anderen Apostel waren die Waschung des Leibes und die Reinigung des Gewissens die äußere und die innere Seite desselben Geschehens; die äußerliche Handlung verursachte die innere Veränderung. Ihr Verständnis war eher »sakramental« als »symbolisch«. Petrus wäre überrascht gewesen, hätte man ihn gefragt, ob man die Sündenvergebung auch haben könnte, ohne getauft zu werden; wahrscheinlich hätte er die Aufrichtigkeit ihres Buß- und Glaubensbekenntnisses in Frage gestellt.

Die beiden Imperative (»Tut Buße und ein jeder lasse sich taufen«) sind an den einzelnen gerichtet und *nicht* an die Familie oder an das Volk. Es gibt keine stellvertretende Buße und keine stellvertretenden Taufen zugunsten einer anderen Person. »Ein jeder von euch« muss die volle Verantwortung für »eure Sünden« übernehmen, die der Vergebung bedürfen. Die Forderungen des Petrus richten sich nur an solche, die moralisch verantwortlich sind für ihr eigenes verkehrtes Verhalten und für ihre eigenen verkehrten Taten (viele seiner Zuhörer erinnerten sich wohl zweifellos an ihre entsetzliche Schuld, als sie in die Rufe des Mobs »Kreuzige ihn!« eingestimmt hatten). Eine solche Taufe wäre völlig irrelevant bei Babys, die überhaupt nichts zu tun hatten mit den eigentlichen Sünden ihrer Eltern. Die Taufe ist ein moralischer Akt für unmoralische Personen und muss einer freiwilligen Wahl des einzelnen entspringen, auch wenn jemand anders das Taufen vornimmt.

Nachdem er diese doppelte Forderung umrissen hatte, erklärte Petrus das Angebot: »Und ihr werdet die Gabe des Heiligen Geistes empfangen.« Viele haben angenommen,

"UND WAS BEDEUTET ... ?"

dass sich aus dieser Aussage, dessen Verb statt im Imperativ im Indikativ steht, zusammen mit der Zuversicht, mit der Petrus redet, die folgenden zwei Dinge logischerweise ergeben. *Erstens:* Um diese Gabe zu erhalten, sei absolut nichts anderes nötig als Buße tun und glauben. Sobald diese Voraussetzungen erfüllt sind, sei das »Empfangen« ein völlig passiver Akt. Mit anderen Worten, es erfolge *automatisch.*

Zweitens: Auf der Grundlage dieser Versicherung können wir ganz sicher sein, dass jeder Gläubige die Gabe des Geistes empfangen habe, auch *ohne irgendeinen äußeren Beweis* zu jenem Zeitpunkt. Der Glaube an die Verheißung des Petrus biete genügend Grund, davon überzeugt zu sein.

Aber Petrus selber wäre erstaunt über diese Schlussfolgerungen, die man heute aus seiner Predigt zieht. Abgesehen von der Tatsache, dass er statt des Glaubens die Taufe zur notwendigen Vorbedingung für den Empfang der Gabe macht — darauf hinweisend, dass die Taufe normalerweise dem Geistesempfang vorausgeht (Kornelius ist die einzige neutestamentliche Ausnahme) —, zeigt das spätere Verhalten von Petrus in Samaria, dass er weder die obigen Behauptungen akzeptierte noch in Einklang mit ihnen handelte. Wo bußfertige, getaufte Gläubige keinerlei äußere Beweise dafür aufwiesen, dass sie den Geist »empfangen« hatten, nahm Petrus — im Gegensatz zu vielen heute — keineswegs an, dass sie den Geist automatisch und unbewusst empfangen hätten. Vielmehr zog er den Schluss daraus, dass sie ihn nicht empfangen hatten, und unternahm aktive Schritte, wie zum Beispiel die Handauflegung, um ihre unvollständige Initiation zu vollenden.

Nichtsdestoweniger war Petrus zuversichtlich, dass jeder Mensch, der wirklich Buße tut und sich taufen lässt, diese Gabe empfangen könne und empfangen werde, sei es sofort oder später. Als er zusammen mit Johannes für die

Samariter betete, tat er dies mit derselben Zuversicht. Es ist eine Sache zu sagen, dass jeder, der auf das Evangelium mit Buße, Glaube und Taufe reagiert hat, den Geist empfangen wird (wie in 2,38). Eine ganz andere Sache aber ist es zu sagen, dass jeder, der auf diese Weise reagiert hat, den Geist empfangen *hat* — ein Verständnis, das fälschlicherweise in diesen Vers hineingelesen wird.

Die Verheißung

Die Gewissheit des Petrus, dass sie den Geist empfangen *würden,* war in den für die Verheißung des Vaters gebrauchten Ausdrücken selber verwurzelt. Was an jenem Tage bereits an hundertzwanzig Menschen geschah, war universell gültig und erstreckte sich deutlich auf die drei anderen Gruppierungen:

»Euch«. Das sind nicht nur die dreitausend, sondern alle anderen, die damals zuhörten, sowie alle weiteren Personen, die zu diesem »verkehrten Geschlecht« gehören und davon reden hören. Das persönliche Fürwort umfaßt alle Zeitgenossen des Petrus im Israel jener Tage.

»Und euren Kindern«. Das griechische, mit »Kindern« übersetzte Wort ist nicht der für winzige Säuglinge *(brephos* oder *nepios)* und nicht einmal der für kleine Kinder *(teknion* oder *paidion* bzw. *paidarion)* gebrauchte Ausdruck, sondern eine allgemeine Bezeichnung für »Nachkommen« *(teknon).* Das Wort bezieht sich nicht nur auf die nächste, sondern auf alle nachfolgenden Generationen. Die Verheißung ist nicht auf die Zeitgenossen des Petrus beschränkt, sondern wird sich auf alle Zeit bis hin zum Ende der Geschichte erstrecken.

»*Und allen, die in der Ferne sind*«. Die Verheißung ist sowohl in Raum wie in Zeit unbeschränkt; sie erstreckt sich soweit, wie der von dem gen Himmel gefahrenen

"UND WAS BEDEUTET ... ?"

Jesus erteilte Auftrag, Zeugen »bis an das Ende der Welt« zu sein (Apg. 1,8). Zu der Zeit war sich Petrus selbst wohl nicht bewusst, dass das alle Völker wie auch alle Länder einschließt. Er mochte an die zerstreuten Juden gedacht haben, die »fern« von der Heimat waren. Als jedoch Kornelius die Verheißung empfing, erlangte Petrus nach seiner anfänglichen Überraschung schnell seine Fassung wieder. Vielleicht war er durch seine Erfahrung bei den halbjüdischen Samaritern darauf vorbereitet, obwohl es einer spektakulären Vision bedurfte, um seine Erziehung zu vervollständigen! Petrus war nicht der letzte Prediger, der über seine eigene Erfahrung hinaus redete und erst später den tieferen Sinn seiner Worte begriff.

Es gibt eine Anzahl anderer wichtiger Punkte, die in diesem Vers zu beachten sind. Der erste ist, dass die »Verheißung« sich ausschließlich auf die Gabe des Geistes bezieht (2,33) und nicht auf den allgemeineren Gegenstand der Errettung. Löst man »euren Kindern« aus seinem Kontext und bringt es mit dem viel enger begrenzten Begriff der Familienzelle in Verbindung, dann muss darauf hingewiesen werden, dass Petrus hier die Geistestaufe, nicht aber die Wassertaufe für Kinder anbietet.

Wichtig ist auch zu verstehen, dass der Umfang der Verheißung viel größer als ihre Erfüllung ist. Die Gabe war allen Personen aller drei Gruppen zugänglich, aber sie würden sie nicht automatisch besitzen. Nicht alle machen Gebrauch von dem Angebot. Zwei notwendige Vorbedingungen schränken den Empfang der Verheißung ein (beide stammen aus Joel 2,32):

Ein göttlicher Ruf: Der Ausdruck »So viele der Herr, unser Gott, herzurufen wird« bezeichnet alle drei Gruppen — die erwählende Einladung muss zuerst gehört werden.

Ein menschlicher Ruf: Dieser muss auf den göttlichen Ruf eingehen, und eine angemessene Antwort muss durch die Befolgung des Befehls erfolgen: »Tut Buße und lasst euch taufen.« Auch diese Worte beziehen sich auf alle drei Gruppen (»euch«, »euren Kindern«, »allen, die in der Ferne sind«).

Wie beim Versöhnungswerk Christi am Kreuz, ist die »Verheißung« von universeller Gültigkeit, wird aber erst durch ein individuelles Erfassen wirksam. Sie kommt aber nur für die zum Tragen, die den Ruf des Herrn hören, für »jeden«, der seinen Namen anruft, für »jeden«, der Buße tut und getauft wird. Es sollte klar sein, dass sich hier keine Grundlage findet für eine stellvertretende Antwort eines Oberhauptes für sein Haus oder von Eltern für ihre Familie. Kinder aufgrund dieser Bibelstelle zu taufen, würde logischerweise die Taufe all derer, die in der Ferne sind, mit einschließen, mit oder ohne ihre Buße! Das Angebot und der Aufruf von Petrus gelten ausschließlich solchen Personen, die in der Lage sind, für sich selber zu antworten.

Dem Angebot und der Aufforderung folgt ein allgemeiner Appell, den Lukas in einem Satz zusammenfasst. »Rettet euch« ist eine ungenügende Wiedergabe eines Verbs, das im Aorist, Passiv und Imperativ steht. Das Passiv bedeutet »Seid gerettet« anstatt »Rettet euch« (das Do-it-yourself-Heil ist dem Neuen Testament unbekannt!). Der Aorist bedeutet, einen entscheidenden, ein für allemal gültigen Schritt zu machen. Der Imperativ bedeutet, dass Petrus sie nicht bittet, sondern es ihnen sagt; dass er sie nicht einlädt, sondern darauf besteht. Der Ton entspricht dem eines Rettenden, der einem Ertrinkenden den Befehl gibt, den ihm zugeworfenen Rettungsring zu ergreifen. (Diese Ermahnung ist vergleichbar mit den Worten des Ananias an Paulus in Apg. 22,16: »Lass deine Sünden abwaschen« — ein weiterer imperativer Aorist, aber diesmal in der Mittelform wie beim vorangehenden Befehl: »Lass dich taufen«.)

"UND WAS BEDEUTET ... ?"

Von der Gruppe, die Petrus mit »euch« anredet, wissen wir, dass dreitausend die Verheißung in Anspruch nahmen, indem sie sich der Taufe unterzogen. Vertreter einer Taufe durch Besprengung behaupten, dass unüberwindliche logistische Probleme das Untertauchen von dreitausend Personen an einem Tag in Jerusalem unmöglich gemacht hätten. Doch die Teiche Siloah und Bethesda hätten ausgereicht (ganz zu schweigen von den kürzlich entdeckten Ritualbädern beim Tempeleingang). Da »Pfingsten« am frühen Vormittag geschah, stand ihnen noch fast der ganze Tag für die Taufen zur Verfügung.

Das einzige logistische Problem lag in der Jüngerschulung nach solch einer erfolgreichen Mission. Jedes Gemeindeglied, selber gerade erst im Heiligen Geist getauft, hatte sich im Durchschnitt um fünfundzwanzig Neubekehrte zu kümmern — und das war nur der erste Tag! Apostelgeschichte 2,42-47 zeigt, dass die Nacharbeit ein voller Erfolg war. Von der Taufe ging es direkt weiter zur Belehrung, zur Gemeinschaft, zur Anbetung, zum Dienst und zur weiteren Evangelisation. Dass sie dem gewachsen waren, ist fast mit Sicherheit auf die dreijährige Schulung zurückzuführen, welche Jesus mit den Männern durchführte, die die Gemeinschaft dann leiteten.

Die große Anzahl von Taufen bei diesem Anlaß wirft eine interessante Frage auf. Es ist mehr als wahrscheinlich, dass viele von ihnen, wenn nicht die meisten, bereits von Johannes getauft worden waren und dass dies deshalb eine »Wiedertaufe« war. Doch damit gab Petrus sich nicht ab. Alle, die seine Worte annahmen, wurden getauft, ob zum ersten oder zum zweiten Mal. Diese Taufe unterschied sich eindeutig von der früheren. Die christliche Taufe bedeutete eine Identifikation mit dem Herrn Jesus Christus, insbesondere durch die Verwendung seines Namens. So zögerte Petrus nicht, solche »wiederzutaufen«, die auf das volle christliche Evangelium eingingen, aus demselben Grund, wie Paulus es in Ephesus tat (s. Kap. 20).

Es bleibt noch eine weitere Frage, und sie betrifft eine überraschende Weglassung im ganzen Bericht: Es wird überhaupt nichts von einer äußerlichen Manifestation des Geistes in der Erfahrung der Dreitausend gesagt. Wenn der Bericht des Lukas vollständig ist, so bestand anscheinend das einzige, was sie erfuhren, darin, dass sie naß wurden! Diejenigen, die gerne glauben möchten, dass der Heilige Geist automatisch empfangen wird, und meistens ohne irgendeinen augenblicklichen äußerlichen Beweis, bemächtigen sich dieser Weglassung, um damit ihre Ansicht zu untermauern. Aber dabei handelt es sich um ein »auf Schweigen gestütztes Argument«, und das bildet bekanntlich eine unzuverlässige Grundlage, da man ihm sofort mit der gegenteiligen Schlussfolgerung entgegentreten kann. Außerdem ist es kein völliges Schweigen, wie wir sehen werden.

Stellen wir für einen Augenblick eine kleine Spekulation an. Wenn Petrus seinen Zuhörern versprach, dass sie eingeschlossen seien in der Verheißung, die sich bereits sichtbar und hörbar in ihm selbst und in allen, die um ihn herum standen oder saßen, erfüllt hatte, welche Erwartungen erweckte er dann wohl bei seinen Zuhörern? Sicher nicht den brausenden Wind, den sie nicht gehört hatten, auch nicht das Feuer, das sie nicht gesehen hatten. Doch bestimmt erwarteten die Menschen, Anteil zu bekommen an jenem verbalen Ausbruch von Lobpreisung und Weissagung in vielen Sprachen, den sie zuerst als Symptome der Trunkenheit mißgedeutet hatten. Und auch Petrus selber hätte erwartet, dass sie so etwas erlebten. Sie wären ziemlich enttäuscht und frustriert gewesen, wenn das Naßwerden alles wäre, was sie empfangen hatten! Eine solche Situation hätte mehr Bestürzung hervorgerufen

"UND WAS BEDEUTET ... ?"

als die ursprüngliche Manifestation! Man kann sich kaum vorstellen, dass Petrus auf eine solche Denkweise zurückgegriffen (wie sie in der heutigen Seelsorge oft anzutreffen ist) und zu seinen Zuhörern gesagt hätte: »Macht euch keine Sorgen, wenn ihr nichts fühlt« oder: »Erwartet nicht, dass etwas passiert.«

Da es sich jedoch hier durchaus um kein völliges Schweigen handelt, brauchen wir gar nicht erst solche einfallsreichen Spekulationen anzustellen. Die späteren Handlungen und Reden des Petrus beruhen eindeutig auf der Voraussetzung, dass die Dreitausend wirklich den Geist auf die gleiche Weise wie die Hundertzwanzig empfangen hatten (Apg. 10,47; 11,17; 15,8-9). Sowohl das Fehlen äußerlicher Phänomene bei den Samaritern wie auch ihr Auftreten bei Kornelius wird von Petrus im Lichte jener Erfahrung eingeschätzt, welche all die Jerusalemer Gläubigen gemacht hatten und deren Initiation er als Norm betrachtete. Nur wenn alle Gläubigen den Geist unter solchen äußerlichen Begleiterscheinungen empfangen hatten, bestand für Petrus die Möglichkeit zu wissen, dass die Samariter den Heiligen Geist nicht »empfangen« hatten oder dass Kornelius ihn empfangen hatte (dieser wichtige Punkt wird in Kap. 16 und 18 näher ausgeführt). In beiden Fällen war der Zeitpunkt ihres Geistesempfangs ungewöhnlich, wenn nicht einzigartig; doch die Art und Weise desselben war genau die gleiche wie bei allen anderen.

Dass nichts davon in dem betreffenden Kontext erwähnt wird, hat mehr literarische als theologische Bedeutung. Lukas gab sich nicht mit unnötigen Wiederholungen ab. Aus diesem Grund wird nichts darüber berichtet, dass sie Buße getan und geglaubt hatten. Beides wird als bereits geschehen vorausgesetzt. Dass sie seine »Worte annahmen«, kann als Synonym für ihren Glauben betrachtet werden. Dass sie sich der Taufe unterzogen, kann als Beweis ihrer Buße verstanden werden. Wollte Lukas jedesmal, wenn er von einer Bekehrung spricht, alle vier »geistlichen Türen« erwähnen, würde sein Stil ziemlich ermüdend wirken. Er greift bei den einzelnen Ereignissen jeweils jenes Element heraus, das am auffallendsten oder am wesentlichsten ist. Der Anblick von dreitausend Taufen auf einmal ist eindrucksvoll genug, um in der Erinnerung haften zu bleiben. Es besteht jedoch noch ein tieferer Grund, weshalb bei dieser Gelegenheit die Taufe besonders erwähnt wird. Hier waren Mitschuldige an der Hinrichtung Jesu, die öffentlich ihr Tun verwarfen und sich völlig mit seinem Tod und seiner Auferstehung identifizierten; zudem bekannten sie sich zu seinem Namen als Herrn (des Universums) und als Christus (der jüdische Messias-König). Dass so viele dies bereits taten, als sie zum ersten Mal die Verkündigung des Evangeliums hörten, betrachtete Lukas als den wesentlichsten Aspekt.

Dass ihr nachfolgendes Leben auch über längere Zeit hinweg bewies, dass sie den Heiligen Geist empfangen hatten, ist unbestreitbar. Treue in der Anbetung, in der Gemeinschaft, in der Lehre und im Gebet; übernatürliche Ehrfurcht; ein spontanes Teilen materieller Güter; fröhliche Lobpreisung; anhaltendes Wachstum — das alles sind nicht die Resultate der Wassertaufe, sondern der Geistestaufe. Doch nicht an solchen späteren Nebenresultaten erkannten die Apostel, dass diese Menschen den Geist empfangen hatten. Der Beweis dafür war vielmehr eine Sache der Beobachtung vor Ort, nicht jedoch einer späteren Schlussfolgerung, eine Frage des sofortigen Verhaltens und nicht späterer Früchte. Das wird besonders durch die Begebenheit in Samaria verdeutlicht ...

KAPITEL 16

DIE BEKEHRTEN IN SAMARIEN

»Die Zerstreuten nun gingen umher und verkündigten das Wort. Philippus aber ging hinab in eine Stadt Samarias und predigte ihnen den Christus. Die Volksmengen achteten einmütig auf das, was von Philippus geredet wurde, indem sie zuhörten und die Zeichen sahen, die er tat. Denn von vielen, die unreine Geister hatten, fuhren sie aus, mit lauter Stimme schreiend; und viele Gelähmte und Lahme wurden geheilt. Und es war große Freude in jener Stadt.

Ein Mann aber, mit Namen Simon, befand sich vorher in der Stadt, der trieb Zauberei und brachte das Volk von Samaria außer sich, indem er von sich selbst sagte, dass er etwas Großes sei; dem hingen alle, vom Kleinen bis zum Großen, an und sagten: Dieser ist die Kraft Gottes, die man die große nennt. Sie hingen ihm an, weil er sie lange Zeit mit den Zaubereien außer sich gebracht hatte. Als sie aber dem Philippus glaubten, der das Evangelium vom Reich Gottes und dem Namen Jesu Christi verkündigte, wurden sie getauft, sowohl Männer als Frauen. Auch Simon selbst glaubte, und als er getauft war, hielt er sich zu Philippus; und als er die Zeichen und großen Wunder sah, die geschahen, geriet er außer sich.

Als die Apostel in Jerusalem gehört hatten, dass Samaria das Wort Gottes angenommen habe, sandten sie Petrus und Johannes zu ihnen. Als diese hinabgekommen waren, beteten sie für sie, damit sie den Heiligen Geist empfangen möchten; denn er war noch auf keinen von ihnen gefallen, sondern sie waren allein getauft auf den Namen des Herrn Jesus. Dann legten sie ihnen die Hände auf, und sie empfingen den Heiligen Geist. Als aber Simon sah, dass durch das Auflegen der Hände der Apostel der Geist gegeben wurde, brachte er ihnen Geld und sagte: Gebt auch mir diese Macht, dass der, dem ich die Hände auflege, den Heiligen Geist empfange. Petrus aber sprach zu ihm: Dein Geld fahre mit dir ins Verderben, weil du gemeint hast, dass die Gabe Gottes durch Geld zu erlangen sei! Du hast weder Teil noch Recht an dieser Sache, denn dein Herz ist nicht aufrichtig vor Gott. Tu nun Buße über diese deine Bosheit und bitte den Herrn, ob dir etwa der Anschlag deines Herzens vergeben werde; denn ich sehe, dass du voll bitterer Galle und in Banden der Ungerechtigkeit bist. Simon aber antwortete und sprach: Bittet für mich den Herrn, damit nichts über mich komme von dem, was ihr gesagt habt.

Nachdem sie nun das Wort des Herrn bezeugt und geredet hatten, kehrten sie nach Jerusalem zurück und verkündigten das Evangelium vielen Dörfern der Samariter« (Apg. 8,4-25).

Die entscheidende Frage für das Ziel unseres Studiums ist sehr einfach: War das samaritische »Bekehrungs«-Erlebnis normal, wie Pfingstler behaupten, oder abnormal, wie Evangelikale behaupten? Das theologische Problem, das sich dahinter verbirgt, lässt sich auch anders formulieren: Ist die Verzögerung, die zwischen dem Gläubigwerden der Samariter an Jesus und ihrem Geistesempfang eintrat, ein Hinweis auf einen Unterschied zwischen beidem (sogar wenn sie zeitlich zusammenfallen), was bedeuten würde, dass ein Gläubiger das eine ohne das andere haben kann? Die meisten Schriftkenner akzeptieren, dass es in diesem besonderen Fall eine »Verzögerung« zwischen

"UND WAS BEDEUTET ... ?"

Glauben und Empfangen gab, erklären dies aber auf unterschiedliche Weise.

Evangelikale Kommentatoren haben sich eingehend mit der Frage auseinandergesetzt, weshalb es zu einer Verzögerung kam. Die Samariter waren Nachkommen aus Mischehen zwischen Juden, die im Lande zurückgeblieben waren, als das Volk ins Exil geführt wurde, und den »einheimischen« Bewohnern Kanaans. Unter Berücksichtigung dieser ethnischen Faktoren betrachten diese Kommentatoren die ganze Episode mit Recht als eine bedeutungsvolle Entwicklung für die Gemeinde über ihre bis dahin jüdischen Grenzen hinaus. Obwohl dieser radikale Schritt nicht vorsätzlich, sondern spontan erfolgte (Apg. 8,4), lag er vollkommen auf der Linie ihres Missionsauftrags (Apg. 1,8).

Doch die tiefverwurzelte Antipathie zwischen Juden und Samaritern — sie war so groß, dass ein Jude den langen Umweg über Jericho in Kauf nahm, um ja nicht einem Samariter zu begegnen (Luk. 10,33), und dass er nicht einmal dasselbe Trinkgefäß wie ein Samariter benutzte (Joh. 4,9) — führte zur ersten Spaltungsdrohung für das neue Volk Gottes, die Gemeinde. Die Folge hätten zwei »nationale« Kirchen sein können, aus denen rasch drei geworden wären (eine jüdische, eine samaritische und eine heidnische). Um diese Gefahr zu vermeiden, so ist gesagt worden, hat Gott selbst sein »Siegel der Anerkennung« gegenüber dieser neuen Kategorie von Gläubigen zurückgehalten, bis er es ihnen durch die Vertreter der jüdischen Gläubigen vermitteln konnte. So wurde die Einheit der Gemeinde durch eine gegenseitige Abhängigkeit gewahrt und die ethnischen Gruppen daran gehindert, voneinander unabhängig zu werden. Durch diesen Akt göttlicher Weisheit wurde die Gefahr der Spaltung des Leibes Christi abgewendet — die »Gabe« wurde zurückgehalten, bis Petrus und Johannes, die beiden Schlüsselapostel, zugegen waren.

WIEDERGEBURT

Schweifen wir einen kurzen Augenblick ab. Manche wollten hier den Beginn einer »apostolischen Sukzession« sehen, die schließlich durch ein »monarchistisches Episkopat« zu den Riten der Konfirmation und Ordination entwickelt wurde. Dass dies höchst unwahrscheinlich ist, zeigt die Tatsache, dass die Apostel nicht ein Monopol auf die Vermittlung des Geistes besaßen, nicht einmal in jenen Tagen (schon im nächsten Kapitel tut ein Ananias diesen Dienst an Paulus — Apg. 9,17). Und auch Philippus selber hätte für sich den Anspruch erheben können, eine solche »delegierte Vollmacht« zu haben, hatten doch die Apostel ihm selber die Hände aufgelegt (Apg. 6,5-6).

Andererseits ist es unwahrscheinlich, dass Petrus und Johannes einfach die jüdischen Gläubigen in Jerusalem repräsentierten (wie Philippus selber es hätte tun können). Sie repräsentierten die höchste »Autorität« in der Gemeinde (die »Zwölf« — und in diesem Fall — der innere Kreis der Drei, der sich aus Petrus, Jakobus und Johannes zusammensetzte) und identifizierten sich vollständig mit dieser Erweiterung der Gemeindegrenzen. Was beinahe zufällig durch einen begeisterten »Diakon« begonnen wurde, stand in völligem Einklang mit der apostolischen Strategie der ganzen Gemeinde.

Anschließend an das Gesagte muss darauf hingewiesen werden, dass all das, was vorher als Erklärung für die Verzögerung des Geistesempfangs der Samariter ausgeführt wurde, reine Spekulation ist und beträchtlich über die Aussagen der Schrift hinausgeht. Solche Überlegungen mögen vollkommen legitim sein, aber Lukas gelangt nicht zu einer solchen Schlussfolgerung. Er bringt einfach die Tatsachen, ohne irgendeine Auslegung. Er sagt uns, was geschah, versucht aber nicht zu begründen, weshalb es nach seiner Meinung auf diese Weise geschah. Wir haben hier nicht eine Erklärung, sondern eine Beschreibung. Es

"UND WAS BEDEUTET ... ?"

gehört ganz einfach zu seiner genauen Berichterstattung (s. Apg. 1,1), wie sie die Gute Nachricht von Jerusalem nach Rom brachten ... via Samaria.

Auch wenn diese Theorie stimmt, kann sie doch nicht den Hauptpunkt der Geschichte bilden. Solche Spekulationen können sogar eine Ablenkung bedeuten, und in diesem Fall hat sie mit Erfolg die Aufmerksamkeit von den wichtigen Auswirkungen dieser Einzelheiten abgelenkt, von denen Lukas ausdrücklich berichtet. Eine Diskussion über den Grund, weshalb Gott damit gewartet hat zu »geben«, kann eine Diskussion darüber vermeiden, wie die Samariter »empfingen«; doch gerade das ist für das Verständnis der lukanischen Theologie der Initiation wichtig.

Zwei Fragen verhelfen uns zum Verständnis des Textes. Erstens: Wie konnte jemand wissen, dass die Samariter den Heiligen Geist nicht empfangen hatten? Zweitens: Wenn aber doch, wie konnte jemand wissen, dass sie den Heiligen Geist empfangen *hatten?* In Wirklichkeit ist die Antwort auf beide Fragen die gleiche: *Jeder Geistesempfang war bis dahin stets von klaren, äußerlichen Beweisen begleitet gewesen.*

Dieser Punkt verdient besonders hervorgehoben zu werden, denn er hat weitreichende Auswirkungen. Die Schlussfolgerung, dass jede andere Bekehrung vor Samaria von einer offensichtlichen »pfingstlichen« Ausgießung des Geistes begleitet war und dass dies die einzige bekannte Weise war, »den Geist zu empfangen«, können wir nur seit der Erfahrung der Dreitausend am Pfingsttag ziehen. Zudem ist aus diesem Grunde dieser »Empfang« zu unterscheiden von Buße, Glaube und Wassertaufe (und sogar von der »großen Freude«, V. 8) — all das ist ohne ihn möglich.

Um solche Schlüsse zu vermeiden, sind Versuche unternommen worden, Zweifel an der Zulänglichkeit ihres Glaubens vor dem Eintreffen von Petrus und Johannes zu wecken, als hätte es sich dabei nicht um einen echten »rettenden« Glauben gehandelt. Dass es sich bei diesen Versuchen um eine theologische Vernunftskonstruktion handelt, wird durch das vollständige Fehlen weiterer Belehrungen durch die Apostel bestätigt, welche offenbar die Gültigkeit ihrer Buße, ihres Glaubens und ihrer Taufe ohne Zögern akzeptierten. Die Samariter hatten die Gute Nachricht vom Reich Gottes gläubig angenommen, sie waren auf den Namen des Herrn Jesus getauft worden, und sie hatten Heilungs- und Befreiungswunder erlebt (so dass sie den »Jüngern«, die Paulus in Ephesus antraf, ein gutes Stück voraus waren — s. Kap. 20). Die Behauptung, dies alles sei irgendwie »sub-christlich«, widerspricht der deutlichen Textaussage. Die unzureichende Erfahrung der Samariter war nicht auf irgendein mangelhaftes Verständnis oder auf eine ungenügende Hingabe ihrerseits zurückzuführen. Sie war zurückzuführen auf Gottes Antwort ihnen gegenüber (als möglicher Grund dafür s. o.) und nicht auf ihre Antwort Gott gegenüber. Petrus und Johannes betrachteten sie offensichtlich als völlig qualifiziert, den Heiligen Geist zu empfangen; denn als sie bei ihnen eintrafen, fingen sie nicht an, zu den Samaritern zu predigen, sondern sie wandten sich zu Gott im Gebet!

Es kann nicht genug hervorgehoben werden, dass die Apostel das Ausbleiben äußerlicher Manifestationen zum Zeitpunkt der Initiation als Beweis dafür betrachteten, dass der Heilige Geist *nicht* empfangen wurde. Die moderne Auffassung, dass ihn die Samariter empfangen, jedoch noch eine »Freisetzung« im Geist gebraucht hätten, ist — ungeachtet der Theologie des Neuen Testamentes — der neutestamentlichen Terminologie fremd. Die Apostel legten ihnen nicht die Hände auf, um »freizusetzen«, was schon in ihnen war, sondern damit sie »empfingen«, was noch »auf sie kommen« sollte (V. 16; vgl. 1,8; 10,44; 11,15; 19,6).

"UND WAS BEDEUTET ... ?"

Zudem galt das Auftreten äußerlicher Manifestationen als Beweis, dass der Heilige Geist wirklich empfangen worden war. Wenn dieser Abschnitt auch nicht die genaue Art des Beweises bei diesem Anlaß angibt, so war er doch klar genug, um andere Anwesende davon zu überzeugen, dass sie ihn empfangen hatten: Die unvollendete Vergangenheit des griechischen Verbs zeigt an, dass ihn »einer nach dem andern« empfing, als Petrus oder Johannes jedem die Hand auflegte, und dass sie ihn nicht zusammen als Gruppe empfingen, wie es am Pfingsttag der Fall gewesen zu sein scheint. Als Simon diesen Vorgang »sah«, geschah es, dass er die Kraft begehrte, das gleiche bei solchen zu tun, auf die er die Hände legte. Offensichtlich trat der Beweis augenblicklich zutage und bestand nicht in einer späteren Schlussfolgerung aus der daraus resultierenden »Frucht« im Charakter oder im Verhalten.

Es lässt sich noch mehr sagen über Simon, der mit seinem exhibitionistischen Benehmen mehr an der Fähigkeit interessiert war, diese Kraft anderen zu geben, als an der Möglichkeit, sie für sich selber zu empfangen. Er war nicht der letzte, der übernatürliche Kräfte begehrte, um sich selbst groß zu machen, anstatt anderen zu dienen; und er war auch nicht der letzte, der meinte, Gnadengaben mit Geld erkaufen zu können. Mit scharfen Worten (etwa gleichbedeutend mit »Zum Teufel mit dir und deinem Geld!«) schloß Petrus ihn vom »Teil an dieser Sache« aus (meinte er damit das Aufnehmen oder das Austeilen des Geistes?) und stellte sowohl die Echtheit seiner Buße als auch die Möglichkeit seiner Vergebung in Frage. Simon ist immer noch der Zauberer, in seiner Gesinnung wie in seinem Herzenszustand. Er ignorierte den Rat des Petrus, seine eigentlichen Beweggründe direkt dem Herrn zu bekennen, und bat stattdessen, dass Petrus Fürbitte für ihn tun möge (der Codex Bezae fügt hinzu, dass er »nicht aufhörte, sehr zu weinen«). Es gibt keinen Hinweis, dass Petrus auf dieses Ansinnen eingegangen wäre oder dass Simon Vergebung erlangt, geschweige denn den Heiligen Geist empfangen hätte. Sein Beispiel erinnert daran, dass Glaube und Taufe das Heil nicht garantieren, besonders wenn keine echte Buße stattgefunden hat. Manche wollen seinen »Glauben« als oberflächlich abtun, doch weder Petrus damals noch Lukas später hielten es für nötig, sich in diesem Sinne zu äußern. Der gute Dienst, den er tat, bestand darin, dass er uns bestätigt hat, dass der Geistesempfang von einem gleichzeitigen äußerlichen Beweis begleitet war, wenn die »Gabe« jedem einzeln gegeben wurde.

Die Begebenheit unterstreicht auch den Zusammenhang zwischen dem Geistesempfang und der Handauflegung. Hier wird zum ersten Mal berichtet, wie die Handauflegung zu diesem Zweck vorgenommen wurde, und es zeigt, welche Maßnahme für den Fall zu treffen ist, dass der Geist nicht »spontan« empfangen wird (d. h. ohne menschliche Hilfe wie zu Pfingsten). Da die Handauflegung eine Kombination von Identifikation und Fürbitte ist, sollte uns die Handlung der Apostel nicht überraschen. Die Handauflegung war schon früher zur Anwendung gelangt, und zwar im Sinne einer Verquickung von Berufung (durch Menschen) und Salbung (durch Gott) für eine spezielle Aufgabe (auch Philippus zählt zu diesen — Apg. 6,5-6).

Übrigens zeugt die Begebenheit in Samaria von der veränderten Einstellung der Apostel selber. Das letzte Mal, als sie in Samaria weilten, wollten sie Feuer vom Himmel auf die Menschen dort herabrufen wegen deren beleidigenden Verhaltens Jesus gegenüber, dem sie auf seiner Reise nach Jerusalem keine Unterkunft zur Verfügung stellten (Luk. 9,51-56)! Jetzt beten sie, dass etwas ganz anderes vom Himmel auf sie herabkommen möge.

Zusammengefasst gesagt, war die Erfahrung in Samaria

weder so einzigartig noch so außergewöhnlich, wie es manche meinen. Es war nicht das »zweite Pfingsten«, durch das die Samariter Zutritt zum Heilsgeschehen erlangten, wie es viele Bibelausleger genannt haben. Dem Wesen und Inhalt nach war ihr Geistesempfang vollkommen normal und identisch mit dem, was andere Gläubige vor ihnen erlebt hatten. »Pfingsten« hatte sich bereits so oft wiederholt, wie es neue Jünger gab!

Der Fall der Samariter wies jedoch zwei Abweichungen von der Norm auf. Erstens gab es die lange Zwischenzeit von ihrer Wassertaufe bis zu ihrer Geistestaufe, die zwar nie gleichzeitig geschahen, die aber normalerweise viel näher beieinander lagen. Zweitens gab es die menschliche Handlung der Handauflegung, die zwar nie vorher, aber doch in späteren Berichten in der Apostelgeschichte erwähnt wird. Eine Erklärung für diese beiden Merkmale, die nicht außerordentlich, doch ungewöhnlich sind, wurde bereits früher gegeben.

Doch diese beiden Unterschiede beeinflussen in keiner Weise unsere Hauptschlussfolgerung, dass die Erfahrung des Geistesempfangs ein wesentliches Element der normalen christlichen Initiation ist, eine Erfahrung, die man inhaltsmäßig, wenn nicht chronologisch, von Buße, Glaube und Wassertaufe unterscheiden kann und muss. Wenn diese nicht gemacht wird, wie es sein sollte, drängt es sich auf, im Gebet die Hände aufzulegen.

Vor allem beweist diese Begebenheit, dass es sogar nach Pfingsten möglich war, Buße zu tun, zu glauben und getauft zu werden, ohne den Heiligen Geist empfangen zu haben. Es bedarf lediglich eines einzigen Falles, um zu beweisen, dass dies eine *Möglichkeit* ist; doch die *Wahrscheinlichkeit* einer Wiederholung dieser Situation kann nicht direkt aufgrund dieser Bibelstelle abgeleitet — oder ausgeschlossen — werden. Aber das apostolische Verständnis, dass das Fehlen eines sofortigen äußerlichen Beweises so interpretiert werden muss, dass der Geist noch nicht empfangen wurde, behält als bleibendes Kriterium weiterhin seine Gültigkeit. Auf die Gemeinden heute übertragen, führt uns das zu dem Schluss, dass die unvollständige Erfahrung der Initiation der Samariter beileibe nicht einmalig ist!

Die Frage nach dem geistlichen Status oder Zustand zwischen ihrer Wassertaufe und ihrer Geistestaufe (d. h. »Würden sie in den Himmel gekommen sein, wenn sie vor der Ankunft der Apostel gestorben wären?«) bedeutet, moderne evangelikale Ansichten in das Neue Testament hineinzutragen. Zeitgenössische Definitionen der Begriffe »gerettet« und »Christ« entsprechen wenig den apostolischen Kategorien. Es ging den Aposteln eindeutig darum, wo die Samariter geistlich stehen sollten und nicht darum, wo sie standen! Beim damaligen Verständnis, was ein »Jünger« ist, ging es nicht darum, dass man eine Linie überschritten hatte, sondern dass man auf dem »Weg« war (Apg. 18,25.26; 19,9.23); dass man nicht zu einem Ziel gelangt war, sondern dass man sich auf eine Reise gemacht hatte. Aber solche Fragen tauchen heute auf, auch wenn Lukas sie ignorierte, und darum werden wir sie in Kapitel 36 eingehender behandeln.

KAPITEL 17

DER ÄTHIOPISCHE KÄMMERER

»Als sie aber auf dem Weg fortzogen, kamen sie an ein Wasser. Und der Kämmerer spricht: Siehe, da ist Wasser! Was hindert mich, getauft zu werden? Und er befahl, den Wagen anzuhalten. Und sie stiegen beide in das Wasser hinab, sowohl Philippus als der Kämmerer; und er taufte ihn. Als sie aber aus dem Wasser heraufstiegen, entrückte der Geist des Herrn den Philippus; und der Kämmerer sah ihn nicht mehr, denn er zog seinen Weg mit Freuden« (Apg. 8,36-39).

Zunächst muss man feststellen, dass es sich bei diesem Abschnitt um einen außerordentlich zusammengedrängten Bericht handelt. So wissen wir zum Beispiel mit Ausnahme des Themas — Jesus — nur wenig über die Ausführungen von Philippus. Er fand einen Gesprächseinstieg, wie ihn sich ein »Mann-zu-Mann«-Evangelist nicht besser wünschen könnte! Wenn je ein Suchender die richtige Frage stellte, dann war es der Kämmerer; aber zu dem Zeitpunkt war er bereits damit beschäftigt, in der Heiligen Schrift zu lesen! Die Antwort auf seine Frage dürfte allerdings etwas Zeit in Anspruch genommen haben, trotz des Wissens um den jüdischen Glauben an Gott.

Dann sollte es uns auch nicht überraschen, dass der Kämmerer selber das Thema Taufe anschnitt.

Wahrscheinlich hatte Philippus sie erwähnt, da ja das Evangelium mit dem Dienst von Johannes dem Täufer seinen Anfang genommen hatte (Mark. 1,1-4). Doch als heidnischer »Gottesfürchtiger«, als Anhänger der jüdischen Religion (wenn nicht sogar als Proselyt), wusste der Kämmerer ziemlich gut, dass ein solches rituelles Bad notwendig war, wenn man sich dem Volke Gottes »anschließen« und dessen Messias zu seinem Messias machen wollte. Möglich ist jedoch, dass sein Zustand — er war kastriert — ein Hindernis für ihn war, von den jüdischen Priestern voll akzeptiert zu werden (je nachdem, ob sie sich nach 5. Mo. 23,2 oder nach Jes. 56,4-5 richteten).

Was uns besonders auffällt, ist die Tatsache, dass seine einzige Reaktion auf die »Predigt« des Philippus diese Taufe war. Wenn das alles war, was er tat, könnten wir es hier mit einem echten Fall von »Taufwiedergeburt« zu tun haben! Seine Pilgerreise nach Jerusalem könnte ein Hinweis auf seine Buße sein, was auf eine ähnliche geistliche Situation schließen ließe wie bei Kornelius vor dem Besuch von Petrus; aber es wird hier nichts von Glaube oder Geistesempfang gesagt.

Es liegt auf der Hand, dass manche »Kopisten« der Heiligen Schrift in der Urgemeinde etwas Schwierigkeiten mit seiner unzureichenden Initiation (wenigstens soviel der Bericht darüber aussagt) und dessen sich nachteilig auswirkenden Einflusses auf spätere »Katechumenen« hatten. Man fügte in späteren Handschriften Verse hinzu, um bedeutendere Auslassungen zu kompensieren.

Manche Bibelhandschriften enthalten als Zusatz den Vers (V. 37 in einigen Bibelausgaben): »Philippus sagte: Wenn du aus ganzem Herzen glaubst, darf es geschehen. Der Kämmerer antwortete: Ich glaube, dass Jesus Christus der Sohn Gottes ist.« Dieser Zusatz bedeutet mehr als eine Aufzeichnung späterer Glaubensvorstellungen im Sinne

"UND WAS BEDEUTET ... ?"

eines Glaubensbekenntnisses; er ist vielmehr ein Hinweis darauf, dass die erste Gemeinde keinen Zweifel daran lassen wollte, dass der Kämmerer vor seiner Taufe wirklich geglaubt hatte.

Eine weitere Bibelhandschrift (allgemein als der »westliche Text« bekannt) gibt Vers 39 auf ganz andere Weise wieder: »Der Heilige Geist fiel auf den Kämmerer, und ein Engel des Herrn entrückte Philippus.« Der neutestamentliche Schriftexperte Henry Alford meint, die unterschiedliche Lesart sei »dem Wunsch entsprungen, die Resultate der Taufe des Kämmerers mit der üblichen Methode des göttlichen Vorgehens in Einklang zu bringen«. Sollte dieser Zusatz eine echte Überlieferung sein, die auf die Begebenheit selber zurückdatiert, so hieße das, dass der Dienst von Philippus ausreiche, die Initiation in diesem Fall zu vervollständigen, was in Samaria offensichtlich nicht so gewesen war. Auch wenn dieser Vers historisch nicht authentisch sein sollte, zeigt uns der Zusatz doch, dass die Urgemeinde die »apostolischen« Hände als nicht unbedingt notwendig betrachtete.

Beide Zusätze liefern einen klaren Beweis für den Standpunkt der Urgemeinde, auch wenn sie ursprünglich bei Lukas nicht enthalten sind. Sie offenbaren eine unveränderte Überzeugung in der ganzen Frage der christlichen Initiation.

Im Sinne eines untergeordneten Punktes weist die Ausdrucksweise »hinabsteigen« in das Wasser und »heraufsteigen« aus dem Wasser auf ein Untertauchen hin und nicht auf eine Besprengung mit Wasser. Ganz eindeutig wurde der Täufling zum Wasser gebracht und nicht das Wasser zum Täufling! Es wäre auch irgendwie ungereimt, die untere Körperhälfte einzutauchen, um die obere Hälfte nur zu besprengen (obwohl die christliche Kunst diese lächerliche Kombination oft dargestellt und damit möglicherweise eine Zwischenphase zwischen den beiden Taufarten widerspiegelte!).

Etliche haben den Einwand erhoben, dass der Gazastreifen eine Wüste sei und es dort keine Stelle gäbe, die genügend Wasser zum Untertauchen enthalte. Abgesehen davon, dass damit die historische oder geographische Genauigkeit von Lukas mit einem Makel belegt würde, lässt sich auf diese Kritik auf zweifache Weise antworten. Erstens gibt es ein »Wadi«, das in der Schrift mit »Bach Ägyptens« bezeichnet wird. Nach den selten genug blitzartig auftretenden Regenstürmen in den Bergen schwillt dieser stark an. Das könnte eine Erklärung dafür sein, dass bei dessen Anblick in der Bemerkung des Kämmerers ein überraschter Unterton mitschwang. Andererseits könnte die Begegnung auch weiter zurück auf der »Wüstenstraße« stattgefunden haben, die sich von Jerusalem bis nach Gaza erstreckte.

Dieser Hofbeamte aus dem Sudan (dem biblischen »Äthiopien«) war offensichtlich der erste Heide, der getauft wurde. Weshalb wurde das nicht erwähnt, als Petrus wegen seiner Taufe des Kornelius befragt wurde? Vielleicht einfach deswegen, weil man den Kämmerer (wenn auch nicht aufgrund seiner Geburt) als zur jüdischen Religion zugehörig betrachtete. Es entspräche vollkommen dem von Lukas verfolgten Hauptthema, wenn der Zweck des Berichtes über diese Begebenheit vor allem darin lag zu zeigen, wie der Heilige Geist die Jünger daran erinnerte, dass sie das Evangelium bis an die Enden der Erde tragen sollten — in diesem Fall auf den Kontinent Afrika.

KAPITEL 18

DER RÖMISCHE HAUPTMANN

»Während Petrus noch diese Worte redete, fiel der Heilige Geist auf alle, die das Wort hörten. Und die Gläubigen aus der Beschneidung, so viele ihrer mit Petrus gekommen waren, gerieten außer sich, dass auch auf die Nationen die Gabe des Heiligen Geistes ausgegossen worden war; denn sie hörten sie in Sprachen reden und Gott erheben. Dann antwortete Petrus: Könnte wohl jemand das Wasser verwehren, dass diese nicht getauft würden, die den Heiligen Geist empfangen haben wie auch wir? Und er befahl, dass sie getauft würden im Namen Jesu Christi. Dann baten sie ihn, einige Tage zu bleiben« (Apg. 10,44-48).

»Und siehe, sogleich standen vor dem Haus, in dem ich war, drei Manner, die von Cäsarea zu mir, gesandt waren. Der Geist aber sagte mir, ich solle ohne Bedenken mit ihnen gehen. Es kamen aber auch diese sechs Brüder mit mir, und wir kehrten in das Haus des Mannes ein. Und er erzählte uns, wie er den Engel in seinem Hause habe stehen sehen und sagen: Sende nach Joppe und laß Simon mit dem Beinamen Petrus holen; der wird Worte zu dir reden, durch die du errettet werden wirst, du und dein ganzes Haus. Während ich aber zu reden begann, fiel der Heilige Geist auf sie, so wie auch auf uns im Anfang. Ich gedachte aber an das Wort des Herrn, wie er sagte: Johannes taufte zwar mit Wasser, ihr aber werdet mit Heiligem Geist getauft werden. Wenn nun Gott ihnen die gleiche Gabe gegeben hat wie auch uns, die wir an den Herrn Jesus Christus geglaubt haben, wer war ich, dass ich hätte Gott wehren können? Als sie aber dies gehört hatten, beruhigten sie sich und verherrlichten Gott und sagten: Dann hat Gott also auch den Nationen die Buße gegeben zum Leben« (Apg. 11,11-18).

»Als aber viel Wortwechsel entstanden war, stand Petrus auf und sprach zu ihnen: Ihr Brüder, ihr wißt, dass Gott mich vor langer Zeit unter euch auserwählt hat, dass die Nationen durch meinen Mund das Wort des Evangeliums hören und glauben sollten. Und Gott, der Herzenskenner, gab ihnen Zeugnis, indem er ihnen den Heiligen Geist gab wie auch uns; und er machte keinen Unterschied zwischen uns und ihnen, da er durch den Glauben ihre Herzen reinigte. Nun denn, was versucht ihr Gott, ein Joch auf den Hals der Jünger zu legen, das weder unsere Väter noch wir zu tragen vermochten? Vielmehr glauben wir, durch die Gnade des Herrn Jesus in derselben Weise errettet zu werden wie auch jene« (Apg. 15,7-11).

Die Ereignisse in Cäsarea werden häufig als »das Pfingsten der Heiden« bezeichnet. Diejenigen, welche diesen Ausdruck verwenden, nehmen gewöhnlich an, dies sei erst die dritte einer solchen »anfänglichen« Ausgießung des Heiligen Geistes in der Urgemeinde gewesen (Apg. 4,31 war in ihren Augen dem Wesen nach eine »Wiedererfüllung«). Die besonderen Umstände damals schlössen irgendeine Bedeutung dieser Begebenheit für die heutige Lehre von der normalen Initiation aus.

Dass es einige ungewöhnliche, ja sogar einzigartige Erscheinungen gab, lässt sich nicht leugnen. Die Geschehnisse, die Petrus und Kornelius zusammenführten, waren sicher nicht alltäglich, hatten sie doch mit Engeln, Visionen und einer Verzückung zu tun! Der springende

"UND WAS BEDEUTET ... ?"

Punkt dieser übernatürlichen Vorgänge war, dass Petrus von seinen rassistischen und religiösen Vorurteilen den Heiden gegenüber befreit wurde und dass ihm die Auswirkungen seiner eigenen Predigt zu Pfingsten gänzlich bewusst wurden — nämlich dass die Worte »allen denen, die in der Ferne sind« genau das bedeutete!

Aber der heidnische Aspekt kann auch übertrieben werden. Für Petrus war dies die erste solcher Begegnungen, Philippus war ihm bereits zuvorgekommen (s. vorhergehendes Kapitel). Es darf auch nicht übersehen werden, dass der römische Hauptmann, ähnlich wie der äthiopische Kämmerer, bereits zu jenem äußeren Anhängerkreis des Judaismus gehörte, dessen Angehörige man »Gottesfürchtige« nannte (Apg. 10,2). Es war bedeutsam, dass Petrus, der der Apostel für die Juden sein sollte (Gal. 2,7), durch göttliche Führung in diese heidnische Umgebung geriet, so wie Paulus, der Apostel für die Heiden, in jüdische Verhältnisse geraten sollte — die missionarische Arbeit beschränkte sich nie auf abgegrenzte Bereiche.

Doch unser Hauptinteresse gilt der Analyse der Initiationserfahrung von Kornelius (und seines Hauses — s. nächstes Kapitel). Der ungewöhnlichste Aspekt daran war die plötzliche und unerwartete Ausgießung des Geistes auf alle gleichzeitig, *bevor* sie ihren Glauben bekannt hatten und getauft worden waren, und sogar bevor Petrus aufgehört hatte zu predigen. Petrus hatte den Heiligen Geist nur ein einziges Mal erwähnt, und zwar in seinem Hinweis auf das Wirken Jesu (10,38). Das einzige, was Petrus ihnen vom Evangelium anbot, war die Vergebung der Sünden. Jedenfalls war er noch nicht bis zum »Appell« gekommen oder zumindest soweit, dass er sie zu einer Reaktion auf seine Botschaft aufgefordert hätte.

Man kann berechtigterweise annehmen, dass ihre »gottesfürchtige« Einstellung die Buße bereits beinhaltete

(»wer Gerechtigkeit wirkt« [Kap. 10,35] kann als Hinweis verstanden werden auf die »Früchte, die der Buße würdig sind«). Gott, der in die Herzen sieht, sah offensichtlich ihren Glauben an die Botschaft des Predigers, und Petrus gelangte zu demselben Schluss (s. Apg. 15,7-9). Doch dies ist der einzige überlieferte Fall, wo der Geist vor der Wassertaufe Empfängern wurde. Beim »normalen« Initiationsmuster folgte Gottes Teil am Geschehen, sobald der menschliche Teil vollendet war. Kein Wunder, dass Petrus und seine Begleiter so erstaunt waren, obwohl ihr Erstaunen vielleicht mehr den Empfänger als der Reihenfolge ihrer Initiation galt! Bis zu diesem Augenblick hatten sie sich nie vorstellen können, dass auch Heiden die »Verheißung«, die ihre Väter erhalten hatten, ererben könnten und noch weniger, dass sie sie tatsächlich auch ererben würden.

Die exegetische Frage, die in Bezug auf Kornelius gewöhnlich gestellt wird, ist die gleiche wie bei den Samaritern: Weshalb wich Gott von seinem normalen Zeitplan und Vorgehen ab? In Samaria wurde der Geist später als üblich gegeben; warum dies geschah, lässt sich auf vernünftige Weise erklären (s. Kap.16). In Cäsarea wurde der Geist früher als üblich gegeben; diesmal gibt es im Text selber deutliche Hinweise auf den Grund.

Das tiefverwurzelte Vorurteil von Petrus den Heiden gegenüber konnte nur schrittweise abgebaut werden. Es bedeutete für ihn einen sehr großen Schritt, das Haus eines Heiden zu betreten, und eine noch größere Überwindung, dort das Evangelium zu verkündigen. Darum ist es höchst unwahrscheinlich, dass sogar ein Buß- und Glaubensbekenntnis Petrus davon hätte überzeugen können, dass Heiden für die christliche Taufe überhaupt in Frage kamen. Der Herr selber musste dieses letzte Stück Zurückhaltung beseitigen, indem er einseitig handelte und

"UND WAS BEDEUTET ... ?"

Petrus einen überzeugenden Beweis dafür lieferte, dass er die Heiden als vollgültige Glieder seines geisterfüllten Leibes auf Erden angenommen hatte. Hätte der Herr diese Initiative nicht ergriffen, wären die Menschen auch nicht getauft worden. Es spricht für Petrus, dass er die Situation sofort akzeptierte und es wagte, den Widerspruch anderer wegen seines Beitrags zur Initiation der Heiden als Brüder in Christus zu riskieren.

Drei Dinge sind an den Taufen bemerkenswert. Erstens taufte Petrus nicht selber, sondern überließ dies seinen Begleitern (so wie Jesus es vor ihm und Paulus nach ihm tat — Joh. 4,2; 1. Kor. 1,14), wohl um Vergleiche unter den Getauften in Bezug auf den sie Taufenden zu vermeiden. Zweitens stellten alle diese Taufen freiwillige Handlungen von verantwortungsfähigen »Erwachsenen« dar. Da nur diejenigen, die »den Geist empfangen« hatten, im Wasser getauft wurden, und nur solche, die »die Botschaft gehört« hatten, den Geist empfingen, liegt es auf der Hand, dass keine Säuglinge dabei waren (eine nähere Prüfung von »Haus« s. nächstes Kapitel). Drittens und als Wichtigstes: der Geistesempfang machte die Wassertaufe nicht überflüssig; sie machte sie im Gegenteil sogar noch notwendiger. Wenn die beiden Taufen auf verkehrte Weise miteinander verquickt werden, so führt die »innere Realität« der Geistestaufe zu einer Entwertung des »äußerlichen Ritus« der Wassertaufe. Im Neuen Testament werden die beiden Taufen nie so stark miteinander identifiziert, dass die eine die andere »vermittelt«. Obwohl sie zeitlich oft sehr nahe beieinanderliegen, wird von keinem einzigen Fall berichtet, wo sie gleichzeitig geschahen.

Bis hierher ist nichts über die Erfahrung der Geistestaufe bei den Heiden gesagt worden — weder über ihren Inhalt noch über den Unterschied, der den Zeitpunkt betrifft. War diese ebenso höchst ungewöhnlich, ja sogar abnormal

— und deshalb von rein historischem Interesse (wie viele Kommentatoren glauben)? Oder war dieser Aspekt vollkommen »normal« und darum »normativ« für heutige Christen?

Wie konnte Petrus wissen, dass der Heilige Geist auf diese Heiden ausgegossen war? Der Beweis dafür war hörbar und bestand in einem spontanen Überfließen inspirierten Redens. Zwei Arten davon werden erwähnt — »reden in Zungen« (andere Sprachen, kein Lallen) und »lobpreisen« (vermutlich in ihrer eigenen Sprache). Das »und« verbietet es, beides zusammenzufassen, so dass es heißen würde: »Gott in Zungen lobpreisen«; und ebenso verbietet es die Annahme, dass alle beides taten. Der natürliche Sinn ist der, dass etliche das eine taten und einige das andere. Wenn dem so ist, hieße es, über den neutestamentlichen Beweis hinausgehen, wenn man behaupten wollte, die »Zungen« wären das einzige und unerlässliche Zeichen für den Empfang der Geistestaufe.

Die Kombination von Zungen und Lobpreis erinnert deutlich an den Pfingsttag (Apg. 2,1). Und weil es sich hier um die erste Erwähnung von »Zungen« seit jenem Ereignis handelt (wobei man immer die Möglichkeit einräumen muss, wie es viele Bibelausleger auch tun, dass es vielleicht in Samaria aufgetreten ist), ist oft angenommen und sogar dogmatisierend behauptet worden, dass dieses »seltene« Phänomen ein außerordentliches Zeichen war, um den Heilszugang der Heiden zu markieren. Diese Auslegung und ihre lehrmäßige Anwendung muss im Lichte des Kommentars, den Petrus selber zu diesem Ereignis abgab, in Zweifel gezogen werden.

Sowohl im Augenblick des Geschehens wie auch in nachfolgenden Diskussionen bemühte sich Petrus, sein Verhalten damit zu begründen, dass die Erfahrung dieser Heiden genau dem glich, was die anderen auch erfahren

"UND WAS BEDEUTET ... ?"

hatten! Die äußerlichen Zeichen dieser Erfahrung waren vollkommen normal, keineswegs einzigartig. Mit diesem wichtigen Argument gelang es Petrus, seine Kritiker zum Schweigen zu bringen.

Die erste Gruppe, die er überzeugen musste, waren die »Brüder von Joppe«, die mit ihm nach Cäsarea gekommen waren. Petrus bewog sie zur Durchführung der Taufen, gerade weil »sie den Heiligen Geist ebenso wie wir empfangen« hatten. Wenn er von »wir« sprach, dann ist es die naheliegendste Deutung, dass er hier an die Erfahrung seiner Reisebegleiter appellierte. Es gibt allerdings kein Anzeichen dafür, dass seine Begleiter unter den hundertzwanzig an Pfingsten gewesen wären; geographische wie statistische Gründe sprechen eher dafür, dass sie nicht anwesend waren. Es lässt sich hingegen feststellen, dass diese Gläubigen aus Joppe den Geist auf genau dieselbe Weise empfangen hatten wie das Haus des Kornelius.

Wir können diese Art der Befragung bis in die nächste Diskussion hinein verfolgen, die Petrus nach seiner Rückkehr nach Jerusalem erlebte (Apg. 11,1-18). Dieses Mal sah er sich vor allem »beschnittenen« (d. h. jüdischen) Gläubigen gegenüber, die unterdessen Tausende zählten und deren größter Teil nicht zur ursprünglichen Gruppe vom Pfingsttag gehörte. Ironischerweise schien es sie mehr zu beunruhigen, dass Petrus mit Heiden gegessen, als dass er sie getauft hatte! Petrus bedient sich wieder desselben Argumentes: »Der Heilige Geist fiel auf sie, so wie auch auf *uns*.« Wieder ist der natürliche Sinn seiner Worte der, dass er an die Erfahrung seiner Zuhörer appellierte, und er forderte sie auf, das Geschehene zu identifizieren. Die Initiation des Kornelius war nichts Außergewöhnliches, sondern etwas Normales.

Diese Auffassung ließe sich in Frage stellen, indem man die Aufmerksamkeit auf den Zusatzausdruck richtet, den Petrus bei dieser Gelegenheit gebraucht: »wie am Anfang«. Auf den ersten Blick erscheint dies als eine Bezugnahme auf das ursprüngliche Pfingsten, wodurch die Vergleichsmöglichkeit auf die Minderheit beschränkt würde, die zugegen gewesen war. »Uns« wird beinahe zu einem königlichen »Wir« und bezieht sich auf eine Eliteschar in Jerusalem. Dieser Eindruck ist vielleicht die Folge unserer Bibelübersetzungen, die gewöhnlich beim Ausdruck »am Anfang« den bestimmten Artikel »der« (am = an dem) hinzufügen, obwohl dieser im griechischen Text nicht steht. Das bewirkt den irreführenden Effekt, dass eine allgemeine Bezugnahme in eine spezielle Bezugnahme verkehrt wird. Ohne den Artikel wird das Wort »Anfang« (griechisch: *arche*) für die christliche Initiation allgemein gebraucht, für den Beginn der Jüngerschaft (1. Joh. 2,24 ist ein Beispiel dafür). Mit dem Artikel hingegen wird es in Verbindung mit einem bestimmten historischen Ereignis gebraucht (ein Beispiel dafür ist Apg. 26,4). Übersetzt man die Worte des Petrus wörtlich, so würde es heißen: »Wie er auf uns in (zu) Anfang gekommen ist« oder in besserem Deutsch: »Wie er auf uns kam, als wir anfingen.« Mit der Bezugnahme wären dann allgemein alle Zuhörer des Petrus gemeint und nicht nur die wenigen privilegierten, die zu Anfang (d. h. Pfingsten) mit dabei gewesen waren. Diese Auffassung wird bekräftigt durch die erläuternde Bemerkung, mit der Petrus seine Verteidigungsrede abschloß: »Wenn nun Gott ihnen die gleiche Gabe gegeben hat wie auch uns, die wir an den Herrn Jesus Christus geglaubt haben ...« (der Aorist bedeutet »geglaubt habend«). Es wäre eine unpassende Wortwahl, wenn Petrus ausschließlich die hundertzwanzig am Pfingsttag gemeint hätte; es handelt sich bei seinen Worten vielmehr um eine Beschreibung, die sich auf die ganze Gemeinde bezieht. Einen weiteren Beweis liefert Petrus, indem er

"UND WAS BEDEUTET ... ?"

die Verheißung, die Jesus selber unmittelbar vor seiner Himmelfahrt gegeben hatte, zitiert: »Johannes taufte zwar mit Wasser, ihr aber werdet mit Heiligem Geist getauft werden« (Apg. 1,5; 11,16). Das Zitat ist wortgetreu, mit Ausnahme der bedeutsamen Auslassung des Ausdrucks »in nicht wenigen Tagen«, dessen Einschluss diese Verheißung auf Pfingsten beschränkt hätte.

Genau derselbe Punkt tauchte im Jerusalemer Apostelkonzil wieder auf. Es machte Petrus nichts aus, sich zu wiederholen, als er ein unschlagbares Argument entdeckte! »Gott ... gab ihnen Zeugnis, indem er ihnen den Heiligen Geist gab wie auch *uns*« (15,8). Es besteht eine gewisse Unklarheit darüber, ob Petrus sich an dieser Stelle an die »Apostel und Ältesten« (15,16) richtete oder an die »ganze Gemeinde« (15,12). Doch er sagte nichts von Pfingsten und machte auch keinen Unterschied zwischen solchen, die damals zugegen waren und solchen, die nicht dabei gewesen waren. Der Kern seiner Rede war, dass die von Kornelius gemachte Erfahrung dieselbe war, die alle Zuhörer des Petrus auch gemacht hatten.

Dieser durchdringende Appell brachte die Kritiker von Petrus und Paulus zum Verstummen; manche brachen sogar in Lobpreis aus (11,18). Wäre die Reaktion ebenso einmütig gewesen, wenn Petrus behauptet hätte, dass die zum Glauben gekommenen Heiden eine ganz besondere Manifestation erlebt hätten, die den meisten Gläubigen in Jerusalem oder Joppe nicht zuteil geworden war? Damit wären die Gläubigen aus den Heiden über die jüdischen Gläubigen gesetzt worden — ein Anspruch, der sehr wahrscheinlich Streit und Neid anstatt Zufriedenheit und Freude verursacht hätte! Nein, die Stärke dessen, was Petrus vertrat, lag genau in der Tatsache, dass Gott »keinen Unterschied zwischen uns und ihnen machte« (15,9). Wir sind nicht berechtigt, »uns« im Sinne von »einige von uns« zu interpretieren oder im Sinne von »solche von uns, die das Vorrecht hatten, die erste Ausgießung zu Pfingsten zu erleben«.

Der ungewöhnliche Aspekt beim Geistesempfang der Heiden bestand also in dessen Zeitpunkt, indem er vor der Wassertaufe geschah. In jeder anderen Beziehung war er nicht speziell, sondern normal, nicht eine Ausnahme, sondern ein Beispiel. Obgleich Lukas das Ereignis in seinem Bericht in erster Linie wegen seiner ethnischen Bedeutung beschreibt, verliert es jedoch nichts von seiner evangelistischen Relevanz. Lukas und Petrus teilten die Vorstellung über die Voraussetzungen, die erfüllt werden mussten, um in das Reich Gottes auf Erden zu kommen.

KAPITEL 19

DAS GANZE HAUS

»Der wird Worte zu dir reden, durch die du errettet werden wirst, du und dein ganzes Haus« (Apg. 11,14).

»Als sie aber getauft worden war und ihr Haus, bat sie und sagte: Wenn ihr urteilt, dass ich an den Herrn gläubig sei, so kehrt in mein Haus ein und bleibt. Und sie nötigte uns« (Apg. 16,15).

»Sie aber sprachen: Glaube an den Herrn Jesus, und du wirst errettet werden, du und dein Haus« (Apg. 16,31).

»Krispus aber, der Vorsteher der Synagoge, glaubte an den Herrn mit seinem ganzen Haus; und viele Korinther, die hörten, wurden gläubig und ließen sich taufen« (Apg. 18,8).

Ich betrachte alle diese Abschnitte zusammen (auch 1. Kor. 1,16 könnte eingeschlossen werden) im Lichte der Hauptthese, nach der die christliche Initiation ein vierfacher Prozess ist (Buße tun, glauben, getauft werden und empfangen). Die Frage erhebt sich natürlich, ob die *Reihenfolge,* in der sich der Prozess abwickelt, wichtig ist, oder ob die Aufeinanderfolge von geringer oder überhaupt keiner Bedeutung ist, vorausgesetzt, dass die einzelnen Elemente schlussendlich alle vorhanden sind.

Es ist zum Beispiel klar, dass der Geist vor der Wassertaufe empfangen werden kann, obwohl nur ein einziger Fall dieser Art im Neuen Testament genannt wird (Apg. 10,47).

WIEDERGEBURT

Die große Frage ist jedoch, ob die Wassertaufe vor allen drei anderen Komponenten erfolgen kann. Es ist ohne weiteres zuzugeben, dass Buße und Glaube beides beständige Merkmale des christlichen Lebens sind, die sich nach der Wassertaufe als Einzelgeschehen weiterentwickeln. Aber kann die Wassertaufe gültig und wirksam sein, wenn sie vollzogen wird, bevor es bei der getauften Person zu Buße und Glaube gekommen ist? Wichtig ist diese Frage deshalb, weil die Taufe von »Säuglingen« eine weitverbreitete Praxis ist. Diese Säuglinge sind gewöhnlich erst einige Wochen alt und völlig unfähig, bewusst Buße zu tun oder zu glauben.

Befürworter der Säuglingstaufe (oder Kindertaufe) berufen sich auf die erwähnten Taufen von »ganzen Häusern«, die während des Dienstes von Petrus und Paulus vorkamen — verbunden mit Personen wie Kornelius, Lydia, dem Gefängnisdirektor in Philippi, Krispus und Stephanas. Sie stützen ihre doppelte Argumentation auf diese Vorkommnisse. Auf der praktischen Ebene wird behauptet, dass solch ein »ganzes Haus« auch Babys gehabt haben muss, die ihrerseits in der Taufe eingeschlossen sein mussten. (Weniger dogmatisch ausgedrückt: Babys waren nicht unbedingt von einer Taufe ausgeschlossen.) Auf theologischer Ebene wird behauptet, dass die Taufe ganzer Familien die Kontinuität des alttestamentlichen Bundesbegriffs bestätige, der die Einbeziehung der Nachkommen eines Mannes wie seiner selbst kannte — so zum Beispiel beim Bund, den Gott mit Abraham schloß. Babys müßten deshalb als Zeichen dafür getauft werden, dass sie aufgrund ihrer leiblichen Abstammung zu diesem Gnadenbund gehören, wobei ihre Taufe das neutestamentliche Äquivalent zur alttestamentlichen Beschneidung darstelle.

Dieses Thema enthält viele Punkte, die ein eingehendes Studium verlangen und auf einiges davon wird später eingegangen (s. Anhang A). Die Texte selber befassen sich nur mit den praktischen Implikationen; sie können nur als theologische Abschnitte behandelt werden, wenn man Gedanken aus anderen Bibelstellen dazunimmt. Wir wollen jedoch beide Aspekte betrachten, den praktischen anhand ganz bestimmter Texte und den theologischen anhand allgemeiner Wahrheiten.

Ein guter Ausgangspunkt dafür ist das Wort »Haus« selber. Die heutige Anwendung dieses Wortes auf den »Familienkern« (Eltern plus Kinder) ist gefährlich irreführend. Die biblische Bedeutung des Wortes war sogar noch umfassender als der Begriff der »Großfamilie«, obgleich zum »ganzen Haus« ganz sicher auch betagte Eltern und Großeltern zählten (1. Tim. 5,4). Normalerweise schloß der Begriff alle Diener, Sklaven und Angestellte ein, die mit der Familie in direkter Beziehung standen — und diese konnten die leiblichen Verwandten an Zahl sogar übertreffen. Diese Situation bestand bei Abraham, als er seinen ersten Sohn beschnitt und danach alle männlichen Mitglieder seines »Hauses« (1. Mo. 17,23-27), von denen es einmal dreihundertachtzehn gab! In diesem Zusammenhang wird sogar quasi zwischen »Familie« und »Haus« unterschieden, was später bei Rahab auf jeden Fall geschieht (Jos. 6,25). Diese teilweise Unterscheidung kann durch die ganze biblische Geschichte hindurch bis in die frühe Kirchengeschichte verfolgt werden (einer der ersten Kirchenväter erwähnt die »Frau eines Bischofs, ihr Haus und ihre Kinder« — beachten wir die Reihenfolge!). In unserer auf Gleichheit ausgerichteten westlichen Gesellschaft, in welcher der Begriff »Dienerschaft« aus der Mode ist, gibt es keinen Ausdruck, der dem Begriff »Haus« wirklich entspricht. Die bürgerliche Gesellschaft des letzten Jahrhunderts hätte ihn besser verstanden, obwohl sie stattdessen Ausdrücke wie »Personal« oder

»Gefolge« gebrauchte. Heute käme die Bezeichnung »Hauspersonal« dem vielleicht am nächsten!

All diese Ausführungen liefern kaum den Beweis dafür, dass Säuglinge nicht auch unter den neutestamentlichen Begriff »Haus« fielen. Allerdings wird deutlich, dass man darunter weit mehr verstand als die »Familie« und als die leiblichen Nachkommen eines Mannes (vgl. Joh. 4,53). Das Wort konnte sogar da gebraucht werden, wo es keine Familie gab; auch eine alleinstehende Person konnte ein »Haus« mit Sklaven haben — was unter Umständen bei anderen neutestamentlichen Beispielen, mit denen wir uns befassen, der Fall gewesen sein mochte, da in keinem Fall der eheliche Status des Familienoberhauptes erwähnt wird. Deshalb gehen diese Texte in dem von den Befürwortern der Säuglingstaufe verstandenen Sinne zu weit! Wenn behauptet wird, dass das Oberhaupt automatisch sein »ganzes Haus« in den Gnadenbund mit einbringt, dann muss sich dies auf seine Eltern und Großeltern ebenso beziehen wie auf seine Diener und Angestellten im Familienbetrieb. Das könnte vielleicht ein Heil aus Gnaden sein, aber es ist ein Heil ohne Glaube! Es nützt nichts zu behaupten, Säuglinge wären vom Glauben ausgeschlossen, Erwachsene hingegen nicht; von einer solchen Unterscheidung wissen die Berichte nichts. Die Verheißung »... so wirst du errettet werden — du und dein Haus« (Apg. 16,31) erfordert entweder den Glauben des Oberhauptes des Hauses allein (d. h. des Gefängnisdirektors), oder sie erfordert den Glauben einer jeden Person des Hauses. Die grammatische Form läßsst beide Deutungen zu, aber nicht die Möglichkeit, dass der Glaube aller Erwachsener, aber nicht jener der Kinder gemeint ist!

Tatsächlich bestätigt der Textzusammenhang, dass die Aussage des Paulus zu interpretieren ist als erweiterte Einladung an das ganze Haus zu: »Glaubt an den

"UND WAS BEDEUTET ... ?"

Herrn Jesus, und ... ihr werdet errettet.« Die Frage des Gefängnisdirektors verrät seine Sorge ausschließlich um seine eigene Zukunft, doch Paulus ergreift die Gelegenheit, um mit seiner Einladung auch dessen erschrockene Mitarbeiter anzusprechen und ihnen die Chance zu geben, den Glauben ihres Chefs und damit dessen Errettung zu teilen. Dass dies die richtige Bedeutung ist, geht aus dem sorgfältigen Bericht des Lukas über ihre Reaktion hervor. Das Evangelium wurde nicht nur dem Gefängnisdirektor verkündigt, sondern auch *allen* anderen in seinem Hause. Sie wurden *alle* getauft, und sie wurden *alle* mit großer Freude erfüllt, weil sie *alle* geglaubt hatten!

Den gleichen Schluss kann man auch in Bezug auf die anderen Situationen ziehen. »Alle« im Hause des Kornelius hörten die Botschaft, empfingen den Heiligen Geist, redeten in Zungen und weissagten. Die Gruppe wird beschrieben als »seine Verwandten und nächsten Freunde« (Apg. 10,24). Sie alle waren fromm und gottesfürchtig und erwarteten eine Botschaft, die zur Errettung des »ganzen« Hauses führte. Das »ganze« Haus von Krispus wurde zuerst gläubig und dann getauft (Apg. 18,8). Das ganze Haus des Stephanas stellte sich in den Dienst für die Heiligen (1. Kor. 16,15 — die ersten Bekehrten in Achaja). Was immer sich sonst noch sagen ließe — Tatsache ist, dass all diese »ganzen Häuser« *gänzlich* aus Personen bestanden, die bewusst auf das Evangelium eingehen konnten. (Ich habe selber solche »Haustaufen« miterlebt, wo alle gemeinsam Buße getan und zum Glauben gekommen sind, obwohl es sich heute in solchen Fällen eher um eine kleinere Anzahl von Personen handelt.)

Obwohl die Argumente für eine Ausschließung von sich passiv verhaltenden Säuglingen von Haustaufen im Neuen Testament nicht ausreichen (!), scheint die Beweislast bei denen zu liegen, die sie mit einschließen (und indirekt erwachsene Angehörige des »Hauses« ausschließen, die wohl glauben könnten, es aber nicht taten). Bis dahin haben wir nur den Text an und für sich berücksichtigt; aber auch das tieferliegende Problem des theologischen Hintergrundes dieser Texte muss untersucht werden, weil dies der eigentliche Grund ist, weshalb sie in der bekannten Weise interpretiert werden.

Es gibt etliche schwerwiegende Einwände gegen die Praxis der Taufe von Kleinkindern, bevor sie selber Buße getan haben oder zum Glauben gekommen sind. Der offensichtlichste ist die Schwierigkeit, die neutestamentliche Bedeutung und den Sinn der Taufe (s. Kap. 4) auf einen passiven Empfänger zu beziehen, der nicht in der Lage ist, selber zu reagieren. Das Konzept, Buße und Glaube in der Taufhandlung voll zum Ausdruck und zur Wirkung zu bringen, geht völlig verloren. Die instrumentale Ausdrucksweise, nach der die Handlung bewirkt, was sie repräsentiert — ein eigentliches Begrabenwerden und Auferstehen mit Christus — führt zu einer von zwei verzerrten Sichtweisen. Bei der einen überwiegt eine extrem sakramentale Auffassung, indem man glaubt, das Wasser und die Worte genügten, um dem Säugling Heil zu bringen (eine Auffassung, die man zutreffend als »Taufwiedergeburt« bezeichnet). Bei der anderen überwiegt eine extrem symbolische Auffassung; die Taufe an sich bewirke wenig oder gar nichts, sondern sei ein Zeichen, das zurückweist auf etwas bereits Geschehenes (Eintreten in den Bund durch leibliche Geburt) oder das vorwärts weist auf etwas, das hoffentlich geschehen wird (Eintreten in das Reich Gottes durch leibliche Geburt). Die eine Auffassung macht zuviel aus dem Ritus, die andere macht zuwenig daraus! Für beide Auffassungen ist die Taufe unvollständig, und darum erfordert sie die Hinzufügung irgendeiner Art von

"UND WAS BEDEUTET ... ?"

»Konfirmation«, wenn das Alter der Verantwortlichkeit erreicht ist. Manche sagen, die Wassertaufe müsse später durch die Geistestaufe vervollständigt werden (obwohl die katholische Theologie beide miteinander identifiziert und glaubt, der Geist werde vom Säugling bei der Taufe empfangen).

Der folgerichtigste »pädobaptistische« Standpunkt ist jener, der auf dem Bundesgedanken basiert. Normalerweise wird von der Voraussetzung ausgegangen, dass es in der ganzen Bibel nur einen Gnadenbund gibt und dass dieser sich in verschiedenen Phasen und Weisen erschließt. Man behauptet, Gottes Handeln an Menschen besitze nicht so sehr individuellen, sondern kollektiven Charakter und seine Gnade werde sowohl leiblich ererbt wie geistlich vermittelt. Er macht seinen Bund weniger mit Menschen als mit einem »Volk«. Die Familie ist die Heilseinheit, und ein Mensch wird in den geistlichen »Status« der Eltern hineingeboren. Auf diese Weise erscheinen »Haustaufen« als völlig übereinstimmend mit den Wegen Gottes, wenn sie als »Familien«-Taufen aufgefaßt werden.

Die diesem Denken zugrunde liegende Voraussetzung, von Anfang bis Ende der Bibel existiere nur ein einziger »Gnadenbund«, muss entschieden in Frage gestellt werden. Der Ausdruck als solcher findet sich nirgends, ebensowenig das Konzept. Dagegen spricht die Bibel von verschiedenen Bünden (Plural) und unterscheidet sie nach den daran Beteiligten, den Verheißungen und den Bedingungen, die damit verknüpft sind. Das Alte Testament selber kennt ganz verschiedene Bundesschlüsse, so denjenigen mit Noah (der erste, der erwähnt wird), mit Abraham, Mose und David. Die letzten drei standen in enger Beziehung zueinander, und bei allen drei waren leibliche Nachkommen oder Verwandte involviert — so ist der »kollektive« Bundesbegriff sicherlich relevant für das Verhältnis Gottes zu Israel.

Doch das Neue Testament spricht von einem »neuen« Bund, der im Alten Testament von Jeremia vorausgesagt wurde. Er wies darauf hin, dass dieser Bund nicht so sein werde wie derjenige, welcher mit Mose geschlossen worden war (Jer. 31,32). Durch den neuen Bund werde der alte Bund überholt sein (Hebr. 8,13). Es muss untersucht werden, in welcher Hinsicht dieser neue Bund anders sein sollte als der alte Bund.

Wesentlich ist der Unterschied, dass der neue Bund nicht mit einem ganzen Volk geschlossen wurde, sondern mit jeder Person einzeln. Dies hatten die Propheten vorausgesehen (Jer. 31,29-30.34; Hes. 18,2; Joel 3,5). Besonders deutlich kommt es aber in der Predigt von Johannes dem Täufer und von Jesus zum Ausdruck, die sich bemühten klarzumachen, dass die Abstammung des Menschen bedeutungslos geworden war (Matth. 3,9; Joh. 8,39). Fleisch kann nur Fleisch hervorbringen; eine zweite Geburt des Geistes ist nötig (Joh. 3,5-6). Hier ist die persönliche Verantwortung gefragt (einschließlich der Fähigkeit zu antworten!). Die Sprache des neuen Bundes hat einen ganz persönlichen Akzent — »jeder«, »jemand« und »wer«. Sie unterstreicht die Notwendigkeit, dass jeder einzelne Gott seine persönliche Antwort gibt (»wenn jemand« in Luk. 14,26-27; »jeder, der« in Joh. 3,16; »jeder von euch« in Apg. 2,38). Die Menschen müssen sich einzeln vor dem kommenden Gericht verantworten (Röm. 2,6), wie es auch bei der Errettung vom zukünftigen Zorn der Fall ist.

Es können nicht zwei Wege in das Reich Gottes führen — die einen kommen durch die Geburt nach dem Fleisch und die anderen durch die Geburt des Geistes hinein! Die Taufe bezieht sich nicht auf das erste, sondern auf das zweite.

Eine logische Folge davon ist, dass die Familie nicht länger die Zielgruppe für Gottes rettendes Handeln ist. In der Tat zeigt das Neue Testament, dass ein »Haus« und sogar die Familie selber durch das Evangelium entzweit werden können. Jesus sagte, er sei nicht gekommen, um Frieden zu bringen, sondern ein Schwert — das Eltern und Kind, Bruder und Schwester entzweit. So kann zum Beispiel eine Familie von fünf Personen entzweit werden in zwei und drei (Luk. 12,51-53) — das einzige intime Verhältnis, dessen Entzweiung Jesus nicht voraussieht, ist jenes zwischen Mann und Frau im »heiligen« Ehebund (s. Kap. 22).

Wir können also folgern, dass der »neue« Bund auf einer ganz anderen Basis beruht als der »alte« und dass seine Erkennungsriten anders angewendet werden müssen. Doch was ist der »alte« Bund? Alle neutestamentlichen Bezugnahmen darauf verwenden dieses Adjektiv ausschließlich für den Bund, der mit Israel durch Mose gemacht wurde, und nie für den, der mit Abraham geschlossen wurde. Von den gläubig gewordenen Heiden wird im Neuen Testament gesagt, dass sie »Abrahams Kinder« sind (Röm. 4,16) und den ihm verheißenen Segen ererben. Da der mit Abraham geschlossene Bund auch von seinen »Nachkommen« ererbt wurde, gilt er dann nicht auch für die Nachkommen von Christen heute? Ist dann die »Haustaufe« nicht der direkte Ersatz für die abrahamitische Beschneidung?

Es ist wichtig zu beachten, dass das Neue Testament das Wort Bund tatsächlich nie verwendet, wenn es von der Verbindung zwischen gläubigen Christen und Abraham spricht. Ihre Verbindung zu Abraham ist nicht physischer, sondern geistlicher Art, auf dem Glauben basierend. Sie sind seine »Kinder« oder »Söhne« in dem Sinne, dass sie durch das Teilhaben an seinem Glauben ihm ähnlich sind; er ist der »Vater« vieler Nationalitäten von Gläubigen (Röm. 4,16-17). Christen haben nicht alles ererbt, was Abraham verheißen wurde — zum Beispiel haben sie nicht das Land

Kanaan ererbt —, aber sie haben den verheißenen Geist empfangen (Gal. 3,14). Wir dürfen auch nicht vergessen, dass die Beschneidung für Abraham nach seinem Glauben kam und nur ein »Siegel« seines eigenen Glaubens sein konnte; sie konnte aber nicht ein »Siegel« für den Glauben irgendeines seiner Nachkommen sein (Röm. 4,10-11). Er ist der Vater all derer, die zuerst glauben und danach versiegelt werden. Die Wassertaufe wird nie als »Siegel« bezeichnet; dieser Ausdruck ist der Geist-Taufe im Neuen Testament vorbehalten. Und die einzige neutestamentliche Bibelstelle, in welcher Wassertaufe und Beschneidung zusammen im gleichen Kontext erwähnt werden, lässt keinen Zweifel daran, dass hier überhaupt nicht an den physischen Ritus der Beschneidung gedacht ist (Kol. 2,9-12 — s. Kap. 25).

Das Bindeglied zwischen dem abrahamitischen und dem »neuen« Bund ist der Herr Jesus Christus selber. Der »alte« Bund fand mit ihm sein Ende. Seine Beschneidung im Alter von acht Tagen war die letzte von Gott geforderte, da Jesus der einzige »Samen« (= Nachkomme) war, der den abrahamitischen Segen ererbte (Gal. 3,16). Der »neue« Bund begann mit ihm. Die Taufe Jesu in seinem dreißigsten Lebensjahr und sein Leiden und Sterben im dreiunddreißigsten Lebensjahr waren erforderlich, um einen neuen Weg zur Ererbung des abrahamitischen Segens zu eröffnen (Luk. 12,50; 22,20). Er wurde nicht von sich aus beschnitten, aber er wurde von sich aus getauft. Darin liegt der Schlüssel. Der Gegensatz besteht zwischen dem Leben des Fleisches und dem Leben des Geistes. Die Abstammung, die für das Volk Gottes unter dem »alten« Bund von so großer Bedeutung war, erreichte ihren Höhepunkt und Abschluss im Stammbaum Jesu (Matth. 1; Luk. 3); von diesem Zeitpunkt an spielt die Herkunft keine Rolle mehr. Der neue Bund schafft ein neues Volk auf einer neuen Grundlage. Nachdem

"UND WAS BEDEUTET ... ?"

Jesus durch sein Fleisch den Segen Abrahams ererbt hatte, teilt er ihn anderen allein aufgrund ihres Glaubens mit (vgl. Apg. 11,17 mit Gal. 3,2-14).

Nach diesem größeren Exkurs können wir zu den Bibelstellen über die »Haus«-Taufe zurückkehren und mit ziemlicher Sicherheit folgendes feststellen: Weder der interne (textliche) Beweis noch der externe (theologische) Beweis gestattet, sie zur Unterstützung der Säuglingstaufe heranzuziehen. Auch wenn wir eine kleine Spanne von Mehrdeutigkeit zugestehen, müssen wir jedoch daran festhalten, dass man die Argumente zugunsten dieser Praxis nicht in diesen Texten suchen sollte (wenn das überhaupt möglich ist!). Ich möchte dieses Kapitel mit einem Zitat aus *der Apology of Aristides* abschließen. (Aristides war ein christlicher Zeitgenosse des Kaisers Hadrian, der von 117 bis 138 n. Chr. regierte.) Die *Apology* erteilt Aufschluss über die Haltung christlicher »Haushalter« in der Zeit unmittelbar nach der Abfassung der neutestamentlichen Schriften: »Was ihre Diener oder Dienerinnen oder Kinder, soweit jene solche haben, betrifft, so überreden sie diese aus Liebe zu ihnen, Christen zu werden; und wenn sie Christen geworden sind, nennen sie sie ohne Unterschied Brüder«. Auf diese Weise wurden sowohl Diener wie Kinder in einem christlichen Hause zum Gegenstand evangelistischen Bemühens; und der Schlüssel zu ihrer Bekehrung war die Liebe, die sie von den christlichen Angehörigen des Hauses empfingen.

KAPITEL 20

DIE JÜNGER VON EPHESUS

»Es geschah aber, während Apollos in Korinth war, dass Paulus, nachdem er die höher gelegenen Gegenden durchzogen hatte, nach Ephesus kam. Und er fand einige Jünger und sprach zu ihnen: Habt ihr den Heiligen Geist empfangen, nachdem ihr gläubig geworden seid? Sie aber sprachen zu ihm: Wir haben nicht einmal gehört, ob der Heilige Geist (überhaupt da) ist. Und er sprach: Worauf seid ihr denn getauft worden? Sie aber sagten: Auf die Taufe des Johannes. Paulus aber sprach: Johannes hat mit der Taufe der Buße getauft, indem er dem Volk sagte, dass sie an den glauben sollten, der nach ihm komme, das ist an Jesus. Als sie es aber gehört hatten, ließen sie sich auf den Namen des Herrn Jesus taufen; und als Paulus ihnen die Hände aufgelegt hatte, kam der Heilige Geist auf sie, und sie redeten in Sprachen und weissagten« (Apg. 19,1-6).

Dieser Bibelabschnitt ist ein klassisches Beispiel für den Schaden, der durch eine nicht inspirierte Aufteilung des Wortes Gottes ohne Rücksicht auf Verse angerichtet wird! Die Geschichte der Mission in Ephesus beginnt in Apostelgeschichte 18. Paulus pflügte nicht auf jungfräulichem Boden, sondern erntete, wo andere — namentlich seine Freunde Priscilla und Aquila und besonders der ägyptische Jude Apollos — gesät hatten.

Es kann gewiss kein Zufall sein, dass sowohl Apollos sowie die Jünger, auf die Paulus stieß, »nur die Taufe des Johannes kannten« (18,25; vgl. 19,3).

Wenn die Gruppe, die Paulus antraf, ihr geistliches Wissen — was höchst wahrscheinlich ist — Apollos verdankte, so würde dies zum großen Teil erklären, weshalb Lukas sie ohne nähere Bestimmung »Jünger« nannte und warum Paulus annahm, dass sie »Gläubige« waren. Denn Apollos wusste genug über Jesus, um aus den jüdischen Schriften den Beweis erbringen zu können, dass dieser der erwartete Messias (griechisch: *christos*) war. Vermutlich verglich er dabei die prophetischen Voraussagen mit dem, was ihm über Leben, Tod und Auferstehung Jesu bekannt war (auf ganz ähnliche Weise wie Jesus selber auf dem Weg nach Emmaus — Luk. 24,25-27).

Diese Verbindung mit Apollos erklärt, weshalb Paulus vorsichtig, ja fast misstrauisch ihre geistliche Erfahrung in Frage stellt; denn der Dienst von Apollos war mangelhaft gewesen. Was er über Jesus lehrte, war soweit richtig, aber es genügte nicht, um zu einer vollen christlichen Erfahrung zu verhelfen. Er schien nicht zu wissen, dass die Taufe jetzt auf Geheiß des auferstandenen Jesus vollzogen wurde und eine tiefere Bedeutung »in« seinem Namen beinhaltete. Mit ziemlicher Sicherheit war er auch nicht auf dem Laufenden über die Ausgießung des Heiligen Geistes durch Jesus, nachdem dieser in den Himmel aufgefahren war. Ohne diese Erkenntnisse wurde der »Glaube« von Apollos vor allem als eine verstandesmäßige Zustimmung zu augenscheinlichen Wahrheiten betrachtet (als Glaube, dass Jesus der Christus war) statt als eine existentielle Beziehung (glauben *an* Jesus als persönlichen Heiland und Herrn), die durch die Taufe in Wasser und Geist eingeleitet wurde.

Das Ehepaar Aquila und Priscilla, das bereits mit Paulus zusammengearbeitet hatte, erkannte den Mangel

"UND WAS BEDEUTET ... ?"

bei Apollos. Anstatt den Prediger deswegen zu kritisieren, waren sie weise genug, ihn im persönlichen Rahmen und ungezwungen über das vollständige Evangelium aufzuklären. Wahrscheinlich machten sie ihn auch mit einer anderen Gruppe von »Brüdern« bekannt (nicht diejenigen, zu denen er gepredigt hatte), die ihn ermunterten, sein vertieftes Verständnis anderswo — in Achaja — weiterzugeben.

Es scheint daher, als ob Apollos zu zwei Gruppen in Ephesus Beziehungen hatte. Die erste, die der Synagoge nahestand, war eine Gruppe von Juden, die seine Überzeugung übernommen hatten, nämlich Jesus als den in ihren Schriften verheißenen Messias anzuerkennen. Die zweite, mit der Aquila und Priscilla ihn bekanntgemacht hatten, war eine Gruppe von Christen, die sich wahrscheinlich in ihrem Heim trafen. Die zwei Gruppen schienen keine direkten Beziehungen zueinander zu haben; und das Ehepaar, welches den Apollos korrigiert hatte, machte sich offensichtlich keine besonderen Sorgen wegen jenen, die von ihm gelehrt worden waren.

Da Paulus seine ersten Kontakte in einer Stadt gewöhnlich in der Synagoge machte, war es die erstgenannte Gruppe, der er zuerst begegnete. Sein Gespräch mit ihnen, Gegenstand vieler Diskussionen und sogar Kontroversen, wird vor dem oben beschriebenen Hintergrund völlig erklärbar. Ihre Antworten auf sein »Kreuzfeuer« spiegeln genau das wieder, was Apollos früher gelehrt hatte. Offensichtlich hatten sie keine Gelegenheit, sich mit Aquila und Priscilla zu unterhalten und geistlichen Nutzen daraus zu ziehen.

Lukas zögert nicht, sie als »Jünger« zu beschreiben; das war die häufigste Bezeichnung für die Christen in der Apostelgeschichte. Das Wort wird für einen einzelnen Christen (9,10.36), für mehrere Christen (9,19.25) und für die Christen insgesamt (6,1.7) gebraucht. Wären sie lediglich »Johannesjünger« gewesen, hätte Lukas das in seinem Wunsch, genau zu sein, sicher gesagt (vgl. Luk. 1,3). Das Fehlen des bestimmten Artikels (»die«) hat hier weiter nichts zu bedeuten (vgl. 9,10.36). Er akzeptierte sie als »Jünger«, weil sie bereits auf »dem Weg« waren (beachten wir, wie oft diese »Denomination« des Christentums in der Ephesus-Geschichte verwendet wird — 18,25.26; 19,9.23). Die Schlüsselfrage ist allerdings, wie weit sie auf »dem Weg« gegangen sind; bevor Paulus ihnen diente, wollte er eine Antwort darauf haben.

Um diesen Abschnitt richtig zu verstehen, muss man nicht vom geistlichen Zustand oder Stand der »Jünger« ausgehen, sondern von der geistigen Sicht des Apostels. Diese Stelle gibt mehr Aufschluss über die Initiationstheologie des Paulus als irgendeiner seiner Briefe. Der Grund dafür ist, dass diese an solche gerichtet waren, die bereits voll in das Glaubensleben eingeführt worden waren. Nur gelegentlich enthalten sie einen Hinweis auf deren Anfänge, während Paulus in der Apostelgeschichte an Neulingen Seelsorge übt. Wir sehen, wie er direkte Missionsarbeit tut. Eine sorgfältige Analyse seines Gesprächs und seines Verhaltens bei dieser Gelegenheit vermittelt wertvolle Einsichten und herausfordernde Prinzipien.

Die erste Frage des Paulus bedarf eines aufmerksamen Studiums; man kann zu viel und zu wenig hineinlesen. Nicht ihre Lehre stellt er in Frage, sondern ihre Erfahrung; doch er tut dies auf der Grundlage seiner Theologie.

Der Formulierung seiner Frage können wir entnehmen, wie wenig befriedigend er ihren geistlichen Zustand fand. Wir müssen die Worte des Paulus so nehmen, wie sie dastehen, und als unverfälschte Zusammenfassung seiner ersten Eindrücke betrachten, auch wenn seine weiteren Erkundigungen zu einer Änderung seiner anfänglichen Meinung führten. Kurz gesagt: Er war sich zuerst sicher

"UND WAS BEDEUTET ... ?"

gewesen, dass sie an Jesus »glaubten«, aber nicht, dass sie den Geist »empfangen« hatten (erst später kamen bei ihm auch Zweifel über ihren Glauben auf).

Was hatte zu diesem doppelten Eindruck geführt? Es musste einige Zeichen dafür gegeben haben, dass sie »geglaubt« hatten — als Schüler des Apollos kannten sie wohl die »christliche« Auslegung der alttestamentlichen Schriften und waren imstande, ohne weiteres von Jesus als »dem Christus« zu sprechen. Durch das alles konnte Paulus den Eindruck gewinnen, dass sie das Evangelium gehört und angenommen hätten. Andere Zeichen aber fehlten — Zeichen dafür, dass sie »empfangen« hatten. Wahrscheinlich nahm er keine Manifestationen der Geistesgaben wahr. Oder um einen anderen Ausdruck von Paulus zu gebrauchen: Sie schienen den »Geist nicht zu haben« (Röm. 8,9 — s. Kap. 21). Dieser Mangel konnte zwei Ursachen haben — entweder hatten sie den Geist schon »empfangen«, ihn aber »gedämpft« oder seinem Einfluß »widerstrebt«, oder aber sie hatten den Geist überhaupt nie »empfangen«. Paulus formulierte seine Frage so, dass er den wahren Grund herausfinden konnte, um dann mit seinem Dienst entsprechend der Situation darauf einzugehen.

Die Wortwahl ist sehr bezeichnend. Wörtlich übersetzt lautet die Frage des Paulus: »Geglaubt habend, habt ihr Heiligen Geist empfangen?« Das Verb »glauben« steht im Aorist und bezieht sich auf jenen bestimmten Glaubensschritt, mit dem das Glaubensleben für den Glaubenden beginnt (die gleiche Zeitform wird in Verbindung mit dem Verb »empfangen« in Joh. 7,39 und Apg. 11,17 gebraucht, und beide Kontexte sind beinahe identisch mit dem, der uns jetzt interessiert). Es ist viel darüber diskutiert worden, ob die Übersetzung an dieser Stelle lauten sollte: »als ihr gläubig geworden seid« (diese Übersetzungsvariante wird von solchen vorgezogen, die »glauben« und »empfangen« als Synonyme und darum als gleichzeitig geschehend betrachten) oder »nachdem (oder *seitdem*) ihr gläubig geworden seid« (eine Übersetzungsvariante, die diejenigen bevorzugen, welche im Sinne der Zwei-Stufen-Lehre einen nachfolgenden »zweiten Segen« vertreten). In Wirklichkeit trifft keine der beiden Übersetzungen genau zu! Die Frage des Paulus lautet eigentlich: »Geglaubt habend an Jesus, habt ihr entweder dann oder seitdem den Heiligen Geist empfangen?« (in Apg. 10,44 geschah es gleichzeitig; in Apg. 8,17 geschah es nacheinander!).

Es ging ihm nicht im Geringsten darum zu wissen, wann sie »empfingen«, aber es war ihm sehr daran gelegen zu wissen, ob sie empfangen hatten oder nicht. Aus der Frage, ob beides stattgefunden hatte, ergibt sich die eine klare Schlussfolgerung: *An Jesus glauben und den Heiligen Geist empfangen war für Paulus nicht ein und dasselbe.* Nach seiner Auffassung war es durchaus möglich, dass sie das eine ohne das andere hatten, wie es bei den Neubekehrten in Samaria der Fall gewesen war und nicht zuletzt bei ihm selber während jener drei Tage, die er nach seinem Bekehrungserlebnis in Damaskus verbracht hatte. Dieser Zustand kann als »subnormal«, aber nicht als »abnormal« bezeichnet werden.

Es muss betont werden, dass Paulus von den Jüngern erwartete, sie wüßten, ob sie »empfangen« hatten oder nicht. Sie befanden sich nicht in einer Lage, die es ihnen erlaubt hätte, dieses »Wissen« von den neutestamentlichen Schriften abzuleiten, wie es heute viele versuchen zu tun, da diese ja noch nicht geschrieben waren! Sie konnten darauf nur aufgrund einer Erfahrung antworten, die so eindeutig war, dass sie keinen Zweifel daran hatten. Eine weitere Bestätigung, dass Paulus sich auf ihre Erfahrung bezieht, wird durch das Fehlen des bestimmten Artikels

"UND WAS BEDEUTET ... ?"

sichtbar — »Habt ihr Heiligen Geist empfangen ...?« Das bedeutet gewöhnlich, dass nicht die Person als Objekt, sondern die Kraft als Subjekt hervorgehoben wird; es ist eine charakteristische Weglassung, wenn der Geist als Teil der menschlichen Erfahrung gesehen wird (s. Anhang B).

Auch die Antwort der Jünger auf die erste Frage von Paulus muss sehr sorgfältig beachtet werden. Bei einer oberflächlichen Lesart (wie es in zu vielen Übersetzungen der Fall ist) kann man sie als Bekenntnis einer erstaunlichen Unwissenheit über die dritte Person der Dreieinigkeit auffassen, als ein Eingeständnis, nie etwas von ihm gehört zu haben! Eine so völlige Unwissenheit ist höchst unwahrscheinlich, da die Lehre des Apollos ziemlich sicher auch die Verheißung beinhaltete, dass der Messias seine Sendung mit der mächtigen Salbung des Heiligen Geistes krönen würde (Jes. 61,1), die Jesus selber bei seiner Taufe durch Johannes im Jordan empfangen hatte. Sie mussten auch von der Lehre des Täufers gehört haben, dass seine Taufe im Wasser nicht zu vergleichen war mit der Taufe im Heiligen Geist durch den Messias, die später erfolgen sollte.

Ein wiederholter Blick auf den eigentlichen Wortlaut der Antwort verrät Wissen statt Unwissenheit — allerdings nicht ein auf Erfahrung beruhendes Wissen, sondern ein verstandesmäßiges Wissen. Wörtlich übersetzt sagten sie: »Aber wir haben gar nicht gehört, dass Heiliger Geist ist.« Nochmals auf das Fehlen des bestimmten Artikels (Hinweis auf die Kraft anstatt auf die Person) zurückkommend, müssen wir den eigentümlich »unvollendeten« Satz (Heiliger Geist »ist« was?) untersuchen. Manche behaupten, »ist« bedeute »existiert«; doch das ist eine Verkehrung des Satzes, die den Heiligen Geist zum Objekt anstatt zum Subjekt des Verbs macht (»Wir haben nicht gehört, dass es einen Heiligen Geist gibt.«) Um sicherzugehen, müßte eine wörtliche Übersetzung aus dem Griechischen ins

Deutsche ein zusätzliches Wort enthalten, um den Sinn zu vervollständigen. Glücklicherweise gibt es an anderer Stelle der Bibel eine exakte Parallele (wie oft führt so etwas doch zur Lösung eines exegetischen Problems!). Johannes 7,39 heißt wörtlich: »Denn noch nicht war Geist, weil Jesus noch nicht verherrlicht war.« Was »war« Geist noch nicht? Versteht man es so, als hätte der Geist noch gar nicht existiert, dann wäre das eine häretische Leugnung der ewigen Trinität! Um diesen Irrtum zu vermeiden, wird in den Übersetzungen allgemein ein Extrawort hinzugefügt (das im Griechischen nicht steht): »denn Geist war noch nicht *gegeben*« (d. h. in den Menschen kundgetan). Das erklärt und klärt die Bezugnahme auf Pfingsten (das erst nach dem Tod, der Auferstehung und der Himmelfahrt Jesu — seiner »Verherrlichung« — stattfinden konnte). Sobald dieses gerechtfertigte zusätzliche Wort in die gleiche grammatische Konstruktion von Apostelgeschichte 19,2 eingefügt wird, sieht die Antwort der Jünger ganz anders aus: »Wir haben nicht gehört, dass Heiliger Geist gegeben ist« (der »westliche Text« mit seiner anderen Lesart »*lambanousin tines*« drückt sich noch klarer aus: »Wir haben nicht gehört, dass jemand den Heiligen Geist empfangen hat«). In anderen Worten: Sie wußten, dass die Salbung des Messias auch auf seine Nachfolger kommen würde, aber sie waren noch nicht darüber informiert, dass dies bereits geschehen war. Ihre Unkenntnis betraf nicht den Heiligen Geist als solchen, sondern das Pfingstereignis und dessen Bedeutung für alle Gläubige, die sich nach diesem Geschehen bekehrten.

Paulus wusste jetzt, was er wissen musste. Aber er wollte noch mehr über ihre Initiation erfahren und fragte sie nach ihrer Taufe. Beachten wir, dass er von allen annahm, dass sie getauft waren, obwohl er sich fragte, ob ihre Taufe wohl auf die richtige Art und Weise vollzogen worden war. Sie sind in dieser Phase in den Augen des Paulus immer noch »glaubende Jünger«. Wenn sie in Bezug auf Pfingsten so unwissend waren, so fing er an, sich jetzt zu fragen, wieviel »christlichen« Inhalt wohl ihre Taufe gehabt haben mochte und inwieweit sie den Zweck des Ritus begriffen hatten — daher die Verwendung der Präposition »in« (= hinein in, s. Kap. 23 über die volle Bedeutung derselben in Verbindung mit der Taufe). Für jede Taufe gibt es ein »in« (das Element — hier Wasser) und ein »hinein in« (der Sinn oder der beabsichtigte Zweck, der durch den Akt erreicht wird). Einfach ausgedrückt, fragte Paulus: »Was hat die Taufe bei euch bewirkt oder was bedeutet sie für euch?«

Bevor wir uns mit der Antwort der Jünger beschäftigen, müssen wir innehalten und fragen, was uns die Frage über die Denkweise von Paulus verrät. Auf jeden Fall besteht in seinem Geist eine gewisse Beziehung zwischen Wassertaufe und Geistestaufe. Obgleich Paulus diese beiden Dinge nie miteinander identifiziert, stellt er sie doch in eine sehr enge Beziehung zueinander und verknüpft sie bis zu einem gewissen Grad im Sinne von Ursache und Wirkung. Die Wassertaufe ist sowohl Auftakt als auch Bedingung für die Geistestaufe; in der Praxis führte das eine zum anderen. Eine mangelhafte Taufe ist darum ein möglicher Grund für einen verzögerten Geistesempfang. Anders ausgedrückt: Der Herr antwortet auf eine echte Taufe damit, dass er durch die Gabe des ausgegossenen Geistes dem reumütigen Glaubenden demonstriert, dass er von ihm angenommen ist. Deshalb wird der Geistesempfang nicht einfach durch das Taufverständnis des Täuflings erleichtert oder verzögert; eine Verzögerung könnte nämlich auch bedeuten, dass der Herr selber die Taufe aus irgendeinem Grund für ungenügend erklärt.

Die Antwort, welche diese »Jünger« auf die zweite Frage des Paulus gaben, offenbart, wo sie wirklich standen, und sagte Paulus alles, was er wissen musste. Ihre Taufe war ein unverfälschter Ausdruck ihrer Buße vor Gott gewesen, aber sie stellte keinen persönlichen Akt des Glaubens an den Herrn Jesus dar. Weil es ihnen niemand als solchen erklärt hatte, sahen sie darin nicht eine Identifikation mit Jesus und seinem Tod, seiner Grablegung und seiner Auferstehung (Röm. 6,3-4) und somit nicht als das Geschenk einer neuen Identität durch die Taufe »in« seinen Namen. Es war keine »christliche« Taufe gewesen.

Das zeigt, dass ihr Glaube nicht das gewesen war, was er hätte sein sollen. Erst jetzt wurde Paulus bewusst, dass er sich in seiner Annahme geirrt hatte, sie hätten »geglaubt« — wenigstens so, wie er diesen Begriff verstand. In der Tat wiesen sie von den vier Elementen christlicher Initiation nur eines auf, nämlich die Buße! Paulus versuchte sie weiterzuführen, indem er darauf hinwies, dass ihr eigentlicher Mentor (= Lehrmeister), Johannes der Täufer, die Grenzen seines eigenen Dienstes und seiner Taufe völlig erkannt und seine Anhänger aufgefordert hatte, ihr Vertrauen auf »den Einen« zu setzen, dessen Vorläufer er war. Seine Bußtaufe hatte den Zweck gehabt, »den Weg zu bereiten« für den Glauben an den kommenden König, der, wie sich herausstellte, sein eigener Cousin Jesus war.

Das Einbringen der Person Jesu an dieser Stelle des Gesprächs löst weder Überraschung noch Unwissenheitsbeteuerungen aus (»Wir haben nie gehört, dass es Jesus gibt«!). Dies ist ein Rätsel: Der Name »Jesus« muss ihnen bekannt gewesen und unter ihnen auch gebraucht worden sein, als Paulus sie »fand« (oder aus welchem Grund sonst hätte Lukas sie »Jünger« genannt und Paulus angenommen, sie hätten »geglaubt«?), und doch fordert Paulus sie jetzt auf, »an Jesus« zu glauben. Die Erklärung dafür könnte wieder im Wirken von Apollos zu finden sein. Er hatte sie »von« (griechisch: *peri* — 18,25)

"UND WAS BEDEUTET ... ?"

Jesus gelehrt und ihnen seine Überzeugung mitgeteilt, dass Jesus der Christus war, was auch stimmte, aber dennoch nicht genügte. Es war nicht der volle, rettende Glaube, der ein Glauben *an* Jesus ist (Paulus gebraucht die griechische Präposition *eis* = »hinein in«.) Rettender Glaube bedeutet nicht, Lehrsätze zu akzeptieren, sondern einer Person zu vertrauen — daher die Verwendung des Namens »Jesus« mit einer solchen Ausdrücklichkeit, und dies zu einem doppelten Zweck: Diejenigen, die seine »Verwandten« und »Repräsentanten« sind, sollen ihn direkt anrufen und auch als Autorität gebrauchen.

Das alles und noch mehr musste von Paulus gründlich erklärt werden. Die Reaktion der Jünger auf seine weitere Belehrung war ein tiefempfundenes Verlangen, in diese ganz persönliche Beziehung zu Jesus Christus einzutreten. Nebenbei gesagt, ist der Eifer weiterzukommen, gewöhnlich ein Zeichen dafür, dass jemand bereits auf »dem Weg« ist. Andererseits ist es kein gutes Zeichen, wenn jemand meint, er habe schon alles, was er braucht! Und so unterzogen sich die »Jünger« von Ephesus bereitwillig der Wassertaufe im Namen des Herrn Jesus. Paulus taufte nicht selber, sondern überließ dies seinen Helfern Timotheus und Erastus (19,22), vermutlich um zu vermeiden, dass die Jünger seinen eigenen Namen mit dem Taufakt in Verbindung brachten (1. Kor. 1,15).

Bevor wir weitergehen, müssen wir uns bewusst machen, dass dieser Akt das war, was viele heute eine »Wiedertaufe« nennen. (Um unbequeme Auswirkungen davon zu vermeiden, bestritt Calvin in seiner *Institutio* 4.15.18, dass es sich in Ephesus um eine Wassertaufe gehandelt hätte, und behauptete, Paulus hätte diesen »Jüngern« lediglich die Hände aufgelegt!) Paulus zögerte nicht, diese Jünger ein zweites Mal in das Wasser zu tauchen, ebensowenig wie es Petrus am Pfingsttage getan hatte (s. Kap. 15).

Auch wenn ihre erste Taufe von echter Buße begleitet gewesen war, so bedeutete das Fehlen eines persönlichen Glaubens an Jesus, dass es keine »christliche« Taufe war. Sie war vom Herrn nicht akzeptiert worden, weil sie keine Erfüllung seines Befehls gewesen war. Paulus versuchte nicht, die Glaubensdimension durch eine erfundene »Konfirmations«-Zeremonie zu dieser ersten Taufe »hinzuzufügen«. Das hätte die Taufe zu einem bloßen vorausdeutenden Symbol reduziert, was sie aber nicht sein sollte. Die Verwendung von Wasser zusammen mit einer Wortformel, die den Namen Jesus enthielt, würde den Apostel kaum befriedigt und nicht davon überzeugt haben, dass eine christliche Taufe stattgefunden hatte. Nicht die Verwendung der Taufformel — auch nicht die Verwendung des Namens Jesus an sich — verleiht dem Sakrament Wirksamkeit, sondern der Glaube an seinen Namen, die Anrufung seines Namens durch den Täufer wie durch den Täufling (Apg. 2,21; 3,16; 22,16). Es gibt auch keinen Hinweis darauf, dass Paulus eine stellvertretende Buße oder einen stellvertretenden Glauben als Ersatz für die eigene Antwort auf das Evangelium seitens der getauften Person akzeptiert hätte (s. vorangehendes Kap.).

Ungeachtet ihres ursprünglichen Glaubenszustandes konnte kein Zweifel daran bestehen, dass die Jünger in Ephesus jetzt echte Gläubige waren, die Buße über ihre Sünden getan, ihr Vertrauen auf den Herrn Jesus gesetzt und beides in der Wassertaufe konkret zum Ausdruck gebracht hatten. Deshalb hat es wenig Sinn, über ihren geistlichen Zustand zu diskutieren, wie Paulus ihn zuerst bei ihnen vorgefunden hatte. Als sie aus dem Wasser auftauchten, waren sie noch in dem Zustand, dass sie wohl glaubten, aber sie hatten noch nicht empfangen! Dieser wesentliche Punkt wird von den meisten Evangelikalen heute vollständig übersehen (die dennoch behaupten, die Epheser hätten empfangen, als sie gläubig wurden, obwohl es dafür kein sichtbares Zeichen gab), desgleichen auch von den meisten Sakramentalisten heute (die dennoch behaupten, die Jünger hätten empfangen, als sie getauft wurden, obwohl es auch dafür kein sichtbares Zeichen gab). Wären diese beiden Ansichten richtig, hätte für Paulus gar keine Notwendigkeit bestanden, ihnen *weiterhin* seelsorgerisch zu dienen. Der Apostel aber glaubte weder das eine noch das andere. Er schien gar nicht überrascht zu sein, dass bis dahin eigentlich nichts »passiert« war, was auf einen Geistesempfang hätte schließen lassen können. Er schien von der einfachen Annahme auszugehen, diese »Jünger« wären jetzt voll qualifiziert zu »empfangen«, so dass der nächste angemessene Schritt in der Bitte um die Gabe bestand, wobei jene intensive und ausdrucksreiche Gebetsform benutzt wurde, die als »Handauflegung« bekannt ist. Diese war schon von anderen Aposteln praktiziert worden (Apg. 8,15-17), und auch Paulus selber hatte auf diese Weise den Heiligen Geist empfangen, nachdem er Buße getan hatte und gläubig geworden war (Apg. 9,17). Anders als bei der Wassertaufe nahm Paulus jetzt selber die Handauflegung vor — nicht, weil es dazu eines Apostels bedurft hätte (in seinem Fall genügte ein Ananias) oder weil er es gewesen war, der als erster die Frage gestellt hatte, sondern weil sein Gebet klarmachen würde, dass es diesmal nicht ein Mensch war, der die Taufe vollzog, sondern Jesus selbst (die dabei gebrauchten Worte waren an ihn und nicht an die Täuflinge gerichtet). Das heißt, dass *alle* Gläubige ohne Unterschied durch Jesus selbst im Heiligen Geist getauft werden, während die Wassertaufe an ihnen durch verschiedene Jünger Jesu vollzogen wird (wenn man bei ihnen Unterschiede machen konnte).

Nachdem schließlich die Jünger in Ephesus alle Vorbedingungen erfüllt und alle Probleme ausgeräumt hatten, empfingen sie den Heiligen Geist und konnten jetzt die ursprüngliche Frage des Paulus mit einem klaren Ja beantworten (was sie zwar nicht zu tun brauchten, weil die anderen Anwesenden den Geistesempfang ohne weiteres erkennen konnten; Paulus hatte die Frage nur gestellt, weil er nicht bei ihrem Anfang dabeigewesen war). Nun war ihre Initiation vollständig. Sie hatten Buße getan und waren gläubig geworden, danach waren sie getauft worden, und nach ihrer Taufe hatten sie den Heiligen Geist empfangen. Das war die genaue Reihenfolge, wie sie gewöhnlich von allen erlebt wurde, die in jenen Tagen das Evangelium annahmen. Der *Zeitpunkt* war allerdings insofern etwas ungewöhnlich, als dass ihr Glaube etwas Zeit brauchte, um seine rettende Wirkung zu erreichen. Die Zeitspanne zwischen der Entfaltung eines vollen Glaubens und dem Geistesempfang war kurz, aber real (zwischen beiden erfolgte die Taufe). Die Zeitspanne, ob in Minuten gemessen (wie hier) oder in Tagen (wie in Samarien), genügt, um zu zeigen, dass »glauben« und »empfangen« eindeutig nicht dasselbe ist.

Das entscheidende Argument ist, dass in Ephesus — wie auch sonst überall und bei allen anderen — der Geistesempfang von einem audiovisuellen Beweis »pfingstlichen« Charakters begleitet war. Bei dieser Gelegenheit traten »Zungen und Weissagung« auf. Beides sind Formen von *spontanem* Reden, das erste in einer nicht erlernten und wahrscheinlich unbekannten Sprache, das zweite hingegen in ihrer eigenen Sprache. In beiden Fällen entsprang der Inhalt nicht ihren eigenen Gedanken, sondern ihrem Geist, wobei der Heilige Geist sie inspirierte, was sie sagen sollten. Vermutlich hat es seine Bedeutung, dass *jedes Mal*, wenn »Zeichen« des Geistesempfangs aufgezählt werden, die Gabe der »Zungen« darunter sind. Wenn andererseits andere »Zeichen« aufgezählt werden, geht daraus nicht klar hervor, dass neben dem Auftreten anderer Gaben *alle* in Zungen redeten (eine solche Pauschalaussage wird nur über Pfingsten selbst gemacht, als Zungen die einzige Manifestation von Geistesgaben waren — Apg. 2,4; s. Kap. 14). Hier in Ephesus sieht es so aus, als ob einige in Zungen redeten und andere weissagten (das ist der natürlichste Sinn des Wortlautes). Abgesehen von Pfingsten gibt es keinen Bericht, dass alle in Zungen geredet hätten, als der Geist empfangen wurde, und ebensowenig gibt es eine apostolische Lehre, dass sie es tun müßten. Dass das Zungenreden wohl das äußerliche Zeichen sein könnte, lässt sich mit der Bibel gut begründen. Aber wenn mit Entschiedenheit behauptet wird, es sei der einzig gültige Beweis, dann geht das über die Heilige Schrift hinaus.

Ein paar abschließende Bemerkungen sollen unser Studium zu Ende bringen. Es waren zwölf »Männer«, die das erlebten. Diese Tatsache ist wahrscheinlich von geringer Bedeutung. Vielmehr bestätigt sie die Exaktheit, mit der Lukas über die verschiedenen Geschehnisse berichtete. Das schließt aber nicht notwendigerweise ihre Frauen und die gläubigen Angehörigen ihrer Familien aus. Beachten wir, dass sie den Heiligen Geist nicht als kollektive Gruppe empfingen — dies geschah im Neuen Testament hauptsächlich zu Pfingsten —, sondern einzeln, während der Apostel seine Hände auf sie legte (so wie es in Samarien geschehen war — Apg. 8,17). Die Behauptung, das Neue Testament berichte nur von gemeinsam erlebten Geistestaufen, ist einfach nicht wahr.

Dieser Abschnitt ist besonders bemerkenswert, weil er ein direktes Bindeglied zwischen der lukanischen und der paulinischen Theologie des Geistes darstellt. In einigen Kreisen ist es Mode, den Unterschied zwischen ihnen hervorzuheben und dann die eine als Kriterium für die andere zu wählen! Die Evangelikalen neigen zur paulinischen Variante und bedienen sich ihrer, um die charismatische Dimension von Lukas abzuschwächen, während Pfingstler die lukanische wählen, um die in sich abgeschlossene Lehre von Paulus abzuschwächen. Apostelgeschichte 19 verdeutlicht, dass das paulinische Verständnis der christlichen Initiation dem der anderen Apostel entsprach — nämlich dem Muster, das Lukas in seiner ausdeutenden Geschichte der Urgemeinde immer wieder darstellt. Die Hauptmerkmale dieser gemeinsamen Theologie lassen sich wie folgt aufzählen:

1. Eine vollständige Initiation besteht aus vier Elementen: vor Gott Buße tun, an Jesus glauben, im Wasser getauft werden und den Heiligen Geist empfangen.
2. Die christliche Taufe setzt Buße über die Sünde und den persönlichen Glauben an Jesus als Vorbedingung voraus.
3. An Jesus glauben und den Heiligen Geist empfangen ist nicht dasselbe und kann zeitlich auseinander liegen.
4. Der Geistesempfang ist eine konkrete Erfahrung mit offensichtlichen Beweisen.
5. Wenn eines der vier Elemente fehlt, müssen Schritte unternommen werden, um den Mangel zu beheben.

Apostelgeschichte 19,1-6 ist natürlich nicht die einzige Bibelstelle, aus der diese Schlussfolgerungen gezogen werden können (s. z. B. Kap. 16 und 27); aber dieser Abschnitt ist eines der deutlichsten Beispiele für die apostolische Praxis, von der sich apostolische Lehre ableiten lässt. (Die seelsorgerische Anwendung dieser Prinzipien wird später in diesem Buch — in Kap. 32 bis 35 — behandelt.)

Die Herausforderung, unsere modernen Auffassungen zu überdenken, ist von Bischof Lesslie Newbigin in seinem

"UND WAS BEDEUTET ... ?"

Buch *The Household of God* (SCM Press, London, 1953) wunderbar beschrieben worden — eine prophetische Publikation über die Gemeinde unserer Zeit, geschrieben von einem Manne von der Bedeutung eines Roland Allen:

»Der Apostel richtete an die Bekehrten des Apollos eine Frage: >Habt ihr den Heiligen Geist empfangen, als ihr gläubig wurdet?< und erhielt eine klare Antwort. Seine heutigen Nachfolger neigen indessen mehr dazu, zu fragen: >Habt ihr genau geglaubt, was wir lehren?< oder >Waren die Hände, die man auf euch legte, unsere Hände?<, und — wenn die Antwort zufriedenstellend ausfällt — den Bekehrten zu versichern, sie hätten den Heiligen Geist empfangen, auch wenn sie es nicht wußten. Es stehen ganze Welten zwischen diesen beiden Haltungen« (S. 95).

KAPITEL 21

DER PRÜFSTEIN

»Ihr aber seid nicht im Fleisch, sondern im Geist, wenn wirklich Gottes Geist in euch wohnt. Wenn aber jemand Christi Geist nicht hat, der ist nicht sein« (Röm. 8,9).

Dies ist ein bevorzugter »Beweis-Text« jener, die glauben, der Heilige Geist werde automatisch und im Augenblick des Gläubigwerdens — meist unbewusst — »empfangen«, und deswegen sei es unnütz und sogar irreführend, wenn man einen weiteren Beweis oder eine weitere Erfahrung erwartet, um eine Bestätigung dafür zu haben, dass die Gabe auch wirklich gegeben wurde.

Wer jedoch diesen Vers im obigen Sinne gebraucht, geht mit ihm auf eine ziemlich ungewöhnliche Art und Weise um. Man nimmt die Aussage des Paulus nicht, wie sie dasteht, sondern dreht sie zweimal um, und zwar zuerst vom Negativen ins Positive und dann von hinten nach vorn! Außerdem fügt man das Wort »Christ« hinzu, obwohl es im Grundtext nicht steht. Die Folge ist, dass damit ein gewisser exegetischer »Kunstgriff« verdeckt wird. Das Argument wird wie folgt konstruiert:

– Jeder, der den Geist nicht hat, ist kein Christ, deshalb
– ist jeder, der den Geist hat, ein »Christ«, und deshalb
– muss jeder, der ein »Christ« ist, den Geist haben.

Die dritte Aussage entspricht dann — gemäß der Auffassung solcher Leute — dem, was der Text meint. Für das ungeübte Ohr klingt das wie eine vollkommen legitime Ableitung. Doch diese Logik enthält einen fatalen Fehler, der sich leichter feststellen lässt, wenn man eine einfache Umkehrung vornimmt:

- Jeder Hund hat vier Beine, deshalb
- muss alles, was vier Beine hat, ein Hund sein.

Nachdem wir den grundlegenden Trugschluss verstanden haben, können wir jetzt ein Beispiel für eine doppelte Umkehrung geben:

- Jeder, der nicht von deutschen Eltern geboren wurde, ist nicht Deutscher, deshalb
- ist jeder, der von deutschen Eltern geboren wurde, Deutscher, deshalb
- muss jeder, der Deutscher ist, von deutschen Eltern geboren sein.

Das könnte man als einleuchtendes Argument ansehen, solange man sich nicht bewusst ist, dass die Bedeutung von »deutsch« nicht durchweg dieselbe ist. Die dritte Aussage kann Menschen einschließen, die es durch einen legalen Adoptions- oder Einbürgerungsprozess geworden sind. Auf genau dieselbe Weise kann »Christ« in der dritten Aussage etwas ganz anderes bedeuten als in der ersten Aussage. Nach moderner Auffassung würde sich »Christ« auf die Samariter beziehen, bevor sie den Geist empfangen hatten —in welchem Fall man mit Römer 8,9 beweisen könnte, dass sie den Geist empfangen hatten! Bezeichnet man mit »Christ« jeden, der an Jesus »geglaubt« hat, dann würde dieses Verständnis von Römer 8,9 die Frage des Paulus an die Epheser als völlig unsinnig erscheinen lassen; denn jetzt könnte diese so verstanden werden: »Habt ihr den Heiligen Geist empfangen, als ihr Christen wurdet?«

Nachdem wir diese weitverbreitete falsche Auslegung aus dem Weg geräumt haben, können wir zu einem neuen Verständnis gelangen, wenn wir den weiteren Textzusammenhang und den eigentlichen Wortlaut des Textes selbst betrachten und anschließend untersuchen, welches die Auswirkung davon auf die paulinische Initiationslehre ist.

Paulus schreibt nach Rom, weil er den Wunsch hat, auch dort (als dem Mittelpunkt des Römischen Reiches und als Sprungbrett nach Spanien) seinen Dienst auszuüben. Da die dortige Gemeinde nicht von ihm gegründet wurde und deshalb auch keinen Nutzen aus seinem Dienst gezogen hat, verfaßt er sein eigenes »Empfehlungsschreiben« (vgl. 2. Kor. 3,1-3). Das erklärt die weniger ins Gewicht fallenden persönlichen Grüße (in Röm. 16) wie auch die stark ins Gewicht fallende ausführliche Darlegung des Evangeliums, das er predigt (nirgendwo sonst in seinen Schriften kam er einer »systematischen Theologie« so nahe wie hier!). Sie sollten vor seiner Ankunft soviel wie möglich über ihn wissen, damit er ohne weiteres von ihnen akzeptiert und weitergesendet werden konnte (Röm. 15,24).

Wichtig ist auch, sich bewusst zu machen, dass er sie nicht besser kennt als sie ihn. Obgleich er ausgezeichnete Nachrichten über ihren gemeinsamen Glauben erhalten hat (Röm. 1,8), nimmt er nichts als selbstverständlich hin. Da er nicht selber unter ihnen evangelisiert hatte, setzt er auch nicht voraus, dass sie in allem das sind, was sie sein sollten. Manchmal spricht er zu ihnen wie zu Sündern, obwohl sie »berufene Heilige« sind (Röm. 2,5; vgl. 1. Kor. 1,7). An einer Stelle scheint er sogar anzudeuten, dass sie noch nicht alle getauft sind (Röm.

6,3). Er glaubt auch, dass sie noch mehr Geistesgaben gebrauchen können, als sie bisher besitzen (Röm. 1,11; vgl. 1,7). Er nimmt an — wohl mit Recht -, dass sie Hilfe und Rat für ein gottseliges Leben nötig haben, sowohl was ihre Gemeinschaft untereinander in der Gemeinde als auch ihren Wandel in der Welt betrifft (Röm. 12-15). Der Vers, um den es uns hier geht (Röm.8,9), passt sehr gut zu dieser ganzen »Atmosphäre«, weil er diskret daran erinnert, dass seine Belehrung von der grundlegenden Voraussetzung ausgeht, dass sie alle den Geist »hatten«; sonst sind seine Schlussfolgerungen nicht anwendbar.

In den ersten acht Kapiteln werden die Evangeliumsverkündigung des Paulus und seine Heils- »Theologie« dargelegt. Die nächsten drei Kapitel handeln von der Beziehung zwischen Juden und Heiden — ein Thema, das für die Gemeinde sehr aktuell war. Die letzten Kapitel schließlich beschreiben die Heilsethik. Im ersten Teil lassen sich drei klare Unterteilungen feststellen:

- die Notwendigkeit des Heils (der Zorn Gottes und die Sünde des Menschen);
- der Beginn des Heils (Rechtfertigung);
- die Fortsetzung des Heils (Heiligung).

Praktisch immer wird Römer 8,9 so ausgelegt, als würde der Vers zum zweiten Teil gehören; in Wirklichkeit aber gehört er zum dritten Teil. Er bezieht sich nicht auf den *Stand* des Gläubigen vor Gott (bei dem es um die Rechtfertigung geht), sondern auf den Zustand des Gläubigen in Gott (bei dem es um die Heiligung geht). Deshalb ist es ganz verkehrt, in diesen Vers eine Definition hineinlesen zu wollen, wie man »Christ« wird (ein weiteres Beispiel für den Grundsatz: Ein aus dem Zusammenhang gerissener Text wird zu einem Vorwand).

"UND WAS BEDEUTET ... ?"

Römer 7 und 8 gehören zusammen. Sie liefern den unmittelbaren Hintergrund zum Vers, indem sie den Gegensatz zwischen dem Leben im »Fleisch« (sowohl vor der Bekehrung in 7,7-13 als auch nach der Bekehrung in 7,14-25) und dem Leben im »Geist« aufzeigen. Die eine Lebensweise führt zu Niederlage, Verzweiflung und Tod; die andere führt zu Sieg, Hoffnung und Leben. Um Gläubige anzuspornen, nach Heiligkeit zu streben, stellt Paulus mit Vorliebe den Unterschied heraus (Gal. 5,16-23 ist ein klassisches Beispiel für einen solchen Gegensatz). Nach Auffassung des Paulus besitzt der Gläubige eine Wahl, die der Ungläubige nicht hat. Ein ungläubiger Mensch kann nur im Fleische leben.

Andererseits kann ein gläubiger Mensch im Fleische leben und »fleischlich« sein — in diesem Fall ist sein Leben so in Unordnung und deprimierend wie in seinen Tagen als Nichtchrist —, oder er kann im Geist leben und »geistlich« sein.

Im Lichte seines Themas und seiner Beziehung zu den Römern ist es darum ganz natürlich, wenn Paulus in einer Zwischenbemerkung die Annahme äußert, dass seine Leser alle den Heiligen Geist »hatten«. Wäre es nicht so, würde das alles für sie unerreichbar sein: der Friede, die Kindschaft, die Hilfe im Gebet, der Sieg über die Umstände, der Triumph gegenüber aller Feindschaft. Dies alles ist eine direkte Auswirkung des Wandels im Geist, der Führung durch den Geist, des Zeugnisses durch den Geist und der Hilfe des Geistes. Durch die Kraft des Geistes muss das Fleisch »abtreten«. Denn es ist unmöglich, gleichzeitig durch das Fleisch und durch den Geist zu leben. Der Gläubige ist »frei«, um entweder im Fleische oder im Geiste zu wandeln, aber niemals in beidem (vgl. Röm. 8,5 mit Gal. 5,17).

Eingedenk all dessen — und mit dem richtigen Blick

auf den Kontext! — wenden wir uns Römer 8,9 selbst zu und beginnen mit einer wörtlichen Übersetzung des Griechischen: »Nicht den Geist habend, ist ein solcher nicht sein.«

Das Auffallendste an dieser Aussage ist die Zeitform des Verbs »haben«. Im Griechischen bezeichnet die Präsensform entweder eine verlängerte Handlung (»fortfahren«, etwas zu haben) oder einen gegenwärtigen Zustand (etwa: etwas »sein« habend). Beiden gemeinsam ist das Element der Dauer; man spricht auch von der »andauernden Gegenwart«.

Paulus bezieht sich hier nicht auf die zurückliegende Bekehrung seiner Leser, sondern auf ihren gegenwärtigen Zustand. Er spricht nicht von ihrem ursprünglichen Eintritt in die Rechtfertigung, sondern von ihrer gegenwärtigen Heiligungserfahrung. Wenn er sich zum ursprünglichen Geistesempfang eines Gläubigen äußern will, gebraucht er die Vergangenheitsform oder, genauer gesagt, den Aorist (der sich auf ein Einzelgeschehen bezieht). Das ist der Fall im vorhergehenden Teil über die Rechtfertigung, wo er vom »Heiligen Geist, den er uns gegeben hat«, spricht (Röm. 5,5). Beachten wir, wie Paulus in Römer 5 die vollkommene Zuversicht ausdrückt, dass seine Leser alle »empfangen« haben, in Römer 8 hingegen lässt er Zweifel erkennen, ob sie es alle »haben«. Das weist auf eine grundlegende Unterscheidung im Denken und Lehren von Paulus hin. »Empfangen« und »haben« sind nicht synonym, obwohl ersteres das zweite nach sich ziehen sollte. Dort, wo die Jünger den Geist anscheinend nicht »haben«, sollte man zuerst herausfinden, ob sie ihn »empfangen« haben. Das war genau die Situation in Ephesus, die der Grund für die Fragestellung von Paulus gewesen war (s. Kap. 20). Obwohl er in Ephesus feststellte, dass sie den Geist nie »empfangen« hatten, zeigt die Form seiner Frage, dass er mit der Möglichkeit rechnete, dass sie wohl »empfangen«, aber nicht fortgefahren waren, weiterhin zu »haben«.

Eine Bestätigung für dieses Verständnis von »haben« und »empfangen« findet sich auch in der Septuaginta, der griechischen Übersetzung der alttestamentlichen Schriften. Aus dieser Version zitiert Paulus am meisten, und von daher war ihm wahrscheinlich auch genau dieser Ausdruck »Heiligen Geist haben« vertraut. Dort wird es im Präsens von Männern wie Joseph und Josua gesagt, um damit ihre andauernde geistliche Reife zu beschreiben (1. Mo. 41,38; 4. Mo. 27,18). Paulus gebraucht diesen Ausdruck für sich selber (1. Kor. 7,40).

Mit anderen Worten: »Haben« bezieht sich im kontinuierlichen und erfahrungsmäßigen Sinn auf die Heiligung und nicht in lehrmäßigem und rechtlichem Sinn auf die Rechtfertigung. Wenn der bestimmte Artikel absichtlich ausgelassen worden ist, wäre dies ein zusätzlicher Hinweis auf dieses Verständnis. Das würde die »subjektive« Erfahrung der Kraft des Heiligen Geistes in einem Gläubigen im Gegensatz zur »objektiven« Existenz der Person des Heiligen Geistes im Gläubigen hervorheben (s. Anhang B). Das deckt sich vollkommen mit der ersten Hälfte von Römer 8,9, wo es wörtlich heißt: »Ihr seid nicht im Fleisch, sondern im Geist, wenn Heiliger Geist fortfährt, in euch zu wohnen.« Hier haben wir die gleichen grammatischen Merkmale: die fortgesetzte Präsensform des Verbs, das Fehlen des bestimmten Artikels usw. Die beiden Hälften der Aussage lesen sich wie ein Vers-Paar hebräischer Poesie (beruhend auf einem »Parallelismus«, d. h. der Wiederholung desselben Gedankens mit anderen Worten); solche Vers-Paare wären aus der Feder eines »Hebräers von Hebräern« (Phil. 3,5) nichts Ungewöhnliches.

WIEDERGEBURT

Am meisten jedoch fällt auf, dass beiden Aussagen das entscheidende »wenn« vorausgeht, wovon das erste mit dem Partizip »wirklich« verstärkt ist. Damit wird eindeutig eine Bedingungssituation ausgedrückt, da es nichts Automatisches gibt, was sowohl »haben« wie auch »innewohnen« betrifft. Es ist möglich, mit dem »Empfangen« des Geistes zu beginnen und dann nicht fortfahren, den Geist zu »haben«.

Was haben diejenigen verloren, die nicht fortfahren zu »haben«? Da diese Aussage nicht in Römer 5, sondern in Römer 8 steht, lautet die erste Antwort: ihre Heiligung, aber nicht unbedingt ihre Rechtfertigung. Keine der Segnungen eines »Lebens« im Geist wird ihnen gehören. Sie werden immer wieder feststellen, dass sie wieder »im Fleische« sind und ein »fleischliches« Leben führen (1. Kor. 3,1). Das Gesetz der Sünde, das in ihren Gliedern wirksam ist, wird sich gegenüber dem Gesetz Gottes in ihrem Sinn durchsetzen. Kurz, sie bleiben in Römer 7 stecken! Das kann nur geistlichen Tod hervorbringen.

Könnte dieser Zustand aber auch zum ewigen Tod führen? Kann man nicht nur den Segen der Heiligung, sondern auch den Segen der Rechtfertigung verlieren? Welches ist die Bedeutung der letzten Worte »der ist nicht von ihm«?

Als erstes muss bestimmt werden, worauf sich »von ihm« bezieht. Alle drei Personen der Trinität (Gott, Christus, Heiliger Geist) werden in diesem Vers erwähnt. Es ist jedoch unwahrscheinlich, dass »von ihm« sich gesamthaft auf alle drei bezieht. Meistens hat man angenommen, es beziehe sich auf Christus, da er die letzte Person ist, welche vor dem Pronomen genannt wird. Diese Interpretation wird besonders von solchen bevorzugt, die den ganzen Vers im Sinne der Rechtfertigung anstatt der Heiligung interpretieren. Dann würde der Ausdruck bedeuten:

"UND WAS BEDEUTET ... ?"

»Der ist überhaupt kein Christ« (so die Wiedergabe in *Hoffnung für alle — Living Bible),* gewöhnlich noch mit dem Zusatz: »und ist es nie gewesen«!

Obwohl diese Interpretation weitläufig akzeptiert ist, unterbricht sie jedoch den Zusammenhang des starken Arguments von Paulus und macht aus Römer 8,9 eine Nebenbemerkung (die eigentlich in Klammern stehen sollte wie diese hier!). Diese Stelle würde dann eher zu einem früheren Teil seiner Ausführungen passen, am besten direkt im Anschluss an Römer 5,5, wo er im Abschnitt über die Rechtfertigung vom Empfang der Gabe des Geistes spricht, wenn man »Christ wird«. Römer 8 wird zu Recht als Höhepunkt anstatt als Beginn des Glaubenslebens aufgefaßt, und es wäre seltsam, wenn Paulus ausgerechnet hier seine Ausführungen mit einer abrupten Bemerkung unterbrechen und sagen würde: »Das trifft natürlich auf euch nicht zu, wenn ihr noch keine echten Christen seid« !

Das Problem ist gelöst, wenn wir den Kontext beachten. Römer 8 befaßt sich thematisch nicht nur ausschließlich mit der Heiligung, sondern die Person, die hier vor allem in den Vordergrund tritt, ist der *Heilige Geist.* Den ganzen Brief hindurch ist eine fortschreitende Akzentuierung feststellbar — angefangen beim Zorn Gottes über das Erlösungswerk Christi bis hin zum Leben im Geist. Hier in Römer 8 steht der Heilige Geist im Mittelpunkt der Ausführungen, wo er abwechselnd als »der Geist Gottes« und »der Geist Christi« beschrieben wird, wodurch er eng verbunden wird mit den anderen Personen der Gottheit. Wir haben hier ein Stück gesunder Theologie. Die zwei Titel ergänzen einander und beleuchten zusätzlich den poetischen Parallelismus der beiden Aussagen. Die Reihenfolge der Ausdrücke ändert sich, ähnlich wie in hebräischen Psalmen, doch wenn man sie umordnet, wird die Parallele sichtbar:

- Geist Gottes + Innewohnung = im Geist
- Geist Christi + haben = von ihm.

Weil »von ihm« in der zweiten Zeile mit »im Geist« in der ersten Zeile synonym ist, beziehen sich beide Ausdrücke auf den Heiligen Geist, und mit dem letzten »von ihm« ist nicht Christus, sondern der Geist Christi gemeint. Es gibt noch eine weitere interne Parallele zu jener Aussage, die sich so darstellen lässt:

- Wenn der Geist in euch wohnt, seid ihr von ihm;
- wenn ihr den Geist nicht hab, hat er euch nicht.

Paulus berührt hier einen ganz wichtigen Punkt, zuerst auf positive Weise, dann auf negative Weise — und beide Male auf poetische Art! Er spricht nicht von dem Kommen des Heiligen Geist zum Gläubigen, sondern von seinem Bleiben. Der ganze Vers hat nicht einen lehrmäßigen, sondern einen erfahrungsmäßigen Charakter. Es geht bei ihm nicht um unser »Heil« in der zukünftigen, sondern in der jetzigen Welt und nicht um die Rechtfertigung, sondern um die Heiligung. Er befasst sich nicht damit, wer »Christi« ist (normalerweise definiert er einen Christen als einen, der »in Christus« ist), sondern er befasst sich damit, wer »des Geistes« ist.

Darum besteht keine Notwendigkeit, über die Bedeutung dieses Verses für die Devise »Einmal gerettet — immer gerettet« zu diskutieren (s. Kap. 36). Die Heiligungserfahrung zu verlieren, ist etwas völlig anderes als der ewige Verlust der Rechtfertigung. Um das erstere geht es Paulus in Römer 8.

Der Tenor von Römer 8,9 ist von Realismus getragen, gepaart mit einer feinen Balance zwischen einem starken Optimismus in der positiven Verszeile und einer leichten

"UND WAS BEDEUTET ... ?"

Färbung von Pessimismus in der negativen Verszeile. Es ist die notwendige Warnung, die sich einerseits auf unpersönliche Weise an »irgend jemand« richtet, der es versäumt hat, auch weiterhin den Heiligen Geist zu »haben«, und die sich gleichzeitig in zuversichtlicher Weise persönlich an »euch« richtet — Paulus schreibt, dass die Warnung in Rom kaum nötig sei, da sie (die Gläubigen in Rom) ja nicht im Fleisch, sondern im Geist seien (und darum das ganze Kapitel von Römer 8 auf sich beziehen können). Die gleiche Mischung von allgemeiner Warnung und spezieller Ermutigung findet sich auch in anderen apostolischen Schriften (Hebr. 6,9 ist ein gutes Beispiel dafür — s. Kap. 27).

Wir fassen zusammen: »Heiliger Geist« war für Paulus in erster Linie nicht eine gesunde Lehre, sondern eine geistliche Dynamik. Es war ihm ein Anliegen, dass seine Bekehrten, die zu Beginn den Geist Gottes »empfangen« hatten (Gal. 3,2 — Aorist »Einmal-Zeitform«), damit fortfahren sollten, dass ihnen der Geist »dargereicht« würde (Gal. 3,5 — fortgesetzter Präsens). Ein vollständiges Heil werden nur solche erfahren, die den Geist »noch haben«; es genügt nicht, ihn »einmal gehabt« zu haben.

Die Herausforderung, die in dieser Unterscheidung liegt, ist heute vielleicht notwendiger als je zuvor. Die Taufe im Heiligen Geist ist nur ein Anfang. Erfüllt worden sein ist eine Sache; erfüllt bleiben ist eine andere Sache. Den Geist »empfangen« ist ein wesentlicher Schritt; den Geist »haben« ist ein siegreicher Wandel. Das ist die Botschaft von Römer 8, und der Prüfstein dieses Kapitels ist Vers 9.

KAPITEL 22

DIE HEILIGE FAMILIE

»Denn der ungläubige Mann ist durch die Frau geheiligt, und die ungläubige Frau ist durch den Bruder geheiligt; sonst wären ja eure Kinder unrein, nun aber sind sie heilig« (1. Kor. 7,14).

Dies ist ein weiterer beliebter »Beweis-Text« für die Verfechter der Taufe von unmündigen und hilflosen Säuglingen. Man bringt ihn häufig mit den »Haustaufen« in Zusammenhang (s. Kap. 19), obwohl es in jenen Fällen das Familienoberhaupt bzw. der »Chef« des Hauses war, dessen Glaube, so wird behauptet, der Errettung seines ganzen Hauses diente, während hier dasselbe von der gläubigen *Ehefrau* behauptet wird.

Doch in Wirklichkeit hat dieser Vers überhaupt nichts mit der Initiation oder auch mit dem Heil als solchem zu tun. Im Textzusammenhang geht es um die Ehe und um die Probleme, die zwischen zwei Gläubigen, vor allem aber zwischen einem gläubigen und einem ungläubigen Ehepartner auftreten können. Kann ein Christ dem Druck eines solchen »ungleichen Jochs« entfliehen? Natürlich hätte ein gläubiger Mensch gar nicht erst in eine solche Situation geraten sollen (2. Kor. 6,14). Darum beschäftigt sich Paulus mit Sicherheit mit einem Fall, bei dem sich der eine Ehepartner *nach* der Heirat bekehrt hatte.

WIEDERGEBURT

Paulus ist nicht in der Lage, im Einzelnen Worte Christi zu zitieren, die auf alle solche Umstände zutreffen, aber er hält dafür, dass sein »apostolischer« Rat die Autorität eines »Gebotes« besitzt (1. Kor. 7,10). Doch das Grundprinzip, das sich hinter seinem Rat verbirgt, stützt sich auf den Präzedenzfall, den Jesus selbst geliefert hat: Scheidung ist keine Alternative. Wenn die Trennung die einzige Lösung einer solchen familiären Situation ist, dann muss der Gläubige allein bleiben oder sich mit seinem früheren Partner versöhnen (er darf jedoch keinen anderen heiraten, denn die erste Ehe ist nicht aufgelöst, sondern einfach zeitweilig außer Kraft getreten).

Wenn man zwischen den Zeilen liest, wird offenbar, dass etliche Gläubige versuchten, die Ehescheidung oder auch die Trennung allein aufgrund der Tatsache zu rechtfertigen, dass der Partner nicht gläubig war. Man betrachtete ein solches ungleiches Joch als ein unmoralisches Verhältnis, das es aufzulösen galt. Einen »Sünder« zu heiraten, wurde als geistliche Entartung des »Heiligen« hingestellt. Wahrscheinlicher aber ist, dass es sich einfach um eine Ausrede handelte, um einen lästigen Gefährten loszuwerden!

In Wirklichkeit verhält es sich nach der Auffassung von Paulus mit dem Einfluß umgekehrt. Nicht nur wird der gläubige Teil nicht verderbt, sondern der ungläubige Teil wird »geheiligt«. Doch was ist damit genau gemeint? Es kann sicher nichts mit jener moralischen und geistlichen Weiterentwicklung zu tun haben, die auf die Rechtfertigung folgt, da Paulus später feststellt, dass der ungläubige Partner immer noch nicht »errettet« ist (1. Kor. 7,16). Er muss den Ausdruck also in einer rein formalen, rechtlichen und beinahe rituellen Weise verwendet haben im Sinne eines »Gott-geweiht-Seins« (so die ursprüngliche Bedeutung im Alten Testament). Der »heilige« Ehestand hat solche

"UND WAS BEDEUTET ... ?"

Ungläubigen in eine andere Kategorie versetzt, wodurch die Aufforderung nicht realisierbar ist, »herauszugehen und sich abzusondern« (2. Kor. 6,17). Auf dem Eheverhältnis ruht Gottes Zustimmung und Segen; was Gottes Billigung hat, muss auch die Billigung des Gläubigen haben.

Sollte der ungläubige Teil als zu »unrein« betrachtet werden, um mit ihm leben zu können (d. h. wegen seines Unglaubens und nicht wegen Sünden), so müßte der gläubige Teil auch seine Kinder verlassen (entweder weil sie die Kinder eines Ungläubigen und deshalb »angesteckt« sind oder weil sie selber noch nicht gläubig sind). Doch dies ist nicht nötig, da die »Heiligkeit« der Familie als Ganzes auch die Kinder »heiligt« und der Gläubige ohne weiteres mit ihnen umgehen kann. Auch hier wird deutlich, dass Paulus das Wort »heilig« in einem objektiven und »rechtlichen« Sinn (von »rein machen«) gebraucht, statt in einem subjektiven »moralischen« Sinn (als »unbefleckt«). Nur ein Idealist, der keinerlei Kontakt mit Kindern hat, könnte glauben, die Tatsache, einen gläubigen Elternteil zu haben, garantiere »heiliges« Benehmen und »heiligen« Charakter bei den Nachkommen!

Diese im obigen Sinn für Kinder angewendete Bezeichnung »heilig« als Rechtfertigung für die Säuglingstaufe zu benutzen, ist, gelinde ausgedrückt, fragwürdig. Man könnte dann ja auch argumentieren, dass solche »heiligen« Kleinkinder überhaupt keines Reinigungsrituals bedürften (auf dieselbe Weise, wie die Taufe eines jüdischen Proselyten auch die vorhandenen Kinder der bekehrten Eltern mit einschließt, dann aber alle späteren Nachkommen als bereits »heilig« betrachtet werden, so dass sie keine rituelle Reinigung mehr nötig haben). Und außerdem könnte man behaupten, dass ein »geheiligter«, aber ungläubiger Ehemann ebenso für die Taufe qualifiziert wäre wie seine »heiligen« Kinder!

WIEDERGEBURT

Es wäre vernünftig, wenn man bei allen Diskussionen über die christliche Initiation die Hinzuziehung dieser Bibelstelle aussparen würde. Der Text ist schon in seiner Anwendung auf das besagte Thema von Scheidung und Ehe schwierig genug, als dass man ihn noch in den ihm so fremden Zusammenhang der Taufe zerren muss! Er ist an dieser Stelle nur deshalb behandelt worden, weil man sich so oft auf ihn berufen hat, um damit das weite zeitliche Auseinanderklaffen der Taufe und der anderen Elemente der christlichen Initiation zu rechtfertigen.

Kinder eines gläubigen Elternteils sind schon dadurch »heilig«, dass sie in diese Familie hineingeboren wurden. Die Taufe kann sie nicht heiliger machen, als sie schon sind, und sich der Taufe lediglich als Anerkennung dessen zu bedienen, was sie bereits sind, verzerrt in empfindlicher Weise die neutestamentliche Bedeutung des Taufaktes.

KAPITEL 23

DER ZERGLIEDERTE LEIB

»Denn in einem Geist sind wir alle zu einem Leib getauft worden, es seien Juden oder Griechen, es seien Sklaven oder Freie, und sind alle mit einem Geist getränkt worden« (1. Kor. 12,13).

Wie bei den meisten Briefen geht Paulus auch hier auf Probleme in einer Gemeinde ein, die er selbst gegründet hatte. Darunter sind lehrmäßige Probleme (eine gewisse Unsicherheit über die Auferstehung), sittliche Probleme (Inzest unter Mitgliedern und Trunkenheit beim Abendmahl) sowie soziale Probleme (Cliquen, die sich um verschiedene Prediger scharten). Zwei dieser Probleme beschäftigen ihn ganz besonders: die geistliche Unreife der Korinther (sie waren vor allem fleischlich statt geistlich gesinnt) und ihre Uneinigkeit (»Geistesgaben« interessierten sie mehr als die »Geistesfrucht«).

Den unmittelbaren Kontext der Bibelstelle, mit der wir uns im vorliegenden Kapitel befassen, bilden drei Kapitel, die sich mit den »Geistesgaben« befassen (griechisch: *charismata*). 1. Korinther 12 handelt von den vielfältigen Gaben, die sich im Leibe Christi manifestieren; 1. Korinther 13 macht deutlich, dass die Gaben dem Leibe schaden, wenn sie *nicht in der Liebe* ausgeübt werden; und 1. Korinther 14 beschreibt den »besseren Weg«, der darin besteht, die Geistesgaben in *Liebe* zu gebrauchen, damit sie der Auferbauung des Leibes dienen. Es ist sehr schade, dass die Kapiteleinteilung, die sicher nicht durch Inspiration entstanden ist, den »Fluss« der Ausführungen des Paulus unterbrochen hat und es den Lesern ermöglicht, die Konfitüre der Liebe von dem »charismatischen« Brötchen herunterzuschlecken!

Paulus geht auf die Situation in Korinth ein, indem er entweder direkt auf ihre Fragen über den Gebrauch der Geistesgaben antwortet oder — was wahrscheinlicher ist — auf die Berichte über deren Mißbrauch in der Gemeinde. Seine Hauptsorge jedoch gilt der Einheit des Leibes, ohne die die Geistesgaben im besten Fall unnütze Spielzeuge oder im schlimmsten Fall gefährliche Waffen sind. Daher die starke Betonung der »Liebe« (griechisch: *agape,* ein Wort, das weniger die Bedeutung von »Zuneigung« als von »liebender Fürsorge« hat). Eine solche Einstellung trachtet nicht nach Selbstdarstellung, sondern nach der Erbauung anderer.

Das Thema von 1. Korinther 12 ist »Vielfalt in Einheit«, und den roten Faden bildet die Erfahrung, die die Korinther mit dem Wirken des Geistes in ihren Versammlungen machten. Paulus erinnert sie zu Beginn daran, dass nicht jede spontane Äußerung vom Heiligen Geist ist; es kann immer noch ein heidnischer Einfluß aus ihrer Vergangenheit wirksam sein. Der Inhalt solcher lauten Äußerungen lässt auf ihre Quelle schließen. Vielleicht fängt Paulus deshalb bei diesem Punkt an, weil die Mehrheit der Geistesgaben, die später aufgezählt werden, die Form von übernatürlich inspirierter Rede haben.

Die Gemeinde in Korinth erlebte die ganze Palette der Charismata, und dafür hatte Paulus Gott schon gedankt (1. Kor. 1,7). Aber gerade deren Mannigfaltigkeit war jetzt zu einem Problem geworden. Die einen erweckten mehr Eindruck als andere, und der Ruf ihrer Träger profitierte davon. Einige Gaben wurden wichtiger genommen als andere. In den Herzen dieser unreifen Christen schlummerten Neid, Stolz, Zorn, Ungeduld, Bosheit und Grobheit; aber durch das Auftreten der Charismata gelangten solche Untugenden an die Oberfläche. Die selbstsüchtige Ausübung der Gaben spaltete den Leib.

Deshalb hob Paulus die Einheit der Gaben hervor, die ihrer Mannigfaltigkeit zugrunde lag. Hinter all den verschiedenen Arten von Gaben, Diensten und Wirkungen ist derselbe Gott — Vater, Sohn und Heiliger Geist, und alle drei sind am charismatischen Geschehen beteiligt. Die Trinität ist in der Tat das vollkommene und ureigene Beispiel einer in Einheit wirkenden Vielfalt, und das spiegelt sich in allem göttlichen Wirken in der Gemeinde auf Erden wider.

Von dem »alle« in 1. Korinther 12,4-6 geht Paulus zum »jeder« in den Versen 7-11 über. Derselbe Geist macht einen jeden durch seine Begabung anders, wobei er selbst die Wahl der Gabe bestimmt. So steht hinter allem nur eine einzige Person, und alles dient demselben Ziel — »dem Nutzen aller«. Der *Ursprung* der Gaben ist Einheit, und zum *Zweck* der Einheit sind sie gegeben.

Der Rest von 1. Korinther 12, angefangen bei Vers 12, dreht sich um das gleichnishafte Bild eines physischen Leibes. So wie der Schöpfer ein Beispiel für die Verschiedenheit in Einheit ist, so ist das Geschöpf nach seinem Bilde gemacht. Geistesgaben sind für die Gemeinde das, was die Glieder, die Organe und die Fähigkeiten für den Leib sind. Gesundheit resultiert in beiden Fällen aus einer vollständigen *Beteiligung* und einer guten *Koordination* der verschiedenen Teile. Beachten wir, dass Paulus nicht sagt, so solle es »bei« den Christen sein, sondern so sei es »mit« Christus. Die Gemeinde ist nicht unser, sondern *sein* Leib!

Sorgfältig muss in diesem Zusammenhang 1. Korinther 12,13 studiert werden. Es erstaunt nicht, dass hier das Schlüsselwort »einem« ist. Dreimal wird es gebraucht, davon zweimal zusammen mit den Worten »alle« und »Geist«. »Alle mit einem Geist« bildet die Essenz des Verses und passt perfekt zu dieser Argumentation.

Vergessen wir nicht, dass es in diesem Kapitel ausschließlich um die *Erfahrung* des Heiligen Geistes geht, welche die Korinther gemacht hatten, und nicht um die Theologie des Heiligen Geistes. Sie mochten die verschiedenen Geistesgaben, die er einem »jeden« gegeben hatte, sehr unterschiedlich erlebt haben; aber sie waren »alle« in derselben Weise in die Ausübung der Gaben im Leibe Christi eingeführt worden. Dieser gemeinsame »Ausgangspunkt« ihrer charismatischen Erfahrung schuf eine grundlegende Einheit, die der darauf folgenden Verschiedenheit der Gaben zugrunde lag. Sie teilten alle die Erinnerung an eine ganz bestimmte und datierbare Anfangserfahrung des »Lebens im Geist«. Es war auch eine »dualistische« (= doppelte) Erfahrung gewesen, die sich am besten mit den beiden Verben »getauft« und »trinken« beschreiben lässt. Wir werden die beiden Hälften von 1. Korinther 12,13 getrennt behandeln.

»... In einem Geist zu einem Leib getauft ...«

Abgesehen vom Wechsel des Adjektivs, von »heilig« zu »einem« (was sich im Sinne des Textzusammenhangs und der Absicht dieser Stelle ohne weiteres erklären lässt, wie oben erwähnt), ist diese Redewendung genau dieselbe, die auch an anderer Stelle im Neuen Testament verwendet wird: »getauft im Geist« (Matth. 3,11; Mark. 1,8; Luk. 3,16; Joh. 1,33; Apg. 1,5; 11,16). Nach dem Verb (griechisch: *baptizein*) stehen eine Präposition (griechisch: *en*) und der

"UND WAS BEDEUTET ... ?"

Dativ (griechisch: *pneumati*). Deshalb müssen die Worte für Paulus die gleiche Bedeutung gehabt haben wie an allen anderen Stellen. Die Präposition sollte darum mit ihrem üblichen »in« wiedergegeben werden (anstatt mit »durch«, wie es in manchen deutschen Übersetzungen der Fall ist). Der Geist ist nicht der Vollziehende, »durch« welchen die Taufe vermittelt wird, sondern er ist das Element, »in« das hinein die Taufe geschieht. Würde man es hier als »durch« auffassen, dann wäre dies die einzige Bibelstelle im ganzen Neuen Testament, in der die Rolle des »Täufers« der dritten Person der Trinität zugeschrieben wird!

Ebenso wie die korinthischen Gläubigen alle »im Wasser« (griechisch: *en hudati*) getauft wurden, so wurden alle auch »im Geist« (griechisch: *en pneumati*) getauft. Der Aorist des Verbs »getauft« deutet auf ein einziges Geschehen hin, das sie alle erlebten. Offensichtlich machten sie diese Erfahrung nicht gleichzeitig, und es ist sehr unwahrscheinlich, dass sie sich alle am selben Tag der Gemeinde anschlossen.

Aber hatten sie alle die *Erfahrung* dieser »Taufe« im Geist gemacht? Waren sie sich dessen in jenem Augenblick des Geschehens bewusst gewesen? War es eine echte Erinnerung? Wußten sie, wovon Paulus redete, oder war es eine neue »Offenbarung« für sie, dass sie tatsächlich im Geist getauft worden waren, ohne dass sie sich dessen bewusst gewesen waren? Solche Fragen, wie sie heute üblich sind, hätten wohl Paulus wie auch die Korinther überrascht. Man muss sich ihnen jedoch stellen, wenn man an die übliche evangelikale Interpretation dieses Bibelverses denkt, welche ihn so behandelt, als ginge es hierbei nicht um die dynamische Erfahrung der Korinther, sondern um eine lehrmäßige Erklärung von Paulus. Es steht viel auf dem Spiel: Bedeuten die Worte »sind wir alle«, dass alle heutigen Gläubigen darin eingeschlossen sind, oder nicht? Mit anderen Worten: Sind alle heutigen Gläubigen »in einem Geist getauft« worden, sogar ohne dass sie es gemerkt haben? Die seelsorgerischen Folgen wären enorm!

Der Schlüssel zu diesem tiefgehenden Meinungsunterschied liegt in der Auslegung der Redewendung »zu einem Leib«. Auf den ersten Blick scheint sie sich auf den ursprünglichen Eingang eines Gläubigen in die Gemeinde Christi zu beziehen. Nach sakramentalem Verständnis bezeichnet die Wassertaufe den Eingangsmoment, wovon auch der katholische Anspruch abgeleitet wird, die Geist-Taufe sei die innere Realität des äußerlichen Rituals. Der Geist wird durch dieses Sakrament »empfangen«, auch von Säuglingen, und eine spätere Erfahrung mit dem Geist ist — so wird ganz unbiblisch behauptet — die »Freisetzung« des Geistes im Innern des Menschen. Der Heilige Geist wird in dem Moment empfangen, in dem ein Mensch glaubt, und jede spätere Geisteserfahrung wird mit der »Fülle« (ein weiteres unbiblisches Wort) des Geistes in Zusammenhang gebracht. Keine dieser Auffassungen entspricht dem Begriff »im Geist getauft«, der selten, wenn überhaupt verwendet wird, wobei die einen vorzugsweise vom »Getauftsein im Wasser« reden und die anderen vom »Wiedergeborensein« durch den Geist. Diese Vernachlässigung überrascht eigentlich, wenn man an die Vorhersage von Johannes dem Täufer denkt, dies werde das besondere Merkmal des messianischen Wirkens Jesu sein. Besonders die Evangelikalen scheinen seltsam unwissend in Bezug auf die Tatsache zu sein, dass »im Geist getauft« und »wiedergeboren« mit fast genau der gleichen Häufigkeit — oder vielmehr Spärlichkeit — im Neuen Testament erscheinen! Um das Bild zu vervollständigen, sei erwähnt, dass die pfingstliche Auffassung (sonst recht ungezwungen im Gebrauch dieser Redewendung) nicht

"UND WAS BEDEUTET ... ?"

glaubt, dass in 1. Korinther 12,13 hiervon die Rede ist! Die hier genannte »Taufe« wird nicht als Ausrüstung mit Kraft, sondern als Eingliederungsakt verstanden; obwohl dies durch den Geist geschieht, hat es keinen Bezug auf die Taufe im Geist oder des Geistes oder auf die Wassertaufe. In der Praxis kommt dies der evangelikalen Auffassung sehr nahe, obwohl es Raum lässt für den Glauben an eine Taufe im Geist als »zweiten Segen« zu einem späteren Zeitpunkt. Die liberale Auffassung scheint sich vor dem Gebrauch der beiden Ausdrücke »wiedergeboren« und »im Geist getauft« zu scheuen und neigt zu dem Glauben, dass der Geist schon in allen Menschen wirksam ist, die zum »Leib« der Menschheit gehören.

Die katholische, evangelikale und pfingstliche Auffassung gehen alle davon aus, dass das Wort »in« (bzw. »hinein«) sowohl im Griechischen wie im Deutschen denselben Sinn hat. Man versteht es als die allererste Einführung in eine neue Situation. Wenn seine Bedeutung im Deutschen ausgedehnt wird, werden qualifizierende Worte hinzugefügt, so zum Beispiel »kaum hinein«, »weiter hinein« und »ganz hinein«. Das griechische Wort *(eis)* kann eines davon oder all das bedeuten, und zwar ohne qualifizierenden Zusatz. Es kann sich auf den Anfang, die Mitte oder das Ende einer Reise beziehen. Der Kontext allein lässt erkennen, welcher Aspekt im Vordergrund steht.

Wenn es zusammen mit dem Verb »getauft« steht, bedeutet es stets »ganz hinein« anstatt »etwas hinein« und zeigt die Vervollständigung statt den Beginn an — etwas, das voll zum Ausdruck, zum praktischen Funktionieren oder zum eigentlichen Höhepunkt kommt. So bedeutet zum Beispiel der Ausdruck »auf Mose getauft« (1. Kor. 10,2) nicht, dass er die hebräischen Sklaven nicht schon vorher geführt hätte, bevor sie durch das Rote Meer zogen. Vielmehr verpflichtete dieses Ereignis sie in ihrer

Abhängigkeit und ihrem Vertrauen vollkommen ihm gegenüber und kennzeichnete somit den endgültigen Bruch mit Pharaos Autorität. Von dieser »Taufe« gab es kein Zurück, sie war endgültig. Der Ausdruck »auf Christus getauft« (Gal. 3,27 — vorausgesetzt, er bezieht sich auf die Wassertaufe, was mit seinem Hinweis auf das »Anziehen« der neuen »Kleider« Christi wahrscheinlich ist) hat eine ganz ähnliche Bedeutung. Er beinhaltet nicht, dass vor ihrer Taufe kein Glauben an oder keine Beziehung mit Christus existierte, sondern vielmehr dass diese jetzt zu ihrer eigentlichen Vollendung gekommen sind. Das deutlichste Beispiel für diesen Gebrauch ist die Aussage von Johannes: »Ich taufe euch mit (griechisch: *en*) Wasser zur (griechisch: *eis*) Buße« (Matth. 3,11) — doch er hatte schon vor ihrer Taufe die Früchte der Buße gefordert (Matth. 3,8)!

Sie musste beweisen, dass sie bereits *in* der Buße waren, bevor er sie *zur* Buße taufte. Dies ist das genaue Gegenteil vom normalen Sprachgebrauch, nach welchem »hinein« zum »in« führt. Doch wenn die Bedeutung von »hinein« (griechisch: *eis*) in Verbindung mit »getauft« »ganz hinein« ist, dann hat alles seine Ordnung. So kann ein Schwimmer einen Fuß in das Wasser setzen, um die Temperatur zu messen, ehe er ins Wasser springt. Ein Beispiel aus der Bibel wäre die Aussage von Petrus am Pfingsttage, dass die Taufe »zur« Vergebung der Sünden geschieht (Apg. 2,38). Sie führt dieses Freisein von der Vergangenheit zu seinem Höhepunkt und zu seiner Vollendung, ähnlich wie die Durchquerung des Roten Meeres durch die Hebräer ihre Befreiung von der ägyptischen Sklaverei vollendete, obgleich sie ihre Knechtschaft in Wirklichkeit schon ein paar Tage früher hinter sich gelassen hatten.

Indem wir dieses Verständnis auf 1. Korinther 12,13 übertragen, erkennen wir, dass dieses »In-einem-Geist-getauft«-sein Menschen »ganz hinein« bringt in den

"UND WAS BEDEUTET ... ?"

Leib durch die Salbung mit Kraft, um so dem Leib durch eine Vielfalt der Gaben zu dienen. Paulus versteht die »Zugehörigkeit« zum Leib als etwas Funktionales; nicht der Name auf der Mitgliederliste ist das wichtigste, sondern die Übernahme einer Rolle! Es ist die »Taufe im Heiligen Geist«, welche in jedem einzelnen Glied des Leibes eine wirksame Funktion herbeiführt.

Diese Auslegung des Bibelverses verhindert die negative Schlussfolgerung, dass diejenigen, die »nicht im Heiligen Geist getauft« sind, deshalb »ganz außerhalb« des Leibes sein müßten. Sie mögen wohl auf dem Weg »hinein« sein, haben aber noch nicht den Punkt erreicht, wo sie »ganz in« der Funktion und an dem Platz sind, die Gott für sie bestimmt hat. Auf dieselbe Weise sind Gläubige, die Buße getan haben, aber noch nicht im Wasser getauft sind, unterwegs, aber sie haben die Grundbedingung der Jüngerschaft noch nicht erfüllt (Matth. 28,19). Man darf sie sicherlich nicht als »ganz außerhalb« betrachten, aber ebensowenig als »ganz in« (ihr geistlicher Zustand wird in Kap. 36 eingehender behandelt).

Dieses Verständnis gestattet es, dem Ausdruck »in einem Geist getauft« die volle objektive und erfahrungsmäßige Bedeutung beizumessen. Dies geschieht auch an anderen Stellen des Neuen Testaments, obwohl er in diesem speziellen Bibelvers weder definiert noch beschrieben wird (Paulus setzt voraus, dass die Korinther sehr wohl wissen, wovon er redet). Es handelt sich dabei immer um eine bewusste *Erfahrung*, die von einem audiovisuellen *Beweis* begleitet wird. All das wäre ausgeschlossen, wenn man die Geistestaufe mit der Rechtfertigung einerseits oder mit der Wassertaufe andererseits identifizieren würde — das müßte nur zu weiteren Zweifeln an jeder dieser Auffassungen führen.

Das »Getränktwerden« in den Geist (denn das ist die Bedeutung von »Taufe«) war jedenfalls dasselbe wie die

»Ausgießung« des Geistes, die jeder neutestamentliche Gläubige erlebt hatte (s. Kap. 16, 18 und 26). Diese subjektive Seite wird in der zweiten Hälfte des Verses hervorgehoben, der wir uns jetzt zuwenden.

»... mit einem Geist getränkt ...«

Sakramentalisten, die bereits die erste Hälfte des Bibelverses mit der Wassertaufe identifiziert haben, beziehen die zweite Hälfte auf die Heilige Kommunion! Evangelikale, die die erste Hälfte bereits mit der Rechtfertigung identifiziert haben, neigen dazu, hier eine Bezugnahme auf die andauernde Aneignung des Geistes zu sehen, die zur Heiligung führt. Beide Interpretationen erscheinen so lange logisch, bis man die Zeitform des Verbs prüft — »trinken« steht im Aorist und bezieht sich auf ein einmaliges, nicht wiederholtes Geschehen! Darum kann es sich nicht auf ein fortwährendes »Aufnehmen« beziehen, sei dieses nun sakramentaler oder geistlicher Natur. Vielmehr bezieht es sich auf den einen Trunk, der einen von innen fließenden Strom auslöst (s. Kap. 11).

Was ist also dieser »Trunk«, und worin besteht die Beziehung der beiden in diesem Vers beschriebenen Vorgänge zueinander? Nur wenige Bibelgelehrte behaupten, dass keine Verbindung zwischen ihnen bestehe. Der Grund dafür sei zum Teil das »und«, das zwischen ihnen steht, vor allem aber die Tatsache, dass der Vers an einen »hebräischen Parallelismus« erinnert, von dem die Psalmen voll sind und der in den Schriften eines früheren jüdischen Rabbis natürlicherweise durchschlägt! Doch die Meinungen gehen darüber auseinander, welcher »Typ« von Parallelismus hier gebraucht wird, das heißt, ob es ein *synonymer* (dasselbe auf zwei unterschiedliche Arten sagen) oder ein *synthetischer* Typ (die erste Zeile wird

"UND WAS BEDEUTET ... ?"

in der zweiten Zeile mit einer zusätzlichen Information ergänzt) ist.

In den Augen mancher ist das Vers-Paar synonym, obwohl »getränkt« und »trinken« kaum dasselbe sein dürften! Um diese Ansicht zu stützen, greift man auf eine alternative Bedeutung des zweiten Verbs zurück, nämlich »bewässern«. Die beiden Verben würden dann anders ausgedrückt besagen: »Wir wurden alle vom Geist überflutet.« Das wäre möglich, deckt sich aber nicht mit dem Rest der Heiligen Schrift — vor allem nicht mit dem Angebot, das Jesus der Samariterin und am Laubhüttenfest machte (s. Kap. 11).

Am sinnvollsten ist es, das Vers-Paar als synthetisch zu betrachten. Ein einzelnes Geschehen oder eine einzelne Erfahrung wird aus zwei verschiedenen Gesichtswinkeln heraus beschrieben. Die erste Wendung bezeichnet den objektiven Aspekt und die zweite den subjektiven. Den neutestamentlichen Verfassern wäre eine solche moderne Unterscheidung wohl seltsam vorgekommen. Allerdings ermahnten sie die Gläubigen beständig: »Werde, was du bist«, das heißt: Laß deinen subjektiven Zustand deinen objektiven Stand widerspiegeln, laß deine Heiligung Ausdruck deiner Rechtfertigung sein. Wir sahen bereits, dass »getauft« ein starkes subjektives Element enthält. Es ist wohl passender, wenn man die erste Aussage als den äußerlichen Aspekt versteht und die zweite als den inneren. »Getränkt« impliziert, dass etwas über uns ausgegossen wurde und deshalb von außen her zu uns gekommen ist; »trinken« impliziert, dass etwas in uns hinein gegossen wurde und »ganz hinein« gekommen ist. Eine Bestätigung dafür kann man in der Zeitform der Verben finden — »getränkt« ist passiv und impliziert Aktivität nur aufseiten des Täufers, wohingegen »trinken« aktiven Charakter besitzt und eine Kooperation von Täufer und Täufling impliziert.

WIEDERGEBURT

Beide Worte stammen von Jesus (Joh. 4,14; 7,37-39; Apg. 1,5.8). Zu Pfingsten wurden sie auf ungewöhnliche Art miteinander verbunden. Als die Jünger im Geist »getauft« wurden, wunderten sich die Zuschauer, was jene wohl »getrunken« haben mochten (Apg. 2,13-15). Paulus ermahnt die Gläubigen, nicht Wein zu »trinken«, sondern mit dem Geist erfüllt zu sein (Eph. 5,18). Die beiden Gedanken kommen auch in der Natur gemeinsam vor: Wenn es regnet, wird das Land getränkt, indem es »trinkt« (Heb. 6,7).

Auf diese Weise kombiniert die Erfahrung, auf die sich Paulus bezieht, das passive »Getränktwerden« mit dem Geist und das aktive »In-sich-hinein-Trinken« des Geistes (beachten wir die Implikationen in Bezug auf den Gebrauch des Mundes in der kooperativen Phase). Zusammen bilden sie das, was die Apostel »den Geist empfangen« nannten. In der Urgemeinde wäre es absurd gewesen zu sagen, dass jemand »getränkt« worden sei und »getrunken« hätte, ohne dass der Betreffende oder jemand anders etwas davon gewußt hätte! Gerade diese bewusst erlebte Erfahrung war es, welche einen Gläubigen freisetzte zum Gebrauch der Geistesgaben, die unmittelbar vor dieser Aussage aufgezählt werden (Sprachen und Weissagung gehören im Allgemeinen zu den ersten, die genannt werden), und auf diese Weise zu einem voll mitwirkenden »Glied« des Leibes machte.

Wir können noch etwas zur heute üblichen Anwendung dieser Bibelstelle bemerken (wenngleich dieser Aspekt in Kap. 35 ausführlich behandelt wird). Der Ausdruck »sind wir alle« war im Blick auf die korinthischen Gläubigen gerechtfertigt. Da sie von Paulus »gepflanzt« worden waren, der stets darauf bestand, dass seine Bekehrten sowohl an Jesus »glaubten« als auch den Geist »empfingen«, konnte er richtigerweise voraussetzen, dass diese Erfahrung Teil ihrer Initiation war — und sein Argument zugunsten der Einheit

"UND WAS BEDEUTET ... ?"

auf ihre gemeinsame Erinnerung an jenes Ereignis stützen. Aber das kann man nicht bei *allen* »Christen« oder *allen* »Kirchen« heute voraussetzen, und das um so mehr, als man auch nicht bei *allen* Gläubigen heute voraussetzen kann, in der Wassertaufe »mit Christus begraben« worden zu sein (Röm. 6,4; 1. Kor. 1,13; Gal. 3,27; Kol. 2,12 — alle diese Bibelstellen setzen dies voraus). Leider gibt es heute viele Gläubige, die die eine oder sogar beide Taufen nicht kennen.

Gerade diese Tatsache ist fast sicher die Erklärung für die Seltenheit — und in vielen Fällen für das völlige Fehlen — der in 1. Korinther 12 aufgezählten Geistesgaben. In diesen Fällen ist die Gemeinde dann abhängig von den zur Verfügung gestellten »natürlichen Gaben« (d. h. Gaben, die man schon vor der Bekehrung hatte und auch nachher gebraucht). Da diese Gaben sehr ungleichmäßig verteilt sind, wird das Volk Gottes in eine aktive Minderheit und in eine passive Mehrheit aufgeteilt! Wenn wir 1. Korinther 12,13 nicht erfahren haben, dann wird das wahrscheinlich auch auf die Verse 7-11 zutreffen! Sogar evangelikale Autoren, denen der Ausdruck »im Geist getauft« nicht gefällt und die ihn darum auch nicht verwenden, haben offen zugegeben, dass die Geistesgaben nur dort regelmäßig und häufig auftreten, wo diese und verwandte Ausdrücke in der Predigt mit Freimut und Zuversicht gebraucht werden. (Siehe zum Beispiel die von Michael Cassidy angeführten Zitate von Michael Green in seinem Buch *Bursting the Wineskins* [Hodder and Stoughton, 1983] S. 261-262). Diese praktische Beobachtung scheint ihren theologischen Bedenken zu widersprechen!

Unsere Schlussfolgerung lautet demnach, dass die christliche Initiation ohne diese »Überflutung« des Geistes unvollständig ist. Sie vereint beides in sich: »getränkt« werden und »trinken« und ist somit Grundbestandteil der Gemeindeeinheit. Ohne sie wäre es tatsächlich unmöglich,

»die Einheit des Geistes zu bewahren durch das Band des Friedens« (Eph. 4,3). Das könnte eine Erklärung für die vielen ökumenischen Enttäuschungen und für einige der unerwarteten Nebenprodukte der charismatischen Bewegung sein — wenn das Wasser die Gehege überflutet, fangen die Enten an, miteinander zu schwimmen!

KAPITEL 24

DIE GETAUFTEN TOTEN

»Was werden sonst die tun, die sich für die Toten taufen lassen? Wenn überhaupt Tote nicht auferweckt werden, warum lassen sie sich denn für sie taufen?« (1. Kor. 15,29)

Dies ist die einzige Stelle im Neuen Testament, wo die »Stellvertretungs«-Taufe erwähnt wird. Dabei lässt jemand den Taufakt an sich vollziehen zugunsten einer anderen Person, die den Nutzen davon hat.

Manche sehen darin eine sehr frühe christliche Praxis, die sich aus der Absicht heraus entwickelt hatte, die Errettung von Verwandten sicherzustellen, die gestorben waren, ehe das volle Heil — ermöglicht durch das erste Ostern und durch Pfingsten — zugänglich war. Wenn es sich damit so verhielt, dann gehörte sie zu jenen Sitten, die nach einigen Generationen ausstarben (da sich nur wenige Menschen über das ewige Schicksal ihrer Vorfahren über ihre Großeltern hinaus Sorgen machen).

Andere jedoch, vor allem die Mormonen, behaupten, dies sei eine fortgesetzte Praxis, die bis in die »letzten Tage« hinein befolgt wird, da sie in diesem Bibelvers die volle biblische und apostolische Zustimmung hat.

Es lassen sich jedoch gewichtige Einwände dagegen erheben, sie überhaupt als »christlich« zu bezeichnen. Der Sinn dieser Taufe steht nämlich im Widerspruch zu wichtigen Lehrsätzen der Heiligen Schrift.

Erstens und vor allem widerspricht dies dem Gesamt-Grundton der neutestamentlichen Lehre, dass mit dem Tod die Möglichkeit einer moralischen Entscheidung nicht mehr existiert. Jenseits dieses Lebens besteht »eine große Kluft«, die niemand überschreiten kann (Luk. 16,26). Die in diesem Leben getroffenen Entscheidungen bestimmen unser ewiges Schicksal (Luk. 12,20). Die Lehre von einer »zweiten Heilschance« in der jenseitigen Welt findet in der apostolischen Verkündigung wenig Unterstützung. Die einzig mögliche Ausnahme betrifft gerade nur eine einzige Generation, nämlich diejenige, die in den Tagen Noahs ertrank (1. Petr. 3,19-20 — s. Kap. 29).

Zweitens entspräche sie der Lehre von der »Taufwiedergeburt« in ihrer umfassendsten Ausprägung. Bei dieser handelt es sich um die Vorstellung, die Verwendung von Wasser und der Gebrauch der richtigen Worte bewirke das Heil an sich, und dies auch ohne Buße und Glaube seitens derer, die den Nutzen daraus ziehen. Der Fachausdruck für dieses mechanistische, ja sogar magische Taufverständnis ist der lateinische Ausdruck *ex opere operato* (»es funktioniert von selbst«).

Drittens stützt sie sich auf die Möglichkeit eines stellvertretenden Glaubens — eines Glaubens, der zugunsten einer anderen Person ausgeübt wird, und zwar mit oder ohne deren Einverständnis und Mitwirkung. Es gibt dafür einige Beispiele in den Evangelien, obwohl es sich dabei stets um die Heilung von Krankheiten oder um die Austreibung von Dämonen handelt. Aber es existiert kein einziger Fall, wo eine solche stellvertretende Handlung mit dem Begriff der persönlichen und ewigen Errettung in Zusammenhang gebracht wird. Beachten wir doch zum Beispiel, wie stark in der apostolischen Verkündigung die Notwendigkeit einer *ganz persönlichen* Stellungnahme betont wird (»Tut Buße und ein jeder lasse sich taufen ...« — Apg. 2,38; s. Kap. 15). Obgleich es Stellen im Alten Testament gibt, in denen eine kollektive Verantwortung für die Sünden des ganzen Volkes zum Ausdruck kommt (Neh. 1 und Dan. 9 enthalten solche), findet sich im Neuen Testament kein einziger Fall von stellvertretender Buße. Gerade das sollte ja ein Merkmal des neuen Bundes sein, dass jeder einzelne Mensch für seine eigenen persönlichen Sünden verantwortlich ist (Jer. 31,29-30; Hes. 18,2).

Abgesehen von diesen allgemeinen Schwierigkeiten finden sich im Text selber Hinweise, dass Paulus nicht von einer gebräuchlichen christlichen Sitte spricht. Er redet von denen, die diese Taufe praktizieren, in der dritten Person. Anstatt zu fragen: »Warum lassen wir ...?« oder: »Warum laßt ihr ...?«, fragt er: »Warum lassen sie ...?« Neben dieser ungewöhnlichen (und vermutlich sorgfältig gewählten) Ausdrucksweise bemerken wir noch einige kennzeichnende Auslassungen. Es wird nichts über Buße und Glaube gesagt (auch nicht stellvertretender Art), obwohl Paulus beide als wesentliche Vorbedingungen für die Taufe betrachtete. Und ebensowenig sagt Paulus etwas über den Zweck oder die Auswirkung dieser Praxis.

Paulus spricht also lediglich den Punkt an, dass die Betreffenden dieses physische Ritual zugunsten der Toten durchführen, weil sie an irgendeine Art körperlicher Existenz jenseits des Grabes glauben (im Unterschied zur sonstigen griechischen Auffassung der Auslöschung des Leibes und der Unsterblichkeit der Seele, für die ein »materielles« Sakrament völlig bedeutungslos wäre). Die Überzeugung von ihrem »Aberglauben« steht in auffallendem Gegensatz zum Skeptizismus der korinthischen Christen, die anscheinend von den in der griechischen Philosophie bekannten Zweifeln an der körperlichen Auferstehung angesteckt worden waren (vgl. Apg. 17,32).

WIEDERGEBURT

Paulus bedient sich offensichtlich eines sogenannten *Ad-hominem*-Argumentes: Er benutzt ein Beispiel heidnischer Überzeugungen, um seine skeptischen Leser zu beschämen und sie so um so fester im Glauben zu machen. Er billigte eine solche Praxis genausowenig wie Jesus, als dieser sich auf ähnliche Weise auf die Schlauheit eines durch und durch unehrlichen Schwindlers bezog; leider ist es wahr: »Die Söhne dieser Welt sind klüger (oder scheinen mehr Durchblick zu haben) als die Söhne des Lichts gegen ihr eigenes Geschlecht« (Luk. 16,8).

Ich besitze eine in Singapur aufgenommene Fotografie von einem Auto, das ganz aus Bambusstangen und Papier hergestellt ist. So etwas kauft man dort, um es bei Beerdigungen auf dem Scheiterhaufen zu verbrennen und dem Verstorbenen damit eine bequeme Transportmöglichkeit in die nächste Welt zu verschaffen. (Schmunzelnd stellte ich fest, dass die Papierräder einen Mercedes-Stern trugen — wahrscheinlich um die riesige Kilometerzahl zu bewerkstelligen!) Wäre Paulus heute unter uns, würde er diesen naiven Glauben an ein »materielles« Leben nach dem Tod wahrscheinlich mit der radikalen theologischen Ablehnung einer »leiblichen« Auferstehung vergleichen, um damit zu zeigen, dass erstgenannter Glaube größer sein müßte als der letztere! Und viele Christen, deren Ehrgeiz es ist, einen Mercedes in dieser Welt zu besitzen, könnten von dieser chinesischen Sitte lernen, wie man sich durch die richtige Verwendung des Geldes und des materiellen Besitzes »Schätze im Himmel sammelt« (Matth. 6,19-21; Luk. 16,9).

Einige der obengenannten Punkte führen auch zur folgenden Frage über die Zweckdienlichkeit und die Wirksamkeit der Kindertaufe: Wird die Taufe im »sakramentalen« Sinn *(ex opere operato)* oder im »evangelikalen« Sinn (abhängig von der stellvertretenden

"UND WAS BEDEUTET ... ?"

Buße und dem stellvertretenden Glauben der Bürgen — Eltern, Paten und/oder Gemeindeglieder) aufgefaßt? Über den hier zur Debatte stehenden Bibelvers lässt sich jedoch sagen: Wenn die Taufe für die Toten weder zur paulinischen noch zur korinthischen Praxis gehörte, dürfen wir aus ihm keinen Präzedenzfall für stellvertretende Versprechungen zum Nutzen des Neugeborenen ableiten.

KAPITEL 25

DIE NEUE BESCHNEIDUNG

»Denn in Christus wohnt die ganze Fülle der Gottheit leibhaftig; und ihr seid in ihm zur Fülle gebracht. Er ist das Haupt jeder Gewalt und jeder Macht. In ihm seid auch ihr beschnitten worden mit einer Beschneidung, die nicht mit Händen gemacht ist, (sondern) im Ausziehen des fleischlichen Leibes, in der Beschneidung des Christus, mit ihm begraben in der Taufe, in ihm auch mitauferweckt durch den Glauben an die wirksame Kraft Gottes, der ihn aus den Toten auferweckt hat« (Kol. 2,9-12).

Beim Studium eines neutestamentlichen Briefes gewinnt man den Eindruck, als hörte man einer Seite bei einem Telefongespräch zu. Um zu verstehen, was gesprochen wird, muss man die andere Seite des Dialogs durch Deduktion (Ableiten, Folgern) rekonstruieren. (S. Gordon D. Fee und Douglas Stuart: *How to Read the Bible for All its Worth* [Scripture Union, 1983], Kap. 4. Das Buch dieser Autoren ist bei weitem die beste Bibelstudienhilfe, die ich kenne).

Um abzuschätzen, wie schwierig dieser Prozess des Hörens und Rekonstruierens sein kann, ist der Leser eingeladen, seine Vorstellungskraft zu gebrauchen und zu erraten, wovon der folgende Wortwechsel (von dem nur die eine Seite wiedergegeben wird) handelt:

»Ich gratuliere! Wieviel wiegt er?«
(Schweigen)
»Welche Farbe hat er?«
(Schweigen)
»Wieviel Liter braucht er in der Stunde?«
(Schweigen)
»Passt die alte Ausrüstung dazu?«
(Schweigen)

Wie lange hat der Leser gebraucht, um zu erraten, dass ein Landwirt soeben einen neuen Traktor gekauft hat?

Die Kosten und die umständlichen Zustellmöglichkeiten in neutestamentlicher Zeit brachten es mit sich, dass jeder Brief einen wichtigen Anlaß hatte — meistens eine Reaktion auf eine spezielle Situation der Empfänger. Darum ist es wichtig, »zwischen den Zeilen zu lesen«, um herauszufinden, weshalb die Empfänger einen Ratschlag oder eine Korrektur nötig hatten.

Im Falle der Kolosser hatten sich Irrlehren in ihre Verkündigung eingeschlichen, was sich unweigerlich negativ auf ihr Verhalten, besonders in den persönlichen Beziehungen, auswirkte. Bei der falschen Lehre handelte es sich wahrscheinlich um eine Mischung von »gnostischer« Philosophie und jüdischem Ritualismus. Vor allem Letztgenanntes unterstreicht den Hauptakzent des uns hier interessierenden Bibelverses. In den Augen des Paulus gehörten Dinge wie die »Beachtung« der koscheren Ernährung, der Sabbattage und der jährlichen Feste zur Welt der »Schatten«; sie mögen wohl formal richtig sein, aber ihnen fehlt eine echte Substanz.

Obwohl Paulus die Beschneidung in seiner Zusammenfassung von irrigen Praktiken nicht speziell erwähnt, muss er jedoch sicher daran gedacht haben. Die Verse 9-10 lassen sich wie folgt umschreiben: »Ihr habt alles, was ihr braucht, in Christus, einschließlich der vollständigen Beschneidung, wenn ihr sie überhaupt braucht.« Von Christen zu verlangen, dass sie sich beschneiden lassen sollten, war ein judaistischer Irrtum, der Paulus auf seiner Mission unter den Heiden hartnäckig verfolgte. Fast überall musste er ihm entgegentreten (s. Röm. 2,26; 1. Kor. 7,19; Gal. 5,2; Eph. 2,11; Phil. 3,2), selbst in Jerusalem (Apg. 15). Das physische Ritual als solches ist überholt und hat für das neue Volk Gottes in Christus keine Bedeutung mehr (Kol. 3,11).

Der Beschneidungsritus war Abraham als ein »Siegel« seiner Gerechtigkeit durch den Glauben gegeben worden (Röm. 4,11 — beachten wir, dass er gegeben wurde, *nachdem* er geglaubt hatte; *gäbe* es wirklich eine Parallele zwischen Beschneidung und Taufe, dann müßte letztere dieselbe Reihenfolge einhalten!). Sie sollte auf alle Söhne und männlichen Bediensteten in seinem »Hause« übertragen werden als ein »Zeichen« (welches nach vorn weist; ein Siegel weist in die Vergangenheit), dass Gottes Verheißung sich auf Abrahams »Samen« erstreckte — auf einen einzelnen, männlichen Abkomken, der sie ererben sollte (Gal. 3,16). Als der Erbe in der Person Jesu da war, erlangte das Zeichen seine Erfüllung, und seine Beschneidung war die letzte, die Gott forderte. Beachten wir: Zwar wurde das »Zeichen« vollzogen, aber die praktischen Auswirkungen waren unbedeutend (dem Baby wurde lediglich die Penisvorhaut entfernt). Es war lediglich ein Erkennungsmerkmal, dass der Knabe ein Nachkomme Abrahams war. Eine Unterlassung der Beschneidung jedoch wäre folgenschwer gewesen, weil das Baby dann von der Abstammungslinie abgeschnitten worden wäre. Nicht beschnitten sein galt als Bruch des abrahamitischen Bundes (1. Mo. 17,14). Später verpflichtete der Beschneidungsritus den Empfänger zur

Einhaltung des ganzen mosaischen Gesetzes, das den Nachkommen Abrahams gegeben wurde, nachdem sie Ägypten verlassen hatten. Besonders aus diesem Grunde wandte sich Paulus mit Nachdruck gegen die Anwendung der Beschneidung auf die Heidenchristen, obwohl er sie als gültige soziale Sitte ohne geistliche Bedeutung akzeptierte (er ging sogar so weit, dass er Timotheus beschnitt, damit dieser unter Juden missionieren konnte — Apg. 16,3). Als religiösen Ritus betrachtete er die Beschneidung eindeutig als überholt (1. Kor. 7,19).

Dennoch sagen manche heute, die Beschneidung sei nicht überholt, sondern erfüllt worden — sie sei in einen anderen physischen Ritus umgewandelt worden: in die christliche Taufe. Das eine habe lediglich das andere als Initiationsritus für die Einfügung in das Volk Gottes ersetzt. Die »Fortdauer« der beiden wird gewöhnlich von den »Pädobaptisten« vertreten. Sie behaupten, die Taufe von Säuglingen — vorausgesetzt, sie können sich auf einen christlichen Stammbaum berufen — sei die gültige Fortsetzung der früheren Praxis der Säuglingsbeschneidung. Die theologische Rechtfertigung dieses Standpunktes wird abgeleitet von einer »bundesbetonten« Interpretation der Bibel: Die verschiedenen Bünde werden in einem »Gnadenbund« vereint, so dass die Bedingungen und die Anwendung dieses Bundes im Alten und im Neuen Testament die gleichen sind (weitere Einzelheiten s. Kap. 34 und Anhang A). Die textliche Rechtfertigung dieser Identifikation der Taufe mit der Beschneidung findet man in diesem Abschnitt des Kolosserbriefes (obwohl dies die einzige Stelle im Neuen Testament ist, wo die beiden Begriffe zusammen erwähnt werden).

Es sei zugegeben, dass die Worte »Beschneidung« und »Taufe« hier eng beieinanderstehen und auf den ersten Blick miteinander verglichen werden. Ein sorgfältiges

"UND WAS BEDEUTET ... ?"

Studium jedoch zeigt, dass sie in Wirklichkeit im Gegensatz zueinander stehen. Hätte Paulus einfach gesagt: »Ihr braucht nicht beschnitten zu werden, weil ihr getauft seid«, gäbe es nichts mehr zu sagen. Wenn es das ist, was er glaubte, so hätte er es sich ersparen können, am Jerusalemer Konzil teilzunehmen oder seinen Brief an die Galater zu schreiben! Aber weder er noch irgendein anderer Apostel machte je diese simple Gleichstellung. Sein Gedankengang ist viel komplexer und bedarf einer sorgfältigen Prüfung.

Der Kern seiner Argumentation enthält eine klare Unterscheidung zwischen der physischen Beschneidung, die von den Juden am Leibe vollzogen wird, und der geistlichen Beschneidung, die im Herzen der Christen geschieht. Die Schlüsselworte sind »nicht mit Menschenhänden«, was ja wohl kaum eine Beschreibung der Taufe sein kann! Es gibt offensichtlich eine Verbindung zwischen dieser Herzensbeschneidung und der Taufe, aber es gibt keine totale Identifikation der beiden.

Es gab in der Bibel einen Präzedenzfall für den Gebrauch des Wortes Beschneidung im geistlichen anstatt im physischen Sinne. Während sie im Alten Testament gewöhnlich den Sinn einer chirurgischen Operation hatte, die einen Nachkommen Abrahams kennzeichnete, so waren sich die israelitischen Propheten darin eins, dass mit der physischen Operation auch eine moralische Reinigung einhergehen muss, die sie als »Beschneidung des Herzens« bezeichneten (s. 5. Mo. 10,16; Jer. 4,4; 9,25). Fremde durften den Tempel nicht betreten, weil sie im Herzen und am Fleisch nicht beschnitten waren (Hes. 44,7). Bei den meisten Gelegenheiten wurde diese Beschneidung des Herzens ebenso wie die Beschneidung des Fleisches als das Werk von Menschen betrachtet; aber es gibt auch die Verheißung, dass Gott die Beschneidung eines Tages selber vornehmen wird (5. Mo. 30,6).

Paulus war zweifellos im Bilde über diese Strömung der prophetischen Lehre. Seine Leser aber erinnerten sich wahrscheinlich nicht daran oder wußten vielleicht nichts davon, was auch gar nicht nötig war. Bei der Diskussion ging es nicht um den doppelten Aspekt der Beschneidung, sondern um die doppelte Bedeutung des Wortes »Fleisch« (griechisch: *sarx)*. Obwohl es sich auf den physischen Leib beziehen kann, brauchte der Apostel es viel öfter, um die sündige Natur zu bezeichnen, die zusammen mit dem physischen Leben ererbt wurde. Durch die jüdische Beschneidung wird nur ein kleiner Teil des physischen »Fleisches« weggeschnitten, aber die christliche Beschneidung schneidet das ganze sündige »Fleisch« weg.

Dies wird durch die »Beschneidung des Christus« bewirkt (V. 11). Doch worin besteht die Bedeutung des Genitivs (»des«) — ist er subjektiv oder objektiv, wird die Beschneidung an Christus vollzogen oder durch Christus? Denkt Paulus dabei an ein »Ein-für-allemal«-Ereignis im Leben Christi oder an ein wiederholtes Ereignis im Leben eines jeden Gläubigen? Anders ausgedrückt: Wann fand oder findet diese »Beschneidung des Christus« statt?

Nehmen wir an, es beziehe sich auf eine Beschneidung, die an Christus selbst vollzogen wurde. Wir wollen sehen, wohin uns das führt. Im einfachsten Sinn könnte damit das jüdische Ritual gemeint sein, das an ihm vollzogen wurde, als er acht Tage alt war (Luk. 2,21). Doch Paulus spricht von einem »Ausziehen seines Fleisches« — das bedeutet nicht nur einen Teil davon, sondern alles. Zutreffender könnte deshalb die Annahme sein, es handle sich hierbei um eine bildliche Bezugnahme auf seinen Kreuzestod. Jesus in der Gleichgestalt des Fleisches der Sünde (Röm. 8,3), Jesus, der die Sünde nicht kannte und für uns zur Sünde gemacht wurde (2. Kor. 5,21) — in dieser Gestalt ist er der Sünde gestorben (Röm. 6,10). Er hat nicht einfach seinen sterblichen Staub abgeschüttelt, sondern er legte das ab, was zu einem »Leib der Sünde« geworden war. Es war ein völliger »Tod für das Fleisch« im doppelten Sinn des Wortes. Durch dieses »Ablegen des Fleisches« auf Golgatha »nahm er als das Lamm Gottes die Sünde der Welt weg« (Joh. 1,29).

Dieses Verständnis lässt sich mit dem Textzusammenhang gut in Einklang bringen, aber es bietet zudem auch eine direkte Verbindung zwischen der »objektiven« und der »subjektiven« Bedeutung an. Was *an* Christus am Kreuz getan wurde, wird auch *durch* Christus im Gläubigen getan. Es gehörte zur Grundlage der Theologie des Paulus, dass der einzelne Gläubige das, was als historisches Geschehen durch Tod, Grab und Auferstehung des Herrn Jesus gewirkt wurde (1. Kor. 15,3-4), sich existentiell aneignen muss; er muss mit Christus gekreuzigt, begraben und auferstanden sein, damit auch er »das Fleisch abtun« kann (dieses Mal ausschließlich im geistlichen Sinn und als Bezugnahme auf seine ererbte sündige Natur zu verstehen; kein chirurgischer Eingriff am Leib ist notwendig).

Diese Identifikation mit der »Beschneidung des Christus«, die den Christen von seinem sündigen Fleisch trennt, beginnt mit seiner Buße und seinem Glauben, findet aber seine Vollendung im Taufakt. Die Taufe geschieht »auf seinen Tod« (Röm. 6,3). Das Untertauchen im Wasser ist der praktische Ausdruck seines Begrabenwerdens; das Auftauchen aus dem Wasser ist der praktische Ausdruck seiner Auferstehung (zu beachten ist, dass der Christ *mit* Christus begraben und auferstanden ist). Zwei Dinge sollten in Zusammenhang mit der Ausdrucksweise des Paulus an dieser Stelle nicht übersehen werden. Erstens hat sie nicht symbolischen, sondern sakramentalen Charakter; der Ritus ist kein Hilfsmittel zur Unterweisung des Gläubigen, sondern ein Mittel zur Ausführung der Beschneidung!

Zweitens überrascht im Kolosserbrief das Fehlen einer direkten Verbindung zwischen der Taufe und dem Tod Jesu; nur das Begrabenwerden und die Auferstehung werden erwähnt (obwohl das wahrscheinlich keine besondere Bedeutung hat).

Dieser ganze Abschnitt weist ein ausgeprägtes Paradoxon auf. Während das Fleisch lebendig ist, ist der Mensch aufgrund seiner inneren Unbeschnittenheit in einem Zustand des Todes (Kol. 2,13), auch wenn sein Leib beschnitten ist! Wenn das Fleisch durch die Taufe gekreuzigt und begraben worden ist, fängt das eigentliche Leben an! Dieselbe »Kraft«, die Jesus von den Toten auferweckte, wird durch die Taufe wirksam und bringt dem Gläubigen neues Leben. Da diese »Kraft« anderswo mit dem Heiligen Geist gleichgesetzt wird (Röm. 8,11), bezieht Paulus sich hier vielleicht auf die Geistestaufe, die zur Zeit der apostolischen Evangelisation normalerweise sofort nach der Wassertaufe erfolgte. Auf dieselbe Weise bringen andere neutestamentliche Stellen die Taufe mit der Auferstehung in Verbindung (Röm. 6,4; 1. Petr. 3,21).

Diese »erhabene« Sicht der Taufe, bei der Gott aktiver ist als der Mensch, bewahrt sie durch die starke Betonung des Glaubens vor einer mechanistischen oder gar magischen Wirkung (beachten wir die Redewendung »euer Glaube« in V. 12). Es ist die Taufe der Gläubigen, die diese wirksame Identifikation mit Christi Tod dem Fleisch gegenüber bewirkt.

Es bestehen deshalb zwei Gründe, weshalb dieser Abschnitt die Praxis der Kindertaufe nicht stützt. Erstens reduziert das Fehlen des Glaubens aufseiten der getauften Person den Ritus zu einer Zeremonie, die praktisch abergläubischer oder rein symbolischer Natur ist; so oder so geht das biblische Gleichgewicht verloren. Zweitens bezieht sich Paulus überhaupt nicht auf die *leibliche*

"UND WAS BEDEUTET ... ?"

Beschneidung (obwohl sie zum Teil den Hintergrund zu diesem Brief bildete). Im ganzen Abschnitt spricht er von der Herzensbeschneidung, die »ohne Hände« durch Christus und in den Gläubigen vollzogen wird.

Hätte Paulus eine direkte und fortgesetzte Verbindung zwischen den beiden physischen Handlungen der Beschneidung und der Taufe behauptet oder wenigstens angedeutet — als aufeinanderfolgende Initiationsriten innerhalb desselben »Gnadenbundes« —, dann muss verwundern, dass er von dieser Argumentation auf dem Jerusalemer Konzil (Apg. 15) oder in seinem Brief an die Galater keinen Gebrauch machte, dessen Hauptthema doch die jüdische Beschneidung war. Ebensowenig tat er es bei anderen Gelegenheiten, wo es wegen der Judaisten zu Schwierigkeiten unter seinen Bekehrten gekommen war. Dies würde auch nicht erklären, warum er sich nur gegen die Beschneidung von Heidenchristen wandte. Wenn die Taufe die Beschneidung »ersetzte«, dann hätte er die Praxis auch bei den jüdischen Gläubigen unterbinden sollen!

Die hier angebotene Interpretation der Taufe hebt die Verschiedenheit der beiden Akte hervor. Die Beschneidung war eine Bestätigung (sichtbar gemacht durch die Entfernung eines Teils des Leibes), dass jemand dem Fleisch nach in den abrahamitischen Bund hineingeboren wurde. Die Taufe erkennt an — durch das »Begraben« und »Auferstehen« des ganzen Leibes —, dass jemand durch den Geist in den »neuen« Bund hineingeboren wurde und dem Fleisch abgestorben ist. Das eine erfordert eine fleischliche Verbindung mit Abraham, das andere eine Glaubensidentifikation mit Jesus. Das eine galt nur für männliche Personen, bei der anderen »ist nicht Mann noch Frau« (Gal. 3,27-28).

Dass Taufe und Beschneidung von Paulus nicht als gleichwertige Initiationsakte betrachtet wurden, hat

Bischof Lesslie Newbigin anhand von Kolosser 2,9-12 schlüssig dargestellt. In seinem Buch *The Household of God* (SCM Press, London, 1953, S. 36ff.), bemerkt er ganz richtig, dass »bei dem fürchterlich hitzigen Konflikt über die Frage, ob die Beschneidung von den Heidenchristen verlangt werden soll, diese Gleichsetzung (Beschneidung im Alten Testament = Taufe im Neuen Testament) weder in der Apostelgeschichte noch im Römer- oder im Galaterbrief angedeutet wird«. Im Gegenteil, so folgert er, »war die ungeheure Auseinandersetzung um die Beschneidung nicht ein Kampf um zwei alternative Initiationsriten in Bezug auf die Zugehörigkeit zum Volke Gottes. Es war eine Auseinandersetzung um die fundamentalen Grundsätze, auf welchen Gottes Volk gegründet ist«.

KAPITEL 26

DAS BAD DER WIEDERGEBURT

»... errettete er uns, nicht aus Werken, die, in Gerechtigkeit [vollbracht], wir getan hatten, sondern nach seiner Barmherzigkeit durch die Waschung der Wiedergeburt und Erneuerung des Heiligen Geistes. Den hat er durch Jesus Christus, unseren Heiland, reichlich über uns ausgegossen ...« (Tit. 3,5).

Der Zweck dieses Briefes ist ein sehr praktischer: Er will zeigen, dass gesunde Lehre das Verhalten ebenso betrifft wie den Glauben. Das Heil, das Gott in unseren Herzen kundtut, muss sich in unserem Leben praktisch auswirken (vgl. Phil. 2,12-13).

Einer der Anstöße zur Heiligkeit ist die ständige Erinnerung daran, wieviel sich schon verändert hat. Es ist gut, daran zu denken, was wir einst waren und welche Mittel Gott benutzt hat, um uns umzugestalten. Der unmittelbare Textzusammenhang des Verses, mit dem wir uns in diesem Kapitel beschäftigen, ist eine lebhafte Mahnung daran, was für ein Leben die Leser früher geführt haben, wer sie von diesem Schmutz errettet und wie derjenige es getan hat.

»Errettet« steht im Aorist und bezieht sich nicht auf einen andauernden Vorgang, sondern auf ein vergangenes Ereignis. Dieses Ereignis machte sie von ihren früheren Sünden frei (Torheit, Ungehorsam, Sklaverei der Sinne,

Bosheit, Neid, Hass usw.). »Gutes tun« allein hätte nie diese gewohnheitsmäßigen Ketten zerbrechen können. Schließlich konnten sie ja auch nicht fliegen, indem sie ihre Sandalen anzogen! Es bedurfte der Güte, Liebe und Barmherzigkeit »Gottes, unseres Heilandes« (Vers 4 — fast sicher eine Bezugnahme auf den Vater, doch das Wort »erschien« schließt die Fleischwerdung des Sohnes mit ein; es ist unwahrscheinlich, dass Paulus hier eine christologische Aussage macht).

Aber wie geschah diese »Befreiung« im Leben von Menschen eigentlich? Welche *Mittel* wurden benutzt, um sie herbeizuführen? Was geschah genau, um diese gemeinen Verhaltensmuster zu zerbrechen? Die Antwort ist einfach: Wassertaufe und Geistestaufe (obwohl das Wort »Taufe« nicht gebraucht wird, werden wir sehen, dass es sinngemäß mit enthalten ist). Wir sind durch ein doppeltes Ereignis »errettet« worden:

1. Wir sind errettet worden »durch das Bad der Wiedergeburt« (Luther-Übersetzung; Elberfelder Übersetzung: »Waschung«). Der Ausdruck »Wiedergeburt« (griechisch: *palingenesia*) setzt sich zusammen aus dem Wort für Geburt oder »Beginn« (griechisch: *genesia,* wovon der Name des ersten Buches der Bibel abgeleitet ist) und dem Präfix »wieder« (griechisch: *palin).* So besteht der erste Teil dieses »errettenden« Ereignisses in einem »Bad«, das einen Menschen befähigt, »wieder zu beginnen« oder »wiedergeboren« zu sein.

   Manche leugnen den Zusammenhang zwischen diesem Ausdruck und der Wassertaufe. Das »Bad« würde sich dann ausschließlich auf eine »geistliche« Reinigung beziehen, die im Inneren eines Menschen in dem Augenblick stattfindet, in dem er »wiedergeboren« wird (über eine Zurückweisung der Auffassung, wonach

"UND WAS BEDEUTET ... ?"

die neue Geburt sofort geschieht, s. Kap. 6). Dieses Verständnis wird gewöhnlich aus lehrmäßigen Gründen zu Hilfe genommen und beruht auf der Abneigung, dem Taufakt eine sakramentale Wirkung zuzuschreiben. Die folgenden Argumente lassen diese Auffassung als unwahrscheinlich erscheinen.

Die Zeitwortform des Wortes »Bad« (wörtlich »Waschung«) wird an anderer Stelle für die physische Taufhandlung gebraucht (s. Apg. 22,16; Eph. 5,26; Hebr. 10,22 — vgl. auch 1. Kor. 6,11; 1. Petr. 3,21). Das Hauptwort selbst kann einen Behälter bezeichnen, der Wasser enthält, wie auch heißen, dass ich jetzt ein Bad nehme. Letztere Bedeutung ergibt hier am meisten Sinn. Hier wird das Hauptwort gebraucht, doch die meisten Bibelkommentatoren sehen darin immer noch einen Hinweis auf die Wassertaufe.

In welchem Sinne kann dies denn ein »Bad der Wiedergeburt« sein? Wie kann die physische Handlung eines Menschen ein rettender Akt Gottes sein? Worin besteht der Zusammenhang zwischen beiden? Dieser Punkt wurde schon angesprochen (in Kap. 4), doch an dieser Stelle sollten noch einige weitere Kommentare hinzugefügt werden.

Der Haupteffekt der Taufe ist rückwirkend. Sie repräsentiert und vollzieht gleichzeitig den endgültigen Bruch mit dem alten Leben in Sünde. Es ist eine Beerdigung — die Beerdigung eines Lebens, das jetzt tot ist. Was die Durchquerung des Roten Meeres für die Juden in Verbindung mit Pharao war, ist die Taufe für den Christen in Bezug auf Satan. Sie bringt das Ende des alten Lebens in der Sklaverei unter der Sünde und den Beginn des neuen Lebens in Freiheit zum Ausdruck. Sie ist eine Beerdigung, die zur Auferstehung führt, und ein Tod, der zum Leben führt.

Neues Leben braucht jedoch mehr als einen Bruch mit der Vergangenheit. Es ist nicht nur ein neuer Beginn ins Leben, den wir brauchen; es ist ein neues Leben, mit dem wir beginnen müssen! Der negative Bruch mit der Vergangenheit bedarf einer Ergänzung durch einen positiven Anstoß für die Zukunft! Das ist der zweite Aspekt, um den es beim Errettetwerden geht.

2. Wir sind errettet worden durch die »Erneuerung des Heiligen Geistes, den er reichlich über uns ausgegossen hat«. Hier ist nicht von einem andauernden Vorgang die Rede, denn wieder steht das Verb im Aorist und weist damit auf jene Erfahrung des Heiligen Geistes hin, die an anderer Stelle als »empfangen«, »erfüllt werden mit« oder »getauft im« beschrieben wird. Die Wendung »ausgegossen auf« wird auch in Verbindung mit Pfingsten (Apg. 2,17.33) und dem Haus von Kornelius (Apg. 10,45) gebraucht. Dies ist nur eine weitere Bestätigung dafür, dass ein »pfingstlicher« Empfang des Heiligen Geistes die normale Erfahrung *aller* neutestamentlichen Gläubigen war. Das Adverb »reichlich« spricht nicht von Besprengen, sondern von Durchnässen und steht dem Wort »getauft« oder »durchtränkt« sehr nahe.

Ebenso unterscheidet sich das Wort »Erneuerung« (griechisch: *anakainosis,* von *ana* = wieder und *kainos* = neu) nur wenig von »Regeneration«. Beide haben die Bedeutung, etwas wieder in seinen ursprünglichen Zustand zu versetzen (vgl. Matth. 19,28).

Beides ist das Werk Gottes. Das eine betont jedoch den Anfang und das andere die Fortdauer des Wiederherstellungsprozesses. Doch auch die andauernde »Erneuerung« (vgl. Röm. 12,2; 2.Kor. 4,16; Kol. 3,10) besitzt einen bestimmten Ausgangspunkt in der »Ausgießung« des Geistes. Die Wassertaufe setzt

"UND WAS BEDEUTET ... ?"

den Schlusspunkt hinter das alte Leben und bedeutet den Beginn des neuen Lebens. Die Geistestaufe sorgt dafür, dass es sich weiter entfaltet, bis das ursprüngliche Bild Gottes wiederhergestellt ist.

Den meisten Kommentatoren ist die bemerkenswerte Parallele zwischen Titus 3,5 und Johannes 3,5 nicht entgangen. Beide handeln vom Thema »wiedergeboren« (obwohl dieses Wort erstaunlicherweise relativ selten im Neuen Testament vorkommt), und beide erwähnen »Wasser« und »Geist«. Es ist schwierig, keinen Zusammenhang zwischen den Worten des Paulus und den Worten Jesu sehen zu wollen. Der Hauptunterschied zwischen ihnen dürfte die Präposition sein — während Jesus sagte, ein Mensch werde »aus« (griechisch: *ek* = aus heraus) den zwei Taufen geboren, sagte Paulus, ein Mensch werde »durch« (im Sinn von »vermittelst«, griechisch: *dia)* sie errettet. Keiner gebraucht »von«, denn sie beide sind nicht die Ursache, sondern das Mittel dazu. Ein Mensch kann nur durch »Gott unseren Retter« wiedergeboren und errettet werden.

KAPITEL 27

DIE ELEMENTARE LEHRE

»Deshalb wollen wir das Wort vom Anfang des Christus lassen und uns der vollen Reife zuwenden und nicht wieder einen Grund legen mit der Buße von toten Werken und dem Glauben an Gott, der Lehre von Waschungen und der Handauflegung, der Totenauferstehung und dem ewigen Gericht. Und dies wollen wir tun, wenn Gott es erlaubt. Denn es ist unmöglich, diejenigen, die einmal erleuchtet worden sind und die himmlische Gabe geschmeckt haben und des Heiligen Geistes teilhaftig geworden sind und das gute Wort Gottes und die Kräfte des zukünftigen Zeitalters geschmeckt haben und doch abgefallen sind, wieder zur Buße zu erneuern, da sie für sich den Sohn Gottes wieder kreuzigen und dem Spott aussetzen« (Hebr. 6,1-6).

Man wird wohl nie herausfinden, wer diesen »kurzen Brief« (13,22) geschrieben hat, aber es ist leicht festzustellen, warum er geschrieben wurde. Wenn man zwischen den Zeilen liest, scheint es, dass sich die jüdischen Gläubigen (wahrscheinlich in Rom — 13,24) als Resultat der ersten Welle offener Feindseligkeit gegenüber den »Christen« in einer ernsten geistlichen Gefahr befanden. Sie hatten bereits Übergriffe auf ihr Eigentum und auf Personen erduldet, waren ins Gefängnis geworfen worden und hatten öffentliche Demütigungen erlitten (10,33-34). Noch hatten sie ihren

Glauben nicht mit dem Leben bezahlen müssen (12,4), aber der Druck hatte ständig zugenommen, und am Horizont zeichnete sich die Möglichkeit eines Martyriums ab.

Der Schlüssel zum Verständnis des Briefes ist das Bewusstsein, dass sich die Verfolgung nicht gegen Juden, sondern gegen Christen richtete. Der Judaismus war eine »registrierte« Religion (eine *religio licita),* hingegen war »der Weg«, wie das Christentum zuerst genannt wurde, eine »ungesetzliche« Religion (eine *religio illicita).* Dieselbe Unterscheidung gibt es auch heute noch unter totalitären Regimen.

So hatten diese »Hebräer« nicht mehr als die üblichen gesellschaftlichen Schwierigkeiten gehabt, solange sie praktizierende Juden gewesen waren. Sobald sie jedoch zum Glauben an Jesus, ihren Messias, gekommen waren, entstanden echte Probleme. Anfangs hatten sie in der Zuversicht ihrer neugewonnenen »Erleuchtung« (10,32) standgehalten. Als sich aber der Reiz des Neuen abgenutzt und die Schwierigkeiten zugenommen hatten, fingen sie offensichtlich an, sich zu fragen, ob es sich wirklich lohnte (sie waren nicht die letzten mit derartigen Zweifeln!).

Um ihrer misslichen Lage zu entgehen, hatten sie allerdings schon einen Fluchtweg vorbereitet. Indem sie nämlich die Gemeinde verließen und in die Synagoge zurückkehrten, konnten sie eine weitere Verfolgung vermeiden. Um jedoch von ihren jüdischen Volksgenossen wieder aufgenommen zu werden, mussten sie ihren Glauben an Jesus als den Sohn Gottes verleugnen. Sicher versuchten sie, ihr Verhalten mit der Ausrede zu entschuldigen, dass sie ja denselben Gott anbeteten; »im Geheimen« glaubten sie weiterhin an Jesus.

Vor diesem Hintergrund fügt sich jeder einzelne Satz des Hebräerbriefes in die Verfolgung einer ganz bestimmten Absicht ein. Der Verfasser benutzt jedes denkbare

"UND WAS BEDEUTET ... ?"

Argument, um die jüdischen Gläubigen zu überreden, ja nicht diesen Schritt zurück zu tun, sondern weiter auf »dem Weg« voranzuschreiten. Er macht ihnen keine Hoffnung auf eine Erleichterung ihrer Lage, aber er ermutigt sie, jener Ausdauer nachzueifern, die ihre eigenen jüdischen Helden sowie ihre neuen jüdischen Führer und vor allem Jesus selbst bewiesen hatten.

Den Schwerpunkt des Briefes bildet eine sorgfältige Darlegung der Überlegenheit (das Schlüsselwort ist »besser«) des Christentums im Vergleich zum Judentum, obgleich das eine aus dem anderen heraus entstanden war. Wieder zurückzugehen wäre etwa das gleiche, als würde man einen neuen Rolls-Royce gegen einen uralten VW-Käfer eintauschen! Eine solche Entscheidung hätte jedoch noch weitaus größere Auswirkungen: Der Versuch, physischem und zeitlichem Leiden auszuweichen, könnte sie in die Lage versetzen, selber geistliche und ewige Konsequenzen auf sich zu ziehen.

Deshalb werden die eigentlichen Ausführungen immer wieder von besonderen Ermahnungen unterbrochen, die direkt und in persönlich und eindringlich gehaltener Sprache an die Leser gerichtet sind (2,1-4; 3,1; 6,12-14.19; 4,14; 5,11-6,12; 10,19-39; 12,1-13,25). Gegen Ende des Briefes werden sie länger und nachdrücklicher und reichen von wohlwollender Aufmunterung bis hin zu strengem Tadel und ernster Warnung.

Die Verse, mit denen wir uns auseinandersetzen (6,1-6), bilden den Hauptteil einer ausgedehnten Ermahnung (5,11-6,12). Der Abschnitt beginnt damit, dass der Verfasser seine Frustration zum Ausdruck bringt; er ist sich bewusst, dass die komplexen Vergleiche seiner Ausführungen wahrscheinlich seine Leser überfordern! Sie waren nicht Milch für Babys, sondern Fleisch für Erwachsene. Doch unterdessen sollten die Leser nicht nur imstande sein, solche Lehre zu empfangen, sondern auch an andere weiterzugeben.

Er ruft diese jüdischen Gläubigen auf, jene »grundlegenden Lehren« zu »verlassen«, die sie hörten, als sie »Christen« wurden, und »weiterzufahren« (ein beliebter Ausdruck des Schreibers) zur »Reife«, worunter er weniger verstandesmäßiges Erfassen als vielmehr moralisches Unterscheidungsvermögen verstand. Doch dann zählt er eben diese »grundlegenden Lehren« auf, die sie hinter sich lassen sollten. Indem er sie an ihre Anfänge erinnert, benutzt er ihre Erinnerung als Grundlage für seine schrecklichste Warnung.

Damit gewährt er uns einen wertvollen Einblick in das Verständnis, das er von der christlichen Initiation hat. Dies ist die einzige Stelle im Neuen Testament, wo die *vier* Elemente systematisch dargelegt werden. Sie werden hier gewissermaßen als die vier Ecksteine eines sorgfältig ausgelegten Fundamentes des Glaubenslebens angesehen. In diesem Zusammenhang kommen jedoch ein paar ungewöhnliche Ausdrucksweisen vor, die eines Kommentars bedürfen.

Erstens: »Buße von toten Werken«. Die Präposition »von« (griechisch: *apo)* ist wichtig. Viele tun Buße »über« oder »wegen« ihrer sündigen Taten, aber nicht »von« ihnen! Sündige Taten müssen *Taten* der Buße nach sich ziehen — Entsagung, Besserung, Wiedergutmachung und Versöhnung (Ausführungen darüber erfolgten in Kap. 2 und werden in Kap. 32 in ihrer praktischen Anwendung beleuchtet).

Zweitens: »Glaube an Gott«. Hierbei überrascht, dass er diesen Glauben nicht auf den Sohn, sondern auf den Vater ausrichtet. Als Juden hatten sie ja bereits »Glauben an Gott«. Aber das dürfte wohl ohne Belang sein, handelt es sich doch sehr wahrscheinlich um eine Art kurze Checkliste zur

"UND WAS BEDEUTET ... ?"

Erinnerung und nicht um ein Lehrbuch zur Unterweisung. Zweifellos war er zum Zeitpunkt ihrer Bekehrung im Sinne des »Glaubens an alles, was Gott durch seinen Sohn Jesus Christus vollbracht hat«, ausgelegt worden.

Drittens: »Lehre von Waschungen«. Über zwei Besonderheiten dieser Redewendung haben sich manche Kommentatoren den Kopf zerbrochen. Der Gebrauch einer verhältnismäßig seltenen Form des Wortes für »Taufe« (griechisch: *baptismos,* anderswo nur für eine gewöhnliche »Waschung« verwendet — Mark. 7,4; Hebr. 9,10) anstatt des üblichen Wortes für den Initiationsritus (griechisch: *baptisma*) ist eine Anomalie (Abweichung, Unregelmäßigkeit). Vielleicht sollten wir uns daran erinnern, dass bis dahin noch aus keinem Wort ein Fachausdruck für das Sakrament geworden war, so wie es »Taufe« für uns heute ist, und dies in einem Maße, dass es jetzt seine ganze griechische Bedeutung von »Untertauchen« verloren hat. Die damals verwendeten Wörter hatten weniger einen definierenden als einen beschreibenden Charakter. Es wurden auch andere Wörter für Taufe gebraucht *(apolouo* und *loutron* zum Beispiel). Darum sollten wir dem hier verwendeten Vokabular nicht allzuviel Bedeutung beimessen. Etwas anders verhält es sich dagegen mit dem *Plural* des Wortes; was sind die damit gemeinten »Taufen«? Es gibt wenigstens fünf mögliche Erklärungen dafür (die ich in aufsteigender Reihenfolge ihrer Wahrscheinlichkeit aufzähle):

1. Es bedeutet einfach, dass bei jeder Taufe gewöhnlich eine Anzahl von Personen getauft wurden.

2. Taufen unter Verwendung des Trinitätsnamens waren mit einem dreifachen Untertauchen verbunden (so wie in der griechisch-orthodoxen Kirche noch heute).

3. Die Taufe ist eine »doppelte« Waschung — des Leibes

und der Seele zur selben Zeit.

4. Suchende müssen über die Wassertaufe und über die Geistestaufe Bescheid wissen, da beide notwendig sind.

5. Es war nötig, dass man »Hebräern« den Unterschied zwischen christlicher Taufe und levitischer Waschung erklärte, zwischen der Proselytentaufe und vielleicht der Johannestaufe; obwohl sie sich in ihrer äußeren Art gleichen, sind sie in ihrer Bedeutung unterschiedlich.

Die Worte »Lehre von« begünstigen die letztgenannte Erklärung. Es erwies sich als notwendig, dass man sie über die verschiedenen Taufen »belehrte«, auch wenn im Laufe ihrer christlichen Initiation nur eine davon an ihnen vollzogen wurde (10,22).
Viertens: »die Handauflegung«. Dabei handelte es sich ohne Zweifel um einen Ausdruck intensiven Gebetes, das den Zweck verfolgte, dass der Gläubige, der Buße getan hatte und getauft war, die Gabe des Heiligen Geistes empfing. In Vers 4 wird von den Resultaten dieser Handlung gesprochen. Parallelen zu dieser Praxis gibt es in der Apostelgeschichte (8,17; 9,17; 19,6) und in anderen Briefen (z. B. 2. Tim. 1,6-7). Überraschend ist, dass die Handauflegung einen normalen und notwendigen Bestandteil der Initiation darstellte, die jedes Mal zur Anwendung gelangte, wenn einem Neubekehrten der Heilige Geist »vermittelt« wurde. Vielleicht sollten wir uns daran erinnern, dass die beiden einzigen Begebenheiten, bei denen der Heilige Geist *ohne* Handauflegung gegeben wurde, klare Hinweise dafür enthalten, warum diese nicht vorgenommen worden war. Am Pfingsttage selbst (Apg. 2,24) gab es niemand, der schon »empfangen« hatte und deshalb die Hände hätte auflegen können, so dass Gott selber

"UND WAS BEDEUTET ... ?"

seine feurigen Finger auf sie legte. Im Haus des Kornelius musste Gott es wieder tun, da es sonst niemand für jene Heiden tun wollte. Da sich für diese beiden »Ausnahmen« vernünftige Erklärungen finden lassen, sehen wir uns der »Regel« gegenüber, dass die Gabe des Geistes durchweg und von Anfang an durch Handauflegung empfangen wurde, ganz im Gegensatz zur Auffassung von einigen Bibelgelehrten, dass der Hebräerbrief ein Spiegelbild einer späteren kirchengeschichtlichen Epoche sei, als sich der Ritus der »Konfirmation« herausgebildet hatte. Diese physische Handlung vereinigte nicht nur die Fürbitte mit der Identifikation; sie schloß auch den Gedanken der Kraftübertragung von einer Person, die sie schon besaß, auf eine andere ein (vgl. 4. Mo. 27,18-20 mit 5. Mo. 34,9). Derselbe Gedanke einer »Übertragung« steht auch hinter der Handauflegung bei Kranken.

Auf diese vier grundlegenden christlichen Wahrheiten, die sich alle auf die Gegenwart beziehen, folgt ein unerwarteter Zusatz. Der Verfasser fügt zwei weitere fundamentale Prinzipien hinzu, die die Zukunft betreffen: »die Totenauferstehung« und das »ewige Gericht«. Sie bilden einen seltsamen Schluss. Weshalb ist die Totenauferstehung — neben der Auferstehung Jesu — für die Glaubensanfänge so wichtig? Und war nicht das »zukünftige Gericht« Teil der ursprünglichen Evangeliumspredigt, die sie gehört hatten, bevor sie die grundlegenden Wahrheiten gelehrt wurden?

Probleme entstehen hier nur, wenn wir diese sechs Themen als einen vollständigen Lehrplan für die »Anfängerklasse« des Christentums betrachten (wie es manche Bibellehrer gerade aufgrund dieser Bibelstelle versucht haben). Aber der Schreiber hat den Lesern soeben gesagt, dass er *nicht* wieder einen solchen Kurs mit ihnen beginnen möchte! Er erinnert sie allerdings an jene Dinge, die sie in der

Vergangenheit gelernt hatten und die jetzt sein Argument und seinen Appell verstärkten. Mit anderen Worten ist dies eine »Auswahlliste« spezieller Themen aus der Zeit ihrer anfänglichen Unterweisung, Themen, an die sie sich in ihrer gegenwärtigen Lage ganz besonders erinnern sollten. Die sechs ausgewählten Themen lassen sich bequem unter zwei Überschriften einordnen. Einerseits sollten sie an die vier entscheidenden Schritte zurückdenken, die sie getan hatten: Busse tun, glauben, sich taufen lassen und den Heiligen Geist empfangen. All das hatten sie ganz von sich aus getan, und all das war unwiderruflich, wie wir noch sehen werden. Andererseits sollten sie zwei Dinge bedenken, die die Zukunft betrafen — dass sie eines Tages von den Toten auferstehen und danach gerichtet würden, wie sie seit jenen Anfängen gelebt haben (wie in 2. Kor. 5,10). Ihre momentane Situation muss eingedenk ihrer früheren Initiation und ihrer zukünftigen Prüfung betrachtet werden, um im richtigen Licht beurteilt werden zu können. Leid wird sicher anders empfunden, wenn man es nicht aus einer existentiellen, sondern aus einer eschatologischen Perspektive betrachtet (vgl. Röm. 8,18).

Diese objektive Belehrung war ihre subjektive Erfahrung geworden; sie wußten um deren Realität in ihrem Leben. Sie waren erleuchtet, sie hatten die himmlische Gabe geschmeckt, waren des Heiligen Geistes teilhaftig geworden und hatten das gute Wort Gottes und die Kräfte des zukünftigen Zeitalters geschmeckt. Zu behaupten, dass sie all das hatten erleben können, ohne überhaupt Christen zu werden, würde hier die Sprache all ihres Sinnes berauben. Das ist es aber, was man gewöhnlich im Interesse einer »calvinistischen« Theologie tut, die im Blick auf die sich anschließende Warnung direkt daran interessiert ist, dass diese Menschen nicht »wiedergeboren« waren. Doch wir müssen uns fragen: »Weshalb wollte der Verfasser sie denn zur ›Reife‹ führen, wenn sie ja noch gar keine Kinder geworden waren?«

Man hätte nach einem solchen Rückblick einen liebevollen Appell erwartet — ungefähr in diesem Sinne: »Nachdem ihr doch das gute Leben geschmeckt habt, wollt ihr jetzt das alles wegwerfen?« Stattdessen folgt jetzt die ernsteste Warnung des ganzen Briefes: »Wenn ihr das alles wegwerft, werdet ihr es nie wieder zurückbekommen!« Es ist eine Tragödie, dass diese Stelle gewöhnlich mit dem Thema: »Einmal gerettet — für immer gerettet« in Zusammenhang gebracht wird, wodurch man vom eigentlichen Thema ablenkt. Dem Verfasser geht es nicht darum, ob es möglich ist, dass ein Christ sein Heil verscherzen kann; er setzt voraus, dass dies der Fall sein kann! Er geht vielmehr darüber hinaus, wenn er sagt, dass, wenn dies geschieht, es dann für einen solchen »Ex-Christen« unmöglich ist, sein Heil wiederzuerlangen, da es unmöglich ist, Buße darüber zu tun! Über manche Sünden kann man nicht Buße tun, und dazu gehört die öffentliche Verwerfung Christi in Zeiten der Verfolgung. Das zu tun bedeutet, die Schuld jener zu teilen, die Jesus gedemütigt und gekreuzigt haben, weil sie seinen Anspruch ablehnten, Sohn Gottes zu sein. Die Tatsache, dass Petrus denen Vergebung angeboten hatte, welche Komplizen jener ursprünglichen Tat gewesen waren, ändert nichts an diesem Prinzip; sie hatten in »Unwissenheit« gehandelt (Apg. 3,17), was aber einem Christen unmöglich ist. Andere Bibelstellen bestätigen den Ernst einer solchen Verleugnung (Matth. 10,33 und 2. Tim. 2,12 zum Beispiel).

Nach einer derartig ernsten Warnung vor einer sehr realen Gefahr — sie als rein hypothetisch hinstellen zu wollen, beraubt die Warnung ihrer Wirksamkeit — versichert der Autor seine Leser seines Optimismus und nicht seines Pessimismus, was ihren Fall anging (6,9-12). Obgleich ihnen dieses schreckliche Los zuteil werden *könnte,* erwartet er nicht, dass dies eintreten werde. Er hat echten Glauben an die Stärkung des Heiligen Geistes. Gott selbst ist auf ihrer Seite und möchte, dass sie in ihrem Kampf den Sieg davontragen. Aber ein siegreicher Ausgang ist nicht unvermeidbar. Es ist für sie von großer Wichtigkeit, dass sie eifrig, geduldig und treu bleiben »bis ans Ende«, wenn sie die Hoffnung auf all das, was für die Zukunft verheißen worden ist, festmachen wollen.

Sie hatten einen guten Start, aber damit ist der Lauf noch nicht gewonnen. Eine gute Ankunft ist ebenso wichtig. Nachdem er viele alttestamentliche Glaubenshelden aufgezählt hatte, sagt der Schreiber von ihnen: »Diese alle sind im Glauben gestorben« (11,13). Er ermahnt seine Leser, mit derselben Ausdauer zu laufen und dabei auf Jesus zu schauen, den Anfänger und Vollender unseres Glaubens — auf den, der uns befähigt, anzufangen und zu vollenden. Das Christentum ist der Weg zu sterben wie auch der Weg zu leben!

KAPITEL 28

DER WIRKSAME GLAUBE

»Was nützt es, meine Brüder, wenn jemand sagt, er habe Glauben, hat aber keine Werke? Kann etwa der Glaube ihn erretten? Wenn aber ein Bruder oder eine Schwester dürftig gekleidet ist und der täglichen Nahrung entbehrt, aber jemand unter euch spricht zu ihnen: Geht hin in Frieden, wärmt euch und sättigt euch! ihr gebt ihnen aber nicht das für den Leib Notwendige, was nützt es?

So ist auch der Glaube, wenn er keine Werke hat, in sich selbst tot. Es wird aber jemand sagen: Du hast Glaube, und ich habe Werke; zeige mir deinen Glauben ohne Werke, und ich werde dir aus meinen Werken den Glauben zeigen. Du glaubst, dass (nur) *einer* Gott ist? Du tust recht; auch die Dämonen glauben und zittern.

Willst du aber erkennen, o eitler Mensch, dass der Glaube ohne die Werke nutzlos ist? Ist nicht Abraham, unser Vater, aus Werken gerechtfertigt worden, da er Isaak, seinen Sohn, auf den Opferaltar legte? Du siehst, dass der Glaube mit seinen Werken zusammen wirkte und der Glaube aus den Werken vollendet wurde. Und die Schrift wurde erfüllt, welche sagt: >Abraham aber glaubte Gott, und es wurde ihm zur Gerechtigkeit gerechnet<, und er wurde >Freund Gottes< genannt. Ihr seht (also), dass ein Mensch aus Werken gerechtfertigt wird und nicht aus Glauben allein.

Ist aber nicht ebenso auch Rahab, die Hure, aus Werken gerechtfertigt worden, da sie die Boten aufnahm und auf einem anderen Weg hinausließ? Denn wie der Leib ohne Geist tot ist, so ist auch der Glaube ohne Werke tot« (Jak. 2,14-26).

Die meisten Evangelisten ignorieren diese Stelle, wenn sie das Evangelium verkünden. Während sie zugeben, dass sie eine notwendige Korrektur für gleichgültige Gläubige enthält, wollen sie jedoch ihre Bedeutung für einen suchenden Ungläubigen nicht einsehen. Kurz, sie sei für die christliche Initiation unwesentlich. Doch Jakobus bezieht sich eindeutig auf den Glauben, der »erretten« kann (Vers 14), und das gehört ganz bestimmt zum Kern des Evangeliums.

Manche gehen noch weiter und fragen, ob man diesen kurzen Brief überhaupt als Bestandteil des Bibelkanons betrachten könne! Die bekannte Einstellung Luthers, der ihn als »stroherne Epistel« abtat, steht nicht alleine da. Eine Geringschätzung seines theologischen Wertes scheint sich anscheinend mit dem Glauben an seine göttliche Inspiration vertragen zu können!

Ein »Problem« ist Jakobus vor allem für solche, die das paulinische Heilsverständnis als ein komplettes Lehrsystem betrachten, anhand dessen andere apostolische Beiträge zum Neuen Testament beurteilt werden. Dieses willkürliche Vorurteil wird anderen wichtigen Einsichten alles andere als gerecht.

Von diesem voreingenommenen Standpunkt wird Jakobus vorgeworfen, dass er in direktem Konflikt mit Paulus steht. Und so wird seine Aussage, »dass ein Mensch aus Werken gerechtfertigt wird und nicht aus Glauben allein« (Vers 24), als direkter Widerspruch angesehen zu solchen paulinischen Aussagen wie: »dass der Mensch nicht aus Gesetzeswerken gerechtfertigt wird, sondern nur durch den Glauben« (Gal. 2,16). Kein Wunder, dass der Jakobusbrief im reformatorischen Kampf um den Grundsatz, die Rechtfertigung komme allein durch den Glauben und sei allein auf der Autorität der Heiligen Schrift gegründet, als unbequemes Dokument empfunden wurde!

Diese Spannung muss gelöst werden, wenn wir aus dem wesentlichen Beitrag des Jakobus an unser Verständnis vom »rettenden Glauben« Nutzen ziehen wollen. Der Heilige Geist wusste, was er tat, als er die Urgemeinde darin leitete, diesen Brief des Bruders Jesu als inspirierte Schrift anzuerkennen, die von apostolischer Autorität für die ganze Gemeinde aller Zeiten getragen ist.

Der scheinbare Widerspruch in Bezug auf diesen grundlegenden Glaubensartikel lässt sich mit Hilfe einer sorgfältigen Analyse des von Jakobus erhobenen Argumentes aufheben.

Der Schlüssel dazu liegt in seinem Gebrauch des Wortes »Werke«. Jakobus meint nicht »Gesetzeswerke«. Paulus jedoch verwendet es beständig im Sinne des Haltens der Gebote, mit dem man sich das Heil Gottes verdienen will oder meint, es damit verdient zu haben. Der Gedanke ist dem Evangelium von der göttlichen Gnade völlig fremd, dass ein Mensch irgendetwas zu seinem Heil beitragen könnte. Deshalb tat Paulus sogar über seine guten Taten Buße und bezeichnete sie als »Kot« (Phil. 3,8-9; das Wort ist ein grober Ausdruck und bezeichnet menschliche Exkremente). In ein und demselben Herzen gibt es keinen Raum für Selbstgerechtigkeit und für die Gerechtigkeit Gottes.

Jakobus würde all dem voll zustimmen; aber er würde mit Nachdruck die Schlussfolgerung verurteilen, der Mensch sei, was das Heil betrifft, nichts anderes als ein passiver Empfänger. Jakobus betont, dass Glaube eine aktive Aneignung der göttlichen Gerechtigkeit ist. Und Paulus würde Jakobus darin vollkommen recht geben!

Weder Paulus noch Jakobus lehren, »Glaube« bestehe darin, moralische Normen in eigener Kraft zu verwirklichen. Die Hauptnot der menschlichen Natur ist gerade seine Unfähigkeit, die Gebote Gottes zu halten (sogar der gesetzeseifrige Saulus von Tarsus brachte es nur fertig, neun von zehn Geboten zu halten — Phil. 3,6 muss durch Röm. 7,8 ausbalanciert werden). Um diesen völligen Unterschied zwischen »Glaube« und »Gesetzeswerke« noch deutlicher zu machen, braucht man nur auf die von Jakobus erwähnten Beispiele hinzuweisen, die beide das Gesetz Gottes brachen! Eine Prostituierte wird für ihr falsches Zeugnis ebenso gelobt wie ein Vater, der versuchte, seinen eigenen Sohn zu töten!

Jakobus bezieht sich auch nicht auf »Liebeswerke«. Dieser Punkt ist noch delikater. Auf den ersten Blick sieht es zwar so aus, als ob er hier Liebeswerke meint (Vers 15-17). Diese Interpretation hat man deshalb auch als mögliche Grundlage für eine Versöhnung seiner Lehre mit derjenigen von Paulus begrüßt, der gleichfalls von einem Glauben sprach, der »durch Liebe wirksam ist« (Gal. 5,6). Doch die Auffassung, der Glaube müsse durch wohltätige Handlungen gegenüber Bedürftigen ergänzt werden, ist eigentlich nicht viel anders als die Behauptung, dass er durch moralische Handlungen ergänzt werden muss. Durch beides wird die Gnadenlehre verwässert.

Wir müssen uns bewusst machen, dass die kleine Skizze der Nächstenliebe": , dass die kleine Skizze der Nächstenliebe in den Versen 15-17 nicht als spezielles Beispiel für die »Glaubenswerke« gedacht ist. Vielmehr illustriert sie allgemein den Grundsatz, dass ein Lippenbekenntnis ohne Taten nutzlos ist, und zwar auf jeder Lebensebene — in diesem Falle bei der Konfrontation mit der Notlage eines Bruders.

"UND WAS BEDEUTET ... ?"

Das Mitleid für solche, die leiden, zeigt sich — ähnlich wie der Glaube an Gott — nicht in dem, was wir sagen, sondern in dem, was wir tun. Beachten wir, dass Jakobus eine ähnliche Fähigkeit wie sein Bruder Jesus hat, eine tiefe Wahrheit mit Hilfe einer alltäglichen Situation zu verdeutlichen.

Jakobus sagt also nicht: »Glaube ohne Liebeswerke ist nutzlos«, obwohl die liberale Theologie das begrüßen würde. Er sagt vielmehr: »Glaube ohne Werke ist ebenso nutzlos wie Liebe ohne Werke.« Anders ausgedrückt, versteht Jakobus unter dem Wort »Werke« ganz einfach »Taten« — und nicht all das, was dieses Wort in der mit paulinischer Theologie vollgesogenen evangelischen Vorstellungswelt heraufbeschwört! Viele moderne Bibelübersetzungen haben die Notwendigkeit erkannt, stattdessen ein anderes, gleichwertiges Wort ohne solche Nebentöne zu gebrauchen. In den meisten deutschen Übersetzungen steht dafür »Taten« oder — eher selten — »Früchte«.

Was meint nun Jakobus mit den »Taten des Glaubens«? Da es ihm nicht um das Speisen eines hungrigen Bruders geht, greift er auf zwei aktuelle Situationen im Alten Testament zurück (im Gegensatz zu dem in Vers 15 angenommenen hypothetischen Fall). Er möchte »wirksamen Glauben« oder »Glauben in Aktion« zeigen. Als wollte er unterstreichen, dass er nicht von Moral redet, wählt er eine schlechte Frau und einen guten Mann dafür aus. Als wollte er unterstreichen, dass er nicht von Wohltätigkeit redet, wählt er eine Tat aus, durch die Menschenleben gerettet wurden, sowie eine andere, durch die beinahe ein Menschenleben zerstört wurde. Worin bestand die Gemeinsamkeit der Handlungen Rahabs und Abrahams? Beide handelten in einer Art und Weise, die ihre momentane Sicherheit gefährdete. Beide vertrauten auf Gott, und ihre Zukunft lag in seiner Hand. Solche Risiken einzugehen, gehört zum Kern dessen, was Glaube ist. Es bedeutet, genügend Zuversicht zu besitzen, um seinen Überzeugungen entsprechend zu handeln, besonders dann, wenn diese ihre Wurzeln in der Selbstoffenbarung Gottes haben.

Diese Art von Glauben steht im starken Gegensatz zu dem, was oft als Glaube hingestellt wird. Heute erzählt man den Leuten, sie seien Christen geworden und somit für die Taufe und die Gemeindemitgliedschaft qualifiziert, nur weil sie ein »Bekenntnis des Glaubens« abgelegt, also etwas mit Worten *gesagt* haben. Davon wollte Jakobus nichts wissen: Nur Glaube, der nicht nur hörbar, sondern auch sichtbar unter Beweis gestellt wurde, konnte ihn befriedigen, ein Glaube, bei dem man nicht darauf hört, was ein Mensch sagt, sondern bei dem man sieht, was ein Mensch tut (Vers 18).

Mit beißendem Spott weist Jakobus darauf hin, dass das Zitieren eines Glaubensbekenntnisses, auch wenn dessen Theologie unanfechtbar ist, nicht besser ist als das, was Dämonen auch zustande bringen, sind sie doch alle gute Monotheisten! Und ihr »Bekenntnis« hat wenigstens noch einen gewissen emotionalen Inhalt — sie zittern vor Furcht, wenn sie auch keinen Glauben haben. Vielleicht möchte Jakobus damit andeuten, dass es schon einige Zeit her war, seit seine Leser so stark auf die furchterregende Tatsache des Machtmonopols Gottes reagierten.

Liest man den ersten Teil von Jakobus 2, so gewinnt man den Eindruck, dass die apostolische Christenheit zur Zeit der Abfassung dieses Briefes bereits Degenerationserscheinungen in Form einer starken »Verkirchlichung« aufwies. Vor einem solchen Hintergrund hat der Glaube die Tendenz, zu verbalen Wiederholungen zu versteinern. Menschen können Wochen, Monate und sogar Jahre verbringen, ohne den Glauben unter Beweis zu stellen, zu dem sie sich im Gottesdienst regelmäßig bekennen. In lehrmäßiger Hinsicht mag es mit diesem Glauben seine Ordnung haben, aber er wagt nichts und besitzt keine Kraft mehr. Leider trifft man diesen Zustand nur allzuoft an.

Jakobus will uns deutlich machen, dass »Glaube« nicht das mündliche Bekennen einer gesunden Theologie ist. Es geht nicht in erster Linie darum, die Wahrheit des göttlichen Wortes zu *akzeptieren,* sondern danach zu *handeln.* Bekennen ohne Umsetzung in die Tat nützt uns ebensowenig, wie Mitleid ohne praktische Hilfe einem Notleidenden etwas nützt. Solch ein Glaube kann nicht »erretten«. Er ist so tot wie ein Leichnam in der Leichenhalle!

KAPITEL 29

DIE RETTENDE FLUT

»Denn es ist auch Christus einmal für Sünden gestorben, der Gerechte für die Ungerechten, damit er uns zu Gott führe, zwar getötet nach dem Fleisch, aber lebendig gemacht nach dem Geist. In diesem ist er auch hingegangen und hat den Geistern im Gefängnis gepredigt, die einst ungehorsam waren, als die Langmut Gottes in den Tagen Noahs abwartete, während die Arche gebaut wurde, in die wenige, das sind acht Seelen, durchs Wasser hindurch gerettet wurden. Das Gegenbild (dazu) errettet jetzt auch euch, (das ist) die Taufe — nicht ein Ablegen der Unreinheit des Fleisches, sondern die Bitte an Gott um ein gutes Gewissen —, durch die Auferstehung Jesu Christi. Der ist zur Rechten Gottes, nachdem er in den Himmel gegangen ist, und Engel und Mächte und Kräfte sind ihm unterworfen« (1. Petr. 3,18-22).

Etliche Bibelgelehrte behaupten, dieser ganze Brief sei ein »Tauftraktat«, eine Art »Katechismus für Taufkandidaten«. Jedenfalls dient er als ausgezeichnetes Bibelstudium für Anfänger und behandelt viele Dinge, die ein Neubekehrter wissen und tun sollte.

Aber er enthält auch vieles, das reife Gläubige angeht. Petrus scheint tatsächlich einer jener seltenen Christen gewesen zu sein, die sowohl gute Evangelisten als auch gute Seelsorger sind. Schließlich hatte Jesus ihn ja zum Menschenfischer und zum Hirten berufen (Mark. 1,17; Joh. 21,15-17)!

Beiden, dem Suchenden und dem Gläubigen, muss gesagt werden, dass das Glaubensleben mit Leiden verbunden ist. Paulus sprach dies ebenso ehrlich aus wie Petrus (vgl. Apg.14,22); beide folgten darin dem Beispiel Jesu (Joh. 16,33).

Das Leiden durchzieht diesen ganzen Brief wie ein roter Faden. Vermutlich wurde er vor dem Hintergrund der ersten Verfolgungswelle unter Nero geschrieben. Eines der Hauptanliegen des Verfassers war, seiner über Kleinasien (jetzt Türkei) verstreuten Herde zu helfen, angesichts des Widerstandes ihre moralische Integrität zu bewahren, den sie nicht nur von der allgemeinen Öffentlichkeit, sondern auch vonseiten der Behörden zu spüren bekamen (er erwartete, dass sich dieser von Rom über das ganze Römische Reich ausbreiten würde — s. 1,1; 4,12; 5,13). Die Spannung, unter einem feindlich gesinnten Regime zu leben, macht sich in diesem Brief wiederholt bemerkbar. Der Nachfolger Jesu muss ein tadelloses Leben führen, und doch wird er des Verbrechens beschuldigt. Er muss ein loyaler Bürger sein, und doch wird er als Verräter behandelt. Er muss offen und ehrlich sein, und doch wird er zur Zielscheibe für Verleumdungen.

Für die menschliche Natur ist es akzeptabel, als Folge ihrer eigenen Verfehlungen leiden zu müssen (vgl. Luk. 23,41). Wird sie jedoch zum unschuldigen Opfer von Ungerechtigkeit, ist das eine schwere Prüfung. Genau das sollte die allgemeine Erfahrung der Christen während der nächsten zwei Jahrhunderte sein. Auch Petrus würde einst zu den zahlreichen Märtyrern gehören.

Unter einem solchen Druck fällt es nicht schwer, sich vorzustellen, dass Gerechtigkeit nur noch mehr

"UND WAS BEDEUTET ... ?"

Unannehmlichkeiten mit sich bringt (Ps. 73,1-22 ist ein klassisches Beispiel dafür). Die Versuchung liegt nahe, sich wieder der Welt zuzuwenden. Das Gegenmittel ist, sich einen Blick für die Ewigkeit zu bewahren (Ps. 73,23-28 bringt dies zustande). Was mit dem Leib geschieht, wird als verhältnismäßig unwichtig betrachtet. Das entscheidende Ziel ist, das Leben des Geistes zu erhalten.

Dies also ist der Hintergrund zu unserem Text, der sowohl eine ungewöhnliche gedankliche Assoziation als auch eine einzigartige Offenbarung enthält. Er ist weniger in einem logischen als in einem unzusammenhängenden Stil abgefaßt, und der Faden, der ihn zusammenhält, ist nicht ein geradliniges Argument, sondern besteht aus einer eher allgemeinen Sorge. Er gleicht mehr einem Bild als einer Fotografie.

Nachdem Petrus die zutreffende Bemerkung gemacht hat, dass es in moralischer Hinsicht vorzuziehen ist, wegen guter Werke zu leiden als wegen böser, ist es für ihn eine ganz natürliche Sache, das Verhalten Christi am Kreuz angesichts der größten aller Ungerechtigkeiten als Beispiel anzuführen. Er hat auf diesen Punkt schon einmal mit Nachdruck hingewiesen (2,21-23), doch diesmal führt ihn sein Gedankengang in eine unerwartete Richtung. Er will damit nämlich sagen, dass die Zerstörung des Leibes Jesu die Befreiung seines Geistes bedeutete (Petrus meint damit nicht den göttlichen Geist, sondern den menschlichen Geist Jesu). Jesu Tod weitete sein Wirken sogar aus!

Von einem bestimmten Gesichtspunkt aus (griechisch: *men*) betrachtet, wurde Jesus dem Fleisch nach getötet; aber von einem anderen Gesichtspunkt aus (griechisch: *de*) betrachtet, wurde Jesus im Geist belebt. Damit ist nicht seine Auferstehung drei Tage später gemeint, die ja eine Belebung seines Leibes bedeutete. Gemeint ist damit sein Zustand während der drei Tage zwischen seiner physischen

Zersetzung und seiner Wiederauferstehung. Dass er während dieser Zeitspanne bei völligem Bewusstsein und aktiv war, wird nirgends sonst im Neuen Testament gesagt, obgleich Jesu Worte zum Schächer eindeutig darauf schließen lassen (Luk. 23,43).

Diesem bemerkenswerten Einblick folgt unmittelbar eine ungewöhnliche Information. Jesus suchte in dieser Zeit die Stätte der Abgeschiedenen auf (hebräisch: *sheol;* griechisch: *hades).* (Das ist die eigentliche Bedeutung der Aussage im Apostolischen Glaubensbekenntnis »Niedergefahren in das Reich des Todes« — es handelte sich *nicht* um den Ort des ewigen Gerichts, an den man nur nach dem Endgericht kommt.) Hier predigte Jesus zu den »Geistern im Gefängnis«, ein Ausdruck, mit dem diejenigen gemeint sind, die bis zu ihrem Prozess am Gerichtstage in »Verwahrung« gehalten werden (vgl. 2. Petr. 2,4 und Jud. 6). Diese besondere Gruppe, an die Jesus sich wandte, wird identifiziert als jene Generation, die zur Zeit Noahs in der Flut ertrank. All das geschah zwischen dem Tod und der Auferstehung Christi.

Petrus ist der einzige unter den neutestamentlichen Verfassern, der uns etwas darüber sagt (obwohl eines der Evangelien eine weitere Wirkung des Todes Jesu auf die Welt der Abgeschiedenen erwähnt, nämlich dass viele der früheren »Heiligen« aus dem Scheol entlassen wurden und auf die Straßen von Jerusalem zurückkehrten, wo sie erkannt wurden, während sie umhergingen — Matth. 27,52-53). Doch woher hatte Petrus diese Information? Sicher von seiner nicht aufgezeichneten Begegnung mit dem auferstandenen Jesus am ersten Ostersonntag (1. Kor. 15,5).

Die Frage nach dem Grund, weshalb Jesus so etwas tat, führt in das Reich der Spekulation, da die Bibel keine Erklärung dafür gibt. Geschah es, um zu verkündigen, dass der schwerste Gerichtsakt Gottes jetzt durch eine entscheidende Intervention seiner Gnade wettgemacht wurde? Aber das zu verkündigen, ohne den Hörern eine Gelegenheit zur Errettung zu geben, hätte für diese eine quälende Tortur bedeutet, die dem Wesen des Herrn völlig fremd gewesen wäre. Wir können nur vermuten, dass es im Blick auf ihre Buße geschah. Aber warum sollte diese spezielle Gruppe das einzigartige Privileg einer »zweiten Chance« nach dem Tode haben? Wahrscheinlich weil sie die einzige Generation waren, die das göttliche Gericht auf eine solch tiefgreifende und endgültige Weise vor dem Tage erlebte, an dem die übrige Menschheit vor Gericht stehen wird, und sich deshalb auf eine ungerechte Behandlung berufen könnte, da Gott versprochen hatte, keiner anderen Generation das gleiche widerfahren zu lassen. Gott wird niemandem die Gelegenheit geben, ihn der Ungerechtigkeit zu beschuldigen (vgl. 1. Mo. 18,25).

Die mangelnde Bereitschaft, die Worte des Petrus so zu nehmen, wie sie dastehen, ist gewöhnlich auf theologische Vorbehalte zurückzuführen.

Man sieht in dieser Begebenheit einen Widerspruch zur allgemeinen biblischen Lehre, dass der Augenblick des Todes unser ewiges Schicksal besiegelt (Luk. 16,26). Das würde jener Auffassung Vorschub leisten, jenseits des Grabes gäbe es eine »zweite Chance« zur Errettung. Dabei geht man von der naiven Annahme aus, dass diejenigen, welche die Hölle geschmeckt haben, jetzt wirklich in den Himmel gehen möchten. Die Befürchtung, die Moral und die geistliche Motivation, in dieser Welt Buße zu tun, könne dadurch Schaden erleiden, ist berechtigt. Sie kann jedoch mit dem Hinweis widerlegt werden, dass die Worte des Petrus nur und ausschließlich der Generation Noahs gelten. Diese alleinige Ausnahme kompromittiert darum die allgemeine Regel in keiner Weise.

Die Erwähnung der Sintflut erinnert Petrus daran, welch

ein passendes Beispiel die Familie von Noah bietet — jene Angehörigen, die inmitten einer äußerst unmoralischen Gesellschaft ihre moralische Unbescholtenheit bewahrten und das Gericht überlebten, das über die Menschen kam. Die »Arche« ließ sie die Sintflut unbeschadet überstehen; sie wurden »durch Wasser hindurch gerettet« (griechische Präposition: *dia* = vermittelst). Die genaue Bedeutung dieser Worte ist umstritten. Sie beinhaltet mehr als die Bewahrung vor dem Ertrinken im Wasser. Manche meinen darin zu erkennen, dass dasselbe Wasser, welches die anderen ertränkte, die Arche »trug« und buchstäblich das Mittel zu ihrer Errettung wurde. Die naheliegendste Erklärung dürfte die sein, dass die Sintflut sie von einer schmutzigen Welt der Sünde in eine saubere Welt der Gerechtigkeit »transferierte«.

Diese reinigende und befreiende Wirkung der Sintflut führte Petrus ganz von selbst zu Gedanken über die christliche Taufe. Die zwei Ereignisse, das eine universell und das andere individuell, können als »Typ« und »Anti-Typ« verstanden werden, wobei das eine das andere symbolisiert und verbildlicht. So wie das Wasser der Sintflut Noah und seine Familie (alles Erwachsene, keine Babys!) »errettete«, so »errettet« das Wasser der Taufe den Gläubigen. Dieser Anspruch hinsichtlich der Taufe wird zweimal erhoben (in Vers 21) und ist vielleicht der stärkste *instrumentale* Ausdruck, der im Neuen Testament für die Taufe verwendet wird (obwohl Mark. 16,16 und Tit. 3,5 ebenfalls das Wort »errettet« mit der Taufe in Verbindung bringt — s. Kap. 8 und 26). Diejenigen, welche Furcht vor der »Taufwiedergeburt« haben, empfinden diese Aussage als problematisch und neigen dazu, sie zu ignorieren (so wie sie es auch mit dem Wort »Wasser« in Joh. 3,5 tun). Petrus, der dieses spätere Mißverständnis wohl vorausahnte, beeilte sich, die Bedeutung von »errettet« zu erklären.

"UND WAS BEDEUTET ... ?"

Die reinigende Wirkung der Taufe bezieht sich nicht auf den materiellen Bereich, sondern auf den moralischen; sie beseitigt nicht den Schmutz am Leibe, sondern die Befleckung des Gewissens.

An dieser entscheidenden Stelle ist das Griechisch von Petrus leider unklar! Wörtlich übersetzt heißt die Wendung: »eine Annahme (oder Antwort) in Gott von einem guten Gewissen«. Aber wer besorgt das Annehmen / Antworten: der Mensch oder Gott? Beide Möglichkeiten haben in modernen Übersetzungen ihren Niederschlag gefunden:

1. »das Versprechen eines guten Gewissens gegenüber Gott«;
2. »die Bitte um ein gutes Gewissen von Gott«.

Diese Wiedergaben führen zu unterschiedlichen Auffassungen über die Taufe, wobei der Hauptinhalt des Abschnitts allerdings nicht besonders beeinträchtigt wird.

Die »Versprechen«-Version meint einfach das Versprechen, in Zukunft ein gutes Leben zu führen, ein Annehmen der Verpflichtung, dass das Leben jetzt im Gehorsam gegen den Herrn gelebt wird (ein *sacramentum* war ursprünglich der Treueeid eines frisch rekrutierten Soldaten, der Cäsar Gehorsam versprach). Aber weshalb sollte ein solcher Entschluss im Wasser gefaßt werden, und worin sollte die Parallele zur Sintflut in Noahs Tagen liegen? Vor allem aber beraubt diese Auslegung das Wort »errettet« irgendeines erlösenden Inhaltes.

Die »Bitte«-Version entspricht dem unmittelbaren Kontext besser. Die Taufe dient nicht einer äußeren Reinigung des Leibes, sondern einer inneren Reinigung des Gewissens. So gewiss, wie alles Böse der alten Welt mit der Sintflut weggewaschen wurde, so gewiss wird der reumütig Glaubende von all seiner Schuld und Schande reingewaschen. So wie Noah beim Verlassen der Arche eine von Sünde befreite Welt betrat, so kann sich der Gläubige der Freiheit eines »reingewaschenen« Lebens erfreuen! Ein solch wirkungsvolles Taufverständnis steht in vollkommenem Einklang mit anderen apostolischen Schriften (Apg. 22,16; Eph. 5,26; Hebr. 10,22; zu beachten ist, dass die letztere ebenfalls »Gewissen« und »Wasser« in Beziehung zueinander setzt).

Ehe wir uns für die eine oder andere dieser Alternativen entscheiden, muss noch eine dritte Möglichkeit erwähnt werden — sie liegt irgendwo zwischen beiden und ist auch subtiler. Noah hatte vor der Sintflut ein gerechtes Leben geführt (1. Mo. 6,19), und als er in die Arche ging, tat er es im Vertrauen, dass Gott ihm sein gutes Gewissen bestätigte, indem er ihn sicher durch die Sintflut brachte. Auf ähnliche Weise könnte vielleicht der reumütige Glaubende Gott darum bitten, ihm zu bestätigen, dass er in Gottes Augen »gerecht« (in diesem Fall: gerechtfertigt) ist, und zwar dadurch, dass er ihm im Wasser der Taufe kein Leid antut! Diese Annahme ist gar nicht so unsinnig, wie es auf den ersten Blick aussieht, wenn wir bedenken, dass ein unwürdiger Genuß des Abendmahls Krankheit und sogar den Tod hervorrufen kann (1. Kor. 11,30). Doch dadurch würde das göttliche Handeln im Sakrament auf die negative Funktion des Gerichts beschränkt, während doch die Ausdrucksweise an den positiven Zweck des Heils denken lässt. Und ganz praktisch muss dagegen eingewendet werden, dass, obwohl ein solches Schicksal in vielen Fällen sicher verdient wäre, Gott meines Wissens dieses Ritual nie zu diesem Zweck benutzt hat!

Welche Übersetzung/Interpretation auch vorgezogen wird — ich meinerseits bevorzuge die zweite —, eines ist bei allen klar: Die Taufe geht solche an, die ein Gewissen haben, sei es ein gutes, das Bestätigung verlangt, sei es ein schlechtes, das Reinigung sucht. Deshalb stellt sie eine bewusste und verantwortungsbewusste Handlung dar, die zudem freiwillig vorgenommen wird. Sie an Babys zu vollziehen, die sich weder eines guten noch eines schlechten Gewissens bewusst sind, ist darum völlig fehl am Platz. Michael Green gibt in seinem Buch *I Believe in the Holy Spirit* (Hodder & Stoughton, London, 1975), S. 128, in seinen Ausführungen zu dieser Stelle folgenden Kommentar:

»Das mit >Versprechen< übersetzte Wort wird unterschiedlich interpretiert ... Doch in jedem Fall spricht es von einer echten Hingabe aufseiten des Menschen. Auch die Anspielung auf die Himmelfahrt Christi zur Rechten Gottes weist auf die Kraft hin, die im Leben des Getauften freigesetzt wird, wenn der Täufling nicht nur eine zeremonielle Waschung vornimmt, sondern sich in gehorsamer Buße und im Glauben zu Jesus Christus wendet. Eine solche Art von Taufe errettet uns.«

Aus diesem Grund ist die Taufe eine Kombination von menschlichem und göttlichem Handeln. Die Person, die getauft wird, gibt im Augenblick des Untertauchens Gott ein Versprechen ab (Apg. 22,16 beschreibt dies als »Anrufung seines Namens«). Gott benutzt diese Gelegenheit, eine innere Reinigung zu bewirken, die die betreffende Person von ihrer vergangenen Schuld befreit (Apg. 22,16 beschreibt dies als Abwaschung unserer Sünden). Die Taufe ist der Treffpunkt zwischen aktiver Gnade und aktivem Glauben. Beide sind für eine »wirkungsvolle« Taufe sehr wichtig.

Und schließlich ist die »Befreiung«, die die Taufe bewirkt, nur möglich, weil Christus selber von den Toten auferstanden und in den Himmel aufgefahren ist und so die totale Kontrolle über alle übernatürlichen Mächte erlangt hat, seien sie gut oder böse. So wie die Sintflut zu Noahs Zeiten die Welt von pervertiertem Sex und von Gewalttätigkeit, verursacht durch dämonische Verderbtheit (1. Mo. 6,1-11), reinigte, so setzt uns das Wasser der Taufe frei von der »Herrschaft« derselben Mächte (Röm. 6,3-14). Die Taufe ist genau deshalb sakramentaler Natur, weil sie übernatürlicher Natur ist.

KAPITEL 30

DIE VERSCHLOSSENE TÜR

»Siehe, ich stehe an der Tür und klopfe an; wenn jemand meine Stimme hört und die Tür öffnet, zu dem werde ich hineingehen und mit ihm essen, und er mit mir« (Offb. 3,20).

Kaum ein Bibelvers ist so oft mißdeutet worden wie der obige. Aus dem Zusammenhang gerissen, wird er oft in der evangelistischen Predigt und in der Seelsorge gebraucht.

Holman Hunts Bild »The Light of the World« (Das Licht der Welt), das die Szene darstellt, ist zugleich Ursache und Wirkung der weitverbreiteten Falschauslegung und konsequenten Falschanwendung dieser Bibelstelle. Ganz abgesehen von der dort verweiblichten Darstellung Christi (als Modell für das Gesicht und den Kopf hatten Mädchen gedient) mit ihren kirchlichen Gewändern, liegt der Hauptirrtum bei der Tür, an welcher Jesus anklopft und die eine Kirchentür sein müßte (in Wirklichkeit war es eine Scheunentür in einem Obstgarten in Ewell, Surrey).

Die Aussage in Offenbarung 3,20 ist nicht an Ungläubige gerichtet, sondern an Gläubige; und sie ist nicht an einzelne Gläubige gerichtet, sondern an eine Gemeinschaft von Gläubigen in der Stadt Laodizea. Jesus klopft an die Tür einer seiner eigenen Gemeinden! Er steht außerhalb der Gemeinschaft, obwohl die Menschen meinen, er sei noch bei ihnen. Es ist eine ernüchternde Vorstellung, dass eine

Gemeinde ihr Leben ohne Christus fortsetzen kann und sich dabei noch als reich und erfolgreich betrachtet und dabei blind bleibt für ihre geistliche Armut.

Halbherzigkeit ist für Christus als Haupt der Gemeinde viel beleidigender als Gleichgültigkeit! Der Geist Jesu sagt zu ihnen: »Lauwarme Gemeinden machen mich krank.« Diese Worte verstanden sie nur zu gut, da die heißen, salzigen Quellen außerhalb von Laodizea auf ihrem Weg in die Stadt zu einem lauwarmen Gewässer wurden. Wenn man davon trank, wirkte es wie ein starkes Brechmittel.

Das eigentliche Problem der Gemeinde war ihre Selbsttäuschung. Einer, der durch und durch »wirklich« ist wie Jesus, der »Amen« (= wahrlich, ehrlich), der »treue und wahrhaftige Zeuge« (»wahr« und »wirklich« sind im Griechischen dasselbe Wort), kann sich inmitten solcher Unwirklichkeit und Selbsttäuschung nicht »zu Hause« fühlen. Kalt gegenüber der Wahrheit sein, ist eine echte Ablehnung, und heiß dafür sein, ist ein echtes Akzeptieren und Dahinterstehen. Aber der Wahrheit gegenüber lau sein, das ist zutiefst beleidigend. Gekünsteltes Gehabe im religiösen Kontext ist Heuchelei, und nichts hat Jesus so erzürnt wie diese.

Die gute Nachricht bei dieser Schilderung ist die, dass es nur eine einzige Person braucht, die aufsteht und die Kirchentür öffnet, damit Jesus wieder zurück in das Innere der Gemeinde geholt wird! »Seine Stimme hören« bedeutet, die Diagnose, die Jesus über den wirklichen Zustand der Gemeinde stellt, zu akzeptieren. »Die Tür öffnen« bedeutet, den eigenen Teil an der Verantwortung für die Krankheit zu tragen und Heilung zu suchen. Die Gemeinde als Ganzes kann nicht zurechtgebracht werden, solange nicht einzelne Gemeindeglieder bereit sind, sich wieder in eine echte Beziehung zu Jesus zurückbringen zu lassen. Ein jedes Gemeindemitglied, das dazu bereit ist, wird die

"UND WAS BEDEUTET ... ?"

Freude einer erneuerten Gemeinschaft mit Gott erleben — ähnlich wie Freunde beim Abendessen zusammensitzen. Die Kommentatoren dürften kaum fehlgehen, wenn sie hier einen Hinweis auf den Abendmahlstisch zu erkennen glauben oder wenigstens auf die damalige Praxis des Liebesmahls oder Agape-Essens. Das bedeutet, dass mindestens ein Glied wieder die echte Gegenwart Jesu bei einer solchen Zusammenkunft erlebt, auch wenn es sich bei dieser für die übrigen immer noch um eine formelle Zeremonie handeln mag, so reich ausgeschmückt sie auch sein mag!

Diese Botschaft ist in vielen Gemeinden dringend notwendig — in den erfolgreichen sogar noch mehr als in denen, die zu kämpfen haben, und in den warmen auch mehr als in den kalten! Aber das hat nichts mit der Bekehrung oder dem Christwerden zu tun.

Die Anwendung dieses Textes in der Evangelisation führt unweigerlich zu einer allzu starken Vereinfachung der Initiation. Es geht dann einfach nur noch darum, dass man Jesus bittet, in das Leben zu kommen, dass man ihn in sein Herz aufnimmt oder dass man die Tür öffnet, um ihn einzulassen. Solche Beschönigungen sind dem Neuen Testament fremd. Das Bild eines Jesus, der Einlaß begehrt, findet sich nirgends sonst. In Wirklichkeit ist genau das Gegenteil der Fall! Es ist der Sünder, der draußen anklopft und ins Reich Gottes kommen will (Luk. 11,9). Die Frage lautet nicht: »Soll ich *ihn* einlassen?« sondern: »Wird er *mich* einlassen?« (Matth. 25,10-12). In Wirklichkeit ist Jesus selbst die Tür zum Heil; nur durch ihn können wir eintreten (Joh. 10,7-9).

Nur gelegentlich spricht das Neue Testament von »Christus in« uns (Kol. 1,27 gehört zu den wenigen Bibelversen, die diesen Ausdruck enthalten). Weitaus öfter redet das Neue Testament davon, dass wir »in Christus«

sind. »Bekehrung« meint nicht in erster Linie, dass Christus kommt, um in uns zu sein, sondern dass wir kommen, um »in Christus« zu sein. Wir sind im Wasser in Christus getauft (Apg. 19,5; Gal. 3,27); wir sind im Geist in seinen Leib getauft (1. Kor. 12,13 — s. Kap. 23).

Als Ungläubige sind wir schon »in Gott« (Apg. 17,28). Als Gläubige, die Buße getan haben und getauft sind, sind wir »in Christus«. Aber völlig anders wird es, wenn wir unsere Beziehung zum Heiligen Geist betrachten. Nach Pfingsten ist es nicht Jesus, sondern der Heilige Geist, der empfangen wird (s. Kap. 5), und er wohnt in uns. Wir sind »im Geist«, und der Geist ist »in uns«; doch es ist dieser zuletzt genannte Aspekt, der am meisten Erwähnung findet (z. B. wird in Röm. 8,9-11 dreimal auf den »innewohnenden« Geist Bezug genommen). Das ist vielleicht einer der Gründe, weshalb sich das Gebet an den Vater und an den Sohn im Himmel — außerhalb von uns — richtet, anstatt an den Heiligen Geist in unserem Herzen— »in« uns. Psychologisch gesehen, ist es leichter, laut zu beten (was Jesus auch von uns erwartet, sogar wenn wir allein sind — Luk.11,2; vgl. Matth. 6,6-13) zu jemandem, den wir uns »außerhalb« von uns vorstellen. Zu jemand reden, der in uns ist, erscheint irgendwie seltsam und erinnert etwas an östliche Meditationstechniken. Die biblische Gebetshaltung umfaßte das »Erheben« der Stimme, der Hände und der Augen (vgl. Joh. 17,1; Apg. 7,55-59; 1. Tim. 2,8 usw.).

In Anbetracht der entstehenden Verwirrung wäre es besser, diesen Text nicht mehr im Zusammenhang mit der Initiation zu gebrauchen. Dem mag entgegengehalten werden, Gott habe doch den verkehrten Gebrauch dieser Stelle »gesegnet« und vielen zum Heil werden lassen. Doch Gottes Gnade ist allein von seiner eigenen freien Wahl abhängig (Matth. 20,15; Röm. 9,15); und wartete er damit,

"UND WAS BEDEUTET ... ?"

jemand zu erretten, bis unsere Bibelauslegung vollkommen ist, wer würde dann gerettet werden? Allerdings haben wir diese Freiheit nicht. Wir haben die ernste Verpflichtung, sein Wort sorgfältig zu studieren und uns nicht durch mangelhafte Qualität oder Faulheit behindern zu lassen. Wir sollen wie Arbeiter sein, die »das Wort der Wahrheit richtig teilen« (2. Tim. 2,15). Eine beeindruckende Ausführung ist kein Ersatz für eine genaue Exegese! Oder weniger fachlich ausgedrückt: Sobald wir wissen, was wirklich im Text steht, können wir nicht länger über seine mutmaßliche Bedeutung predigen — so sehr Gott auch unsere anfängliche Naivität und Ignoranz gesegnet haben mag. Der Verkündiger des Evangeliums muss die Leidenschaft Jesu für die Wahrheit teilen: »Wenn es nicht so wäre, würde ich es euch gesagt haben« (Joh. 14,2).

Gebraucht man diese Bibelstelle, um »jemand zu Christus zu führen«, so besteht die Gefahr, dass wesentliche Elemente der Initiation ignoriert werden. Es steht darin nichts von Buße über die Sünde, von der Wassertaufe oder vom Geistesempfang. Es wäre viel passender, einen Text zu zitieren, der speziell davon handelt, was ein suchender Mensch tun muss (wie z. B. Apg. 2,38). Es könnte bedauerlicherweise sein, dass manche die »Einfachheit« von Offenbarung 3,20 vorziehen, weil sie dem Seelsorger eine Menge Zeit und die Mühe erspart, die anderen damit zusammenhängenden Schritte durchzuarbeiten. In gemeinsam organisierten Evangeliumsfeldzügen, die von der Unterstützung verschiedenster Gemeinden abhängig sind, benutzt man sie unter Umständen sogar, um »umstrittene« Themen wie Wasser- oder Geistestaufe zu umgehen! Doch dieses Ausweichen vor neutestamentlichen Herausforderungen schadet mehr, als dass es nützt — kurzfristig der Erfahrung des »Bekehrten« und langfristig der Qualität der Gemeinde. Dieses ganze Thema wird im nächsten Kapitel noch einmal aufgegriffen werden.

Mir ist völlig bewusst, dass dieses Kapitel manche Prediger ihrer evangelistischen Lieblingspredigt beraubt! Mögen sie sich aber mit der Tatsache trösten, dass die apostolische Evangelisation auch ohne Zuhilfenahme dieses Bibelverses recht wirksam war. Er wurde ja auch erst geschrieben, als die meisten der Zwölf bereits tot waren! Die Reaktion auf unsere Verkündigung wird sowohl quantitativ als auch qualitativ besser sein, wenn wir entschlossen sind, beständig in der Initiationslehre der Apostel und beim Aufruf zu einer vollgültigen Antwort auf das Evangelium zu verharren. Und wenn wir diesen Bibelvers in seinem eigentlichen Kontext auslegen, kann es geschehen, dass unsere Predigt mehr Kraft hat als vorher und nunmehr eine prophetische Botschaft an die Gemeinde statt einer evangelistischen Botschaft für die Welt enthält.

Teil III

Die typische Entscheidung heute

Die seelsorgerliche Dimension

KAPITEL 31

EINE STANDARD-ENTSCHEIDUNG

Nachdem wir die Bibelstellen studiert haben, in denen von einem »normalen« Initiationsmuster in der Vergangenheit die Rede ist, wenden wir uns nun dem »Durchschnitt von heute« zu. Mit »normal« meine ich das, was geschehen sollte; mit »Durchschnitt« meine ich, was tatsächlich geschieht. In der Zeit des Neuen Testaments waren diese beiden Dinge ein und dasselbe — was geschehen sollte, geschah tatsächlich! Indem wir die apostolische Evangelisation für uns als Norm nehmen, können wir jetzt die umgekehrte Wahrheit aussprechen — was damals tatsächlich geschah, sollte heute ebenfalls geschehen. Aber leider ist dem oft nicht so.

Wir sahen im ersten Kapitel, dass verschiedene Ströme des Christentums verschiedene Aspekte der Initiation hervorheben: Die Liberalen betonen die Buße, die Evangelikalen betonen den Glauben, die Sakramentalisten betonen die Taufe, und die Pfingstler betonen den Heiligen Geist. Eine Überbetonung eines dieser Elemente kann zur Abwertung und sogar zur Verzerrung der anderen führen. Zusammen mit den unterschiedlichen Betonungen haben sich auch Meinungsverschiedenheiten über die Bedeutung eines jeden einzelnen Elementes eingestellt, speziell dann, wenn es isoliert von den übrigen betrachtet wurde; das trifft besonders auf die Wassertaufe und auf die Geistestaufe zu.

Die tragischen Auswirkungen der daraus entstehenden Verwirrung machen sich dann bemerkbar, wenn die verschiedenen christlichen Strömungen gemeinsam evangelisieren wollen. Dann geht es nach dem »kleinsten gemeinsamen Nenner«. Das vollständige Evangelium im Neuen Testament und besonders die vollständige Antwort auf dieses Evangelium werden reduziert, indem sie auf jene Elemente begrenzt werden, die von den teilnehmenden Gemeinden im großen und ganzen akzeptiert sind. Das Evangelium wie die Antwort darauf werden in minimalen und allgemeinen Begriffen umschrieben. Die meisten Evangelisten sind bereit, wegen einer breiteren Unterstützung und einer größeren Gelegenheit diesen Kompromiß zu akzeptieren. Die alten Christen unterstützen dann das Ziel, neue Christen zu gewinnen!

Die Leidtragenden sind jedoch gerade diese neuen Christen. Sie werden oft »schlecht entbunden« und sind entweder in ihrem Wachstum gehemmt oder überleben (in manchen Fällen) überhaupt nicht. In jüngerer Zeit hat man die Wichtigkeit einer angemessenen Nacharbeit zunehmend erkannt, und die Verluste sind geringer geworden. Aber noch ist man sich nicht genügend bewusst, dass die Geburt ebenso anspruchsvoll ist wie die Pflege nach der Entbindung. Ein guter Start ist für das Leben genauso wichtig wie für ein Rennen (1. Kor. 9,24; Hebr. 12,1).

Einer der Gründe für einen schlampigen geistlichen Hebammendienst ist der Zeitdruck. Wie bei der leiblichen Geburt gibt es geistliche Geburten, die außerordentlich rasch vor sich gehen. Das war beim Kerkermeister in Philippi der Fall, obwohl es allerdings eines Erdbebens bedurfte, um bei ihm die Wehen auszulösen. Andere benötigen mehr Zeit; bei Paulus waren es drei Tage. Es ist nicht sehr vernünftig, wenn man hofft, der Geburtsprozess sei nach ein paar Minuten am Schluss einer Versammlung

DIE TYPISCHE ENTSCHEIDUNG HEUTE

schon vorbei, besonders wenn noch Verwandte und Freunde auf die betreffende Person warten.

Um dieser Erscheinung zu begegnen, ist der ganze Vorgang so zusammengefaßt worden, dass er das »bloße Minimum« dessen darstellt, was von einem Sterbenden verlangt werden kann (s. Kap. 9 bez. des Schächers am Kreuz), was aber ziemlich ungeeignet und sogar völlig unzureichend ist für jemanden, der doch leben soll! Das Resultat ist eine fast genormte »Formel«, allgemein bekannt als »Sündergebet«, das in Wort und Schrift Verwendung findet. Aber es ist nicht nur der Zeitdruck, welcher zur Formulierung dieses »Gebets« geführt hat. Dahinter steht ein theologisches Verständnis, das darin alles sehen will, was nötig ist, um »wiedergeboren« zu werden. Aufrichtiges Wiederholen dieses Gebets wird als ausreichend betrachtet, um das ewige Heil zu erlangen.

Das »Sündergebet«

Es ist an der Zeit, solch ein »Sündergebet« im einzelnen anzuschauen. Das folgende Beispiel, eine Version der Billy Graham Evangelistic Association, ist das verbreitetste und unterscheidet sich nur wenig von den meisten anderen:

»Herr Jesus, ich weiß, dass ich ein Sünder bin. Ich glaube, dass Du für meine Sünden gestorben bist. Ich sage mich gerade jetzt von meinen Sünden los und öffne die Tür meines Herzens und Lebens. Ich nehme Dich als meinen persönlichen Herrn und Heiland an. Ich danke Dir jetzt, dass Du mich errettet hast. Amen.«

Wir wollen dieses Gebet im Lichte der »vier geistlichen Türen« bewerten, die in diesem Buch schon vorgestellt wurden. Und wenn wir dies tun, wollen wir damit nicht sagen, dass es schlecht sei, sondern dass es viel besser sein könnte. Es sei voll und ganz anerkannt, dass es in seiner jetzigen Form für viele als ein echter Schritt in die richtige Richtung gedient hat, obgleich wir nicht feststellen können, wie viele es benutzt haben, ohne dass sich eine sofortige oder bleibende Wirkung eingestellt hat. Was in Frage gestellt wird, ist die Vorstellung, dass es den ganzen Weg darstellt, um in das Leben des Reiches Gottes zu gelangen.

Buße
Im Neuen Testament wurde Buße immer von Gott befohlen und geschah auch vor ihm, anstatt von und vor Jesus. Jesus starb, um uns zu Gott zu bringen, um uns mit Gott zu versöhnen. Es ist Gott, gegen den wir gesündigt haben (s. Kap. 2). Es ist Gott, den wir um Verzeihung zu bitten haben, und nicht Jesus.

Es werden keine besonderen Sünden (Plural) genannt. Das ist eine der Hauptschwächen eines »allgemeinen Bekenntnisses«. Man hat nichts Bestimmtes vor Augen. Es ist unwahrscheinlich, dass auf ein solch vages, wenn auch umfassendes Eingeständnis irgendwelche »Taten« der Buße folgen — Lossagen, Wiedergutmachung, Versöhnung, Besserung —, da all das einer bewussten Identifizierung mit tatsächlichen Vergehen entspringt.

Glaube
Wir haben bereits unser Fragezeichen hinter das Konzept gesetzt, Jesus zu »empfangen« (s. Kap. 5) und ihm »die Tür zu öffnen« (s. Kap. 30 zu Offb. 3,20). Weder das eine noch das andere stellt eine neutestamentliche Definition dessen dar, was es heißt, »an Jesus zu glauben«. Es ist der Sünder, der den Heiland bitten sollte, die Tür zu öffnen und ihn »aufzunehmen«!

DIE TYPISCHE ENTSCHEIDUNG HEUTE

Es ist auch sehr fraglich, ob das Nachsprechen der Worte eines anderen das ist, was das Neue Testament darunter versteht, »den Namen des Herrn anzurufen«. Wie wir (in Kap. 33) noch sehen werden, ist es viel hilfreicher, Heilssuchenden Mut zu machen, sich direkt mit ihren eigenen Worten an den Herrn zu wenden, die wohl viel eher vom »Herzen« als vom Kopf kommen dürften.

Doch der schwächste Punkt dieses Gebets ist, dass der Hauptakzent auf den Worten des Glaubens statt auf den Werken des Glaubens liegt (s. Kap. 3 und 28). Dieses Gebet ist nicht mit »Taten« verbunden, und doch ist Glaube ohne Taten »in sich selbst tot und kann nicht erretten« (Jak. 2,14.26). Es wird auch nichts von der Notwendigkeit gesagt, im Glauben »weiterzugehen«.

Es ist auch zweifelhaft, ob »Ich danke Dir« an dieser Stelle angebracht ist. Wenn die Wassertaufe »zur Vergebung der Sünden« geschieht (Apg. 2,38) und die Geistestaufe jener erste »Beweis« dafür ist, dass Gott den reumütigen Glaubenden angenommen hat, so wäre eigentlich ein »Bitte« in dieser Phase des Wunsches nach Errettung passender.

Taufe

Dies ist zusammen mit dem Ausdruck der Buße die erste »Tat« des Glaubens. Diese Tat ist grundlegend, wenn man ein Jünger werden will (Matth. 28,19), um gerettet (Mark. 16,16) und wiedergeboren zu werden (Joh. 3,5), wenn man Sündenvergebung haben (Apg. 2,38) und ein reines Gewissen (1. Petr. 3,21) bekommen möchte.

Doch im »Sündergebet« steht nichts von der Taufe, und in der mündlichen oder schriftlichen seelsorgerlichen Hilfe, die mit dem Gebet einhergeht, ist auch nicht davon die Rede! Der Grund dafür ist, dass Seelsorge nicht mehr als eine evangelistische Antwort auf das Evangelium verstanden wird, sondern als ein kirchlicher Ritus, der jener

Denomination überlassen wird, der sich der »Bekehrte« anschließen möchte.

Empfang des Heiligen Geistes
Es kommt selten vor, dass in dieser Phase vom Heiligen Geist die Rede ist. So wie die erste Person der Trinität oft aus dem Gebet weggelassen wird, wird unweigerlich auch die dritte Person ignoriert. Es ist praktisch eine »unitarische« Bitte und führt zu einer verflachten Beziehung und Erfahrung, die nur ein Schatten der vollen trinitarischen Evangelisation der Apostel sind (»Tut Buße vor Gott, glaubt an den Herrn Jesus und empfangt den Heiligen Geist«).

Auch wenn der Heilige Geist erwähnt wird, setzt man voraus, dass er automatisch gegeben wird. Es ist nicht nötig, noch mehr darüber zu sagen, geschweige denn, mit Bitten fortzufahren (wie in Luk. 11,13) oder noch ein Weiteres zu tun, wie zum Beispiel die Hände auflegen (wie in Apg. 9,17; 19,6; 2. Tim. 1,6; Hebr. 6,2).

Und weil gewöhnlich nichts »geschieht«, wenn das Sündergebet nachgesprochen wird, nimmt man stillschweigend an, dass der Empfang des Geistes normalerweise unbewusst geschieht. Wie viele Schriften über das Thema »Wie wird man Christ« gibt es doch, in denen man meint, damit Genüge getan zu haben, wenn betont wird, dass Neubekehrte wahrscheinlich »nichts Besonderes verspüren«; in manchen wird sogar geraten, so etwas gar nicht erst zu »erwarten«! Man kann sich kaum einen größeren Gegensatz zur neutestamentlichen Seelsorgemethode vorstellen. Wenn in jenen Tagen »nichts geschah«, wurde allgemein angenommen, dass der Heilige Geist nicht empfangen worden war (s. Kap. 16), und wenn »etwas geschah«, war es unmöglich zu leugnen, dass der Heilige Geist empfangen worden war (s. Kap. 18).

DIE TYPISCHE ENTSCHEIDUNG HEUTE

Das Sündergebet ist soweit schon gut, aber es geht längst nicht weit genug. Es enthält Auslassungen und Verzerrungen. Langsam und aufrichtig gesprochen, dauert es nicht länger als eine halbe Minute! Mit größerem Bedacht ausgesprochen, kann es vielleicht als Beginn einer Antwort auf das Evangelium dienen; aber es kann auf gefährliche Weise zu dem Mißverständnis führen, es sei die vollständige Antwort und es brauche nichts anderes, um »Christ zu werden«. Man sollte es nur dann verwenden, wenn eine Person wirklich in Gedanken, Wort und Tat Buße getan hat (s. Kap. 2) und bevor man sie zur Wasser- und zur Geistestaufe führt. Nichts in diesem Gebet sollte die Vorstellung nähren, dass in diesem Augenblick alles getan ist. Beim erwähnten Beispiel wird vorausgesetzt, dass der Betende am Schluss des Gebets »gerettet« ist, was sich aber mit der Bibel nicht deckt (s. Mark. 16,16; Apg. 2,38; 22,16; Tit. 3,5 und Kap. 36 dieses Buches).

Wenn man den Nachdruck statt auf den Besitz des Glaubens auf das Bekenntnis des Glaubens legt und die Initiation so stark vereinfacht, dann ist die Folge davon, dass einer unbiblischen Ausdrucksweise Vorschub geleistet wird. Man redet dann nicht mehr davon, dass jemand »Buße getan« hat, »zum Glauben gekommen« ist, »getauft wurde« oder »den Geist empfangen« hat; stattdessen übernimmt man als Ersatz für diese neutestamentlichen Ausdrücke eine Menge von beschönigenden Begriffen. Interessierte werden aufgefordert, »eine Hingabe zu machen«, »ihr Leben zu übergeben«, »sich zu weihen«, »eine Entscheidung zu treffen«, »ihr Herz zu öffnen«, »sich hinzugeben«, »ihn einzulassen« und so weiter. Das alles sind »Blanko-Phrasen«, welche die Initiation auf einen einzigen Schritt reduzieren, was vielleicht auch die Motivation erklärt, die hinter der Schöpfung solcher Ausdrücke steht. Der apostolischen Evangelisationspraxis waren sie jedenfalls fremd, und bezeichnenderweise findet man eine solche Terminologie bei ihr überhaupt nicht.

Das Resultat dieser Methode ist, dass viele »Christen« ungenügend in das Glaubensleben eingeführt oder, einfacher ausgedrückt, »schlecht entbunden« werden. Das Fundament ist nicht gut gelegt worden; einer oder mehrere dieser vier Ecksteine fehlen. Um einen anderen Vergleich zu gebrauchen: Ihr »Motor« läuft nicht auf allen vier Zylindern, und das merkt man erst, wenn es den ersten steilen Hügel hinaufgeht, den John Bunyan »Schwierigkeit« nannte. Diese Bemerkungen betreffen natürlich ebenso all die Millionen, die ohne Glauben (als Babys) getauft wurden, wie diejenigen, die Glauben ohne Taufe gehabt haben. Manche wenden vielleicht ein, dass der letztere Fall im Blick auf die Ewigkeit viel »sicherer« sei als der erstere. Aber eine solche Art von »Bewertung« oder Antithese ist dem neutestamentlichen Denken völlig fremd, für das eine solche Alternative überhaupt nie in Betracht kam. Für die Apostel waren Glaube und Taufe das Innere und das Äußere ein und derselben Sache. Es war undenkbar, dass jemand seinen Glauben bekannte, ohne das erste Gebot des Herrn zu befolgen, nämlich sich taufen zu lassen, und ebenso undenkbar war es, dass jemand getauft wurde, ehe er zum Glauben gekommen war. Denn »wer gläubig geworden und getauft worden ist, wird errettet werden« (Mark. 16,16; es wurde bereits angemerkt, dass ein Mensch wohl wegen fehlenden Glaubens »verdammt« wird, nicht aber wegen fehlender Taufe). Es könnte aber auch geltend gemacht werden, dass das Fehlen einer bewussten Beziehung zum Heiligen Geist für einen Neubekehrten ein noch größeres Handicap ist als das Fehlen der Taufe. Sicher hat die Mehrheit aller heutigen

DIE TYPISCHE ENTSCHEIDUNG HEUTE

Christen versucht, das Glaubensleben zu beginnen, ohne den Heiligen Geist im neutestamentlichen Sinn »empfangen« zu haben, nämlich in einem bewussten Erleben seiner Ausgießung.

Wie man mit Christen ohne ausreichende Initiation umgeht

Dieses Buch richtet sich vornehmlich an diejenigen, die einen Dienst an solchen Neubekehrten haben, und stellt eine dringende Bitte dar, diesen neuen Christen doch *alles* zu geben, was ihnen in Christus gehört — und zu dem Zeitpunkt, wo sie es am meisten brauchen. Doch es liegt auf der Hand, dass dieses erweiterte Initiationsverständnis nicht nur evangelistische, sondern auch pastorale (seelsorgerische) Auswirkungen hat. Die Reaktion eines Vikars, der von dieser Lehre hörte, war, dass er dem zustimmte, dass sie schriftgemäß ist, aber dass er nicht beabsichtigte, je darüber von seiner Kanzel zu predigen, weil er ohnehin schon genug Probleme mit seinen Gemeindegliedern hätte! All das führt zu der delikaten Frage, wie man diese Vorstellungen denn auf langjährige Christen anwenden soll — auf Christen, die oft ein »hohes Niveau« erreicht und es fertiggebracht haben, viele Jahre lang ein treues und fruchtbares Leben ohne eines oder mehrere dieser Elemente neutestamentlicher Initiation zu führen. Wenn man Neubekehrte, die in die Gemeinde kommen, über die vier geistlichen Türen richtig belehrt, so wird es nicht lange dauern, bis viele von solchen, die schon zur Gemeinde gehören, anfangen, sich durch den Vergleich unbehaglich und bedroht zu fühlen und darauf sogar verletzlich reagieren. Es gibt zwei Möglichkeiten bei solchen beunruhigten und abwehrenden Gläubigen: sie entweder trösten oder sie »vollenden«.

Sie trösten

Dies ist bestimmt die leichtere Lösung: ihnen versichern, dass der Segen Gottes auf ihnen beweise, er sei mit ihnen zufrieden, es sei schon recht, wie sie seien und dass sie alles hätten, was sie bräuchten. Oft betrachtet man es als verletzend und lieblos, solchen »Heiligen« zu sagen, es fehle ihnen etwas; das könnte ihrem inneren Frieden und Fortschritt ja mehr schaden als guttun. In diesem Zusammenhang wird der Schächer am Kreuz häufig als Präzedenzfall angeführt; er wurde ohne Wassertaufe oder Geistestaufe gerettet (eine Kritik dazu s. Kap. 9). Dieser hingerichtete Kriminelle hat mehr Trost gespendet, als er sich jemals vorstellen konnte! Er hat viele zu der Hoffnung inspiriert, mit minimalen Qualifikationen in den Himmel zu kommen. Und noch öfter beruft man sich auf »große« Christen, um auf ähnliche Weise zu »trösten« — Heilsarmee-Generäle, die nie im Wasser getauft wurden, große Prediger, die nie in Zungen geredet haben und so weiter. »Baptisten« und »Pfingstler« mit mangelnder geistlicher Reife werden unvorteilhaft mit solchen hervorragenden »Heiligen« verglichen, und man kommt dann zu falschen Schlüssen, was für ein volles Heil alles »nötig« sei.

Solche Vergleiche beinhalten einen fatalen Fehler. Die richtige Antwort sollte in dem Hinweis bestehen, wieviel besser diese »großen« Christen gewesen wären, wenn sie alles, was Gott für sie bereit hatte, auch empfangen hätten. Wieviel effektiver hätten diejenigen sein können, die die Frucht des Geistes hatten, wenn sie auch die Gaben des Geistes besessen hätten; und wieviel attraktiver hätten diejenigen sein können, die die Gaben des Geistes hatten, wenn bei ihnen mehr von der Frucht des Geistes zum Vorschein gekommen wäre.

Auf lange Sicht ist es mehr ein Hindernis als eine Hilfe

DIE TYPISCHE ENTSCHEIDUNG HEUTE

zu geistlicher Reife zu sagen, dass nichts weiter nötig sei. Wenn behauptet wird, dass etwas, das im Neuen Testament für jeden Gläubigen ein Gebot ist, fakultativ sei, so ist das völlig unverantwortlich. Das mag wohl die einfachste Lösung sein, aber es ist nicht die beste und schon gar nicht die richtige. Es gibt aber eine apostolische Alternative.

Sie vollenden
Dies ist der richtige Weg — herausfinden, welche Dimensionen fehlen, und positive Schritte unternehmen, um dem Mangel abzuhelfen. Von den Aposteln Petrus, Johannes und Paulus liest man in der Apostelgeschichte, dass sie solches taten (s. Kap. 16, 18 und 20). Sie verschwendeten keine Zeit mit Diskussionen über den geistlichen oder ewigen Stand jener, denen der eine oder andere Bestandteil der Initiation fehlte; es war für sie eine Situation, in der etwas dafür getan werden musste! Man muss das, was fehlt, so schnell wie möglich beschaffen.

Das ist der gütigste und liebevollste Weg, da hier das Beste für einen Mitgläubigen erstrebt wird; hier kann man sich nicht mit weniger zufriedengeben. Es gehört zum Wesen echten seelsorgerischen (und evangelistischen) Bemühens, »zu vollenden, was mangelt« (1. Thess. 3,10).

Sehr viele später auftretende Probleme lassen sich auf eine ungenügende Initiation zurückführen. Vielleicht ist mit der Vergangenheit nicht völlig gebrochen worden; die Notwendigkeit, sich im Vertrauen zu üben, indem man Risiken eingeht, ist vielleicht nie erklärt worden; der »alte Mensch« hat vielleicht nie ein richtiges Begräbnis bekommen; vielleicht hat man auch die übernatürliche Kraft nie persönlich erfahren. Wenn diese Unterlassungen korrigiert werden, schrumpfen später auftretende Probleme zusammen oder verschwinden ganz (es ist eine gute Methode, sich bei vielen seelsorgerischen Schwierigkeiten zuerst nach der Bekehrung der betreffenden Person zu erkundigen und herauszufinden, ob sie »vollständig« war). Der Christ ist viel besser gerüstet, die Probleme des Glaubenslebens zu bewältigen, wenn er eine sichere Grundlage unter seinen Füßen hat.

Dieser Exkurs war nötig, weil manche Leser sich mehr mit dem Zustand der »alten« Christen beschäftigen als mit der Bekehrung von »neuen« Christen! Die obigen Bemerkungen verfolgen nicht die Absicht, solche zu entmutigen oder in ihren Rechten zu beschneiden, sondern sie zu ermutigen und zu bereichern. Aber man darf nicht aus lauter Angst, »Heilige« zu vergrämen, Sünder um die Möglichkeit bringen, einen richtigen Start in das neue Leben zu machen. Nur zu oft ist unsere evangelistische Seelsorge verkürzt worden, weil man nicht die Neunundneunzig, die schon zur Herde gehören (oder — was noch wahrscheinlicher ist — ihre Hirten!) verärgern möchte. Die Verlierer sind in jedem Fall die verlorenen Schafe. Auch wenn ein besseres Verständnis der neutestamentlichen Initiation uns selber Probleme schafft, gibt uns das nicht das Recht, irgendeinen Teil davon anderen vorzuenthalten. Weshalb sollten sie einen schwachen Anfang haben, nur weil so viele von uns einen solchen hatten?

Nun sollten wir uns damit befassen, welche praktische Hilfe wir »Jüngern« leisten können, damit sie durch die »vier geistlichen Türen« in das Himmelreich auf Erden eingehen — egal, ob sie erst am Anfang ihres Glaubenslebens stehen oder ob sie schon seit einiger Zeit auf »dem Weg« sind. Wir schauen diese Türen eine nach der anderen an, wobei wir sie diesmal nicht unter theologischen, sondern unter praktischen Gesichtspunkten betrachten.

KAPITEL 32

JÜNGERN HELFEN, BUSSE ZU TUN

Die Zeit, die darauf verwendet wird, um sich zu vergewissern, dass eine echte Buße stattgefunden hat, ist gut investiert. Ein allgemeines »Tut mir leid« führt nicht weit und lässt die Nabelschnur zur Vergangenheit intakt. Buße ist der erste Schritt in das Reich Gottes; er darf nicht hastig getan werden. Der Heilssuchende braucht auf drei fundamentalen Gebieten Hilfe — ernsthaft sein, präzise sein und empfindsam sein. Der Seelsorger benötigt die Geistesgaben, besonders das Wort der Erkenntnis oder der Weisheit, und vor allem die Gabe der Unterscheidung.

Ernsthaft sein

Ein Mensch kann sehr klug, sehr reich, sehr attraktiv, sehr begabt, sehr mächtig sein — und dennoch sehr töricht! Echte Weisheit ist nicht in erster Linie ein Schatz von angehäuften Erfahrungen; sie beginnt einfach damit, das Richtige zu *tun*. Sich von der Sünde zu Gott hinkehren, ist das Vernünftigste, was ein Mensch tun kann. Aber wenige sind dazu bereit, bis sie stark motiviert sind.

»Die Furcht des Herrn ist der Anfang der Erkenntnis« (Spr. 1,7). Es ist fraglich, ob jemand eine echte moralische Veränderung erlebt hat, wenn diese Furcht nicht vorhanden ist. Eine solche Veränderung resultiert aus dem

Bewusstsein, welche Konsequenzen letztlich das Festhalten an schlechten Gewohnheiten in Gedanken, im Reden und im Verhalten hat.

Das Gegenstück der Guten Nachricht, dass das Himmelreich auf Erden wieder errichtet wird, besteht darin, dass der unausweichliche Höhepunkt des Prozesses das Gericht sein wird. Die eine Hälfte der Gleichnisse Jesu handelt vom gegenwärtigen Infiltrationsprozess des Reiches Gottes, und die andere Hälfte handelt von der zukünftigen »Scheidung« (Schafe werden von Böcken geschieden, Weizen von Unkraut, gute Fische von schlechten).

Das Gericht wird auf individueller Basis stattfinden, und jeder ist dem Herrn für sein ganzes Leben verantwortlich. Jeder Gedanke, jedes Wort und jede Tat ist sorgfältig aufgezeichnet worden. Es werden Bücher aufgeschlagen, und widerwärtige Aufzeichnungen werden nicht ausgetilgt sein. Der Prozess wird nicht lange dauern, da alle Tatsachen dem Richter bekannt sind und er absolut unparteiisch und gerecht richten wird. Es wird keine Berufungsmöglichkeit gegen das Urteil geben, da es keine höhere Gerichtsinstanz gibt. Es wird sich auch niemand für »nicht schuldig« erklären können, wenn er mit seinem aufgedeckten Dossier konfrontiert wird.

Damit niemand denken kann, Gott hätte kein Verständnis für den Lebensdruck in dieser Welt, hat er die Gerichtsverantwortlichkeit einem Menschen übertragen: Jesus (Apg. 17,31). Derselbe, der alles tat, was er konnte, um uns zu warnen und uns für sich zu gewinnen, wird schließlich solche zurückweisen, die von ihm gehört, ihn aber ignoriert haben. Das bedeutet, dass Pilatus, Herodes und Judas alle vor dem Richterstuhl Jesu stehen werden.

Die Strafe ist, zu »verderben«. Das Wort bedeutet im Griechischen ungefähr das gleiche wie im Deutschen — nicht zu existieren aufhören, sondern verrotten bis zu dem

DIE TYPISCHE ENTSCHEIDUNG HEUTE

Punkt, wo der ursprüngliche Schöpfungszweck nicht länger aufrechterhalten werden kann (ein »verdorbener« Mensch ist für Gott ebenso nutzlos wie ein »verdorbener« Autoreifen für den Menschen). Die Hölle ist Gottes Verbrennungsofen für verdorbene »Güter« (vgl. »sehr gut« in 1. Mo. 1,31 mit »böse sein« in Luk. 11,13). Jedes Unglück soll an dieses schreckliche Schicksal erinnern (Luk. 13,5). Nicht vor Krebs, Arbeitslosigkeit oder nuklearem Holocaust sollten wir uns am meisten fürchten, sondern vor dem Einen, der Leib und Seele in der Hölle vernichten kann (Luk. 12,5).

Alles, was wir über die Hölle wissen, stammt von den Lippen Jesu selbst — als würde Gott niemand anderem vertrauen, eine solch furchtbare Offenbarung weiterzugeben. Es sind zahlreiche Versuche unternommen worden, um eine Alternative zu einer solchen erschreckenden Möglichkeit zu finden — zweite Chance, temporäres Leiden (Fegefeuer), bedingte Unsterblichkeit (totale Auslöschung). Alles das wäre einer nie aufhörenden Qual vorzuziehen, aber nichts davon lässt sich in Einklang mit der Beschreibung bringen, die Jesus vom endgültigen Schrecken gegeben hat. Der Aspekt, den er wohl am deutlichsten hervorgehoben hat, war die geistige Agonie einer hoffnungslosen Frustration (Matth. 25,30; Luk. 16,24). In alle Ewigkeit ohne Gott und unter total verderbten Menschen und gänzlich pervertierten »Tieren« zu leben, die einst Menschen waren (Dan. 4,13), und sich die ganze Zeit bewusst zu sein, dass es nicht die geringste Hoffnung auf ein Entkommen aus einer solchen Gesellschaft oder solchen Bedingungen gibt (Luk. 16,26) — das ist die Hölle, und jedes Opfer in diesem Leben lohnt sich, um zu vermeiden, dies erleiden zu müssen.

So sehen einige der Wahrheiten aus, die man einem Menschen, der Christ werden will, vor Augen halten muss. Das Obengesagte ist praktisch eine Umschreibung der Aufforderung von Johannes dem Täufer, »dem kommenden

Zorn zu entfliehen« (Luk. 3,7). Er wusste, dass derselbe König, der »im Heiligen Geist taufen« würde, auch eines Tages »im Feuer« taufen und die Spreu verbrennen würde (Matth. 3,11-12) — obgleich beides nicht gleichzeitig geschehen wird, wie er vielleicht erwartete (Luk. 7,19). Als Paulus das Evangelium predigte, fing er immer zuerst mit einem Hinweis auf Gottes Zorn an, der im Moment noch brodelt (Röm. 1,18-32), aber eines Tages überlaufen wird (Röm. 2,5-11). An jenem Tage werden alle Klassen und Arten von Menschen, von den Größten bis zu den Kleinsten, lieber von einem Bergrutsch erdrückt werden wollen, als in die zornigen Antlitze des göttlichen Vaters und des Sohnes zu blicken (Offb. 6,16-17).

Das Wesen des Gerichts erfordert, dass ein Mensch für seine eigenen Taten und für seinen Charakter verantwortlich ist. Die Verhaltenspsychologie hat dieses Konzept untergraben, indem sie die menschlichen Wesen wie übergroße Pawlowsche Hunde behandelt (die nicht anders konnten, als zu »sabbern«, wenn die Glocke läutete, ob es Fressen gab oder nicht). Man hat uns beigebracht, uns als hilflose Opfer zu betrachten, geprägt von unserem Erbe und von unserer Umgebung und unfähig, uns selber zu helfen. Sogar auf das christliche Denken hat diese Auffassung Einfluß gewonnen; das Verlangen nach »innerer Heilung« der Gefühle kann stärker sein als nach »Vergebung der Sünden«. Aber nicht das, was uns angetan wurde, hat aus uns gemacht, was wir sind; sondern das, was wir mit dem getan haben, was uns angetan wurde. Niemand kann vermeiden, in dieser Welt unschuldig verletzt zu werden; aber die Wahl liegt bei uns, ob wir deswegen bitter und nachtragend sein wollen. Gott allein weiß, wofür wir nichts können; umgekehrt weiß er auch, was unsere Schuld ist, und richtet uns aufgrund der Wahl, die wir mit unserem Willen getroffen haben.

DIE TYPISCHE ENTSCHEIDUNG HEUTE

Einen Menschen für sich selbst verantwortlich halten, bedeutet, ihm die volle menschliche Würde zuzugestehen. Im Zugeben, dass man die falsche Wahl getroffen hat, akzeptiert man die biblische Wahrheit der menschlichen Verderbtheit. Vom kommenden Gericht zu reden, soll uns an das menschliche Schicksal erinnern. So ernst ist die Sünde. Eine Sünde kann uns für immer disqualifizieren, das Erbe im kommenden Königreich Gottes anzutreten (1. Kor. 6,9-10; Gal. 5,19-21; es gibt zu denken, dass diese Warnungen nicht an Ungläubige, sondern an Gläubige gerichtet sind).

Eine derartige Lehre über das »ewige Gericht« ist unerläßlicher Bestandteil der christlichen Initiation (sie ist in der Liste der »Anfangslehren« in Hebr. 6,1-2 aufgeführt— s. Kap. 27). Das also ist die Grundlage für jene »Buße über Taten, die zum Tod führen«.

Präzise sein

Wir haben bereits die Gefahr eines »allgemeinen Bekenntnisses« erwähnt. Echte Buße erfolgt nicht über die Sünde allgemein, sondern über ganz bestimmte Sünden. Die Sünden, von denen man sich lossagt, müssen wenigstens genannt werden.

Auf welche Weise kann ein Seelsorger jemandem helfen, präzise zu sein? Es gibt wenigstens drei mögliche Methoden.

Erstens durch eine *zielbewusste Gesprächsführung*. Dabei geht der Seelsorger über vage Aussagen der betreffenden Person hinaus und fragt nach persönlichen Details. Ganz bestimmte Fragen müssen gestellt werden: »Warum möchten Sie Christ werden?« — »Von welchen Sünden möchten Sie errettet werden?« — »Welche Geheimnisse verstecken Sie vor anderen?« — »Haben Sie je mit okkulten Praktiken zu tun gehabt?« Dies darf nicht im Geist krankhafter Neugier geschehen, und der Heilssuchende muss spüren, dass der Gesprächsinhalt vertraulich behandelt wird. Aber es ist ein Zeichen der Liebe, das zu tun, da es oft den ersten Schritt zur Befreiung vom Reich der Finsternis darstellt. Wenn verborgene Sünden aufgedeckt werden, beginnen sie ihre Kraft zu verlieren und die Qual heimlicher Schuld zu verringern.

Zweitens durch die Verwendung einer *detaillierten Liste*. Manche Seelsorger verwenden heute eine vorbereitete Aufstellung verbotener Dinge, die vom zukünftigen Jünger abgehakt werden müssen. (Basilea Schlinks großartiges Buch *So wird man anders* [Evangelische Marienschwesternschaft, Darmstadt-Eberstadt, 1972] befaßt sich mit fünfundvierzig der häufigsten Sünden und besonders mit denjenigen, die ihre Auswirkungen nicht so sehr auf das Fleisch, sondern auf den Geist haben.) Der Einsatz solcher Listen kann nützlich und hilfreich sein, besonders wenn es um die Auffrischung des Gedächtnisses geht. Leider ist es zunehmend notwendig, ganz bestimmte Beispiele okkulten Treibens und sexueller Perversion durchzunehmen, da beide in die Knechtschaft führen und ebenso Befreiung wie Vergebung erfordern.

Die Versuchung bei solchen »Katalogen« ist, dass man sich auf die gröberen und einfacheren Sünden konzentriert (Stehlen, Unzucht), anstatt auf die komplexeren und heimtückischeren (Stolz, Geiz); aber letztere können leicht miteinbezogen werden, indem man ganz bestimmte Beispiele anführt (Antiquitäten sammeln, an der Börse spekulieren usw.). Johannes der Täufer nannte solche praktischen Dinge beim Namen (Luk. 3,10-14 — besonders zu beachten: »Seid mit eurem Lohn zufrieden«!)

Das Neue Testament enthält solche Aufzählungen (Matth. 15,18-20; Mark. 7,21-23; Röm. 1,29-32; 13,13-14; 1. Kor. 5,9-11; 6,9-10; 2. Kor. 12,20-21; Gal. 5,19-21; Eph. 4,17-

DIE TYPISCHE ENTSCHEIDUNG HEUTE

19; 4,25-31; 5,3-4; Kol. 3,5-6.8-9; 1. Tim. 1,9-10; 2. Tim. 3,1-5; Tit. 3,3; 1. Petr. 2,1; 4,2-4; Offb. 21,8; 22,15). Die einundzwanzig neutestamentlichen Listen enthalten mehr als einhundert verschiedene Sünden. Ein weiser Seelsorger wird sie studiert und für den Bedarfsfall eine »Kurzübersicht« im Kopf haben. Die Klassifizierung kann man auf verschiedene Weise vornehmen: Sünden in Gedanken, Worten und Attitüden; Sünden gegen Gott, gegen andere und gegen sich selbst; Unterlassungs- und Begehungssünden.

Im Neuen Testament werden Sünden nicht in Qualitätskategorien eingeteilt — zum Beispiel »läßliche« Sünden und »Todsünden« (obwohl es auch die »Sünde, die nicht vergeben werden kann« und die »Sünde, die zum Tod führt«, gibt — beide, so scheint es, hoffnungslose Fälle — s. Matth. 12,32; 1. Joh. 5,16). Man sollte auch nicht irgendeine Sünde für schlimmer halten als eine andere, da jede Sünde der Beziehung zu Gott schadet.

Ein Studium der neutestamentlichen Aufzählungen wird den Leser schnell davon überzeugen, dass die meisten der »Zehn Gebote« aus dem Gesetz Moses angesprochen werden und ihnen im Sinne des »Gesetzes Christi« eine tiefere Bedeutung und umfassendere Anwendung beigelegt wird. Eine Ausnahme bildet das vierte Gebot, das den Sabbat betrifft und nie auf Gläubige aus den Heiden bezogen wird, weil es auf eine ganz andere Art und Weise »erfüllt« worden ist (s. Röm. 14,5-6; Kol. 2,16-17; Hebr. 4,9-11; s. auch D. A. Carson: *From Sabbath to Lord's Day* [Zondervan, 1982]). Das mosaische Gesetz kann immer noch als ein »Zuchtmeister« (Gal. 3,24) gebraucht werden. »Es ist in der Tat die Schärfe des Gesetzes, die uns zeigt, wie verkehrt wir sind« (Röm. 3,20 — Umschreibung nach J. B. Phillips).

Eine Gegenüberstellung mit den Tugenden kann ebenso wirkungsvoll sein wie ein Vergleich mit den Lastern. Eine Konfrontation mit dem ausgeglichenen und vollkommenen

Charakter Jesu sowie mit der Art und Weise, wie er geredet und sich verhalten hat, ist besonders dazu angetan, einem Menschen zu einer tiefen Sündenerkenntnis zu verhelfen (Luk. 5,8). Jeder, der von ihm gehört hat, weiß tief in seinem Herzen, dass man auch so leben sollte und dass es bei uns anderen nicht so war. Ihn anzuschauen heißt, davon überzeugt zu werden, dass »alle gesündigt haben und nicht die Herrlichkeit Gottes erlangen« (Röm. 3,23).

Drittens durch eine *unmittelbare Offenbarung*. Gerade auf dieser Ebene ist die Hilfe des Heiligen Geistes bei der Seelsorge von unschätzbarem Wert, wobei natürlich die beiden obengenannten »Methoden« auch unter seiner Kontrolle angewandt werden müssen.

Einerseits vermag er die »Wurzelsünden« aus dem Unterbewusstsein in das Bewusstsein des Heilssuchenden zu heben. In Wirklichkeit vergessen wir ja nie etwas, was wir je gedacht, gefühlt, gesagt oder getan haben (beachten wir, wie oft ein Anblick, ein Ton oder sogar ein Geruch eine Erinnerung in uns auslöst); aber es bereitet uns Schwierigkeiten, uns dann zu erinnern, wenn es nötig ist. Genau an diesem Punkt kann uns der Heilige Geist helfen (Joh. 14,26). Man kann das seelsorgerische Gespräch mit dem Gebet beginnen, er möge die Erinnerung wachrufen.

Andererseits kann der Heilige Geist ein »Wort der Erkenntnis« schenken, das den Seelsorger auf die Spur einer »tiefverwurzelten«-Sünde bringt, welche die betreffende Person bewusst oder unbewusst versteckt. So wie Jesus »wusste, was in einem Menschen war« (Joh. 1,48; 2,25; 4,18) und das eigentliche Problem »festnageln« konnte (zum Beispiel die Gewinnsucht des reichen Jünglings — Mark.10,17-22), so kann sein Geist auch heute ähnliche Einsichten in die Seele schenken. Ich denke an eine junge Frau, der ich einst helfen wollte. Sie hatte achtzehn Monate lang jedem evangelistischen Aufruf Folge geleistet und vergeblich gehofft, ihr Leben würde sich verändern. Der Heilige Geist drängte mich, sie zu fragen: »Mit wem leben Sie zusammen?« — und schon lag das ganze Problem aufgedeckt da. Das Resultat war das gleiche wie beim reichen Jüngling: Sie ging traurig weg, weil sie nicht bereit war, einen Mann aufzugeben, der sie nicht heiraten wollte. Obwohl voller Bedauern, wollte sie dennoch nicht Buße tun.

Empfindsam sein

Diese Notwendigkeit umfaßt zwei Aspekte — die Emotionen, die die Buße begleiten, und die Handlungen, die ihr folgen sollten.

Mehr und mehr ist es notwendig, zwischen psychologischer Schuld (was wir über uns selbst empfinden) und moralischer Schuld (was Gott über uns empfindet) zu unterscheiden. Erstere ist oft umständebedingt (durch Erziehung, Temperament usw.) und »künstlich« (Selbsthass und Selbstmitleid sind sehr destruktiv und verhindern oft das Zustandekommen einer Buße). Moralische Schuld besitzt eher einen objektiven als einen subjektiven Charakter; hier ist es möglich, den eigenen Zustand gewissermaßen von außen her zu betrachten und zu erkennen, worin die Sünde eigentlich besteht. Das Gleichnis vom »verlorenen Sohn« ist ein ausgezeichnetes Beispiel dafür. Die Gefühle des Sohnes verwandelten sich von Bedauern zu wirklicher Buße, als er die Liebe seines Vaters erlebte und den Frevel seiner Vernachlässigung erkannte. Wie leicht können doch unsere Gefühle unser Urteil verzerren:

> Einst in heiliger Aufwallung
> rief in tiefstem Kummer ich:
> »O Herr, mein Herz ist schwarz vor Schuld;
> unter den Sündern ich der größte bin!«

WIEDERGEBURT

Da neigte mein Schutzengel sich
herab und flüsterte mir zu:
»Nicht doch, mein kleiner Mensch,
nichts dergleichen du bist!«
(Verfasser unbekannt)

Dieses kurze Gedicht beleuchtet die Gefahr eines verzerrten Gefühls, das zu Selbsttäuschung verleitet und einen Menschen von der Wirklichkeit abschneidet. So fühlt sich zum Beispiel ein Mann leichter von Masturbation überführt als von Mord. Die Sünden, die den Sünder am meisten beunruhigen, sind manchmal gar nicht das eigentliche Hindernis zwischen jener Person und Gott. Kummer über die eine Sünde kann die Schuld einer anderen überdecken. Das Herz neigt dazu, sich selbst zu betrügen. Empfindsam sein bedeutet, einen Sinn für Proportionen zu haben. Empfindsamkeit entsteht, wenn der Heilige Geist das Wort Gottes im Herzen des Sünders lebendig macht.

Es ist auch wichtig, realistisch zu sein, sowohl was die mit der Buße verbundenen Handlungen als auch Gefühle angeht. Bei manchen Sünden ist es unmöglich, etwas daran zu ändern und sie in Ordnung zu bringen. Bei anderen wäre es unweise, es überhaupt versuchen zu wollen. Die Vergangenheit ausgraben, kann echten Schaden anrichten. Hier kann sich die Geistesgabe »Wort der Erkenntnis« als hilfreich erweisen. Ein Mann bekannte mir seinen Ehebruch, fragte sich aber, ob er es auch seiner Frau bekennen sollte, die dauerhaft in einer psychiatrischen Heilanstalt lebte. Der Herr gab mir folgendes Wort für ihn: »Für mich ist sie jetzt ein Kind, sagt der Herr, und einem Kinde sagt man nicht solche Dinge« (der Ehemann wurde seine Schuld in dieser Sache los, führt jetzt ein anständiges Leben und liebt seine Frau, wie es sein sollte).

Am schwierigsten lassen sich Situationen in Ordnung

DIE TYPISCHE ENTSCHEIDUNG HEUTE

bringen, die das Gebiet Scheidung und Wiederverheiratung betreffen. Was sagte Jesus der Frau am Brunnen in Samaria über ihre missliche Lage? Ihren letzten »Mann« heiraten? Zum fünften Ehemann zurückkehren? Oder zum vierten, dritten, zweiten oder ersten? Ledig bleiben für den Rest ihres Lebens? Wenn wir es nur wüßten! Hier ist nicht der Platz, sich mit diesem komplexen Thema auseinanderzusetzen (man müßte ein weiteres Buch darüber schreiben). Ich habe es jedoch immer weise gefunden, vor einer Prüfung der persönlichen Umstände darauf zu achten, dass über zwei Punkte völlige Klarheit herrschte und von den betroffenen Seiten akzeptiert wurden. Erstens, dass Vergebung nicht alle vorherigen Verträge aufhebt — angefangen bei Pfandbriefen bis hin zu einer Ehe (stellen Sie sich vor, Sie würden einer Kreditkartenfirma sagen, Ihre Schulden seien alle auf Golgatha bezahlt worden!); die Wiedergeburt »bekehrt« weder eine verheiratete noch eine geschiedene Person wieder zu einem Junggesellen oder zu einer unverheirateten Frau! Zweitens, die Regel des Herrn ist ganz klar: Wiederverheiratung ist in Gottes Augen Ehebruch. Ein Mensch, dem die Sünde des Ehebruchs vergeben wurde, ist nicht frei, darin fortzufahren (Joh. 8,11). Für viele besteht die »Frucht, die der Buße würdig ist« darin, dass sie ledig bleiben oder sich mit ihrem früheren Ehepartner versöhnen (1. Kor. 7,11). Wenn diese Grundsätze von ganzem Herzen akzeptiert werden, dann ist es auch möglich, sich vom Herrn Weisheit schenken zu lassen, wie es am besten weitergehen soll, besonders wenn Kinder mitbetroffen sind, die dem Herrn ein spezielles Anliegen sind (Matth. 18,10; Luk. 17,2).

Die meisten »Taten der Buße« lassen sich jedoch viel leichter definieren, auch wenn sie nicht leichter auszuführen sind. Wichtig ist eine positive Einstellung und die Bereitschaft, in Ordnung zu bringen, was sich in Ordnung bringen lässt. Man kann Schulden zurückzahlen, sich bei andern entschuldigen, kriminelle Vergehen der Polizei bekennen. Eine mir bekannte Person, die das machte, erhielt das mildeste Urteil, das überhaupt möglich war, und bekam von seinen Mitgefangenen den Spitznamen »Bischof«, weil er ihnen mit Begeisterung von Jesus erzählte und sich rühmte, der einzige Evangelist in Großbritannien zu sein, der gänzlich von Ihrer Majestät der Königin finanziert wurde! Solchen Gutes tun, denen man vorher Schaden zugefügt hat, ist ein außerordentlich wirkungsvolles Mittel, um Bitterkeit und Groll zu vertreiben.

Wenn man jemandem Mut macht, Verhältnisse zu korrigieren, etwas wiedergutzumachen und sich zu versöhnen, dann muss man aber auch ganz klarmachen, dass all das überhaupt nichts mit Büßen oder Sühnen einstiger Sünden zu tun hat, auch wenn durch solche Handlungen das Gewissen und Schuldgefühle erleichtert werden. Mit Bußhandlungen kann man sich in keiner Weise göttliche Gnade »verdienen«. Sie sind vielmehr als Ausdruck des ehrlichen Wunsches zu verstehen, von Sünden gerettet zu werden und für das Wunder der Vergebung zu danken.

Nicht durch Buße werden wir errettet, sondern durch den Glauben, wobei beides sowohl Gottes Gabe als auch Tun des Menschen ist (Apg. 5,31; Eph. 2,8).

Buße beginnt bei der Initiation, hört aber hier nicht auf. Man könnte sie als eine »Lebensart« bezeichnen. Normalerweise kommt es nach der »Bekehrung« zu viel mehr Buße, obgleich sie vorher beginnen muss. Es ist eines der Merkmale eines »Heiligen«, dass er sich mehr und mehr bewusst wird, ein »Sünder« zu sein. Anhaltende Buße ist für den Heiligungsprozess von großer Bedeutung. In dem Maße, wie die geistliche Reife eine zunehmende Unterscheidung zwischen gut und böse bewirkt (Hebr. 5,14), wird nicht weniger, sondern mehr Buße nötig sein.

DIE TYPISCHE ENTSCHEIDUNG HEUTE

Diejenigen, welche am meisten in der Buße verharren, sind im Allgemeinen die Heiligsten. In diesem Sinne erstreckt sich die Buße bis ans Lebensende.

Sie umfaßt aber auch den ganzen Lebensbereich als solchen. Mit zunehmender geistlicher Reife wird sich der Christ bewusst, dass das Böse sowohl einen kollektiven als auch einen persönlichen und individuellen Charakter hat. Er lernt, die Sünden der Gemeinde, des Volkes und der Welt zu identifizieren — und ihre Schuld zu empfinden und Buße für sie zu tun. Er entwickelt ein »soziales Gewissen«, was dazu führt, dass sich die Bußhandlungen auch in »sozialen Handlungen« äußern. Vor allem aber findet es seinen Ausdruck in seinem fürbittenden Gebet, das sich an Jesu eigene Bitte anlehnt: »Vater, vergib ihnen, denn sie wissen nicht, was sie tun« (Luk. 23,34).

Diese doppelte »Erstreckung« der Buße auf das ganze restliche Leben und auf den ganzen Lebensbereich gehört jedoch zum Leben im Reiche Gottes. Es ist unrealistisch und unangebracht, diese Aspekte in die Initiation einzubringen. Während es einerseits vollkommen legitim und notwendig ist, Beweise für eine echte Buße zu fordern, ist es andererseits unmöglich, eine totale Buße zu erwarten (d.h. über jede je begangene Sünde). Das hieße, die Heiligung vor der Rechtfertigung zu suchen (ein grundlegender Irrtum aller anderen Religionen einschließlich des Judaismus). In ähnlichem Sinne braucht ein Sünder in dem Augenblick, in dem er in das Reich Gottes eintritt, sich nur seinen eigenen Sünden gegenüberzusehen. Seine Betroffenheit durch kollektive Laster und Verbrechen bezieht sich nur auf seinen persönlichen Anteil daran, soweit ein solcher überhaupt existiert. In gewisser Weise entscheidet er sich, sich vor dem Tag des großen Gerichts den Prozess machen zu lassen, sich »schuldig« zu bekennen und im Namen Jesu Freispruch zu erlangen.

Um diesen Urteilsspruch zu empfangen, muss auf die Buße der Glaube folgen. Wenn die Buße zum einzigen oder hauptsächlichen Element der Initiation gemacht wird, wie es »liberales« Denken zu tun geneigt ist, so führt das in eine gefährliche Nähe des Heils durch Werke, etwas, das dem »Do-it-yourself«-Zeitalter sehr entspricht. Dabei liegt der Akzent auf dem, was der Mensch für Gott tut, anstatt darauf, was Gott für den Menschen tut. Wir sind nicht durch Gesetzeswerke gerecht gesprochen — auch nicht durch Werke der Buße! Wir müssen Menschen helfen, Buße zu tun; wir müssen ihnen aber auch helfen zu glauben.

KAPITEL 33

JÜNGERN HELFEN ZU GLAUBEN

Die Welt sagt: »Ich glaube nur, was ich sehe.« Die Bibel lehrt: »Der Glaube kommt vom Hören« (Röm. 10,17). Deshalb denken Christen allgemein, nur »blinder« Glaube sei wahrer Glaube, und das Evangelium müsse nicht durch die Augen, sondern durch die Ohren in die menschliche Seele eindringen.

Gewiss geht der Glaube über das Sichtbare hinaus (Hebr. 11,1.27). Darauf liegt auch ein besonderer Segen für diejenigen, die — ohne ihn zu sehen — glauben, dass Jesus lebt (Joh. 20,29); beachten wir, dass Thomas nicht ein größerer »Zweifler« war als die anderen zehn Apostel oder sogar als die Frauen beim Grab — (s. Mark. 16,9-14). Doch ist das die ganze Wahrheit? Verlangt die Welt, die Beweise für die Wahrheit des Evangeliums sehen will, etwas, das ihr nicht gegeben werden darf und — so möchte mancher vielleicht hinzufügen — nicht gegeben werden kann? Hatte Nietzsche denn wirklich so unrecht, wenn er sagte, er würde gerettet sein wollen, wenn man den Christen ihre Errettung nur mehr ansähe?

Worte, Taten und Zeichen

Zu Beginn unserer Auseinandersetzung mit diesen Fragen läßsst sich feststellen, dass in den Evangelien das Schauen oft zum Glauben führte. Jene Juden, welche Jesus »annahmen«, »an seinen Namen glaubten« und »von Gott geboren« wurden, taten dies oft aufgrund seiner Wunder, die sie gesehen hatten. Der Höhepunkt in dieser Hinsicht war die Auferweckung des Lazarus (Joh. 11,45). Deshalb spricht das Johannesevangelium von den Wundern als von Zeichen — physikalischen Ereignissen, die so unnatürlich waren, dass sie über sich selbst hinaus auf übernatürliche Realitäten wiesen. Nie hat Jesus solche entmutigt, die auf diesem Wege zum Glauben an ihn kamen. Er stand jedoch denen höchst kritisch gegenüber, die nur den materiellen Nutzen seines Dienstes suchten, anstatt die geistlichen Segnungen hinter seinen Wundern (Joh. 6,26) — eine Einstellung, die auch in unserer materialistischen Zeit sehr oft anzutreffen ist. Er weigerte sich, Wunder zu tun, nur um die Neugierde ihm feindlich gesinnter Skeptiker zu befriedigen (Matth. 16,1-4), obwohl er ihnen das »Zeichen des Jona« versprach. Wir sollten nicht vergessen: Es gäbe keine solche Religion wie das Christentum, wenn niemand den auferstandenen Jesus gesehen hätte (vgl. Luk. 24,24). Man würde Jesus dann einfach als Prophet betrachten (wie es Judentum und Islam tun).

Petrus zögerte nicht, als Beweis für die Auferstehung und Himmelfahrt Jesu (und dass diese Ereignisse bewiesen, dass er jetzt der »Herr Jesus Christus« war) die Tatsache zu zitieren, dass er »dieses ausgegossen hat, was ihr seht und hört« (Apg. 2,33). Als später jener Lahme Petrus und Johannes »um Almosen bat«, benutzten sie diese Gelegenheit, um die Menge zum Glauben zu führen; sie sahen das Wunder und hörten die Botschaft (Apg. 3,9-10; 4,4). »Zeichen und Wunder« sind offenbar Hauptfaktoren des erstaunlichen Wachstums der Urgemeinde (Apg. 5,12-16).

Auch Paulus verstand die Verbreitung des Evangeliums im Sinne dieser Begriffe. So beruft er sich auf drei Dimensionen — Wort, Tat und Zeichen (manche ziehen die

DIE TYPISCHE ENTSCHEIDUNG HEUTE

lautmalerische Aufzählung »Worte, Werke und Wunder« vor). Als er vor seinem Besuch der Hauptstadt die römische Gemeinde über seine Evangelisationsmethoden unter den Heiden informierte, schrieb er: »So aber wirkte Gott durch meine Verkündigung und meinen Einsatz und bestätigte dies alles durch Zeichen und Wunder seines Geistes. Von Jerusalem bis hin zur Provinz Illyrien habe ich das Evangelium verkündet und ihm Geltung verschafft« (Röm. 15,19 — Hoffnung für alle; vgl. 1. Thess. 1,5).

Auffallend an dieser Beschreibung der Methode des Paulus ist, dass zwei Dimensionen auf das Auge und nur eine auf das Ohr ausgerichtet sind. Die Wahrheit des Gesagten wird bekräftigt durch das, was gesehen wird — durch menschliche Taten und göttliche Zeichen. Die menschlichen »Taten« sind nicht in erster Linie Handlungen auf dem Gebiet sozialer Fürsorge oder politischen Einsatzes, so wichtig diese Auswirkungen des Evangeliums auch sein mögen. Jesus definierte sie im Sinne eines viel höheren »Lebensstandards«, also nicht im materiellen, sondern im moralischen Sinn. Er erwähnt sie in der Bergpredigt — kein Zorn, keine Begehrlichkeit, keine Ehescheidung, kein Schwören, keine Rache, keine zur Schau getragene Frömmigkeit, kein Sorgen usw. (s. Matth. 5,16 und die Kapitel 5-7). Die göttlichen »Zeichen« sind vor allem Krankenheilung und Dämonenaustreibung (Matth. 10,1), obwohl sie nicht auf diese beiden beschränkt sind (vgl. die »Blendung« des zypriotischen Zauberers durch Paulus, der damit seine eigene Erfahrung auf dem Weg nach Damaskus wiederholte und dadurch den Prokonsul zur Bekehrung führte — Apg. 9,9; 13,11).

All das stimmt mit dem Evangelium vom Reich Gottes überein. Die gute Nachricht ist, dass das Reich Gottes (nicht als »Bereich«, sondern als »Herrschaft« verstanden) auf Erden durch das Kommen des Königs wiederaufgerichtet worden ist. Er hat den Weltenthron bestiegen, während auf der Erde seine Untertanen, die sich jetzt schon der Segnungen seiner Herrschaft erfreuen, alle diejenigen bereiten, die an dessen volle und endgültige Aufrichtung im Anschluss an die Wiederkunft des Königs auf diesem Planeten glauben. Wahrlich ein »unglaublicher« Plan, der alle menschliche Erfahrung oder Vorstellung übertrifft (Jes. 64,3 — zitiert in 1. Kor. 2,9). Das Königreich »dort und dann« ist auch »hier und jetzt« (die Hälfte der Gleichnisse Jesu weist hin auf eine Zukunftskrise mit dem Ziel der Errichtung des Reiches auf Erden; die andere Hälfte weist auf einen gegenwärtigen Prozess hin). Ist es unvernünftig, wenn Menschen einige sichtbare Anzeichen erwarten, dass das Reich schon da ist? Die ersten Jünger konnten bestätigen, dass Jesus schon Herr ist, indem sie auf die göttlichen Zeichen hinwiesen, und dass sie schon seine Untertanen waren, indem sie auf die menschlichen Taten hinwiesen. Das Reich Gottes konnte und sollte sowohl verkündet als auch unter Beweis gestellt werden (Luk. 10,9). Genau das meinte Paulus, als er sagte, seine Predigt in Korinth »bestand in Erweisung des Geistes und der Kraft« (1. Kor. 2,4; vgl.Apg. 14,3).

Sind übernatürliche »Zeichen« überholt?

Im Allgemeinen wird anerkannt, dass die apostolische Predigt auf diese Weise bestätigt wurde (2. Kor. 12,12), aber häufig wird behauptet, dass das nicht als Evangelisationsmuster für die ganze Kirchengeschichte gedacht war. Der Streitpunkt ist, dass nach der Vervollständigung der apostolischen Lehre und ihrer schriftlichen Abfassung solche wunderhafte Beglaubigung überholt gewesen sei. Der Glaube müsse sich also auf frühere (d. h. unsichtbare) Wunder als Beweis für die

DIE TYPISCHE ENTSCHEIDUNG HEUTE

Wahrheit der Botschaft stützen! Die gedruckte Seite wird somit als angemessener Ersatz für die Kundgebung der Kraft angesehen! Weder die Heilige Schrift noch die Kirchengeschichte unterstützen die Auffassung, Gott hätte die Bestätigung seines Wortes durch Wunder zurückgezogen, nachdem es von der mündlichen in die geschriebene Form übertragen worden war. (Der Brief zum Beispiel, den John Wesley am 4. Januar 1749 an den skeptischen Dr. Conyers Middleton zum Thema Weissagung, Zungenreden und Heilung schrieb, ist eine klassische Verteidigung des Fortbestands der übernatürlichen Gaben. Siehe seine *Briefe* [Epworth, 1931], Bd. 2, S. 312 ff.)

Es gibt eine eindeutige Bibelstelle, die der Ansicht widerspricht, dass Gott die übernatürlichen »Zeichen« aufhören ließ, obwohl sie nicht zum ursprünglichen Text gehört (nämlich Mark. 16,15-20). Auch wenn es sich dabei um einen späteren Zusatz durch einen urchristlichen Herausgeber handelt, ist sie doch um so mehr ein Beweis für die nachapostolische Sicht! Hier haben wir den Missionsauftrag für die Gemeinde »in aller Welt« und bis »an das Ende der Zeiten«. Die Verheißung lautet, dass wunderbare Dinge alle Gläubigen, nicht nur die Apostel, begleiten werden, wann und wo immer das Evangelium gepredigt wird. Diese »mitfolgenden« Zeichen als »viele Bekehrungen« oder »veränderte Menschenleben« zu interpretieren, ist ein Mißbrauch der biblischen Terminologie und ein Deckmantel für das Fehlen der vorhergesagten Zeichen.

Die Beweislast ruht auf denjenigen, die die Behauptung aufstellen, »Zeichen und Wunder« seien zurückgezogen worden. Eines können sie nicht bestreiten — der Heilige Geist selbst ist nicht zurückgezogen worden. Solange nicht eindeutige oder historische Gründe für eine radikale Änderung seiner Wirkungsweise angegeben werden, bleibt die Kundgebung seiner Kraft und die Austeilung seiner Gaben ein integriertes und überzeugendes Merkmal der Verkündigung des vollen Evangeliums (Hebr. 2,4). Angemerkt sei noch, dass das gedruckte und sogar das gepredigte Wort ohne den Heiligen Geist ausgebreitet werden kann (man bezahlt zum Beispiel einen Ungläubigen dafür, Traktate zu verteilen, und als Folge davon bekehrt sich vielleicht jemand!) — aber ohne seine Gegenwart lassen sich die menschlichen Taten und göttlichen Zeichen unmöglich hervorbringen (gerade deshalb hatte Jesus den Jüngern befohlen, in Jerusalem zu warten, bis sie »Kraft empfingen«). Sogar ein »biblisches« Wissen um seinen Tod, seine Auferstehung und seine Himmelfahrt ist anscheinend nicht genug, um sein »Zeuge« zu sein (vgl. Luk. 24,27 mit Apg. 1,8).

Der Wert einer vernunftsmäßigen Verteidigung

Um anderen zum Glauben behilflich zu sein, muss noch eine andere »Beweisart« für die Wahrheit des Evangeliums berücksichtigt werden. Gemeint ist damit die Rolle der »Apologetik«, die Notwendigkeit und Fähigkeit, eine »vernunftsmäßige Verteidigung« des Glaubens anzubieten. Es ist eine Halbwahrheit zu behaupten, es wäre noch niemand durch Argumentieren in das Reich Gottes gekommen (zur Unterstützung dieser Ansicht wird oft auf die Reaktion von Agrippa auf die Überzeugungskraft des Paulus hingewiesen; Apg. 26,28). Hindernisse, die der Wahrheit im Wege stehen, können beseitigt werden, indem man zeigt, dass die Sache des Christentums vernünftig ist. (Auf diese Weise haben zum Beispiel die Schriften von C. S. Lewis, Francis Schaeffer, Bernard Ramm und Josh McDowell vielen geholfen; sie stellen ein ganzes Arsenal »Munition« dar!) Glaube ist kein intellektueller Selbstmord.

DIE TYPISCHE ENTSCHEIDUNG HEUTE

Glaube und Verstand marschieren dieselbe Straße zur Wahrheit hin, obwohl der Glaube noch ein beträchtliches Stück weitergeht. War es nicht Abraham Lincoln, welcher sagte: »Nehmt aufgrund des Verstandes soviel wie möglich von der Bibel an; den Rest nehmt im Glauben; und ihr werdet leben und als glückliche Menschen sterben?«

Auf der einen Seite wächst die Menge an Beweisen für die historische Genauigkeit der Bibel an, besonders auf archäologischem Gebiet. Dazu kommt die der Heiligen Schrift innewohnende Authentizität (Glaubwürdigkeit) selbst; allein schon die Einzelheiten, mit denen die Umstände der Auferstehung geschildert werden, würden genügen, um irgendeine Rechtsinstitution davon zu überzeugen, dass das Ereignis stattgefunden hat. Es lässt sich nachweisen, dass viele der sogenannten »Widersprüche« oberflächlich oder nur scheinbar sind. Die Textgeschichte selbst flößt zunehmendes Vertrauen ein. Die Tatsache, dass fast sechshundert Prophezeiungen in Erfüllung gegangen sind (das restliche Fünftel befaßt sich praktisch ausschließlich mit dem Ende der Welt), ist weitaus eindrücklicher als die abergläubische Astrologie oder die wissenschaftliche Futurologie. Der durchschnittliche Ungläubige ist sich kaum bewusst, wie viele sich mehrende Beweise zugunsten der Wahrheit von Gottes Wort angeführt werden können.

Auf der anderen Seite muss eine wirkungsvolle Apologetik sowohl die allgemeine philosophische Weltanschauung der Bibel als auch die besonderen historischen Details angehen. Die Heilige Schrift lehrt gewiss nicht Atheismus (der Glaube, dass »es keinen Gott gibt«; um das zu akzeptieren, ist eine ganze Menge Glauben nötig!), Agnostizismus (»Ich weiß nicht, ob es einen Gott gibt oder nicht«), Pantheismus (»Alles ist Gott«), Humanismus (»Der mündig gewordene Mensch ist Gott«) oder Deismus (»Gott erschuf die Welt, kann sie aber nicht kontrollieren«). Die wahre biblische Philosophie ist der Theismus (»Gott erschuf und kontrolliert das Universum«) — diejenige Auffassung, die hinsichtlich Natur und Geschichte den meisten Sinn ergibt.

Indem wir sachliche Beweise oder vernünftige Begründungen anbieten, befolgen wir die biblische Aufforderung: »Seid jederzeit bereit zur Verantwortung jedem gegenüber, der Rechenschaft von euch über die Hoffnung in euch fordert« (1. Petr. 3,15). Die »Vernunft« ist jedoch subjektiv wie auch objektiv und sollte darum die Erfahrung ebenso einschließen wie den Beweis. Zwei Worte der Warnung sollen diesen Abschnitt beschließen. Erstens ist es nötig zu erkennen, ob ein Fragesteller echte Probleme hat, die er lösen möchte, oder ob er einfach mit Hilfe seiner Kritik stur an seinem Skeptizismus festhalten will (in diesem Fall kann man noch so viele Probleme auf zufriedenstellende Art lösen — es werden immer neue auftauchen!). Zweitens, während man echten verstandesmäßigen Hindernissen ins Auge blicken muss, sei auch darauf hingewiesen, dass die Hauptprobleme, die uns vom Glauben an Gott abhalten wollen, moralische Probleme sind (was wir am meisten brauchen, ist nicht Erleuchtung, sondern Vergebung).

Menschen behilflich sein, im Glauben zu handeln

Wenn das Evangelium durch Wort, Tat und Zeichen über das Ohr und das Auge in Herz und Sinn eingedrungen ist und wenn wir befriedigt sind, weil die Wahrheit des Wortes voll angenommen worden ist, so helfen wir als nächstes der betreffenden Person, im Glauben zu handeln; denn Glauben ist in erster Linie eine Willenssache — etwas, das man macht (s. Kap. 3). Zwei praktische Schritte gilt es zu unternehmen.

DIE TYPISCHE ENTSCHEIDUNG HEUTE

Erstens muss sich der Glaube in Worten ausdrücken. Negativ gesagt, ist es aber nicht besonders hilfreich, wenn man Worte vorgibt, sei es in Form eines Glaubensbekenntnisses, sei es in Form eines »Sündergebets«. Der Heilsuchende läuft Gefahr, sich mehr der Anwesenheit jener Person bewusst zu sein, dessen Worte er nachspricht, als der Gegenwart des Einen, an den sie gerichtet sind. Vor allem wird das Maß der Aufrichtigkeit variieren im Verhältnis der Zweckmäßigkeit der »Liturgie« zu den Gefühlen und Gedanken des Redners. Positiv ausgedrückt, ist es viel besser, jemand sich direkt an den Herrn wenden und seine eigenen Worte finden zu lassen, wie einfach und unbeholfen sie auch sein mögen. Ein gut zuhörender Seelsorger wird anhand dessen, was gesagt oder nicht gesagt wird, erkennen, welche weitere Hilfe die Person noch braucht und ob sie tatsächlich »den Namen des Herrn angerufen« hat. Man sollte ihr in diesem Stadium Mut machen, den menschlichen Namen Jesu zu gebrauchen, und wenn sie dessen Bedeutung verstanden hat, ihn »Herr« zu nennen. Zu achten ist speziell darauf, ob das persönliche Fürwort gebraucht wird oder nicht. So sollte die Person nicht einfach beten: »Ich glaube, dass Du gestorben und wieder auferstanden bist«, sondern: »Ich glaube, dass Du gestorben bist, damit ich aufhöre zu sündigen, und dass Du auferstanden bist, um mir zu helfen, wahres Leben zu finden.« Es mag notwendig sein, im Verlaufe des Gesprächs mehrere kurze Gebete zu sprechen. Jedesmal, wenn ein bestimmter Glaubensaspekt vom Suchenden verstanden worden ist, kann man ihn darüber beten lassen.

Zweitens muss sich der Glaube in Taten ausdrücken. Es ist wichtig, dass man jemandem hilft anzufangen, im Glauben zu leben und damit für den Rest seines Lebens fortzufahren. Am besten erreicht man das, wenn man ein bestimmtes

Bedürfnis oder eine bestimmte Situation ausfindig macht, wo es der sofortigen Hilfe des Herrn bedarf. Man kann dann die betreffende Sache zusammen durchsprechen, und dabei sollte man folgendes klarstellen: Glaube bedeutet nicht, dass Gott helfen kann, sondern dass er helfen wird. Wichtig ist auch, dass man das Glaubensniveau der Person einschätzt, ehe man mit ihr betet. Der beste Weg dazu ist, eine Anzahl von Möglichkeiten vorzuschlagen, wie der Herr wohl in der betreffenden Situation helfen könnte (angefangen bei einer kleineren bis hin zu einer totalen Veränderung der Situation), und dann zu fragen, mit welcher von ihnen der Jünger rechnen will. Manchmal bedeutet es eine Hilfe, wenn man einen bestimmten Zeitpunkt vorschlägt, bis zu dem man die Hilfe erwartet. Meine eigene »Methode« zum Erkennen des Glaubensniveaus besteht darin, dass ich die betreffende Person direkt herausfordere: »Du glaubst also wirklich, dass der Herr dir bis Ende des Monats hundert Mark schickt, nicht wahr?« Doch anstatt auf die Antwort zu warten, schaue ich meinem Gegenüber direkt in die Augen! Das Auge ist das »Licht des Leibes«, und Zweifel verrät sich immer durch einen unsteten Blick. Nur wenn die Pupillen fest wie ein Felsen bleiben und der Blick offen erwidert wird, fühle ich mich frei, mit Zuversicht zu beten, dass die Verheißung Jesu, »Wo zwei eins werden auf Erden«, erfüllt werden möchte (Matth. 18,19). Oft erweist es sich als notwendig, den Umfang der Bitte zu »beschneiden«, damit sie dem Glaubensniveau des Neubekehrten entspricht. Aber es ist viel nützlicher, für eine kleine Sache zu beten, die dann auch in Erfüllung geht, als für eine große Sache, die nicht in Erfüllung geht! Dadurch wird solchen Menschen nicht nur eine Gabe des Glaubens mitgeteilt, sondern es ermutigt sie auch, weiterhin zu glauben und im Glauben zu wachsen.

Es wird natürlich vorausgesetzt, dass ein guter Seelsorger

DIE TYPISCHE ENTSCHEIDUNG HEUTE

dem Jünger gesagt hat, dass der allererste praktische Ausdruck und die allererste Ausübung des Glaubens darin bestehen, sein altes, »totes« Leben zu begraben und dessen »Schmutz« im Wasser der Taufe abzuwaschen. Wenn er Jesus wirklich vertraut und mit seiner Vergebung rechnet, so wird er ihm gerne gehorchen und sich diesem Reinigungsritus unterwerfen (Apg. 2,38).

KAPITEL 34

JÜNGERN HELFEN, SICH TAUFEN ZU LASSEN

Dieses Kapitel ist möglicherweise kürzeste und einfachste Kapitel in diesem Buch! Es gibt nur zwei Dinge zu tun:
Erstens muss man sich vergewissern, dass der Taufkandidat wirklich Buße getan hat und glaubt (s. Kap. 2, 3, 32 und 33). Ein Lippenbekenntnis allein ist allerdings keine Garantie für vorhandene Taten der Buße. Sobald diese beiden Kriterien erfüllt sind, besteht keine Notwendigkeit, mit der Taufe noch länger zu warten.

Zweitens ist es notwendig, einen Ort zu finden, wo genügend Wasser vorhanden ist (Joh. 3,23). Untertauchen scheint die neutestamentliche Art des Taufens gewesen zu sein (sowohl das Wort selber wie auch sein Gebrauch weisen darauf hin) und gibt jedenfalls den neutestamentlichen Sinn wieder (eine Kombination von »Bad« und »Begräbnis«). In Europa ist dies verhältnismäßig leicht. Eine zunehmende Anzahl von Kirchengebäuden verfügt über eingebaute Taufbassins, viele Ortschaften haben in ihren Freizeitzentren Schwimmgelegenheiten, und außerdem gibt es zahlreiche Flüsse und Seen, von den Stränden der am Meer gelegenen Länder gar nicht zu reden. In Rußland schlägt man ein Loch in das Eis eines zugefrorenen Sees, und den Täufling muss man später auftauen! In Gegenden, die häufig von Dürreperioden heimgesucht werden, gräbt man manchmal ein Grab, kleidet es mit einem Leinentuch aus, »begräbt« den Täufling darin und sprengt kostbares Wasser auf das Leintuch, bis es ganz durchtränkt ist. Wo ein Wille ist, ist auch ein Weg!

Taufpraktiken

Die Wirksamkeit der Handlung hängt nicht von der Menge des verwendeten Wassers ab, da nicht die Waschung des Leibes das wesentliche Geschehen ist (1. Petr. 3,21). Aber je besser wir beides, das Bad und das Begräbnis, darstellen können, desto mehr gewinnt es für den Täufling an Bedeutung. Diejenigen, die als Gläubige »besprengt« worden sind, haben oft das Gefühl, »zu kurz gekommen« zu sein. Es scheint keinen wirklichen Grund zu geben, weshalb ihre Taufe nicht durch Untertauchen »vervollständigt« werden sollte wodurch zum «Bad» auch der «Begräbnis»-Aspekt hinzugefügt würde.

Ihre Wirkung hängt auch nicht vom geistlichen Stand oder Zustand des Taufenden ab. Johannes der Täufer war nicht einmal selber getauft, dennoch ließ Jesus sich von ihm taufen (Matth. 3,14). Heute würde man sich wahrscheinlich nicht wohl fühlen, sich von jemand taufen zu lassen, der nicht bereit ist, sich selber taufen zu lassen. Im Neuen Testament findet sich auch keine Andeutung, dass die Taufe nur von bestimmten »Diensten« vorgenommen werden darf (und ebensowenig findet man in der Heiligen Schrift eine Andeutung, dass es einen »ordinierten« Dienst gibt, der das Monopol der Sakramente hätte). Dem Beispiel Jesu folgend, überließen die Apostel das Taufen ihren Helfern (vgl. Joh. 4,2 mit Apg. 10,48 und 1. Kor. 1,13-17). Paulus selber wurde von einem »gewöhnlichen« Bruder namens Hananias getauft (Apg. 9,17-18). Das Wichtige ist die Unterordnung, für die der Herr selbst das beste Beispiel ist.

DIE TYPISCHE ENTSCHEIDUNG HEUTE

Das Baden und Begrabenwerden wird für uns statt durch uns getan; ein »Leichnam« assistiert beim Begräbnis nicht! Jedoch soll »alles anständig und in Ordnung geschehen« (1. Kor. 14,40). Wenn bewährte christliche Leiter zur Verfügung stehen, dann ist es gut, sich an sie zu wenden. Um der anderen und um des Täuflings willen ist eine öffentliche einer privaten Zeremonie vorzuziehen. Vielleicht meinte Paulus dieses öffentliche »Bekenntnis«, als er Timotheus an sein »gutes Bekenntnis vor vielen Zeugen« erinnerte (1. Tim. 6,12). Es muss aber auch betont werden, dass dieses »nasse Bekenntnis« nicht der eigentliche Zweck der Taufe ist, wie groß deren Eindruck auch auf die Zuschauer sein möge.

Es gibt auf jeden Fall gute biblische Gründe, vom Täufling zu erwarten, dass er sich auch mündlich an dem Vorgang beteiligt. Es sollten Äußerungen sein, die direkt an den Herrn gerichtet sind — er bekennt begangene Sünden (Matth. 3,6) und ruft den »Namen« Jesu (Apg. 22,16) zur Vergebung dieser Sünden an (Apg. 2,38). Als Ausdruck von Buße und Glaube ist das wichtiger, als den Anwesenden die Geschichte seiner Bekehrung zu erzählen. Letzteres mag sich als hilfreicher Zusatz erweisen, ist aber kein gültiger Ersatz für das erstere.

Sogleich nach dem »Untertauchen« und »Auftauchen« des Täuflings sollte man ihm die Hände auflegen und ernstlich für den Empfang des Heiligen Geistes beten, wenn er ihn noch nicht empfangen hat (vgl. Apg. 10,47 mit 19,5-6; s. auch das nächste Kapitel). An diesem Punkt ist es hilfreich, wenn die anderen Anwesenden ihre Aufmerksamkeit von der Taufe weg auf den Herrn richten und ihn von Herzen preisen und anbeten. In einer solchen Anbetung fällt es dem Täufling viel leichter »überzufließen«, wenn der Geist »ausgegossen« wird.

Die Erinnerung an dieses Ereignis und diese Erfahrung

wird für die betreffende Person lebenslang eine Quelle der Inspiration und Ermutigung bleiben. Ob sich die von ihr gemachte Erfahrung der Buße und des Gläubigwerdens langsam oder schnell vollzogen hat (dem Neuen Testament ist das Tempo ziemlich gleichgültig!), so kann sie jetzt doch das Ende ihres alten Lebens und den Beginn ihres neuen Lebens datieren (sowie ein Pastor einst zu seinen Täuflingen sagte: »Es ist euer Begräbnis; freut euch darüber!«). Was die Hochzeit für die Ehe ist, ist die Taufe für die Jüngerschaft.

Sowohl bei Taufen wie bei Hochzeiten ist einem die volle Bedeutung dessen, was gesagt und getan worden ist, zu jenem Zeitpunkt nicht unbedingt klar (hat je ein sich liebendes junges Ehepaar die Bedeutung des Eheversprechens verstanden: »...in guten und in schlechten, in gesunden und in kranken Tagen, bis der Tod uns scheidet ...?«). Das macht nichts. Die Jahre werden einem die volle Bedeutung und tiefere Wertschätzung schon noch bewusst machen. Der größte Teil der neutestamentlichen Lehre über die Taufe erfolgt später (vgl. Röm. 6,3-4). Die Taufe selber soll nie wiederholt, aber die Erinnerung daran immer wieder wachgehalten werden. Ein Paar sollte nur einmal heiraten, und ein Christ sollte nur einmal getauft werden.

Das bringt uns zu dem schwierigen Problem der »Wiedertaufe«!

Die Wiedertaufe — ist sie richtig?

In Europa sind die meisten Menschen schon als Babys »getauft« worden, und die Kirchen, die diese Praktik kennen, betrachten sie als vollgültige christliche Taufe. Obwohl der Mensch sich nicht daran erinnern und keine Inspiration davon ableiten kann und obwohl er auch keinerlei Verbindung zwischen seiner Kindertaufe und

DIE TYPISCHE ENTSCHEIDUNG HEUTE

seiner späteren »Bekehrung« erkennen kann, ist es ihm verboten, eine »Wiedertaufe« in Betracht zu ziehen. Obwohl er seinem sündigen Leben abgestorben ist, wird ihm ein angemessenes Begräbnis verweigert! Wenn er im Neuen Testament von der Art, dem Sinn und dem Moment der Taufe liest, hat er oft das Empfinden, dass seine Eltern und seine Kirche ihn der »normalen« christlichen Geburt beraubt haben.

Geistliche, die von der Gültigkeit der Kindertaufe überzeugt sind, werden versuchen, einem Neubekehrten dadurch zu helfen, dass sie die volle Bedeutung der biblischen Taufe auf die früher erfolgte Kindertaufe zurückübertragen. Das zu tun, ohne das ursprüngliche Geschehen zu einem rein symbolischen oder praktisch sogar zu einem magischen Vorgang zu machen, dürfte erhebliche Schwierigkeiten bereiten. Viele geben zu, dass ihre Bedeutung für ein Baby gar nicht die gleiche sein kann wie für einen Gläubigen.

Andere versuchen den Akzent woanders zu setzen und meinen zum Beispiel die »Vervollständigung« der Kindertaufe in der »Konfirmation« zu sehen, indem sie behaupten, dass Buße und Glaube der Taufe ebensogut folgen als auch vorausgehen könnten (wenngleich dadurch die Auswirkung der Taufe vom Geschehen durch wenigstens ein Jahrzehnt getrennt wird!). In jüngerer Zeit ist man auf den Gedanken einer »Konfirmation durch Untertauchen« gekommen; diejenigen, welche solch einen gemischten Ritus praktizieren, reden sich selber ein, dass dies nicht eine Taufe sei, während diejenigen, die sich diesem Ritus unterziehen, zunehmend gegenteiliger Meinung sind!

Wer die Kirche als die maßgebliche Stimme des Herrn betrachtet, neigt dazu, solche Auswege zu akzeptieren, wenn auch häufig nicht ohne Bedauern. Wer hingegen die Bibel als die maßgebliche Stimme des Herrn betrachtet, dem fällt es viel weniger leicht. Da dieses Buch wohl vor allem von letzteren gelesen wird, müssen wir diese Schwierigkeit anpacken.

Wer sich in diesem Dilemma befindet, muss bereit sein, sich Zeit zu nehmen und Gedanken zu machen, wenn er eine überzeugende Antwort auf die Frage finden will: »Bin ich in den Augen des Herrn getauft?« Die Antwort wird aus der Heiligen Schrift und durch den Heiligen Geist kommen, obwohl das Forschen zu einem Teil darin besteht zu hören, was andere zu sagen haben.

Ich habe zu folgendem Vorgehen geraten. Erstens sollte man alle neutestamentlichen Stellen studieren, die sich auf dieses Thema beziehen (es gibt über dreißig davon, aber sie sind auf praktische Weise zusammengefaßt worden in Form einer täglichen Bibellese für einen Monat unter dem Titel *The New Testament Teaching on Baptism* von Stephen Winward, herausgegeben von der Baptist Union). Während des ganzen Studiums sollte man sich fragen: »Betrifft dies mich? Kann ich das für mich in Anspruch nehmen?« Zweitens sollte man mit Christen sprechen, die verschiedene Auffassungen vertreten, und zwar nach dem Prinzip: Wenn uns jemand etwas eingeredet hat, kann uns das ein anderer ausreden. Aber wenn Gott uns etwas »einredet«, dann kann uns alles andere, was Menschen sagen mögen, nur noch gewisser machen in dem, was Gott zu uns gesagt hat! Drittens sollte man herausfinden, weshalb und wie die Kirche die Praxis der Kindertaufe einführte und aufrechterhielt (zu diesem Zweck ist Anhang A geschrieben worden, obwohl »Pädobaptisten« ohne Zweifel meine Ausführungen als tendenziös betrachten; aber es steht ihnen frei, auch ihre Darlegungen zum Studium zusammen mit den meinen zu empfehlen). Viertens ist es zu empfehlen, in die Stille vor Gott zu gehen, die verschiedenen Möglichkeiten vor ihm auszubreiten

DIE TYPISCHE ENTSCHEIDUNG HEUTE

und ihn zu bitten, die »richtige« innerlich zu bestätigen. Fünftens sollte die Zeit als Prüfstein wirken: Menschliche Impulse verblassen, aber Gottes Führung vertieft sich im Herzen. Es kommt dann zu dem Punkt, wo einem nur noch die Wahl bleibt, zu gehorchen oder nicht.

Führt dieses Vorgehen zu dem Entschluss, sich als Gläubiger taufen zu lassen, sollte man mit den Verantwortlichen seiner Gemeinde reden — um wenigstens ihren Segen zu suchen, auch wenn es für sie unmöglich ist, ihre Mitwirkung oder ihr Einverständnis zuzusichern. Wichtig ist, in diesem Stadium abzuklären, ob sie bereit sind, ihre seelsorgerische Verantwortung in anderen Belangen auch dann weiterhin wahrzunehmen, wenn man sich anderswo taufen lässt. Fällt die Antwort negativ aus, sollte man sich Gedanken darüber machen, wo man eine andere geistliche Heimat finden könnte, so dass man sich mit dem »neuen« Hirten im Blick auf die durchzuführende Taufe in Verbindung setzen kann.

Und schließlich möchte ich an »pädobaptistische« Geistliche die aufrichtige Bitte richten, doch das Gewissen der ihnen Anvertrauten zu respektieren. Für einen guten Hirten ist es nicht das Wichtigste, dass man sich ihm oder seinem Verantwortungsbereich der Gemeinde Christi unterwirft, sondern dem Haupt der Gemeinde und seinem himmlischen Vater, der alles in allem ist. Wenn ein Schaf von der Notwendigkeit des Gehorsams dem Oberhirten gegenüber in einer bestimmten Sache überzeugt ist, dann sollte man ihm dazu Mut machen, es sei denn, die Heilige Schrift ist eindeutig dagegen. Der Gläubige sollte die Freiheit haben, dem Gewissen und der Überzeugung zu folgen.

Man sollte die Wiedertaufe nicht ansehen, als handle es sich dabei um die Sünde, die nicht vergeben werden kann. Auf keinen Fall sollte man daraus eine Sache der Gemeindezucht oder gar des Ausschlusses machen. Denn schließlich steht ja hinter der »Sünde« als Motiv die Entschlossenheit, dem Herrn in allen Dingen gehorsam zu sein und alle Gerechtigkeit zu erfüllen (Matth. 3,15). Es dürfte wohl kaum recht sein, so etwas zu bestrafen! Und dann gibt es ja auch einige Präzedenzfälle im Neuen Testament. Paulus zögerte nicht, solches zu tun, wenn sich herausstellte, dass die erste Taufe, auch wenn sie ein Ausdruck der Buße war, des rettenden Glaubens an den Herrn Jesus ermangelte (Apg. 19,16; s. Kap. 20). Petrus tat am Pfingsttage vermutlich das gleiche, da es höchst unwahrscheinlich ist, dass niemand von den Dreitausend am Jordan von Johannes getauft worden war. Die eigentliche Frage ist: Was macht eine Taufe zu einer »christlichen« Taufe — die richtige Taufformel oder überzeugter Glaube, der richtige Täufer oder der richtige Täufling?

Natürlich könnte man die Wiedertaufe als eine »Sünde« gegen die Kirche betrachten. Sich als gläubig gewordener Mensch wiedertaufen zu lassen, ist eine Verwerfung der eigenen Kindertaufe. Damit wird ausgedrückt, dass die Kirche (und die Geistlichkeit) einen Fehler beging, indem sie die Taufe vorgenommen hat. Damit wird auch eine jahrhundertealte Tradition in Frage gestellt. Doch seit wann ist der Glaube an eine unfehlbare Kirche Bestandteil des christlichen Glaubens? Die Autorität der Kirche hängt davon ab, dass sie die eine, heilige, allgemeine und vor allem apostolische (im Sinne des »Verharrens in der Lehre der Apostel«) Kirche ist. Wenn die Kirche von der neutestamentlichen Lehre abweicht, hat sie das Recht auf Gehorsam verwirkt und sollte sich auch nicht beleidigt fühlen, wenn man ihr nicht gehorcht.

Es ist betrüblich, dass ganz frisch Bekehrte so rasch in eine solche Kontroverse verwickelt werden. Noch betrüblicher ist, dass man so vielen das eine Sakrament verweigert, das sie zur Zeit ihrer »Bekehrung« so dringend brauchen.

DIE TYPISCHE ENTSCHEIDUNG HEUTE

Die Taufe muss wieder in ihren richtigen Zusammenhang gestellt werden — sie ist vor allem eine angemessene Antwort auf das Evangelium und nicht ein kirchlicher Ritus. Sie drückt auch die Annahme der Evangeliumsbotschaft viel besser aus als das »Nach-vorn-Kommen«, als das »Unterschreiben einer Entscheidungskarte« oder das »Konfirmiertwerden«. Es ist die einzige Antwort, die vom Herrn Jesus selber eingesetzt, ja sogar gefordert wird (s. Kap. 7 zum Sendungsbefehl). Ihre wesentliche Funktion besteht darin, den Jüngern zu einem »sauberen Start« in das neue Leben zu verhelfen, indem sie einen »klaren Bruch« mit dem alten machen. Wie lange noch will die Kirche ihren Bekehrten diese wichtige Erfahrung vorenthalten?

Die Taufe allein ist nicht genug. Die Wassertaufe bedeutet wohl einen klaren Schlussstrich unter die Vergangenheit, aber sie sollte auch das Vorspiel zur Geistestaufe sein, die gewissermaßen das richtige Betreten der Zukunft bedeutet. Wer zweimal geboren ist, muss auch zweimal getauft werden.

KAPITEL 35

JÜNGERN HELFEN ZU EMPFANGEN

Ähnlich wie bei der Wassertaufe könnte dies ein kurzes und einfaches Kapitel sein, aber die heutige Verwirrung unter uns hat die ganze Sache sehr kompliziert gemacht.

Verwirrung über den Geistempfang

In den apostolischen Tagen legte man normalerweise unmittelbar nach der Taufe betend die Hände auf. Der Heilige Geist wurde dann vom Herrn gegeben und vom bekehrten, getauften Gläubigen empfangen, und zwar von äußerlichen Kundgebungen begleitet, die den Empfang bestätigten. Wie wir bereits sahen, berichtet das Neue Testament nur von zwei Gelegenheiten, wo der Geist ohne einen solchen »Dienst« gegeben und empfangen wurde — und für diese Ausnahmen gibt es klare Gründe (s. Kap. 14 und 18). Das übliche Vorgehen war so, dass diejenigen, die bereits den Geist »empfangen« hatten, ihn auf Suchende »übertrugen«. Es wird auch nichts davon gesagt, dass dieses Vorgehen nicht zu den gewünschten Ergebnissen geführt hätte. Das Leben scheint in jenen Tagen viel einfacher gewesen zu sein, geistlich wie materiell (Apg. 3,6)!

Betrachten wir die Verschiedenheiten, die man heute antreffen kann. Die »liberale« Strömung der Christenheit scheint die Notwendigkeit des Empfangs des Geistes zu ignorieren, da man glaubt, er sei bereits bei den Menschen, in der Gemeinde wie in der Welt — und manche behaupten, er sei mehr in der Welt als in der Kirche. Die »evangelikale« Strömung erwähnt den »Empfang« des Geistes nur selten, nämlich in der Meinung, dies geschehe automatisch und gewöhnlich unbewusst, wenn ein Mensch »Jesus in sein Leben aufnimmt«. Die »sakramentale« Strömung glaubt, der Geist werde bei der Kindertaufe oder bei der Konfirmation im Jugendalter empfangen, doch die Meinung geht auseinander, bei welcher dieser Gelegenheiten es geschieht. Die »pfingstliche« Strömung neigt dazu, einen zweifachen Geistesempfang zu lehren. Der erste geschieht unbewusst und zur Errettung und erfolgt darum bei der Bekehrung. Der zweite wird bewusst erlebt und ist auf das Dienen ausgerichtet — dies geschieht nach der Bekehrung (oft lange danach) und wird manchmal als »zweiter Segen« bezeichnet. Beim ersten Geistesempfang wird die Person des Geistes empfangen, beim zweiten die Kraft des Geistes (eine Unterscheidung, die sich nicht so leicht vom Neuen Testament her beweisen lässt — s. Kap. 13 und Anhang B).

Keine dieser Auffassungen entspricht der vollen Lehre des Neuen Testamentes, wie wir schon an anderer Stelle dieses Buches zu zeigen versucht haben. Im Gegensatz zur »liberalen« Auffassung stellt das Neue Testament fest, dass die Welt den Geist nicht empfangen kann (Joh. 14,17); er wird nur den Jüngern Jesu gegeben. Im Gegensatz zur »evangelikalen« Auffassung unterscheidet das Neue Testament ganz deutlich zwischen »glauben« und »empfangen«, so dass es möglich ist, das eine ohne das andere zu haben (s. Kap. 16 und 20); außerdem geschieht das »Empfangen« bewusst und mit eindeutigen Beweisen. Anders als die »sakramentale« Auffassung unterscheidet das Neue Testament klar zwischen Wassertaufe und Geistestaufe, obgleich zwischen beiden eine enge Beziehung

DIE TYPISCHE ENTSCHEIDUNG HEUTE

besteht. Das Neue Testament betrachtet auch nicht eine »Konfirmation« als gültigen Beweis dafür, dass der Geist wirklich empfangen wurde, wie hochgestellt auch die Person sein möge, die da die Hände auflegt! Im Unterschied zur »pfingstlichen« Auffassung spricht das Neue Testament nur von einem »Empfang« des Geistes, seiner Person und seiner Kraft, zur Errettung und zum Dienst, und dies als integriertes Element bei der »ersten« Initiation.

Diese Verwirrung hat zur Folge, dass man sich der neutestamentlichen Sprache in ihrer ursprünglichen Bedeutung nur auffallend zögernd bedient. »Empfangen« wird von der dritten Person der Trinität auf die zweite übertragen. »Versiegelt« wird als inwendiger und geistlicher Vorgang interpretiert, dessen sich andere völlig unbewusst sind. »Gesalbt« wird überhaupt nicht gebraucht, es sei denn in Verbindung mit tatsächlichem Ol. »Erfüllt« wird zugunsten von »Fülle« fallengelassen. »Getauft« wird nur in theologischen Diskussionen verwendet und niemals in der üblichen Predigt oder Belehrung (und ebenso wird ihre Bedeutung von »durchtränkt, eingetaucht« etc. ignoriert). »Ausgegossen« wird nie gebraucht. Der »Schrei« des Geistes (»Abba, lieber Vater«) wird umgewandelt in ein »inwendiges Zeugnis«. »Fallen auf« ist reserviert für die raren Zeiten der »Erweckung«. Tatsache ist, dass eine solche neutestamentliche Terminologie der heutigen Kirchen- und Gemeindepraxis oder -erfahrung einfach nicht »passt«!

Es scheint eine gegenseitige Übereinkunft zustande gekommen zu sein, gewissermaßen eine Verschwörung des Schweigens über die Geistesgaben aufrechtzuerhalten, speziell bei Evangelisationen auf ökumenischer Grundlage. Es wird den Bekehrten überlassen, selber die dritte Person der göttlichen Trinität zu entdecken — zu irgendeinem späteren Zeitpunkt ihrer Jüngerschaft (bei manchen ist das sehr viel später der Fall, aber bei vielen überhaupt nicht). Diese Verzögerung macht die Einführung in dieses Anliegen schwieriger. Der beste Zeitpunkt, um mit jemandem zu beten, dass der Geist auf ihn »herabkommt«, ist unmittelbar nach der Bekehrung und Wassertaufe. Je länger man es sein lässt, desto schwieriger wird es gewöhnlich!

Es gibt allerdings eine positive Erscheinung in der zeitgenössischen Szene! Die »charismatische« Erneuerung hat praktisch alle Strömungen innerhalb der Kirche erfaßt. Die Erfahrung, welche viele jetzt machen, steht derjenigen der Urgemeinde ziemlich nahe. Größere Freiheit in der Anbetung, Tiefe der Gemeinschaft, Freisetzung von Gaben, Vertrauen auf die Heilige Schrift und Freude im Herrn — dies alles kann man wieder antreffen, zur Freude der einen und zur Bestürzung der anderen! Doch die Theologie hat nicht Schritt gehalten mit der Erfahrung, besonders was die Initiation betrifft. Im Großen und Ganzen haben sich die traditionellen Denominationen schwergetan, die Erfahrung willkommen zu heißen. Zumindest haben sie hartnäckig an ihrer früheren Theologie und Praxis festgehalten und versuchen, den neuen Wein in alte Schläuche zu schütten. Eines der Zeichen für diese Anomalie ist die Entwicklung eines Euphemismus (= mildernde Umschreibung eines anstößigen Wortes) auf dem Gebiet der Erfahrung, mit dessen Hilfe man die neutestamentliche Terminologie ersetzen möchte. Mit solchen Ausdrücken wie »den Geist freisetzen« (beliebt besonders bei Katholiken und manchen Anglikanern) und »Aktualisierung der Gaben, die potentiell schon vorhanden waren« ist versucht worden, neue Kategorien für alte Erfahrungen zu schaffen, und das Wort »Erneuerung« selbst lässt viele Sinndeutungen zu. Diejenigen, die bereit waren, ihre Initiationslehre neu zu überdenken, haben gewöhnlich den Weg in neue Gemeinschaften oder »Hausgemeinden« gefunden und praktizieren auch in den meisten Fällen die Gläubigentaufe.

Das alles mag in einem praktischen Kapitel über das Thema »Jüngern behilflich sein zu empfangen« eher den Eindruck einer akademischen Abschweifung erwecken. Doch seine Bedeutung liegt ganz einfach hierin: Die erste Voraussetzung zum »Helfen« betrifft die »Helfer«! Sie müssen, auf die Heilige Schrift und auf ihre eigene Erfahrung gestützt, vollkommen überzeugt sein von der Notwendigkeit des Geistesempfangs — zusätzlich zur Buße, zum Glauben und zur Taufe. Sie müssen mit dem ganzen Herzen dabei sein, wenn sie betend die Hände auflegen, und in der starken Glaubenserwartung stehen, dass der Herr seine Jünger im Heiligen Geist »durchtränkt«. Unsicherheit und Zögern wirken sich im gleichen Maße negativ auf den Dienst (in Wort oder Tat) aus, wie sich Klarheit und Zuversicht positiv darauf auswirken. Starker Glaube beruht auf dem klaren Erfassen des Glaubens; Pfingsten selber beruht auf dem Glauben an die »Verheißung« (Luk. 24,49; Apg. 2,33.39; Gal. 3,14). Die Helfer müssen sich der Verheißung und ihrer individuellen Erfüllung absolut sicher sein.

Was tun, wenn der Heilige Geist nicht empfangen wird

Nun können wir uns mit den Hindernissen beschäftigen, die bei der Person, der wir helfen wollen, möglicherweise vorhanden sind. Anders gesagt: Wenn man für eine Person betet und nichts »passiert«, was soll man dann sagen oder als nächstes tun?

Am allerwenigsten hilft es weiter, wenn man dem Suchenden sagt, er hätte ja schon empfangen, obgleich überhaupt nichts geschehen ist! Es ist geradezu beunruhigend, wenn man feststellt, wie oft

Schulungsmaterial über Seelsorge Ratschläge enthält wie: »Mach dir keine Sorgen, wenn du nichts fühlst« oder: »Erwarte nicht, dass du dich anders fühlst« (eine Erwartung, die sich höchstwahrscheinlich auch erfüllt!). Manchmal beruft man sich auf Bibelstellen, die implizieren, sich im Glauben einer Sache sicher zu sein, bevor man sie erhält — so zum Beispiel auf die Stelle, wo Jesus selber gesagt hat: »Darum sage ich euch: Alles, um was ihr auch betet und bittet, glaubt, dass ihr es empfangen habt, und es wird euch werden« (Mark. 11,24; vgl. Hebr. 11,1). Es gibt eine ganz bestimmte Art von Glaubenslehre, die sich auf diese Stelle beruft und dazu ermutigt, auch ohne stützenden Beweis Zeugnis zu geben (»Ich weiß, ich bin geheilt, auch wenn ich noch hinke«). Solche Außerungen können uns in die Selbsttäuschung führen und schließlich zu Enttäuschung und Desillusionierung. Die Zeitformen, in denen Jesus sich ausdrückt, sind bezeichnend: »... glaubt, dass ihr es empfangen habt (Aorist = ein für allemal), und es wird euch werden (Zukunft, also nicht zu verstehen als »schon euer«). Mit anderen Worten, ein Gebet, das in der Zuversicht ausgesprochen wurde, dass die Bitte grundsätzlich angenommen wurde, wird in der Praxis erhört. Ich habe mit einer Anzahl von Menschen für den Geistesempfang gebetet, ohne dass etwas auf der Stelle geschah; aber ich habe im Geist verspürt, dass ich ihnen die Zusicherung geben durfte, dass ihr Gebet erhört worden war, und bat sie, es mich wissen zu lassen, sobald sie die Gabe wirklich erhalten hatten; das hatte dann etliche aufregende Telefonanrufe zur Folge, und zwar gewöhnlich schon nach wenigen Stunden. Es ist ein riesengroßer Unterschied, ob man glaubt, etwas sei geschehen, ohne einen Beweis dafür zu haben, oder ob man glaubt, dass etwas geschehen und dies auch unter Beweis gestellt wird. Das letztere ist der Glaube, der nötig ist, um »den Heiligen Geist zu empfangen«.

DIE TYPISCHE ENTSCHEIDUNG HEUTE

Doch angenommen nichts geschieht, nachdem man mit einem solchen Glauben gebetet hat — was dann? Die Bibel ermuntert uns, mit Beten anzuhalten, bis es geschieht! Die »unvollendete Gegenwart« des griechischen Verbs wird in den Übersetzungen nicht immer vollständig wiedergegeben (»weiterfahren«, etwas zu tun). So geht uns etwas von der Bedeutung dessen, was Gott sagt, verloren: »Bittet weiter, und es wird euch gegeben werden; sucht weiter, und ihr werdet finden; klopft weiter an, und dem Anklopfenden wird aufgetan werden« (Luk. 11,9) — Worte, die der Zusicherung Jesu unmittelbar vorangehen: »... wieviel mehr wird der Vater, der vom Himmel >gibt<, den Heiligen Geist geben denen, die ihn bitten!« (Luk. 11,13). Das kann sich nicht auf Ungläubige beziehen, die ja nicht »empfangen« können; also ist es eine Ermutigung an die Adresse der Gläubigen, weiterzufahren mit dem Beten um die Gabe des Geistes. Schließlich kann es eine Person, die nach dem ersten Bitten schon aufgibt, wenn nichts geschieht, auch nicht besonders ernst gemeint haben, würde sie sich doch bei anderen Bedürfnissen, Zielen oder Prioritäten im Leben auch nicht so leicht entmutigen lassen! Wenn jemand wirklich etwas haben möchte, lässt er gewöhnlich nicht locker, bis er es tatsächlich hat.

Wenn es aber immer wieder vorkommt, dass der Geist nicht empfangen wird, so muss man sich fragen, ob es nicht andere Faktoren gibt, die festgestellt und korrigiert werden müssen. Das können ganz grundlegende Dinge sein (Paulus erkundigte sich zum Beispiel nach der Wassertaufe — Apg. 19,3). Eines der häufigsten Hindernisse ist auf dem Gebiet mangelhafter Buße zu suchen, besonders wenn es um okkulte Verstrickung und Bindung geht (angefangen bei der Freimaurerei bis hin zur Astrologie). Sogar der Glaube muss abgeklärt und geprüft werden. Es ist weise, dem apostolischen Präzedenzfall zu folgen und diese

WIEDERGEBURT

wesentlichen Dinge nachzuprüfen, bevor man nach anderen »Problemen« forscht. Aber welche anderen Gründe könnte es geben?

Manche wissen ganz einfach nicht, was sie erwarten oder wie sie »empfangen« sollen. Sie brauchen ein Beispiel und eine Erklärung. Wenn jemand nie gehört oder gesehen hat, was geschieht, wenn der Geist auf einen Mensch »fällt«, so ist das für ihn ein Nachteil. Die Hundertzwanzig am Pfingsttage waren Juden, und ihre eigene Geschichte lieferte Beispiele dafür (4. Mo. 11,25; 1. Sam. 10,6); die Dreitausend sahen und hörten, was mit den Hundertzwanzig geschah (Apg. 2,33). Der Empfang des Geistes ist nicht davon abhängig, ob man Zeuge dessen ist, was andere erlebt haben (wie der Fall des Hauses von Kornelius zeigt; Apg. 10,44), aber es kann eine große Hilfe sein. Sehen und glauben müssen sich nicht unbedingt widersprechen, wie wir bereits gesehen haben (in Kap. 33). Die heutige Durchschnittsgemeinde, die wenig hör- oder sichtbare Beweise für die Gegenwart oder Kraft des Heiligen Geistes in ihrer Mitte aufweist, vermag kaum die Erwartung von Neubekehrten zu wecken! Es ist viel leichter, den Geist in einer Gruppe zu empfangen, die erfüllt ist mit dem Heiligen Geist. Um ganz praktisch zu sein: Es ist viel hilfreicher, wenn eine Gruppe von »Helfern« selber »im Geist betet« (1. Kor. 14,15; Eph. 6,18), als »zuzusehen, was geschehen wird«. Die frisch im Geist getaufte Person gehört dann einfach wie von selbst zur »Gemeinschaft des Geistes« (griechisch: *koinonia* = gemeinsam, geteilt). Das hilft ihr, sich sofort des Gemeinschaftsaspektes dessen bewusst zu werden, was soeben geschehen ist (nämlich die Tatsache, »in einen Leib« getauft worden zu sein; s. Kap. 23 zu 1. Kor. 12,13).

Es könnte notwendig sein, das aktive Element beim »Empfangen« sorgfältig zu erklären. Viele versuchen,

DIE TYPISCHE ENTSCHEIDUNG HEUTE

sich ganz passiv zu verhalten, weil sie meinen, das sei die richtige Haltung. Solchen muss man sagen, dass wir keine mechanischen Roboter sind! Der Geist drängt niemandem seine Kraft auf, aber durch ihre Zusammenarbeit befähigt er sie, übernatürliche Dinge zu sagen und zu tun. Es sollte auch hervorgehoben werden, dass zu Pfingsten »sie (nicht »er«, der Heilige Geist) anfingen, in anderen Sprachen zu reden« (Apg. 2,4). Der Heilige Geist sagte ihnen, was sie sagen sollten, aber sie waren es, die das Reden besorgten. So verhält es sich mit allen seinen Gaben — er aktiviert und füllt sie mit Kraft, aber wir müssen sie ausüben. Würde der Geist uns so »überwältigen«, dass wir gar nicht anders können, als etwas zu tun, dann wäre das ein direkter Widerspruch zu seiner eigenen »Frucht« der »Selbstbeherrschung« (Gal. 5,23). Seine Kraft wird freigesetzt, wenn unser Wille mit seinem Willen übereinstimmt und wir auf seine Erfüllung mit einem freiwilligen Überfließen reagieren.

Leider gibt es viele, die möchten wohl (innerlich und privat) erfüllt werden, aber nicht (äußerlich und öffentlich) überfließen. Wenn bei einem Suchenden zu seiner Introvertiertheit noch eine kulturell bedingte Reserviertheit kommt, kann die emotionelle Barriere enorm sein! Vielleicht ist das mit ein Grund, weshalb das »Pfingstlertum« in der »Neuen Welt« schneller gewachsen ist als in Europa und in Südamerika schneller als in Nordamerika. Britische Religion ist so introvertiert, dass »Aerobic«-Anbetung geradezu verwünscht wird! Ein Zeigen der Gefühle und die Würde der Anbetung werden als völlig unvereinbar betrachtet. »Halleluja« darf man wohl in der Liturgie sagen oder singen, aber keinesfalls spontan äußern! Man bewundert einen Menschen, wenn er »es für sich behält«, und man verachtet ihn, wenn »er es hherauslässt«.

Doch diese repressive Haltung kann viel Schaden anrichten, zum Beispiel bei Menschen in Trauer.

Sogar das »evangelikale« Verständnis hat »innerlich« mit »geistlich« gleichgesetzt — im Gegensatz zu den »Pfingstlern«, die oft meinen, Lärm sei Kraft! Viele beten nie laut, auch wenn sie ganz allein sind, und dies trotz der Anweisung Jesu: »Wenn ihr betet, so sprecht ...« (Luk. 11,2). Die Folge ist, dass viele sich nur dann geistlich in Worten ausdrücken, wenn sie von außen her dazu angehalten werden (wenn zum Beispiel ein Lied vorgeschlagen wird). Sie haben nie gelernt, sich von innen her zum Sprechen bewegen zu lassen. Andere wiederum sind gewöhnt, nur aus ihrem Verstand heraus zu reden und sorgfältig zu überlegen, was sie reden, bevor sie reden; sie haben nie gelernt oder gar nie die Möglichkeit in Betracht gezogen, aus ihrem Geist heraus zu reden (zur Unterscheidung s. 1. Kor. 14,14-15). Wenn Paulus davon spricht, das Wort »Abba« spontan herauszuschreien (so der Sinn des griechischen Wortes *krazein* in Röm. 8,15; vgl. Matth. 14,26.30), dann legt man es einfach als »das inwendige Zeugnis« aus, welches »empfunden« anstatt »gerufen« werden sollte!

Solche gesellschaftlichen Zwänge wirken sich sehr hinderlich aus, wenn es darum geht, überfließend mit dem Geist erfüllt zu werden. Die Angst, vor anderen aus sich einen Narren zu machen, ist sehr real. Am ersten Pfingsttag verbreitete sich wegen ihres ungehemmten Benehmens in der Öffentlichkeit sehr bald das Gerücht, sie wären betrunken, was Petrus einen wunderbaren Predigteinstieg gab: »Was? Um neun Uhr morgens betrunken? Die Gastwirtschaften sind ja noch zu!« Paulus zog einen Vergleich zwischen einem alkoholischen Rausch und dem Geisterfülltsein als Mittel, sich einen guten Abend zu verschaffen, aber er stellte die Resultate am folgenden Morgen einander gegenüber (Eph. 5,18)! Pfingsten liefert auch ein Beispiel dafür, wie sich gesellschaftliche

DIE TYPISCHE ENTSCHEIDUNG HEUTE

Zurückhaltung viel leichter überwinden lässt, wenn andere um einen herum das gleiche tun — was ein weiterer Grund dafür ist, dass eine betende und lobpreisende Gruppe einen Suchenden umgeben sollte.

Manche Seelsorger empfehlen ein »Lallen« als ersten Schritt. Das verursacht sicher keinen geistlichen Schaden, sondern in manchen Fällen hat es mitgeholfen, die psychologische Gewohnheit zu überwinden, erst sorgfältig zu überlegen, was man sagt, während es andere mit der ungewöhnlichen Erfahrung vertraut gemacht hat, sich selber Dinge sagen zu hören, die sie nicht verstehen (was ja auch geschieht, wenn sie fließend in einer unbekannten Sprache reden). Aber man sollte ein solches »Lallen« nie als die Gabe des Sprachenredens bezeichnen (das eine klare Grammatik und eine klare Syntax aufweist, ob man es erkennt oder nicht). Ich für meinen Teil ziehe es vor, die Leute zu ermutigen, ihre psychologischen Komplexe dadurch zu überwinden, dass sie sich alleine zurückziehen und sich darin üben, laut zum Herrn »zu rufen und ihm zu singen« (wie es oft in den Psalmen geboten wird) sowie vor lauter Freude darüber, dass sie seine Gnade und Barmherzigkeit empfangen haben, zu tanzen und zu springen — und dies, bis sie zu dem Punkt kommen, wo es ihnen egal ist, wer sie sieht oder hört! Eine ganze Anzahl von solchen, die es versuchten, hat die Erfahrung gemacht, dass sie fast unmerklich in ein Überfließen des Geistes gelangten, ohne sich bewusst zu sein, eine neue Sprache zu benutzen, bis sie innehielten und über das Geschehene nachdachten.

Leider sind manche Ängste durch eine falsche Belehrung noch verstärkt worden. Wenn ein Mensch schon seit einiger Zeit dem Leib Christi (der Gemeinde) angehört, können durch Belehrung ernsthafte Zweifel in seine Gedanken gestreut werden, was einen von ganzem

Herzen kommenden »Glaubenselan« verhindert. Diese »Wankelmütigkeit« wirkt lähmend (Jak. 1,7). Zwei Beispiele derartiger falscher Belehrungen haben mit der Lehre von den »Dispensationen (Zeitaltern) Gottes« und der »Dämonologie« zu tun.

Erstens: Manche haben gehört, dass die übernatürlichen Erfahrungen der »Geistestaufe« und der »Geistesgaben« nur für das apostolische Zeitalter bestimmt gewesen und durch die Vervollständigung des Neuen Testaments hinfällig geworden seien. Diese Erfahrungen seien damals nur gegeben worden, um die Worte der Apostel zu bestätigen, bevor sie ihre endgültige geschriebene Form erhielten. Damit sei ihre Authentizität und Autorität von der Urgemeinde anerkannt worden. Das ist eine bestechende Theorie, findet aber keinerlei Rückhalt in der Bibel selber. Wer mit dieser Auffassung aufgewachsen ist, wird in seinem Glauben gehandicapt sein. Einem solchen Menschen muss man geduldig zeigen, dass diese Kundgebungen für »die letzten Tage« bestimmt sind (Joel 3,1; zitiert in Apg. 2,17) — welche die ganze Periode der Kirchengeschichte vom ersten Kommen Christi bis zu seiner Wiederkunft umfassen. Sie werden erst »weggetan« werden, wenn »das Vollkommene kommt« und wir den Herrn »von Angesicht zu Angesicht« sehen (1. Kor. 13,8-12).

Zweitens: Manche werden so oft vor »satanischen Nachahmungen« gewarnt, dass aus einer gesunden Vorsicht eine lähmende, krankhafte Furcht wird! Das ist oft auf die soeben erwähnte Belehrung zurückzuführen: Wer glaubt, die »Geistesgaben« wären nicht für heute, wird alle derartigen Kundgebungen einer bösen Inspiration verdächtigen. Sie unterscheiden nicht zwischen göttlichen, fleischlichen und satanischen Zungen (es gibt auch die gleichen drei Typen von »Glaubensheilung«). Für jede göttliche Gabe, die echt ist, gibt es einen fleischlichen Ersatz und eine satanische Nachahmung. Solange das nicht ganz klargemacht worden ist, wird immer eine echte Furcht bestehen, um das Echte zu bitten, damit man ja nicht das Falsche bekommt! Zum Glück hat Jesus genau dieses Problem vorausgesehen. Im selben Zusammenhang, wo er vom Bitten um den Geist spricht, lehrte er, dass ein Kind, das seinen Vater um etwas Gutes bittet, sich darauf verlassen kann, nicht etwas Nutzloses zu empfangen, das schadet oder gefährlich ist (Luk. 11,11-13). Ausschließlich dann besteht die Möglichkeit, ein satanisches Gegenstück zu erhalten, wenn eine okkulte Verstrickung nicht völlig ausgeräumt worden ist. Im Übrigen darf man dem himmlischen Vater voll vertrauen, dass er gibt, was erbeten wurde.

Ein besonderes Problem: Ältere Gläubige, die nicht empfangen haben

Zum Schluss muss noch eine bestimmte Situation erwähnt werden. Wie steht es mit einem Jünger, der zum Glauben gekommen ist und Buße getan hat, der getauft wurde und schon viele Jahre ein Glaubensleben geführt hat, der in der Gnade und Heiligung gewachsen ist, sich im Vertrauen und Gehorsam bewährt hat, der treu und fruchtbar im Dienen gewesen ist und sich als hingegebener und zuverlässiger Christ erwiesen hat — und dennoch nie eine Erfahrung gemacht hat, die man als »Taufe im Heiligen Geist« bezeichnen könnte? Muss ein solcher Mensch sozusagen wieder »von vorn anfangen«? Fehlt ihm etwas? Ist seine Errettung nicht vollständig? Ist sein Dienst nicht wirksam genug? Zwei Dinge müssen in diesem Zusammenhang gesagt werden.

Einerseits wäre es ganz verkehrt, etwas zu schmälern, was die Vergangenheit oder die Gegenwart eines solchen

WIEDERGEBURT

Menschen betrifft. Alles ist das Werk des Heiligen Geistes gewesen. Er ist die ganze Zeit »mit« ihm gewesen, ob er sich dessen bewusst war oder nicht (s. Kap. 12). Schon bevor er zum Glauben kam, hatte er ihn von Sünde, Gerechtigkeit und Gericht überführt (Joh. 16,8-11). Alles, was er gelernt hat und geistlichen Wert besitzt, hat ihn der Heilige Geist gelehrt, sei es unmittelbar oder durch andere. Er ist für ihn nicht mehr ein »Fremder« gewesen als für die Jünger vor Pfingsten. Ähnlich wie diese hat er vielleicht sogar ein gelegentliches Wunder getan, auch wenn das alles nicht dem entspricht, was das Neue Testament mit »den Geist empfangen« meint.

Andererseits wäre es ebenso verkehrt, solchen Gläubigen zu sagen, es wäre nichts mehr zu haben oder gäbe nichts mehr zu wünschen. Es entspricht kaum der Logik, einen gereiften »nicht-charismatischen« Gläubigen mit einem unreifen »geisterfüllten« Gläubigen vergleichen zu wollen! Vergleichen kann man nur, was sie wären, wenn sie beide mehr hätten — mehr Gaben im ersten Fall, mehr Frucht im zweiten! Der Gläubige ist dazu berufen, eine ebensolche bewusste und andauernde Beziehung zur dritten Person der Dreieinigkeit zu haben, wie zur ersten und zweiten Person — und die übernatürlichen Resourcen zu erkennen, die durch diese Beziehung zugänglich geworden sind (man beachte die absolute »Freimütigkeit« der ersten Christen, die gar nichts mit ihrem Bildungsstand zu tun hatte — Apg. 4,13.31). Es ist irgendwie traurig, wenn ein tatsächlicher »Heiliger« die Heilige Schrift besser kennt als den Heiligen Geist. Wo das Neue Testament vom »innewohnenden« Geist spricht, versteht es darunter nicht einen statischen Zustand, sondern einen dynamischen Stand (s. Kap. 21 zu Röm. 8,9). Nach dem »Empfang« des Geistes fährt Gott fort, uns zu geben und Wunder zu tun (Gal. 3,2.5).

Es gibt viele, die Zeugnis ablegen von den neuen

DIE TYPISCHE ENTSCHEIDUNG HEUTE

Dimensionen, die sie — auch später im Glaubensleben — erfahren, nachdem der Geist auf neutestamentliche Weise »empfangen« worden ist. Neue Dienste erschließen sich für Gott (besonders in der Anbetung und im Gebet), an anderen (Kranke empfangen Heilung, Mitgefühl und Unterstützung; zur Predigt kommt die Weissagung hinzu; besondere wie auch allgemeine Führung) und — vielleicht das Überraschendste — an sich selber (der Hauptzweck des Sprachenredens ist, sich selbst zu »erbauen«; ohne die begleitende Gabe der Auslegung bringt sie jedoch in der Öffentlichkeit keinen Nutzen).

Als einziges sind solche »älteren« Gläubigen darüber traurig, diese aufregenden Dimensionen des Dienstes nicht schon Jahre vorher entdeckt zu haben. Jetzt wird ihnen bewusst, dass die »Geistesfülle« nicht eine Belohnung für treuen Dienst am Schluss ist, sondern die Ausrüstung für einen fruchtbaren Dienst bereits zu Beginn. Ich erinnere mich lebhaft an einen walisischen Evangelisten, der seine Zuhörer daran erinnerte, dass Pfingsten nicht im achtundzwanzigsten Kapitel der Apostelgeschichte zu finden ist, sondern im zweiten! Alle werden wohl dem alten Sprichwort recht geben: »Lieber spät als nie« — aber besser noch: nie spät!

Im zeitlichen Sinne gesprochen: Je näher die Geistestaufe bei der Wassertaufe liegt, desto besser; und je näher die Wassertaufe bei der Buße und bei der Bekehrung liegt, desto besser. Denn die vier Initiationselemente gehören zusammen, und eines erhält seinen Sinn vom anderen. Was Gott zusammengefügt hat, soll der Mensch nicht scheiden!

KAPITEL 36

ENDLICH GERETTET

Vielen Lesern wird unterdessen die Frage auf den Nägeln brennen: In welcher Phase des »Prozesses« der Wiedergeburt kann man von einem Menschen sagen, dass er »errettet« ist? Manchmal ist die Frage direkt mit einem der vier Initiationselemente verbunden. Ist es nötig, im Wasser getauft zu sein, um »errettet« zu sein? Muss man in Zungen reden, um »gerettet« zu sein? Und sehr wenige Protestanten fragen je, ob Glaube für die Errettung nötig sei!

Dieser Aspekt des Themas wurde bewusst bis zum Schluss zurückgestellt. Vor allem vorgefaßte Meinungen über die Bedeutung von »errettet« sind es nämlich, die die These des vierfachen Initiationskomplexes hätten überschatten können. Doch jetzt müssen wir uns dieser Frage stellen!

Wir könnten mit einer Liste von Bibelstellen mit dem Begriff »errettet« beginnen. Das Wort ist — anders als »umkommen« und »Vergebung« — nie direkt mit dem Element Buße verbunden (Luk. 13,3; 24,47). Es erscheint in Verbindung mit Glaube (Apg. 16,30-31; Röm. 10,10), mit der Wassertaufe (Mark. 16,16; 1.Petr. 3,21) und mit der Geistestaufe (Tit. 3,5). Es ist deshalb verhältnismäßig leicht, vom Neuen Testament her zu zeigen, dass »errettet« mit allen vier Elementen zu tun hat. Aber das könnte die Besorgnis des Fragestellers eher noch verstärken als vermindern! Bedeutet das, jemand ist immer noch

»verloren«, wenn eines oder mehrere dieser Elemente fehlt? Und wie verhält es sich damit aus theologischer Sicht zur Lehre der »Rechtfertigung allein durch den Glauben«?

Die Bedeutung von »errettet«

Zuerst müssen wir selbstverständlich genau feststellen, wovon jemand »errettet« wird. Die meisten würden darauf antworten, dass wir von der ewigen Strafe errettet sind (d. h. Hölle).

Eine vereinfachende evangelistische Predigtweise hat den weitverbreiteten Eindruck erweckt, das Evangelium sei vor allem eine Versicherungs-Police für die nächste Welt. Der Prediger konfrontiert seine Zuhörer mit der Frage: »Wenn du heute nacht stirbst, würdest du dich dann im Himmel oder in der Hölle wiederfinden?« So etwas könnte Angst vor der Hölle hervorrufen, aber nicht unbedingt die Furcht des Herrn, die der »Anfang der Erkenntnis« ist. (Beachte in Offb. 6,16-17, dass die Angst, Gott gegenübertreten zu müssen, größer ist als die Angst vor einem Bergsturz. Jesus selber warnte die Menschen, sich nicht so sehr vor denen zu fürchten, die den Leib verderben können, sondern vor dem, der Leib und Seele in der Hölle zu verderben vermag — Matth. 10,28; wobei der Hauptakzent immer auf dem persönlichen Zorn anstatt auf dem unpersönlichen Ruin liegt — Luk. 3,7; Röm. 2,5.)

Der apostolischen Predigt war diese Welt ein ebensolches Anliegen wie die zukünftige. In das Reich Gottes, jetzt auf der Erde wiederhergestellt, kann man schon in diesem Leben kommen und nicht erst beim Tod (man beachte die außerordentliche Aussage Jesu, dass der Menschensohn, der vom Himmel herabkam, noch im Himmel ist — Joh. 3,13; manche Bibelkopisten wußten mit diesem Paradoxon

DIE TYPISCHE ENTSCHEIDUNG HEUTE

nichts anzufangen, und deshalb fehlt diese Redewendung in manchen Handschriften). Das ewige Leben beginnt hier und jetzt (Joh. 3,36). Die Apostel hätten die Frage wahrscheinlich eher so formuliert: »Wenn du morgen noch lebst, wirst du dann im Reiche Satans leben oder im Reiche Gottes und seines geliebten Sohnes« (Kol. 1,13)? Es ging ihnen vielmehr darum, ihre Zuhörer auf »den Weg« (Apg. 18,25f.; 19.9.23; 24,14.22) als »über die Grenze« zu bringen; sie redeten weniger vom Wiedergeborensein als davon, dass sie wirklich lebendig waren.

Anders ausgedrückt: »Errettet« bedeutet in erster Linie, »von Sünden errettet sein«, als »vor der Hölle sicher sein«. Das zweite ist das Resultat des ersten. Jesus wurde so genannt, nicht weil er sein Volk vor der Hölle erretten würde, sondern er sollte es von seinen Sünden erretten (Matth. 1,21). Viele Menschen möchten vor der Hölle gerettet werden; wenige möchten von ihren Sünden errettet werden. Die meisten wollen sich am Vergnügen der Sünde ergötzen und der Strafe entkommen. Die vollständige vierfache Initiation ist für diejenigen, die ihren Sünden entkommen wollen, die das Evangelium wirklich verstanden haben (das die Freiheit anbietet, richtig zu leben) und die aufrichtig zur Gerechtigkeit errettet werden wollen. Die Wassertaufe und die Geistestaufe sind zwar auch von Bedeutung für die Zukunft (beachte »Erben« und »Hoffnung« in Tit. 3,7), aber in erster Linie geht es bei ihnen um das gereinigte Leben hier und jetzt, gereinigt von der Vergangenheit und mit Kraft ausgerüstet für die Gegenwart.

Das »Heil« ist darum im Neuen Testament ein fortdauernder Begriff; es ist weniger ein Punkt, wo man, wenn man ihn erreicht hat, »sicher« ist, als vielmehr ein Prozess, durch den man wirklich »gerettet« ist (was dem Begriff »Heil« viel näherkommt als »Sicherheit«). Man erzählt die Anekdote des Mädchens von der Heilsarmee, das einst Bischof Westcott fragte, ob er »errettet« sei. Der Griechisch-Spezialist antwortete: »Meinst du *sotheis, sesosmeno* oder *sozomenos?*« (auf Deutsch: »Meinst du, ich bin errettet worden; ich bin dabei, errettet zu werden, oder ich werde errettet werden?«) Er tadelte sie sanft wegen ihrer Unkenntnis der Vergangenheits-, Gegenwarts- und Zukunftsform des Verbs »erretten« im Neuen Testament (Röm. 8,24; 1. Kor. 15,2; Röm. 5,9). Es gibt keinen Gläubigen, für den der Heilsprozess schon abgeschlossen ist; ob dieser mit Sicherheit vollendet wird, ist eine ganz andere Frage, auf die wir später noch zurückkommen.

Die Beziehung zwischen Rechtfertigung, Heiligung und Verherrlichung

Die Vergangenheits-, Gegenwarts- und Zukunftsform des Verbs »erretten« entspricht ungefähr den drei Hauptwörtern »Rechtfertigung«, »Heiligung« und »Verherrlichung«. Zusammen bilden sie das volle Heil, die volle Erlösung. Durch sie wird ein Mensch von der Strafe, der Macht und der Gegenwart der Sünde befreit. Die zwei Fragen, die sich uns stellen, lauten erstens: Wann findet die Rechtfertigung statt? und zweitens: Garantiert die Rechtfertigung die Verherrlichung ohne die Heiligung? Oder um diese Frage in das Klischee »Einmal gerettet — immer gerettet« zu pressen: Wann findet dieses »Einmal gerettet« statt, und folgt darauf automatisch das »immer gerettet«?

Rechtfertigung und die vier Elemente der Initiation

»Rechtfertigung« ist ein schreckliches Wort für eine wunderbare Erfahrung. Man muss es in eine volkstümlichere Sprache übertragen, damit es vom Kopf in das Herz dringt. Dann würde es ziemlich genau so lauten: »Gott sagt, dein Fall ist jetzt erledigt.« Ursprünglich war das Wort ein

DIE TYPISCHE ENTSCHEIDUNG HEUTE

rechtlicher Begriff, und damit sprach der Richter aufgrund der Unschuld den Freispruch aus (es war nicht eine Begnadigung des Schuldigen). Wenn Gott einen Sünder gerechtspricht, wäre das eine absolute juristische Fiktion, wenn die Sünde nicht schon tatsächlich in den Augen des Gesetzes gesühnt wäre; und genau das ist der Fall, weil sein Sohn bereits »die Strafe bezahlt« hat (die Schlüsselstelle: Röm. 3,21-26). »Rechtfertigung« heißt, dass ein heiliger Gott einen schlechten Menschen »annehmen«, ihn in seine Familie »adoptieren« und einen »Heiligen« nennen kann!

Die *einzige* Bedingung, die dem Sünder gestellt wird, ist der »Glaube« an das Sterben, das Grab und die Auferstehung des Sohnes Gottes. Eine allzu vereinfachte Auffassung vom Glauben hat jedoch zu einem abgeschwächten Verständnis der »Initiation« in den Glauben geführt.

Zum Beispiel könnten manche durch eine übermäßige Betonung der Rechtfertigung »allein durch Glauben« zu der Schlussfolgerung verleitet werden, Buße über die Sünde sei nicht so wesentlich, wenigstens nicht am Anfang. Es mag stimmen, dass sich die Buße vertieft, nachdem man zum Glauben gekommen ist, aber es stimmt auf keinen Fall, dass keine Buße nötig sei, bevor man zum Glauben kommt! Genau betrachtet ist Buße ein Ausdruck des Glaubens; wer würde sich denn von seinen Sünden weg- und zu Gott hinwenden, es sei denn, er hätte schon Glauben an Gottes Existenz, Charakter und Macht? Wahrscheinlich war das der Grund, aus dem Petrus erkannt hatte, dass Gott Kornelius bereits »angenommen« hatte (Apg. 10,34-35), und dass Jesus vom Steuereinnehmer sagte, dieser sei »gerechtfertigt« nach Hause gegangen (Luk. 18,14). Ganz anders bei Simon, der geglaubt hatte und getauft worden war, aber sein Herz war »nicht aufrichtig vor Gott« gewesen, weil er nicht Buße getan hatte (Apg. 8,21).

Die Taufe ist also ein (und sogar der) Ausdruck von

»Glaube«, die erste »Glaubenshandlung« (s. Kap. 28 zu Jak. 2,14-26), der erste Schritt in der Absicht eines Gläubigen, »dem Evangelium gehorsam zu sein« (2. Thess. 1,8). Wenn Paulus »abgewaschen« vor »gerechtfertigt« setzt, so ist das vielleicht nicht ohne Bedeutung (1. Kor. 6,11; obgleich in diesem Kontext sogar »geheiligt« vor »gerechtfertigt« kommt!). Am auffallendsten ist, wie Paulus sich bei seiner Beschreibung des Errettetseins durch Wassertaufe und Geistestaufe an die zusammenfassende Redewendung »durch seine Gnade gerechtgesprochen« hält (Tit. 3,4-7).

Es ist darum höchstwahrscheinlich, dass die Apostel Buße und Taufe als Bestandteil jenes »Glaubens« betrachteten, durch den Sünder gerechtfertigt werden (beachten wir, wie Petrus Buße und Glaube zu den wesentlichen Elementen der Sündenvergebung rechnet — Apg. 2,38). Weder das eine noch das andere wurde im Geringsten als ein menschliches »Werk« angesehen, durch das ein Mensch des Wohlwollens Gottes »würdig« gewesen wäre.

Die Geistestaufe ist nicht eine notwendige Grundlage für die Rechtfertigung, sondern der wesentliche Beweis für die Rechtfertigung! Wie kann ein Mensch absolut sicher sein, dass seine Buße, sein Glaube und seine Taufe wirklich genügen? Heute wird diese Frage häufig mit einer Bibelexegese beantwortet (»Gott sagt es in seinem Wort, ich glaube in meinem Herzen daran, und das lässt mich in dieser Sache zur Ruhe kommen«). Eine solche »Gewissheit« war den neutestamentlichen Bekehrten nicht zugänglich gewesen, da das Neue Testament noch nicht geschrieben war! Die ursprüngliche »Garantie« lag nicht in der Logik, sondern im Leben, nicht in einer deduktiven Auslegung, sondern in einer dynamischen Erfahrung — nämlich durch eine Ausgießung des Geistes. Die Gabe des Geistes war die Grundlage der Gewissheit (Röm. 8,15-16; 1. Joh. 3,24; 4,13). Wenn diese Gabe »empfangen« worden

DIE TYPISCHE ENTSCHEIDUNG HEUTE

war (eine inwendige Erfahrung mit äußerlichem Beweis — s. Kap. 5), so stand es fest: Der betreffende Mensch war von Gott angenommen (Apg. 15,8) und deshalb auch gerechtfertigt. Die Gabe war Gottes Bestätigung, sein Siegel, sein Angeld für alles, was folgen würde.

So ist also der Glaube, der seinen Ausdruck in Buße und Taufe findet, die notwendige Vorbedingung für die Rechtfertigung, und die Gabe des Geistes ist die notwendige Bestätigung. An dieser Stelle wird unweigerlich die Frage gestellt: Und der Schächer am Kreuz? Man geht davon aus, dass sein Fall jede andere neutestamentliche Lehre über die Initiation aufhebt! Die Antwort darauf (in Kap. 9 ausführlicher dargelegt) lautet, dass der Schächer alles tat, was er unter seinen außergewöhnlichen Umständen tun konnte; die Wasser- und die Geistestaufe lagen außerhalb seiner Möglichkeiten, und seine Buße konnte er nur in Worten, aber nicht mehr durch Taten zum Ausdruck bringen. Er stellt in keiner Weise einen Präzedenzfall für diejenigen dar, welche die Möglichkeit einer vollen Initiation besitzen. Im besten Falle kann man sich auf ihn beziehen, wenn man es mit einem Sterbenden zu tun hat, aber als Beispiel für einen Lebenden ist er völlig ungeeignet. Wenn jedoch ein Mensch ohne eigenes Verschulden oder Hinauszögern nicht imstande war, den normalen Initiationsprozess zu durchlaufen, würde allein schon das Beispiel des Schächers die Hoffnung auf einen Eingang in den Himmel stärken.

Für solche, die die Voraussetzungen für eine umfassende Initiation haben, gibt es keine Entschuldigung. Angesichts der Tatsache, dass selbst Jesus sich der Wassertaufe unterzog und unmittelbar darauf den Geist empfing, dürfte es außerordentlich schwierig sein, sich selber als »Spezialfall« zu bezeichnen. Es stimmt etwas nicht an einer Haltung, die danach fragt, welches die Minimalerfordernisse für das Heil sind. Echte Buße strebt nach dem Maximum an göttlichen

Kräften, um ein Leben in göttlicher Gerechtigkeit zu führen.

Heiligung und Ausharren
Ob alle vier Elemente für die Rechtfertigung notwendig sind oder nicht (ich meine, wenigstens die ersten drei seien notwendig), sind sie alle für die Heiligung von Bedeutung. Doch inwiefern ist die Heiligung für die Verherrlichung notwendig? Es ist erstaunlich, wie viele Leute den Eindruck haben, dass die Rechtfertigung absolut unerläßlich sei, während die Heiligung nur etwas relativ Wünschenswertes wäre! Man glaubt, der Anfang des Glaubenslebens garantiere auch dessen Ausgang, ungeachtet dessen, was in der Zwischenzeit passiert!

Die Schreiber des Neuen Testaments aber bestehen darauf, dass ihre Leser »der Heiligung nachjagen, ohne die niemand den Herrn schauen wird« (Hebr. 12,14). Jesus selbst erzählte ein Gleichnis von einem Mann, der die Einladung des Königs zu einem Hochzeitsessen annahm, aber nicht mit der passenden Bekleidung erschien (Matth. 22,1-14). Er wollte damit deutlich machen, dass die Erwählung mehr bedeutet, als auf einen Ruf einzugehen.

Wie sicher ist es, »errettet« zu sein? Ist die Rechtfertigung eine Garantie für die Heiligung? Wenn man einmal errettet ist, ist man dann tatsächlich für immer errettet? Es kann gut sein, dass die Spannung, die in manchen Leuten durch die Diskussion über die Beziehung zwischen der Rechtfertigung und den vier Initiationselementen ausgelöst wird, verantwortlich ist für die besorgte Frage, wie bald jemand absolut sicher sein kann, nach seinem Tod in den Himmel zu kommen. Geht es den Leuten mehr darum zu wissen, wie wenig sie brauchen, um sich sicher zu fühlen, als darum, wieviel sie bekommen können, um errettet zu sein? Ist bei der Evangeliumsverkündigung zuviel Nachdruck auf die Rechtfertigung und zu wenig Nachdruck auf die Heiligung gelegt worden? Ist ein Platz im Himmel wichtiger, als um einen geheiligten Charakter besorgt zu sein?

Solche Fragen stellen heißt nicht, der Gefahr zu erliegen, Rechtfertigung durch Glauben und Heiligung durch Werke zu lehren, obwohl das eine echte Gefahr ist. Sowohl Rechtfertigung wie Heiligung sind das Werk der Gnade und des Wirkens Gottes. Das Evangelium ist nicht ein Angebot der Rechtfertigung und eine Forderung nach Heiligung; beide sind ein Angebot des wahren Evangeliums, dessen unerschütterliches Fundament die Gerechtigkeit Gottes ist (Röm. 3,21; 10,3). Aber beides muss sich der Mensch zu eigen machen, und beides will von ihm in die Tat umgesetzt werden. Wenn es möglich ist, der Gnade zu widerstehen (Apg. 7,51), welches ist dann die Stellung desjenigen, der die Gnade der Rechtfertigung empfangen hat, aber die Gnade der Heiligung ausschlägt?

Ich habe keine Lust, mich auf ein solch kontroverses Gebiet zu begeben! Ich fürchte, dass gewisse theologische Schulen (vornehmlich die »calvinistische« und die »reformierte«) meine Bemerkungen hier dazu benutzen könnten, das ganze Buch abzutun, obwohl meine Hauptthese nicht mit dieser Frage steht oder fällt. Diese Frage ist für die ganze Auseinandersetzung insofern von Bedeutung, als dass diejenigen, welche lehren, die ewige Sicherheit sei nur von einem einzigen Glaubensschritt abhängig, mitverantwortlich sind für jene Art von Einladung und Initiation, bei der es heißt: »Glaube nur«. »Einmal glauben und gerettet sein« bedeutet, den Appell zu unterstützen: »Glaube nur und sei gerettet.« Beide Taufen (im Wasser und im Geist) verlieren dann ihre Priorität und gleiten auf einen zweitrangigen Platz ab; im schlimmsten Fall nehmen sie den Charakter freigestellter Extras an.

Die Frage, ob der Glaube allein für die Rechtfertigung genügt oder ob dem Glauben die Buße vorausgehen muss

— wobei beides seinen Höhepunkt in der Wassertaufe und seine Bestätigung durch die Geistestaufe findet — ist hier nicht das Hauptthema. Die eigentliche Frage ist, ob jeder Weg, ob kurz oder lang, unweigerlich und ohne weitere Entwicklung zur Herrlichkeit führt.

Der Großteil neutestamentlicher Lehre über das Thema fördert den Glauben an das »Ausharren der Heiligen« (wie es Calvin ausgedrückt hat): Der Herr ist mächtig, das uns anvertraute Gut zu bewahren (2. Tim. 1,12), uns vor dem Fallen zu bewahren (Jud. 24) und das Werk, das er in uns angefangen hat, auch zu vollenden (Phil. 1,6). Niemand kann seine Schafe aus seiner Hand reißen (Joh. 10,28-29); nichts kann uns von der Liebe Gottes scheiden (Röm. 8,38-39). Es gibt zu viele solcher Aussagen, um sie alle aufzählen zu können.

Es gibt aber auch viele Ermahnungen, die eine andere Lehre enthalten — das »Ausharren durch die Heiligen« (ein arminianischer Ausdruck), verbunden mit der Warnung, dass dieses weder automatisch noch zwangsläufig kommt. Wir haben schon bemerkt, das Neue Testament betont die Notwendigkeit eines anhaltenden Glaubens (s. Kap. 3). Es enthält auch Beispiele für ein Versagen im Glauben (oder in der Treue, da sowohl das Hebräische als auch das Griechische nur ein einziges Wort für »Glaube« und »Treue« haben). Da ist die Rede vom untreuen Haushalter, von den törichten Jungfrauen und vom unnützen Knecht (Matth. 24,45-25.30), deren Schicksal sich nur im Sinne der Hölle verstehen lässt. Da ist die Rede vom keimenden und wachsenden Samen, der nicht zur Reife und Fruchtbarkeit gelangt (Mark. 4,16-19). Wir finden die Aussage, dass, »wer ausharrt bis ans Ende, errettet werden wird« (Mark. 13,13; vgl. Luk. 21,19). Reben, die keine Frucht tragen, werden abgehauen und ins Feuer geworfen (Joh. 15,6). Die Christen laufen ebenso Gefahr, »abgehauen« zu werden,

DIE TYPISCHE ENTSCHEIDUNG HEUTE

wie die Juden, wenn sie nicht an Gottes Güte »bleiben« (Röm. 11,22; das ist sehr bezeichnend in einem Kontext, in dem von der göttlichen Erwählung die Rede ist — Röm. 9-11). Dass der Großteil der Hebräer, die durch das Blut des Passahlammes aus Ägypten befreit und im Roten Meer getauft wurden, seine Wanderung zum Land der Verheißung und Ruhe nicht vollendete, wird von drei apostolischen Schreibern als warnendes Beispiel für die Christen erwähnt (1 Kor. 10,1-5; Hebr. 4,1-11; Jud. 5). Die Gefahr nur als »hypothetisch« hinstellen zu wollen, ist nichts anderes als ein Versuch, die Warnung zu neutralisieren. Der ganze Hebräerbrief ist eine einzige Ermahnung zur »Ausdauer« und enthält die ernsteste Warnung über die Folgen eines Abfalls, die das Neue Testament kennt und die — wohlgemerkt — in Zusammenhang mit der einzigen vollständigen Beschreibung der Initiation steht, die es in den Briefen gibt (Hebr. 6,1-6). Es gibt auch einen Hinweis darauf, dass die Namen derer, die in der Gefahr nicht überwinden, aus dem Lebensbuch ausgelöscht werden (Offb. 3,5).

Solche Bibelstellen müssen ernstgenommen werden. Das Neue Testament weist ein schönes Gleichgewicht auf zwischen unserer Verantwortung, uns in der Liebe Gottes zu erhalten (Jud. 21), und der Fähigkeit Gottes, uns vor dem Fallen zu bewahren (Jud. 24). (Nach meiner Meinung gibt es kein anderes Buch, das so ausgeglichen über dieses ganze Thema schreibt, wie *Kept by the Power of God* von I. Howard Marshall [Bethany Fellowship, 1969].)

Abschließend glaube ich, es ist wahrscheinlich besser, das Wort »sicher« für das Ende der Reise aufzubewahren, wenn wir endlich dort angekommen sein werden, und bis dahin den Ausdruck »im Begriff sein, errettet zu werden« zu verwenden! Denn schließlich lautete die erste Bezeichnung fur die christliche Religion treffend »der

Weg« (Apg. 18,2526; 19,9.23). Es ist besser, sich das Heil als eine horizontale Linie vorzustellen, auf der wir von der Vergangenheit (gerechtfertigt) durch die Gegenwart (geheiligt) zur Zukunft (verherrlicht) hin unterwegs sind — statt eine vertikale Linie, die man überquert, um vom »unerretteten« zum »erretteten« Zustand zu gelangen.

Dann wird die »Bekehrung« als Abreise statt als Ankunft verstanden werden, als Anfang statt als Ende. Bunyan sprach von der Pilgerreise (und verstand, dass es am Ende der Reise »einen Weg zur Hölle sogar direkt vor den Himmelstoren gab«).

Ob man es für möglich hält oder nicht, dass ein Christ sein Heil verlieren kann: Die früher vorgenommene Unterscheidung zwischen »sicher« und »gerettet« ist immer noch gültig und wichtig. Man kann die Frage auch auf eine ganz andere Weise stellen, nämlich ob es möglich ist, Jesus als Heiland (zur Rechtfertigung) anzunehmen, ohne ihn als Herrn (zur Heiligung) anzunehmen; und ob es möglich ist, ihm zu vertrauen, ohne ihm gehorsam zu sein. Eines der nachdrücklichsten Plädoyers zugunsten eines Evangeliums, in welchem beides integriert ist, findet sich im Buch von John MacArthur, *The Gospel according to Jesus* (Academic Books, Zondervan, 1988).

Die Geburt ist letzten Endes nur die Einleitung zum Leben. Ein guter Start ist die eine Sache, ein gutes Ende ist die andere. Geduldige Pastoren sind ebenso nötig wie feurige Evangelisten. Aus Entscheidungen für Christus müssen Jünger Christi werden. Wenn die Arbeit der Hebamme getan ist, hat die Mühe der Eltern erst begonnen!

NACHWORT:

EIN WORT AN DIE FAMILIE

Normalerweise wird man in eine Familie hineingeboren; so verhält es sich bei der ersten, der leiblichen Geburt wie auch bei der zweiten, der geistlichen Geburt. Es gibt einen auffallenden Unterschied zwischen allen anderen Geschöpfen und den menschlichen Spezies, ob dies nun der natürliche Mensch *(homo sapiens* — der »alte Mensch« in Adam) oder der geistliche Mensch ist *(homo novus* — der »neue Mensch« in Christus). Er benötigt eine unglaublich lange Zeit, um heranzureifen, und bedarf einer Unmenge Pflege, um dieses Ziel zu erreichen. Allein die Komplexität des Menschen, die in sich eine Wesensverwandtschaft mit der Erde und dem Himmel vereint, erhöht seine Verwundbarkeit, während er den Prozess des »Erwachsenwerdens« durchläuft.

Die Wichtigkeit der Jüngerformung

Die Geburt ist vor allem der Beginn des Lebens. Sie bringt aber keine Garantie für eine fortdauernde, oder gar gut entwickelte Existenz mit sich. Man kann ein Baby verlassen. Man wird immer wieder gegen die Kindersterblichkeit anzukämpfen haben. Die Pflege nach der Geburt ist ganz wesentlich. Die moderne Evangelisation kennt dafür den Ausdruck der »Nacharbeit«, die ebenso wichtig ist. Es muss ein Gleichgewicht wiederhergestellt werden.

Weil »vor der Hölle sicher« stärker betont worden ist als »von Sünde errettet«, hat man auch mehr Nachdruck auf »wiedergeboren sein« gelegt als auf »in guter geistlicher Gesundheit leben«.

Wenn man vom Begriff »Entscheidungen herbeiführen« abrückt und stattdessen zum Begriff »Jünger machen« zurückkehrt, lässt sich die Anomalie korrigieren. Auf die Geburt muss die Erziehung folgen (s. Kap. 7 zu Matth. 28,19-20). Der Begriff »lehren« im Neuen Testament besitzt jedoch weniger eine »geistige« als vielmehr eine »manuelle« Prägung. Es geht bei ihm um beides, um das Praktische und um das Theoretische. Das Wort »Jünger« hat mehr mit dem Wort »Lehrling« als mit dem Wort »Student« zu tun. (Siehe Philip Vogel: *Go and Make Apprentices* [Kingsway, 1987] für weitere Einzelheiten in Bezug auf dieses »Jünger«-Verständnis.) Anstatt Neubekehrte mit all den anderen Neubekehrten in eine »Klasse« zu stecken oder in einen »Anfängerkurs« einzuweisen, sollten wir sie mit älteren und reiferen Christen zusammentun (vom gleichen Geschlecht, damit Satan keine Gelegenheit geboten wird!). Auch beim Lernprozess spielen die Augen eine wirksamere Rolle als die Ohren. Ein guter Jüngerschaftslehrer wird den Herrn nachahmen und die Jünger einladen, »zu kommen und zu sehen« (Joh. 1,39.46). Nachahmung spielt auf dem Gebiet Jüngerschaft tatsächlich eine wesentliche Rolle (1. Kor. 4,16; 1. Thess. 1,6; 2,14; Hebr. 6,12; 13,7). Eine persönliche und intime Beziehung zu einem echten Heiligen lehrt mehr über Heiligkeit als alle Bücher über Heiligung!

Ein geistliches Zuhause suchen

Zur Zeit des Neuen Testaments war das Leben viel einfacher, nicht zuletzt in gemeindlichen Angelegenheiten. Evangelisation und Gemeindebau waren die beiden Seiten derselben Münze. Gewöhnlich gab es nur eine einzige Gemeinde an einem Ort; Bekehrungen geschahen durch diese Gemeinschaft und in diese Gemeinschaft hinein. Deshalb gibt es im Neuen Testament keine Aufforderung, sich »einer Gemeinde anzuschließen«, sondern nur »darin zu bleiben« (Hebr. 10,25). In Christus hineingeboren zu werden bedeutete, in die Gemeinde hineingeboren zu werden; in das Haupt hineingetauft zu werden bedeutete, in den Leib hineingetauft zu werden. Die Suche nach einem »passenden« geistlichen Zuhause für das geistliche Baby kannte man nicht. Initiation und Eingliederung waren ein und dasselbe.

Der Anschluss an eine Gemeinde, wie wir ihn heute kennen, ist durch zwei Entwicklungen notwendig geworden. Erstens hat das Aufkommen von Denominationen (jede mit ihrer eigenen Tradition) eine Vielfalt von örtlichen Gemeinden hervorgebracht. Zweitens bedeutet das Aufkommen von Evangelisationsfeldzügen und von anderen organisierten Vorstößen auf übergemeindlicher oder sogar außergemeindlicher Grundlage, dass die Leute außerhalb eines gemeindlichen Rahmens »zu Christus kommen«, wodurch es notwendig geworden ist, die »Adoption« von geistlichen Babys zu fördern.

Welche Gemeinde soll man als mögliches Zuhause für den Neubekehrten wählen? Denominationelle Diplomatie verdeckt manchmal das Problem. Geht es wirklich nur um den geistlichen Säugling, so vereinfacht das die Suche: Wo findet die beste Nacharbeit statt? Die Gemeinde, in der am meisten Leben und Liebe ist, ist wahrscheinlich die geeignetste; ihr Etikett ist dabei unwichtig.

Das Fischen von Menschen muss durch die Pflege der Herde, der Evangelist durch einen Pastor ergänzt werden. Der eine ist ein »Quantitäts«-Mensch, dem es darum geht, so vielen wie möglich zum Neubeginn zu verhelfen. Der andere ist ein »Qualitäts«-Mensch, dem es darum geht, die Jünger vollendet zu sehen, wie wenige es auch sein mögen. Selten trifft man beide Funktionen in der gleichen Person an, obwohl Petrus dazu berufen war, beides zu tun (Mark. 1,17; Joh. 21,15-17). Beide Funktionen sollten in einer gesunden Gemeinde vertreten sein, und zwar auf der Leitungsebene wie unter den Gemeindegliedern. Wo das der Fall ist, sollte es keine Schwierigkeiten bereiten, eine Familie zu finden, die sich um den Neubekehrten kümmert. Leider sind die Evangelisten oft außerhalb und der Pastor innerhalb der Gemeinde tätig, und die Verbindung zwischen beiden ist relativ schwach.

Kriterien für eine Gemeindemitgliedschaft

Die Mitgliedschaft in der Urgemeinde hatte keinen formalen Charakter (Eintragung in das Mitgliederverzeichnis), sondern funktionellen Charakter (Übernahme einer Rolle im Leib Christi). Die einzigen Bedingungen, die es für eine volle Mitgliedschaft zu erfüllen galt, waren die vier Dinge, von denen wir in diesem Buch gesprochen haben: Buße, Glaube, Wassertaufe und Geistestaufe. Von diesen vier war die letzte für die Zugehörigkeit zur Gemeinde die wichtigste. Um eine Funktion im Leib ausüben zu können, war es notwendig, »im Geist getauft« zu sein (s. Kap. 21 zu Röm. 8,9 und Kap. 23 zu 1. Kor. 12,13). Im Blick auf eine Gemeindemitgliedschaft heute ergeben sich daraus zwei praktische Gesichtspunkte.

Erstens sollten außer diesen vier Dingen keine anderen Bedingungen gestellt werden, um als volles Mitglied in einer örtlichen Gemeinde aufgenommen zu werden. Oft werden einem Neubekehrten noch weitere Konditionen auferlegt — eine spezielle Zeremonie (z. B. die episkopale Konfirmation), ein besonderes »Engagement« (den Zehnten

NACHWORT

geben), weitere Vorschriften (nicht rauchen, trinken, wetten, tanzen, schminken). Mit all diesen Dingen sollte man sich erst dann befassen, nachdem jemand Mitglied geworden ist, nicht vorher. Die Aufnahme in den Leib sollte den Beginn der Einübung in die Jüngerschaft markieren und nicht, wie es gewöhnlich der Fall ist, dessen Ende. Man sollte Menschen deshalb aufnehmen, weil sie gerechtfertigt wurden (Röm. 15,7), und sie nicht zurückweisen, weil sie für eine Gemeinde, die sich selber als »rein« betrachtet, nicht genug geheiligt sind. Wer eine reibungslose geistliche Geburt erlebt hat, wird wissensdurstig und ausgesprochen belehrbar sein! Natürlich wird später Zucht nötig sein, wenn jemand bewusst an einer Sünde festhält, und wenn es sein muss, bis hin zu einem zeitweiligen Ausschluss von der Familie (1. Kor. 5,1-13; beachten wir, dass dieser Gemeindeausschluss durch einen Mehrheitsbeschluss der Gemeindeglieder zustande kam und Buße und die Rückkehr des Widerspenstigen bewirkte — 2. Kor. 2,6-7). Vielleicht ist unsere Abneigung gegenüber einer solchen späteren Disziplinierung der Grund dafür, dass wir unsere Eingangsschwelle so hoch angesetzt haben: Wenn wir es ihnen nicht so leicht machen, hereinzukommen, werden wir sie wahrscheinlich auch nicht hinauswerfen müssen! Doch diese Denkweise beruht auf einer verkehrten Vorstellung: Die Gemeinde ist eine Kinderstube für solche, die die Sünde aufgegeben haben, nicht aber ein Erholungsheim für solche, die zur Heiligkeit gelangt sind!

Zweitens sollte nichts weniger als diese vier Dinge als Voraussetzung für eine volle Mitgliedschaft in einer örtlichen Gemeinde verlangt werden. In einem Kurs, welcher der Aufnahme vorausgeht, sollten alle vier gründlich durchgenommen werden. Dabei ist darauf zu achten, dass sie nicht nur ein Lerngegenstand, sondern eine Sache persönlicher Erfahrung sind. Zwei Gruppen muss man in diesem Zusammenhang besondere Aufmerksamkeit schenken. Es gibt diejenigen Bekehrten, die ihre Initiation unter anderen Umständen erlebt haben (sie sind vielleicht während eines Evangelisationsfeldzuges nach vorn gegangen, und ihre Namen sind an die Gemeinde weitergeleitet worden). Bei ihnen ist es wichtig, dass ihre Initiation vervollständigt wird, ehe sie in die Gemeinde aufgenommen werden, gleichgültig was ihnen ein Seelsorgehelfer bei ihrer Entscheidung gesagt hat. Dann gibt es diejenigen, die aus einer anderen Gemeinde übertreten möchten, weil man dort auf diese vier Dinge keinen besonderen Wert legt oder sie in manchen Fällen überhaupt nicht erwartet. Dabei handelt es sich um eine delikatere Situation, der man mit konsequenter, aber liebevoller Aufmerksamkeit begegnen muss. Man sollte die Interessenten anhand einer biblischen Belehrung gründlich darüber aufklären, dass diese vier Dinge nach Überzeugung der Gemeinde die Minimalgrundlage für das Gemeindeleben wie für das persönliche Leben des Christen bilden. Ohne sie alle gibt es kein gesundes, sondern nur ein gehandicaptes Leben. Sind die Bewerber nicht bereit, diese »Fülle« zu suchen, muss man sich fragen, ob man ihrem Übertritt überhaupt zustimmen sollte. Jede örtliche Gemeinde ist dem Haupt der Gemeinde gegenüber direkt verantwortlich, dass die biblischen Normen eingehalten werden, ohne sich danach zu richten, was andernorts geschieht (s. Offb. 2-3, wo Jesus sich mit sieben Gemeinden des gleichen Distrikts einzeln befaßt). Nicht überall lässt sich die Situation korrigieren, aber irgendwo kann man den Anfang machen. Ein gutes Entbindungsheim ist besser als keines! Viele gute Geburtskliniken werden bald die Sterblichkeitsrate senken.

Ich wiederhole: Eine »normale christliche Geburt« ist der Anfang und nicht das Ende, der Aufbruch und nicht

NACHWORT

die Ankunft, der Start und nicht das Ziel. Ein guter Anfang macht den ganzen Unterschied aus, vorausgesetzt, er wird konsequent ausgeführt. Eine ganzheitliche Geburt in eine glückliche Familie hinein — das ist Gottes Absicht mit einem jeden von ihm erschaffenen und geliebten Menschen. Es ist in der Tat unglaublich, dass er die Verantwortung für das Entbinden und Aufziehen von Babys — in physischer und in geistlicher Hinsicht — uns Menschen übertragen hat. Welch ein Vertrauen setzt er damit in uns!

Fast immer gelang es mir, einen passenden Vers von Charles Wesley zu finden, um damit eine Botschaft zu beenden — auch diesmal gibt es keine Ausnahme! Der Leser möge dieses Studium abschließen, indem er laut sagt:

Ein Auftrag ist mir anvertraut:
Gott zu verherrlichen,
Eine unsterbliche Seele zu retten
Und für den Himmel zu bereiten.

ANHANG A

DIE KINDERTAUFE

Die Taufe ist weitgehend als wesentlicher Bestandteil der Initiation in der Gemeinde akzeptiert. In Europa besteht die Mehrzahl der Getauften aus Säuglingen (wobei Denominationen, die die Kindertaufe praktizieren, allgemein eine sinkende Tendenz aufweisen, während jene, die die Gläubigentaufe praktizieren, eine stabile oder wachsende Tendenz aufweisen). In der Dritten Welt besteht die Mehrzahl der Getauften aus Gläubigen. Die amerikanische Szene ist im Begriff, sich vom europäischen zum Dritte-Welt-Muster hinüberzubewegen, das das größte Wachstum im Bereich Baptisten/Pfingstler aufweist. Da das Christentum zunehmend zu einer verfolgten Minderheitsgröße auf einem heidnischen Missionsfeld wird, verlagert sich die Taufpraxis von den Säuglingen zu den Gläubigen.

Historische Überlegungen

Wie und wann nahm die »Säuglingstaufe« (oder Kindertaufe) ihren Anfang? Warum wurde sie beibehalten? Wie passt sie mit der neutestamentlichen Beschreibung der Initiation zusammen? Worin besteht ihre Bedeutung oder ihre Wirkung, wenn sie an einem Baby vollzogen wird, das weder zur Buße noch zum Glauben fähig ist?

WIEDERGEBURT

Bei der Suche nach einer Antwort wollen wir statt des verschwommenen Ausdrucks »Kinder« das Wort »Säugling« gebrauchen (die Southern Baptists in den USA taufen oft »Kinder« im Alter von sieben Jahren und darunter!) und das Thema aus dem historischen Gesichtswinkel heraus betrachten, wobei wir die Prinzipien beachten, die in den verschiedenen Phasen ihrer Entwicklung der Praxis zugrunde liegen. Wie bei so vielen kirchlichen Traditionen begann auch die Säuglingstaufe aus einem bestimmten Grund, wurde aber aus ganz verschiedenen Gründen beibehalten (oder aus überhaupt keinem Grunde, ausgenommen dem, aus welchem man den Mount Everest bestiegen hat — »weil er da war«!). Man hat sie pfiffigerweise als »eine Praxis auf der Suche nach einer Theologie« bezeichnet.

Die meisten Bibelgelehrten geben zu, dass es im Neuen Testament keinen direkten Bezug auf diese Taufpraxis gibt. Manche meinen, indirekte Anzeichen zu finden, aber der Beweis hat im besten Fall umständebedingten Charakter (s. Kap. 15 zu »du und deine Kinder«, Kap. 19 zu »Haus« und Kap. 22 zu »Kinder sind heilig«). Die Praxis kann nur aufgrund allgemeiner theologischer Prinzipien von der Heiligen Schrift abgeleitet werden (s. unten), nicht aber von bestimmten, im Text vorhandenen Anweisungen (sie wurde weder von Christus noch von den Aposteln befohlen).

Tatsächlich wurden im Laufe der Jahrhunderte lehrmäßige Wahrheiten, die in ihrem eigenen Kontext vollkommen ihre Gültigkeit haben, aus anderen Stellen der Bibel herausgelöst und auf die Taufpraxis übertragen. Das Ergebnis war, dass dadurch der Sinn des Taufritus unweigerlich verzerrt wurde und seine Anwendung auf solche erfolgte, für die er nie bestimmt gewesen war. Damit waren Spekulation, Gefühl und Aberglauben Tür und Tor geöffnet.

ANHANG

Die erste ausdrückliche Erwähnung der Säuglingstaufe stammt vom Ende des zweiten Jahrhunderts n. Chr. Zu diesem Zeitpunkt hatte die Taufe für das Heil eine größere Bedeutung angenommen als je zuvor. Zwei völlig entgegengesetzte Entwicklungen fanden statt — aus genau dem gleichen Grund! Einerseits wurde die Taufe bis zum leiblichen Sterben aufgeschoben aus Furcht, man würde in die Hölle gehen, wenn man nach der Taufe sündigte. Andererseits verlegte man die Taufe vor, auf die Zeit nach der leiblichen Geburt, aus Furcht, ein Säugling könnte in die Hölle gehen, bevor er sündigte (verständlich im Lichte der hohen Sterblichkeitsrate unter den Säuglingen in jener Zeit). In beiden Fällen wurde die Taufe als das einzige Mittel zum Heil betrachtet.

Man hielt es für ziemlich brutal, dass Säuglinge, die nicht gesündigt hatten, und sogar getaufte Gläubige, die gesündigt hatten, ewig in der Hölle leiden müßten. Das wird angedeutet durch die Entwicklung von zwei anderen kirchlichen Traditionen — *limbus infantum* (Vorhölle) für den ungetauften Säugling (ein weniger unangenehmer Ausdruck als Hölle, aber ebenso permanent) und »Fegefeuer« für den getauften Erwachsenen (fast so unangenehm wie Hölle, aber weniger permanent). Was über ein Jahrtausend lang nicht zur Diskussion stand, war die Auffassung, dass die Taufe von der Hölle errettete, indem sie den Säugling von der »Erbsünde« und den Erwachsenen sowohl von der Erbsünde wie auch von der eigentlichen Sünde reinigte.

Zur gleichen Zeit, als man die Säuglinge zu taufen begann (erst seit das Christentum durch Konstantin zur Religion des Römischen Reiches »erklärt« wurde), gab es in der Kirche eine allgemeine Tendenz weg von der »Substanz« des »Neuen Bundes« und hin zu den »Schatten« des »Alten« Bundes (Priestertum, Altäre, »Tempel«, Gewänder,

Weihrauch usw.). Außerdem wurde die kirchliche Struktur zunehmend der Administration des Reiches angeglichen (aus vielen Bischöfen über eine Gemeinde im Neuen Testament wurde ein Bischof über viele Gemeinden, mit regionalen und metropolitanen Hierarchien; ein Prozess, der seinen Höhepunkt erreichte, als der Bischof von Rom den Titel des Kaisers, »Pontifex Maximus«, übernahm und zu einer internationalen Figur wurde, zu einem geistlichen »Vater«, einem »Papa« oder Papst).

Die »Christenheit«, wie diese Mischung von Staat und Kirche genannt wurde, hatte viel mehr Ähnlichkeit mit dem alttestamentlichen Volk Gottes, der »Theokratie« Israels, als mit der neutestamentlichen Gemeinde. »Priester und Könige« war jetzt nicht mehr eine Bezeichnung für alle Gläubigen (Offb. 1,6), sondern ein Titel für Staatsbeamte. So überrascht es nicht, dass man eine Parallele zwischen der Taufe und der Beschneidung zu ziehen begann; beide wurden als Bestätigung betrachtet, dass man in »Gottes« Volk, als Untertan seines Reiches, hineingeboren war. Es muss jedoch trotz dieser Parallele festgestellt werden: Die Taufe wurde immer noch als ein Erlösungsakt verstanden, was für die Beschneidung nie galt. Dadurch wurde der Säugling von der »Erbsünde« befreit und »von oben geboren« und erhielt auf diese Weise das ewige Heil.

Es gibt ein paar kuriose Geschichten über die mittelalterliche (und moderne) Missionstätigkeit, nach denen Priester neuentdeckte Gebiete »evangelisierten«, indem sie heimlich Säuglinge tauften. Es ist jedoch klar, dass, während die Taufe eines Säuglings als ausreichende Qualifikation für den Eingang in den Himmel angesehen wurde, falls er sterben sollte, dies für eine volle Mitgliedschaft in der Kirche nicht ausreichte! Die neutestamentliche Praxis, nach der Taufe für den Empfang des Geistes die Hände aufzulegen, wurde auch auf Säuglinge übertragen (mit etwas geweihtem Salböl, das den Geist repräsentieren sollte — weil wahrscheinlich andere äußerliche Beweise fehlten). Später wurde dieser Teil des Ritus bis zur Pubertät verschoben, und daraus wurde die Zeremonie der »Konfirmation« (betrachtet als Berechtigung zur Teilnahme an der Heiligen Kommunion und als Zulassung zur Kirchenmitgliedschaft), wenigstens in der westlichen Kirche. (Östliche orthodoxe Kirchen erwiesen sich als beharrlicher, wenn nicht als noch unbiblischer, da sie weiterhin Säuglinge tauften, sie mit Weihöl salbten und ihnen die Kommunion gaben.) Im Laufe des Mittelalters verschob sich der Akzent der Initiation von der Taufe auf die Konfirmation (während Jahrhunderten hatte der »Bischof« das Taufen vorgenommen und der örtliche »Priester« die später erfolgende Konfirmation; doch das verkehrte sich allmählich, und heute herrscht die episkopale Konfirmation vor).

Die Christenheit hatte noch etwas anderes mit dem alten Königreich Israel gemeinsam. Israel kam nämlich mit seinen Königen besser aus als mit seinen Propheten, die das Volk immer wieder aufriefen, wegzukommen von der Tradition und hin zur Wahrheit, weg von den Riten und hin zur Wirklichkeit, weg von der Spitzfindigkeit und hin zur Einfachheit. Der erste »Protest« gegen die verwischte Grenze zwischen »Gemeinde« und »Welt« führte zur Bildung monastischer Orden, obwohl diese innerhalb des kirchlichen Gefüges blieben. Später gab es viele unabhängige Gruppen, die danach strebten, den Charakter der urchristlichen Gemeinde wieder zurückzugewinnen, indem sie das Neue Testament zu ihrer alleinigen »Regel« erhoben. Die meisten von ihnen führten auch wieder die Gläubigentaufe ein. So sollte später ein katholischer Prälat vor dem Trentinischen Konzil erklären, dass, wenn diese »Baptisten« während der vergangenen tausend

Jahre nicht so unbarmherzig unterdrückt worden wären, sie unterdessen mehr Unruhe verursacht hätten als alle Reformatoren zusammen!

Der Hauptfaktor bei der Wandlung kleiner protestierender Gruppen, die man verfolgen konnte, zu großen »protestantischen« Körperschaften, die die Lossagung vollzogen, war unzweifelhaft die Wiederentdeckung der Bibel. Das Studium der der lateinischen Übersetzung zugrunde liegenden hebräischen und griechischen Bibelhandschriften, dem sich Erasmus widmete, kombiniert mit Luthers Auslegung und Übersetzung ins Deutsche und zusammen mit Gutenbergs Erfindung des Buchdrucks, ermöglichten es vielen, Vergleiche (meist abstoßender Art!) zwischen der apostolischen Gemeinde und den mittelalterlichen Zeiten anzustellen.

Eine Theologie, die sich allein auf die Bibel gründete, gelangte bald zum Schluss, dass das Heil allein aus Gnade und die Rechtfertigung allein aus dem Glauben ist. Die Vorstellung, dass die Vergebung verdient, ja sogar gekauft und verkauft werden konnte (den letzten Anstoß erhielt Luther, als Tetzel durch Europa zog und den »Ablaß« verkaufte — mit dem der Aufenthalt von verstorbenen Angehörigen im Fegefeuer abgekürzt werden konnte — um dann mit dem Geld den Bau des Petersdoms in Rom zu finanzieren), wurde zum neuen »Anathema« (eine passende Anwendung von Gal. 1,9). Unter dem Banner »Der Gerechte wird durch Glauben leben« (Hab. 2,4; s. Kap. 3) wurden alle mittelalterlichen Hinzufügungen weggefegt — einschließlich »Messopfer«, Reliquien- und Statuen-Verehrung, Gebete zu verstorbenen Heiligen, Pilgerreisen zu heiligen Stätten, klerikales Zölibat und eine Menge anderer frommer Praktiken ohne biblische Bedeutung.

Doch die Säuglingstaufe behauptete sich. Die protestantischen Reformatoren hatten die Unvereinbarkeit

ANHANG

der Heilstaufe und der Rechtfertigung durch den Glauben schnell erkannt. Zunächst traten alle dafür ein, zur neutestamentlichen Praxis der Gläubigentaufe zurückzukehren.

Da dies weitgehend unbekannt ist und auch bezweifelt werden könnte, lassen wir sie ihre eigenen Worte zitieren (ich verdanke diese Zitate dem bemerkenswerten Buch von T. E. Watson *Baptism Not For Infants* [Walter, 1962], in welchem er für die Gläubigentaufe eintritt und sich dabei völlig auf Zitate aus den Schriften von Pädobaptisten [Kindertäufern] beruft!).

Zuerst Luther, der meinte, ohne persönlichen Glauben sollte niemand getauft werden:

»Wo wir nun nicht besser können auf diese Frage antworten, und beweisen, dass die jungen Kinder selbst gläuben, und eigenen Glauben haben, da ist es mein treuer Rath und Urtheil, dass man stracks abstehe, je eher je besser, und täufe nimmermehr kein Kind, dass wir nicht die hochgelobte Majestät Gottes mit solchem Alfanzen und Gaukelwerk, da nichts hinten ist, spotten und lästern.« (Luthers Zitat ist entnommen aus *D. Martin Luthers sämtliche Schriften*, Halle, 1742, Band XI, und die Predigt findet man in der *Kirchenpostille* von 1521, Auslegung des Evangeliums am 3. Sonntag nach der Erscheinung Christi zu Matth.8,1-13.)

Dann Calvin:

»Da Christus es ihnen auferlegt zu lehren, bevor sie taufen, und will, dass niemand als nur Gläubige zur Taufe zugelassen werden, scheint es, dass die Taufe nicht recht dargereicht ist, wenn nicht vorher der Glaube kommt.« (Aus *Commentaires sur l'harmonie des* évangiles, Bd. 3, S. 386, zu Matth. 28).

Auch Zwingli hat daran festgehalten, dass die Taufe vom Glauben abhängig und ohne diesen bedeutungslos ist *(Werke,* Bd. 4, S.191); er glaubte, sie sollte bis zur Entscheidungsfähigkeit eines Menschen aufgeschoben werden *(Vadian II,* S. 231). »Nichts«, so sagte er, »bekümmert mich mehr, als dass ich jetzt Kinder taufen muss, denn ich weiß, es sollte nicht getan werden« (Quellen IV, S. 184). Mit lobenswerter Ehrlichkeit gab er zu, dass, »wenn ich jedoch entschlossen wäre, mit dieser Praxis aufzuhören, ich fürchte, meine Präbende (Gehalt) zu verlieren.« Nach seinem Verständnis war die Taufe (ähnlich wie das Abendmahl) lediglich ein Symbol, das weder »sakramentalen« Wert noch eine »sakramentale« Wirkung besitzt; diese Auffassung erleichterte es ihm, später seine Ansichten zu ändern.

Warum aber praktizierte keiner der Reformatoren das, was sie predigten? Die Antwort ist beunruhigend einfach. Sie widersetzten sich einer kirchlichen Autorität mit biblischer Autorität, waren dabei aber auch von der Hilfe der staatlichen Autorität abhängig. Der Erfolg der Reformation beruhte auf dieser Allianz zwischen Kirche und Staat, obgleich der Pakt in der Schweiz nicht gleichgestaltet war wie in Deutschland. Es war unvermeidbar, dass die Verwechslung zwischen Staatsbürgerschaft und Kirchenmitgliedschaft andauerte. Es ist unmöglich, eine »nationale« Kirche zu erhalten, ohne all diejenigen darin willkommen zu heißen, die in eine Nation hineingeboren werden. Die Taufe wird zu einem vertragsmäßigen Siegel der bürgerlich-religiösen Zugehörigkeit zu einer Nation, die als ein »neues Israel« unter Gott betrachtet wird. (Eine ausführliche Erklärung in dem Buch *Baptism* von Johannes Warns [Paternoster Press, 1957], das den Untertitel trägt: »Studien über die ursprüngliche christliche Taufe, ihre Geschichte und Konflikte, ihr Verhältnis zu einem Staat

ANHANG

oder einer Landeskirche und ihre Bedeutung für die gegenwärtige Zeit.«)

Das war der »positive« Beweggrund, aber es gab auch einen negativen. Was die Reformatoren über die Taufe predigten, wurde immer mehr von anderen in die Praxis umgesetzt! Solche, die als Säuglinge ohne jeglichen Glauben getauft worden waren, suchten jetzt die »Wiedertaufe« als Gläubige (man gab ihnen den Spottnamen »Anabaptisten«, abgeleitet vom griechischen Wort *ana* = wieder). Zunächst betrachtete man dies als Untreue der Kirche gegenüber (und tut es immer noch!) sowie gegenüber denen, die sie von innen her reformieren wollten (und es immer noch versuchen!). Doch als man sich bewusst wurde, dass die Gläubigentaufe mit dem Konzept einer »versammelten« Gemeinde verbunden war (im Unterschied zu einer »nationalen« Kirche), einer Gemeinde, die von der staatlichen Autorität völlig getrennt war, da wurde die Wiedertaufe mit dem Verrat des Staates in Verbindung gebracht, besonders eines Staates, der »offiziell« »protestantisch« geworden war. Das führte zu einer Reaktion gegen die Gläubigentaufe und zur Verfolgung derer, die wiedergetauft waren (die Bestrafung durch Ertränken ist ein unauslöschlicher Fleck im Leumund der Schweizer Reformatoren).

So wurde die Gläubigentaufe wiederum unterdrückt, obwohl diesmal nicht mit demselben Erfolg. Viele »anabaptistische« Gruppen wurden exzentrisch und extrem, als sie in die Isolation gezwungen wurden, aber sie übten dennoch einen bleibenden Einfluß aus. In England und in den Niederlanden faßte das Konzept einer »versammelten« Gemeinde, unabhängig vom Staate, feste Wurzeln. Versuche, dies zu unterdrücken, veranlaßte die Pilgrim Fathers, es mit sich in die Neue Welt hinüberzunehmen — eine Erklärung dafür, weshalb

Amerika nie eine »etablierte« Religion hatte, obgleich es sich als eine christliche Nation betrachtet; eine Erklärung auch dafür, weshalb die baptistischen und pfingstlichen Gemeinden so stark und gesellschaftlich akzeptiert sind. Aber wir eilen zu weit voraus ...

Theologische Überlegungen

Womit konnten die Reformatoren ihren völligen Sinneswandel in Bezug auf die Taufe rechtfertigen, sei es vor ihrem eigenen Gewissen, sei es vor ihren Anhängern? Sie mussten natürlich irgendeine biblische oder theologische Rechtfertigung für die Aufrechterhaltung der mittelalterlichen Praxis finden. Luther argumentierte ohne große Überzeugung, dass man unmöglich sagen könne, ein Säugling habe keinen Glauben; aber er hat das Dilemma nie zu beseitigen vermocht. Was Calvin betraf, so wartete schon Hilfe auf ihn. Zwinglis Nachfolger in Zürich, Bullinger, trat mit einem völlig neuen theologischen Konzept in Erscheinung — er nahm die vielen Bünde in der Bibel (beachten wir den Plural in Röm. 9,4), machte einen einzigen daraus und nannte ihn den »Gnadenbund« (ein Ausdruck, der in der Bibel nirgends zu finden ist). Die Kontinuität zwischen dem »alten« und dem »neuen« Bund wurde in einem solchen Maße hervorgehoben, dass ihre wesentliche Diskontinuität neutralisiert wurde. Am kennzeichnendsten aber ist, dass der Eintritt in beide Bünde im Grunde genommen der gleiche war: Er geschah normalerweise durch das Erbe, das bedingt war durch die leibliche Abstammung von denen, die schon im Bund waren. Man kann deshalb die Taufe als eine direkte Umbildung der Beschneidung betrachten, die im gleichen Alter vorgenommen wurde. Natürlich erforderte das »Bleiben« im Bunde später vonseiten des Kindes den

ANHANG

Glauben an Jesus, so wie später von einem jüdischen Kinde der Gehorsam gegenüber dem Gesetz verlangt wurde; aber beide waren von Geburt an bereits im Bund und darum qualifiziert für dessen physisches »Zeichen und Siegel«.

Da diese »Bundes«-Theologie jetzt eine so große Verbreitung gefunden hat und immer wieder zur Rechtfertigung der Säuglingstaufe herangezogen wird (z. B. von der Mehrheit aller Reformierten und von einigen Anglikanern, wovon die meisten zum evangelikalen Flügel gehören), sollten wir eine kritische Bewertung vornehmen, bevor wir noch weitere Theorie- und Praxis-Variationen anschauen.

Bundestheologie: Verbindungsglied zwischen Säuglingstaufe und Beschneidung

Das größte Problem auf der theologischen Ebene ist die biblische Betonung der Diskontinuität zwischen dem alten und dem neuen Bund, wobei ersterer durch letzteren überholt ist (Hebr. 8,13 wird von den Anhängern dieser Theorie fast nie erwähnt; beachten wir auch den Gebrauch von »nicht wie« in Jer. 31,32). Insbesondere besaß der alte Bund kollektiven Charakter, während der neue Bund individuellen Charakter aufweist. Diese größere Veränderung war von den Propheten des Alten Testaments vorausgesagt worden (Jer. 31,29-30; Hes. 18,1-32; Joel 3,5), aber noch ausgeprägter wurde sie von den Aposteln im Neuen Testament gepredigt (»ein jeder von euch« in Apg. 2,38 ist typisch dafür). Es gibt ein »Ein-jeder-von-euch« im Kern des Evangeliums (Joh. 3,16; Röm. 10,10-13). Johannes wie Jesus weisen ausdrücklich jegliches Erbrecht auf einen Platz im Reiche Gottes zurück (Matth. 3,9; Joh. 8,39). Nicht eine leibliche, sondern eine geistliche Geburt — das ist jetzt die erforderliche Qualifikation.

Die Taufe wird im Neuen Testament nie mit der Beschneidung gleichgesetzt. Das ist eigentlich erstaunlich, wenn man an all die Kontroversen denkt, die die ersten Christen wegen des jüdischen Ritus hatten (Kol. 2,9-12 ist keine Ausnahme; s. Kap. 25), und wenn man zudem bedenkt, dass es sich bei beiden um einen »leiblichen« Akt handelte. Wenn es überhaupt eine Parallele gab, dann wäre sie bei Abrahams eigener Beschneidung zu suchen, die erfolgt war, nachdem er geglaubt hatte, und zwar als »Siegel« auf seinen Glauben, wodurch er zum »Vater aller Gläubigen« wurde, ob sie beschnitten sind oder nicht (Röm. 4,9-12; beachten wir, dass es nie von Gläubigen heißt, sie hätten zusammen mit Abraham am selben Bund teilgehabt). Später waren die Beschneidungen seiner Nachkommen nicht ein »Siegel« auf ihren Glauben, weil sie erfolgte, ehe sie glaubten, wenn überhaupt; es war ein Pfand für die Verheißung, die sich eines Tages in einem von ihnen erfüllen sollte (Abrahams »Same«, Einzahl — Gal. 3,16). Dadurch, dass Christus diese verheißene »Abstammungslinie« quasi erfüllt hatte, wurde der Ritus für geistliche Zwecke bedeutungslos, obwohl er manchmal noch aus gesellschaftlichen Gründen wünschenswert sein mochte (wie im Fall von Timotheus, obgleich er getauft worden war — Apg. 16,3).

Von denen, die die »Bundestaufe« für Säuglinge predigen, muss man erwarten können, dass sie sie auch praktizieren! Einerseits muss die unterschiedslose Taufpraxis aufgegeben werden. Die Eltern selber müssen gläubig sein, speziell der Ehemann als Familienoberhaupt (der Ersatz »Paten« mit ihrem stellvertretenden Versprechen kann die Bundesbedingungen nicht erfüllen). Im Lichte der in diesem Buche vertretenen These müssen die Eltern außerdem den Geist empfangen haben. Andererseits müssen solche Taufen, die außerhalb des Bundes vollzogen wurden, als die Eltern nicht gläubig waren — was wahrscheinlich den größten Teil der Kindertaufen heute betrifft — abgelehnt und wiederholt werden. Man muss den Neubekehrten sagen, dass sie keine biblische Taufe empfangen hatten und deshalb wiedergetauft werden müssen, was dann auch geschehen sollte. Ich habe eine zunehmende Anzahl von Geistlichen getroffen, die ungläubigen Eltern von einer Säuglingstaufe abraten (wenige haben den Mut, sich zu weigern) — aber sehr, sehr wenige, die die Millionen »wiedertaufen«, die durch die Netzmaschen gefallen sind. Damit beweisen sie, dass sie die Gültigkeit einer unterschiedslosen Taufe immer noch akzeptieren, auch wenn sie sie nicht mehr selber praktizieren.

Diese Anomalien in Bezug auf die Prinzipien und die Praxis der Bundestaufe von Säuglingen lässt, zusammen mit der Tatsache, dass die Theologie auf eine einzige Quelle vor nur vierhundert Jahren zurückzuführen ist, die Frage aufkommen, ob es sich nicht um eine brillante Vernunftslösung anstatt um eine biblische Begründung handelt. Wenn diese Ansicht ebenso klar im Neuen Testament gelehrt würde, wie es ihre Verfechter von ihr behaupten, dann hätte sie sich spontan überall dort gebildet, wo immer man die Bibel studiert. In Wirklichkeit trifft man sie nur bei denjenigen an, die durch den »reformierten« Flügel der Reformation beeinflußt und belehrt wurden, die Säuglingstaufe sei in der Bibel zu finden. Der Generalsekretär der Britischen Bibelgesellschaft, ein Anglikaner, erzählte mir einmal, dass Berichte über die Bibelverbreitung folgendes gezeigt haben: Wo Menschen die Bibel bekamen und ohne Auslegung durch einen Missionar lasen und wo in der Folge christliche Gemeinschaften entstanden, praktizierten sie alle die Gläubigentaufe.

Das verworrene Erbe der Reformatoren in Bezug auf die Wassertaufe steht in einer gewissen Beziehung zu ihrem Versäumnis, die Geistestaufe oder wenigstens allgemeinere Wahrheiten, die den Heiligen Geist betrafen, wiederzuentdecken. Sie waren sehr mit der zweiten, aber wenig mit der dritten Person der Trinität beschäftigt (Calvins Hauptwerk Institutio Christianae Religionis enthält vier Seiten über den Heiligen Geist und dreiundsechzig über das Mosaische Gesetz — vielleicht erklärt das, weshalb seine Anhänger auffallend zur Gesetzlichkeit neigen). Da die Wasser- und die Geistestaufe eng miteinander zusammenhängen, obwohl sie im Neuen Testament nie gleichgesetzt werden, überrascht es kaum, dass bei den Reformatoren die Behandlung des einen zu einer Blindheit gegenüber dem anderen geführt hat. Da die christliche Initiation nicht in vollem Umfang wiederhergestellt wurde, bot das Thema der Säuglingstaufe die Möglichkeit zu noch weiteren Mißverständnissen.

Vorlaufende Gnade und Säuglingstaufe
Die letzte theologische Vorstellung, mit der wir uns auseinandersetzen wollen, ist relativ jüngeren Datums. Unser Ausgangspunkt ist diesmal die »vorlaufende Gnade«, an und für sich eine kostbare Wahrheit, welche die göttliche Initiative des Heilsgeschehens hervorhebt und die auch Calvin mit Recht unterstrich. Gott liebt uns, ehe wir ihn lieben; er sucht uns, ehe wir ihn suchen; er ruft uns, ehe wir zu ihm rufen; und er sandte seinen Sohn auf die Erde, damit wir seine Söhne im Himmel sein können. Jesus faßte es auf eine schöne Weise zusammen: »Niemand kann zu mir kommen, wenn nicht der Vater, der mich gesandt hat, ihn zieht ... « (Joh. 6,44).

In den Augen mancher ist die Taufe der vollkommene Ausdruck dieser Wahrheit. Für sie ist sie deshalb besser auf Säuglinge als auf Gläubige anwendbar, werde dadurch doch klarer ersichtlich, dass, »als wir noch kraftlos waren«, Christus für uns gestorben ist (obwohl Paulus wahrscheinlich eher an die moralische als an die physische Schwachheit dachte — Röm. 5,6). Gott tritt in unser Leben, ehe wir in seines treten. Diejenigen, die sich dieser Auffassung verschrieben haben, berufen sich mit Vorliebe auf die Bibelstelle von der Kindersegnung Jesu (wobei nicht immer darauf hingewiesen wird, dass es sich bei jenen Kindern nicht mehr um Säuglinge handelte und es wohl kaum ihre Mütter, sondern ihre Väter waren, die sie gebracht hatten — Matth. 19,13); diese Stelle wird oft — manchmal als die einzige — bei Säuglingstaufen gelesen.

Diese Interpretation, die man unter den Methodisten (s. speziell *The New Testament Doctrine of Baptism* von W. F. Flemington [SPCK, 1948], Kap. 10) und den Kongregationalisten antrifft, sagt besonders jenen zu, die die Allversöhnung vertreten — die Auffassung, zum Schluss werden alle gerettet, wenn nicht in dieser, so doch in der kommenden Welt. Sie sieht im Kreuz eine »kosmische« Erlösung von universaler Wirksamkeit wie auch Allgenügsamkeit. Demnach ist das Evangelium die Proklamation der »Befreiung« der gesamten Menschheit; die Taufe bezeugt dann, dass jeder, der in die Menschheit hineingeboren wird, ein »Recht« besitzt, sich dieser Freiheit zu erfreuen und es — theoretisch — auch tut.

Gegen diese Theorie von der »vorlaufenden Gnade« ist vor allem einzuwenden, dass die Taufe nach neutestamentlichem Verständnis das Sakrament der in Besitz genommenen Gnade statt der vorlaufenden Gnade ist. Sie ist der Punkt, wo die Gnade zusammentrifft mit einer freiwilligen und bewussten Antwort (in Gestalt von Buße und Glaube) eines dankbaren Sünders auf die gute Nachricht von der Vollkommenheit des Sühneopfers Christi. Sie ist beides, ein göttlicher und ein menschlicher Akt, und sie kann nicht stellvertretend für jemand anderen vollzogen werden (s. Kap. 24).

Schwierigkeiten in Bezug auf die Säuglingstaufe

Die drei theologischen Hauptgründe, die zugunsten der Säuglingstaufe angeführt werden, sind also: Erbsünde, Bundesgeburtsrecht und vorlaufende Gnade. Die Church of England (Anglikanische Kirche) vertritt eine Mischung von allen drei (manche sprechen von einem typisch englischen »Durcheinander«). Die High Church (der hochkirchliche Flügel) vertritt die katholische Auffassung der »Taufwiedergeburt« (die sich in der Liturgie des Book of Common Prayer widerspiegelt). Die »Broad Church« (der liberale Flügel) setzt den Akzent auf die Gnade und Liebe Gottes und heißt die Neugeborenen in dessen »Familie« willkommen. Die »Low Church« (der eigentliche evangelische Flügel, d. Übers.) spiegelt die puritanisch/presbyterianische Periode der anglikanischen Geschichte wider und bedient sich der »Bundes«-Konzepte zur Rechtfertigung einer evangelischen Präsenz im Schoße der »etablierten« Kirche. Das größte Problem in praktischer Hinsicht ist für den evangelischen Flügel, dass die anderen beiden theologischen Positionen (katholisch und liberal) die Praxis der unterschiedslosen Taufe pflegen, die sie einerseits verabscheuen, die andererseits von der oberen Hierarchie befürwortet wird. Beim unparteiischen Beobachter entsteht der Eindruck, die Anglikaner wären sich nur in dem einen Punkt einig: nämlich die Säuglingstaufe zu verteidigen, was immer auch die Gründe zu ihrer Rechtfertigung sein mögen! Wieder sieht es mehr nach einer vernunftsmäßigen Erklärung als nach einer Verwirklichung biblischer Wahrheit aus. Wie wir bereits sahen, ist es praktisch unmöglich, eine »nationale« Kirche ausschließlich durch die Gläubigentaufe zu erhalten.

Nun sind jedoch alle drei Strömungen (katholisch, liberal und evangelisch — sowohl innerhalb wie außerhalb des Anglikanismus) von der »charismatischen Erweckung«

ANHANG

betroffen. Die Wiederentdeckung der Geistestaufe führt zu einer Neubewertung der Wassertaufe (in dieser Beziehung eine Umkehrung des reformatorischen Musters). Eine persönliche Erfahrung des Heiligen Geistes erneuert das Interesse an der Heiligen Schrift und stellt das Vertrauen in sie wieder her. Die Folge ist der weitverbreitete Wunsch, die Taufe wieder zu ihrer ursprünglichen Bedeutung und Praxis »zurückzuführen« — obwohl dies verständlicherweise mehr das Anliegen der Laienschaft als der Geistlichkeit ist, deren Beschäftigung sich auf das Spenden der Sakramente konzentriert.

Der schwerste Schaden, der durch die unterschiedslose Taufe angerichtet wird, ist das Gefühl einer falschen geistlichen Sicherheit aufseiten ihrer Empfänger, die sich gegenüber späteren Appellen oder Herausforderungen in auffallender Weise ablehnend verhalten (als wären sie gegen das Evangelium geimpft). Schaden wird aber auch durch die »diskriminierende« Taufe von Säuglingen angerichtet — vor allem durch die Sinnveränderung des Geschehens. Ob die Taufe nun als Tilgung der Erbsünde, als Anerkennung des Bundesgeburtsrechtes oder als Offenbarung der vorlaufenden Gnade betrachtet wird — in jedem Fall beinhaltet sie nicht mehr die Bedeutung des neutestamentlichen Ritus. Viele »Pädobaptisten« geben offen zu, dass es unmöglich ist, die neutestamentliche Lehre auf einen Säugling anzuwenden, ohne sie in eine rein symbolische oder offenkundig magische Handlung zu verkehren. Anstatt sich auf irgendwelche der dreißig neutestamentlichen Bibelstellen über die Taufe zu stützen, nimmt man Zuflucht zu Lehren, die sich anderswo in der Bibel, vor allem im Alten Testament, finden, in denen aber die Taufe nicht ein einziges Mal erwähnt wird.

Es gibt eine noch ernstere Auswirkung. Nicht nur werden gewöhnlich Sinn und Bedeutung der Taufe verfälscht, auch der Säugling selber wird dadurch später im Leben der Gelegenheit zu einer Taufe im echten neutestamentlichen Sinn beraubt. Er geht doch davon aus, dass die Kirche die Wiedertaufe verbietet, was auch offiziell immer der Fall ist, obwohl sich die lokalen Verhältnisse heute etwas zu entspannen beginnen. Wenn ein Mensch später Buße tut und an Gott glaubt, wird es ihm nicht gestattet, seinen Wunsch nach einer völlig natürlichen und gänzlich biblischen Reinigung zu äußern. Er wird deshalb jene Erfahrung nicht machen, die durch das Sakrament vermittelt wird, und dies in dem Moment, wo er sie am meisten braucht — nur, weil seine Eltern ihn einer Zeremonie unterworfen hatten, die sich in ein paar Tropfen Wasser und einer mündlichen Formel erschöpfte und an der er keinen aktiven Anteil gehabt hat.

Die komplette Scheidung der Taufe vom Willen des Hauptbeteiligten ist vielleicht der beunruhigendste Aspekt dieser veränderten Perspektive. Die Taufe von Säuglingen beseitigt tatsächlich jegliche Wahl! Jemand, der als Baby getauft wurde, gelangt vielleicht später zu der Überzeugung, dass die Gläubigentaufe die richtige Taufe ist; aber dann wird ihm verboten, seinem Gewissen zu gehorchen, weil er sonst die Kirche beleidigen würde — so wird ihm bedeutet. Umgekehrt kommt jemand, der nicht als Baby getauft wurde, später zur Überzeugung, er hätte getauft werden sollen — doch dann besteht keine Möglichkeit mehr dazu! Solche Dilemmas wären nie entstanden, wenn die Kirche fest in der Lehre der Apostel verharrt hätte.

Aus all diesen Gründen wird im Hauptteil dieses Buches kein Versuch unternommen, die Säuglingstaufe — von Luther freimütig »Ungläubigentaufe« genannt — in eine volle christliche Initiation zu integrieren, obwohl sie sicherlich nicht ignoriert wurde (der Leser wird besonders

ANHANG

auf die Kapitel 4, 19, 22, 24, 25 und 34 verwiesen). Doch hoffentlich werden pädobaptistische Leser dennoch imstande sein, aus der Lehre über Buße, Glaube und Geistesempfang Nutzen zu ziehen. Des weiteren wird der Hoffnung Ausdruck verliehen, dass Pädobaptisten die credobaptistischen Argumente zugunsten der Gläubigentaufe sorgfältig studieren. Neben den bereits genannten Werken liefern noch folgende Bücher einen wesentlichen Beitrag zu dieser Diskussion: Karl Barth: *The Teaching of the Church Regarding Baptism* (SCM Press, 1948); G. R. Beasley-Murray: *Baptism Today and Tomorrow* (Macmillan, 1966); A. Gilmore (Herausg.): *Christian Baptism* (Lutterworth, 1959); David Kingdon: *Children of Abraham* (Carey, 1973); R. E. O. White: *The Biblical Doctrine of Initiation* (Hodder & Stoughton, 1960).

ANHANG B

»GEIST« OHNE BESTIMMTEN ARTIKEL

Das griechische Neue Testament verwendet nicht immer den bestimmten Artikel (»der«), wenn es vom Heiligen Geist spricht. So spricht es zum Beispiel sowohl von der »Gabe des Heiligen Geistes« (Apg. 2,38) wie auch von »erfüllt mit Heiligem Geist« (Apg. 2,4).

E. J. Young wies (im Vorwort zu seinem Buch *Literal Translation of the New Testament*) darauf hin, dass das Vorhandensein oder das Fehlen des bestimmten Artikels an sich schon ein kennzeichnendes Merkmal für das inspirierte Wort sei und in den Übersetzungen Berücksichtigung finden sollte (erstaunlicherweise ignorierte er dann selber seinen eigenen Grundsatz, als er Aussagen über den Heiligen Geist übersetzte!).

Die grundsätzliche Frage ist, ob das Vorhandensein oder das Fehlen von »der« eine rein *grammatische* beziehungsweise stilistische Sache ist oder insofern einen *theologischen* Inhalt besitzt, wonach es eine besondere Hervorhebung oder Bedeutung darstellt.

Manche Gelehrte haben in der Satzkonstruktion eine logische Erklärung gefunden. Zum Beispiel neigt das Griechische dazu, den Artikel nach einer Präposition wegzulassen. Dieselbe Tendenz ist in Verbindung mit Wendungen vorhanden, die einen instrumentalen Dativ oder einen bestimmenden Genitiv aufweisen.

Doch es gibt ein paar grammatische Anomalien. Bei der erstmaligen Nennung eines personalen Subjekts oder eines unpersönlichen Objekts steht der Artikel nicht, während er bei nachfolgenden Feststellungen steht (zum Beispiel: Auf »Er kaufte einen Rolls-Royce« folgt »Er nahm den Rolls-Royce und unternahm damit eine Spritztour auf dem Lande« und »Er verursachte mit dem Rolls-Royce einen Unfall«). Von dieser für das Griechische und Deutsche charakteristischen Gewohnheit wird im Neuen Testament da, wo von (dem) Geist gesprochen wird, immer wieder abgewichen.

Es ist wahr, wie James D. G. Dunn in seinem Buch *Baptism in the Holy Spirit* (SCM Press, 1970), S. 68f., bemerkt hat, dass neun Situationen in den Büchern Lukas und Apostelgeschichte beide Formen zur Beschreibung des gleichen Ereignisses aufweisen (d. h. in Apg. 1,5 steht: »Ihr werdet mit Heiligem Geist getauft werden«; hingegen heißt es in Apg. 1,8: »... wenn der Heilige Geist auf euch kommt«). Was er aber nicht fragt, ist, ob nicht die unterschiedlichen Konstruktionen in Wirklichkeit zwei verschiedene Aspekte desselben Ereignisses darstellen könnten.

Es gibt eine ziemlich lange Tradition von Bibelgelehrten, welche verschiedene Gründe für die Variationen des Inhalts wie der Konstruktion dieser Aussagen gefunden haben. Das heißt, das Vorhandensein oder Fehlen des Artikels ist für den Sinn wie für den Satz von Bedeutung!

Im Jahre 1881 ließ Bischof B. F. Westcott seine Notizen zum Johannesevangelium, die ursprünglich für *The Speaker's Commentary* geschrieben worden waren, wieder neu auflegen. Zu Johannes 7,39 (»Noch war der Geist nicht gegeben ...«) schrieb er:

»Die Hinzufügung des Wortes *gegeben* drückt die wirkliche Form des Grundtextes aus, wo *Geist* ohne Artikel steht *(houpo hen pneuma)*. Wenn der Ausdruck in dieser Form erscheint, bezeichnet er eine Tätigkeit, eine Kundgebung oder eine Gabe des Geistes und nicht die Person des Geistes. Man vergleiche 1,33; 20,22; Matth. 1,18.20; 3,11; 12,28; Luk. 1,15.35.41.67; 2,25; 4,1. (Gospel of St. John [Murray, 1903], S. 123; die Transkription stammt von mir).«

In seinem im Jahre 1909 herausgegebenen Buch *The Holy Spirit in the New Testament* (Macmillan, 1909) widmete H. B. Swete dem Thema einen ganzen Anhang. Er schloß: »Middletons Grundsatz scheint zu stimmen; während bei *to pneuma to hagion* oder *to hagion pneuma* der Heilige Geist als eine göttliche Person betrachtet wird, *ist pneuma hagion* eine Gabe oder Kundgebung des Geistes in ihrer Beziehung zum Leben des Menschen« (die Transkription ist von mir).

Dr. S. G. Green kommt in seinem *Handbook to the Grammar of the New Testament*, S. 189, zum selben Schluss: »Der Name des Heiligen Geistes erfordert den Artikel, wenn von ihm selber die Rede ist; aber wenn seine Tätigkeit, seine Gaben oder seine Manifestationen im Menschen gemeint sind, wird der Artikel fast immer weggelassen.«

Kürzlich schrieb D. Pitt Francis in *Expository Times*, Bd. 96, Nr. 5 (Februar 1985), S. 136, einen Artikel mit der Überschrift »The Holy Spirit — a Statistical Enquiry«. Er klassifizierte die neunundachtzig Hinweise auf den »Heiligen Geist« im Neuen Testament und gelangte zu dem Schluss, »dass mit >Kraft< verbundene Hinweise (49) den bestimmten Artikel nicht enthalten, aber Hinweise auf den Heiligen Geist als Person (40) ihn ausnahmslos enthalten«. Er stellt fest, dass gemäß dem Ergebnis eines bekannten statistischen Tests die Wahrscheinlichkeit über das Vorhandensein oder das Fehlen des bestimmten Artikels eine bloße Zufallssache im Verhältnis eins zu tausend sei! Diese Unterscheidung zwischen der »Person« und der »Kraft« des Geistes, die vielen Bibelgelehrten gemein ist, wird allgemein durch den Inhalt oder Kontext der einzelnen Texte bestätigt.

Mit Artikel
Der Geist kommt herab (3 x), wird ausgegossen (3 x), fällt auf (2 x), wird vom Vater gesandt (2 x), ruht auf, ist gegeben. Der Geist redet (19 x), lehrt (2 x), zeugt (5 x), erforscht, weiß. Mitgeteilt durch, angekündigt durch (2 x), reden mit, offenbart durch. Menschen kommen durch, ergriffen durch, ausgesandt durch (2 x), gehindert durch, ließ nicht zu, gesetzt durch und gebunden im Geist. Man kann ihn lästern (4 x), reden von, belügen, widerstreben, versuchen, dämpfen, gelüsten wider (2 x), betrüben, säen auf, ernten von, gefallen. Jemand kann versiegelt werden mit, gewaschen werden durch, gerechtfertigt sein durch, geheiligt werden durch (2 x), mächtig sein durch, sich freuen im Geist. Der Geist erweckte Jesus, hilft unserer Schwachheit auf, weht, wo er will. Er ist der Geist des Herrn, seines Sohnes, der Wahrheit (3 x), derselbe Geist (3 x), der Herr ist Geist. Die Bibel redet vom Namen des, der Kraft des, der Verheißung des, der Gabe des (2 x), dem Trost des, der Erstlingsfrucht des, der Sinn des, der Liebe des, den Dingen des, Tempel des, der Kundgebung des, der Einheit des, der Frucht des, dem Angeld des (2 x), und der Gemeinschaft (2 x) des Heiligen Geistes.

Ohne Artikel
Getauft im (7 x), erfüllt mit (10 x; Apg.4,31 steht im »Mehrheitstext« [ein griechischer Grundtext des NT, der neben dem für die meisten unserer modernen Übersetzungen verwendeten Nestle-Text in den Kreisen von Bibelauslegern und -kommentatoren zunehmend

ANHANG

Beachtung findet]), voll von (4 x), gesalbt mit, haben, haben nicht, angefangen im, schwanger/ geboren vom (4 x), Geist in (2 x), wohnt in (3 x), Liebe in (2 x), Zeichen und Wunder im, Erweisung von, Zeugnis geben mit Gaben von, Dämonen austreiben in der Kraft von, offenbart durch, reden im (2 x), beten im, anbeten im, lehren durch, verkündigt gemäß, sich opfern durch, geschrieben mit (2 x), erneuert durch, geheiligt durch, Teilhaber von, leben im, wandeln im (2 x), warten durch, töten durch, Hoffnung durch die Kraft des, Gerechtigkeit und Friede und Freude im, verfolgt nach, Gewissen gibt Zeugnis durch Geist.

Beide Aufstellungen enthalten einige wenige Ausnahmen (nur sieben insgesamt; manche stammen aus Manuskripten, deren Authentizität nicht völlig erwiesen ist); doch das allgemeine Schema ist klar.

Beide Formen werden wiederholt (und praktisch in gleicher Anzahl) in Römer 8 gebraucht; auch sie lassen sich in einer ähnlichen Weise auflisten. Mit Artikel (9 x): der Akzent liegt darauf, was der Geist ist — Gesetz des (Vers 2), Dinge des (Vers 5), Sinn des (Vers 6.27), Erstlingsfrucht des (Vers 23); und was der Geist tut — erweckte Jesus (Vers 11), gibt Zeugnis (Vers 16), hilft uns in unserer Schwachheit (Vers 26), tritt für uns ein (Vers 26). Ohne Artikel (8 x): der Akzent liegt auf dem, was wir haben — wir sind in ihm (Vers 9), er wohnt in uns (Vers 9), wir haben ihn, haben ihn nicht (Vers 9), in uns wohnend (Vers 11), und darauf, was wir in ihm tun können — wandeln nach (Vers 4 und Vers 5), alte Leben durch ihn in Tod geben (Vers 13), von ihm geleitet werden (Vers 14).

Schlussfolgerungen

Zusammengefaßt: Das Vorhandensein des bestimmten Artikels lenkt die Aufmerksamkeit auf die objektiven Eigenschaften und Tätigkeiten der Person, verbunden mit einer »von oben nach unten« erfolgenden Stoßrichtung des göttlichen Handelns an Menschen; das Fehlen des bestimmten Artikels lenkt die Aufmerksamkeit auf die subjektive Erfahrung und Ausrüstung mit Kraft, verbunden mit einer »nach oben« gehenden Stoßrichtung der für Gott handelnden Menschen. Der Unterschied liegt nicht in der Art, sondern im Grad, so dass sich keine genaue Grenze zwischen beiden ziehen lässt; aber die Tendenz ist klar ersichtlich.

Aus dieser Tendenz ableiten zu wollen, dass es zweimal einen »Empfang« des Geistes gibt, wäre eine falsche Schlussfolgerung. Sowohl Pfingstler wie Evangelikale haben diesen Pfad des Ausgleichs erkundet, und er würde eine bequeme Lösung der Spannung zwischen ihnen bilden! Zu glauben, dass ein Jünger die Person des Heiligen Geistes bei der Bekehrung empfängt (d. h. im Augenblick des Gläubigwerdens), automatisch und unbewusst, und dann die Kraft des Geistes empfängt, später und bewusst (bei »der Geistestaufe«, wie die Pfingstler es nennen, bei »einer Geistestaufe«, wie es manchmal die Evangelikalen nennen — eine weitere Situation, wo das Vorhandensein oder Fehlen des bestimmten Artikels theologisch bedeutsam ist!), das wäre eine saubere Lösung. Manche haben versucht, ihre Auffassung von einem solchen doppelten »Empfang« mit den beiden Hinweisen auf den Empfang durch die Apostel (in Joh. 20,22 und Apg. 1,8) zu untermauern; aber es ist sehr zweifelhaft, ob sie bei der erstgenannten Gelegenheit überhaupt etwas empfingen (s. Kap. 13).

Aber die Tatsache bleibt bestehen: Das Neue Testament scheint nur einen einzigen »Empfang« des Heiligen Geistes zu lehren — denjenigen der Person mit Kraft. In diesem Zusammenhang ist es interessant zu beachten, dass »getauft im Heiligen Geist« zu 100 % ohne den Artikel steht, »erfüllt mit« zu 92,8 % ohne den Artikel und »empfangen« zu 71,5 % ohne den Artikel. Der Akzent ruht eindeutig auf den subjektiven und augenscheinlichen Aspekten. (Den) Geist empfangen ist eine Erfahrung, die mit Kundgebungen verbunden ist (s. Kap. 5); wenngleich dieses Verständnis nicht vom Vorhandensein oder vom Fehlen des bestimmten Artikels abhängig ist, so wird es doch durch diesen Sprachgebrauch bestätigt.

Es hilft uns auch, die problematische, wenn nicht paradoxe Lehre des Neuen Testaments über den Gegenstand zu verstehen — mit seinem Wechsel zwischen »dem Heiligen Geist« als einem persönlichen Wesen, das denkt, fühlt, handelt und redet wie wir, und »Heiligem Geist« als einer unpersönlichen Macht, die wie der Wind weht, ausgegossen wird wie Wasser und fließt wie Ol. »Im Heiligen Geist getauft werden« wird darum weniger als eine erste Begegnung mit einer Person empfunden, als vielmehr als ein Einströmen einer unpersönlichen Kraft. Bei einer existentiellen Erfahrung empfindet der Gläubige wohl als erstes die Kraft, bevor er sich der Person bewusst wird; bei der verstandesmäßigen Belehrung ist es gewöhnlich umgekehrt!

ANHANG C

DREIEINIGKEIT ODER DREIGOTTHEIT?

Der größte lehrmäßige Einwand gegen meine Hauptthese bezieht sich auf mein Verständnis der Gottheit. Weil ich »an Jesus glauben« von »den Geist empfangen« trenne (sowohl theologisch wie chronologisch), verdächtigt man mich, die Einheit der Dreieinigkeit zu kompromittieren und mich der Vorstellung von einer Dreigottheit (Glaube an drei Götter) zu nähern. Einfach ausgedrückt, fragen die Kritiker: Wie ist es möglich, die eine göttliche Person ohne die anderen zwei zu empfangen, da sie ja alle »eins« sind?

Ich könnte entgegnen, dass die apostolischen Schreiber selber dieser Beschuldigung ausgesetzt sind, wenn der von mir vertretene Standpunkt eine zutreffende Erklärung ihrer Lehre ist (die Frage des Paulus an die Jünger in Ephesus in Apg. 19,2 zum Beispiel — s. Kap. 20).

Historisch gesehen ist es auch eine Tatsache, dass die Apostel zu verschiedenen Zeiten in eine Beziehung zu den drei Personen eintraten. Als Juden hatten sie den Vater gekannt (obwohl sie wohl nicht wagten, ihn so zu nennen); dann begegneten sie dem Sohn (obwohl sie sich dessen zuerst nicht bewusst waren); und schließlich empfingen sie den Geist (obwohl er inkognito »mit« ihnen gewesen war — s. Kap. 12). Es gab sogar eine Zeitspanne von zehn Tagen — zwischen der Himmelfahrt und Pfingsten —, in der sie weder den Sohn noch den Geist »mit« sich hatten.

Aber sie beteten in dieser Zeit zum Vater (wahrscheinlich in Übereinstimmung mit Lukas 11,13), vermutlich im Namen Jesu (Joh. 16,23), der bereits seinen Fürbittedienst für sie aufgenommen hatte (Joh. 14,16, vgl. Apg. 2,33; Hebr. 7,25).

Aber all das ist vor Pfingsten, und meinem Standpunkt liegt die Auffassung zugrunde, dass die nachpfingstliche Evangelisation die Norm ist. Dabei müssen auch die Voraussagen unseres Herrn vor und nach seinem Tode berücksichtigt werden. Er sagte zum Beispiel, er werde »weggehen« und dafür jemand anders senden, der seinen Platz einnehmen werde (Joh. 16,7), und doch versprach er ihnen seine bleibende Gegenwart (Matth. 28,20)! Er sagte, der Geist werde kommen und in ihnen wohnen (Joh. 14,17), und doch verhieß er, dass der Vater und er selbst das gleiche tun werden (Joh. 14,23)! Jesu Aussagen, wieder zu seinen Jüngern zu kommen, lassen sich ebenso auf seine Auferstehung wie auf Pfingsten oder auf die Parusie am Ende des Zeitalters beziehen (der Leser möge die Mehrdeutigkeit von Joh. 14,18f. und 16,22 studieren).

Es gibt nur einen Weg, um das Paradoxon zu lösen: der Glaube, dass, als der Geist zu Pfingsten in sie kam, auch der Vater und der Sohn zur selben Zeit Wohnung in ihnen nahmen — während sie gleichzeitig auch außerhalb von ihnen waren. Diese Kombination von Immanenz und Transzendenz ist typisch für das Gotteswesen.

Einfach ausgedrückt: *Dann, wenn der Geist kommt, kommen auch der Vater und der Sohn.* In einem ganz realen Sinne wohnt die ganze Trinität in dem in den Glauben eingeführten Jünger, von dem man sagen kann, er hat den Geist in sich (oder er ist »im Geist« — ein im Neuen Testament weniger gebräuchlicher Ausdruck), und er hat Christus in sich (Gal. 2,20; Kol. 1,27. Aber beachten wir: Dies kommt im Neuen Testament selten vor, brauchen die

ANHANG

Apostel doch den umgekehrten Ausdruck »in Christus«), und sie haben den Vater in sich (zusammen und individuell sind Gläubige der »Tempel Gottes«).

Wenn dies meine Überzeugung ist, weshalb sollte ich dann irriger, wenn nicht sogar häretischer Auffassungen von der Trinität verdächtigt werden? Weil ein klarer Meinungsunterschied bestehen bleibt in der Frage, in welcher Phase der Initiation die Gottheit in uns »Wohnung nimmt«.

Der traditionelle Evangelikalismus und das klassische Pfingstlertum beharren auf dem Gebrauch des (für mich unbiblischen) Begriffs »Jesus empfangen«, der sich auf das zweite Stadium »an Jesus glauben« bezieht (dies aufgrund einer Falschinterpretation eines einzigen Verses, Joh. 1,12, indem man seine Bedeutung von der historischen Phase, als er [Jesus] im Fleisch war, auf die heutige Phase überträgt, wo er im Geist ist — eine Widerlegung dieses Irrtums s. Kap. 5 unter »Viele verwechseln Glaube mit Geistesempfang«). Unter dieser Voraussetzung beschuldigen sie mich, zwei separate »Empfänge« Jesu und des Geistes zu lehren, von denen sie mit Recht sagen, dass sie so sehr »eins« sind, dass keiner ohne den anderen empfangen werden kann.

Ich stimme mit dieser letzten Erklärung überein, bin aber anderer Meinung, was den Moment betrifft, wo diese doppelte (oder vielmehr dreifache) »Innewohnung« beginnt. Anstatt der traditionellen Auffassung, wonach der Geist empfangen wird, wenn Christus »empfangen« wird, sage ich es in umgekehrter Weise: Wenn der Geist empfangen wird, wird Christus (mit seinem Vater) empfangen. Damit wird der Augenblick des Kommens in die vierte Phase der Initiation verlegt, statt in die zweite — dafür aber bleibt die Trinität vereint!

Das ist keine Haarspalterei; denn es zieht enorme seelsorgerische Folgen nach sich (man denke an den

Schaden, der dadurch angerichtet wird, wenn man den Leuten sagt, sie hätten die »Innewohnung«, bevor sie eingetreten ist!). Manche Leser werden nicht einmal die Möglichkeit in Betracht ziehen, ihren Standpunkt zu überdenken, aus Angst vor den Auswirkungen!

Nichtsdestoweniger scheint es der apostolischen Predigt und Praxis entsprochen zu haben, Suchende dazu zu ermutigen, in dieses Innewohnungs-Verhältnis mit dem Vater, dem Sohn und dem Heiligen Geist einzutreten. Die Folge war die Freude über den Empfang der dritten Person der Dreieinigkeit, und zwar durch eine Erfahrung, die von Manifestationen begleitet war und derjenigen entsprach, die die Apostel selber am Pfingsttage gemacht hatten (der Leser, der dies in Frage stellt, möge sorgfältig die exegetischen Ausführungen in den Kapiteln 7-30 studieren). Dies war der Höhepunkt der neuen Geburt — Gottes Antwort für diejenigen, welche durch Buße, Glaube und Taufe auf das Evangelium antworteten.

www.ingramcontent.com/pod-product-compliance
Lightning Source LLC
Chambersburg PA
CBHW071552080526
44588CB00010B/885